U0075517

事奉有夠神

團隊服事的 23 堂課
Management Essentials for Christian Ministries

主編

邁可·安東尼 （Michael J. Anthony）

詹姆斯·伊斯泰普（James Estep, Jr.）

譯者

顧美芬、鄭毓淇

謹將本書獻給

多年來無條件愛我們與支持我們的家人

給妻子蜜雪兒

與我們的兒女 Chantel 和 Brendon

——邁可・安東尼

給妻子凱倫琳恩

與我們的兒女 Budd，Dovie 和 Dylan

——詹姆斯・伊斯泰普

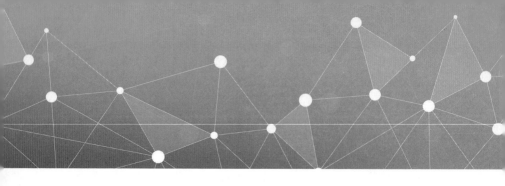

作者介紹

邁可·安東尼　Michael J. Anthony
美國百奧拉大學泰博特神學院（Talbot School of Theology, Biola University）基督教教育教授

蜜雪兒·安東尼　Michelle Anthony
美國加州教會（Coast Hills Community）新世代事工牧師

蓋瑞·布萊德腓特　Gary Bredfeldt
美國慕迪聖經學院（Moody Bible Institute）基督教教育教授

東尼·布克南　J. R. "Tony" Buchanan
美國佛羅里達基督教大學（Florida Christian College）執行副總裁

高登·卡特勒　Gordon Coulter
美國阿蘇薩太平洋大學神學院（Haggard School of Theology, Azusa Pacific University）基督教教育教授、實習教育主任

珍·卡爾　Jane Carr
美國百奧拉大學泰博特神學院（Talbot School of Theology, Biola University），基督教教育副教授

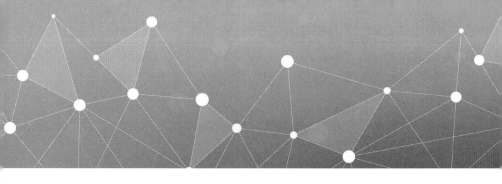

詹姆斯·伊斯泰普　James Estep, Jr.
美國林肯基督教大學與神學院（Lincoln Christian College and Seminary）
基督教教育教授

馬克·辛普森　Mark Henze
美國百奧拉大學泰博特神學院（Talbot School of Theology, Biola
University）博士生、律師

理查·雷塔　Richard Leyda
美國百奧拉大學泰博特神學院（Talbot School of Theology, Biola
University）基督教教育副教授

賴瑞·普歇爾　Larry Purcell
美南浸信會神學院（Southern Baptist Theological Seminary）基督教教育
副教授

馬克·辛普森　Mark Simpson
美南浸信會神學院（Southern Baptist Theological Seminary）基督教教育
教授

丹尼斯·威廉斯　Dennis Williams
美南浸信會神學院（Southern Baptist Theological Seminary）基督教教育
教授，研究院院長

中文版序 1

　　致在基督裡令我們驚嘆的臺灣弟兄姊妹，我們能與你們一同在救主耶穌基督裡合作是帶著極大的喜樂與謙遜。雖然我們分隔遙遠，有語言與文化的差別，但在我們的心中，深知我們是一起服事萬王之王的。

　　Management Essentials for Christian Ministries 這本書是由許多有著與你們一樣熱心事工的作者們所編著，每位作者都委身地提供個人的智謀以使教會能夠更有效能及效率，因為每位作者都是我多年的朋友，我可以有信心的說，他們參與你們一起高舉耶穌並見證主的教會，在質與量都增長的事工裡。

　　期待有這麼一天，我能夠有榮幸在你們的院校教課或出席教會的年會。我的心期望能與你們同在並分享你們的神國事工。直到我們會面之前，願救主的恩惠與平安在未來的年日與你們每一位同在。

　　在主保守裡

邁可‧安東尼

10/1/2020

Michael J. Anthony, Ph.D., Ph.D.

Research Professor of Christian Education

Talbot School of Theology

中文版序 2

多年前，當邁可與我著作 *Management Essentials for Christian Ministries* 這本書時，我們很希望這本書能對學習事奉的學生們帶來更多的價值。現在我感恩，這本書在世界的另一端能以臺灣版來服務學習事奉的學生與教授們。我也感恩，我在臺灣的弟兄姊妹們也將藉由《事奉有夠神：團隊服事的 23 堂課》的內容與建議得到幫助。我會為你們的事工以及你們在基督裡的忠心禱告，因我們是為進展神國一同努力的。

詹姆斯·伊斯泰普

10/4/2020

Dr. James Riley Estep Jr., D.Min., Ph.D.

Vice President of Academics

Central Christian College of the Bible

推薦序

事工範式移轉
經歷恩典成為有見識的管家

林志榮

本書催生者

台北基督徒康華禮拜堂長老

Accenture 公司前合夥人暨臺灣區副總裁

團隊服事，在聖經舊約與新約的敘事中不斷地出現。依照現代管理學的洞見，兩個人就可以展現團隊服事的效能（effectiveness），所以創世記裡的亞當、夏娃，出埃及記的摩西、亞倫，到使徒行傳的保羅、巴拿巴，他們的服事過程與果效，都可以用團隊的觀點檢視。團隊服事比起個人的服事，困難許多。先不談團隊成員的個性、能力是否互補，遇到較大的挑戰時，彼此看法不相同，都可能引來爭執、衝突，乃至拆夥。「巴拿巴有意要帶稱呼馬可的約翰同去；但保羅因為馬可從前在旁非利亞離開他們，不和他們同去做工，就以為不可帶他去。於是二人起了爭論，甚至彼此分開。」（徒 15:37-39）。保羅與巴拿巴的例子，呼應我們的經驗，團隊服事真是不容易，當年如此，我們處在後現代、全球化、多元、社群媒體包圍的環境更是如此。

本書《事奉有夠神：團隊服事的 23 堂課》，就是希望能在團隊服事的精進上，更具體地幫助弟兄姊妹。例如，第十九堂課，轉化群體成團

隊，原文 Transforming Groups into Teams，作者將組織學、領導學、效能理論等對團隊的研究，整理出非常有系統的教材，就能夠對團隊的帶領者，或對團隊的動態感到困惑的人，帶來醍醐灌頂的幫助。（其實該堂課，對基督徒或非基督徒在職場中遇到有關團隊的困擾，都能帶來極大的助益。）

當然，團隊服事僅是基督徒生命事奉中的一環。基督徒對自己成長的投入，與他人的互動，群體的參與，組織的貢獻乃至神國的委身，這些都是生命事奉及事工推動的重要面向，這本書也是定意要藉重管理思維、理論與做法帶給弟兄姊妹們在以上幾方面的幫助，所以這本書的範疇遠遠超過團隊服事的領域。本書英文名為 Management Essentials for Christian Ministries，作者們呼籲，基督徒或基督教群體與組織當運用現代管理學的要義使事工更有效能。宗旨明確，英文版的發行也達成它的目的，雖已出版將近 15 年，目前仍在說英語的基督徒社會中繼續受到推崇。（請參考 Amazon.com 或 Goodreads.com）。

本書被翻譯成中文，經歷到不少挑戰。由 12 位美國基督徒學者所講述的這 23 堂課，涵蓋了神學、社會學、領導學、組織理論、教育理論、溝通理論等等，許多英文名詞要翻成中文，其精確掌握並不容易，更何況涉及各個專業及不同的文化情境。舉第四堂課發展目標為例，原文為 Developing Goals and Objectives，該堂課介紹目標設定理論，說明目標設定的重要以及設定的階段與過程。作者特別強調為何區分 Goals 與 Objectives。Goals 與 Objectives 都該翻譯為目標嗎？當 Goals and Objectives 這英文出現時，作者是要闡述怎樣的概念與實務？這對本書的譯者與編輯是一個挑戰，而這類的難處，在這本書的翻譯上屢見不鮮。語言哲學（Philosophy of Language）或者分析哲學（Analytic Philosophy）中對字義和概念意義的探討，本書的許多章節都在運用。除了剛才提到的例子，其他如第三堂使命（mission）與異象（vision）分辨；第二十堂領導與管理的差別，以及第二十三堂評估（evaluation）

與評量（assessment）的不同，都只是代表性的例子。翻譯的挑戰雖然代表造橋的困難，卻也突顯基督徒的事工與現代管理思維的訴求有差距的種種處境。

挑戰就是經歷神恩典的機會。感謝上帝，謝謝兩位譯者以及主流出版社的同工們，大家的團隊服事使這本書的中文版可以問世。《事奉有夠神：團隊服事的 23 堂課》可以是工具書、教科書乃至遇到任何事工困惑時的參考書。作者們從抽象的管理神學到「接地氣」如何開會，及如何進行 KDA 調查（第二十三堂），都為實踐者設想周到。這本書確實可以幫助到幾乎是所有領域、所有職分的基督徒，讓大家成為「忠心有見識的管家」（路 12:42），因為所有事工上的挑戰，都可以歸類為管理學的課題。筆者祈禱上帝賜福使用這本書的弟兄姊妹，因著研習現代管理學，獲得事工上的範式移轉（paradigm shift），經歷恩典成為忠心有見識的管家，藉著服事使人得福，造就自己，同時榮耀上帝。

推薦序
兼具富翁與國王車夫的特質
教會樣貌將大大不同

胡維華

中華福音神學院舊約副教授
台北信友堂東區福音中心牧師

　　從前有個富翁，非常羨慕駕馭駿馬的乘風快意。他費了好大的功夫，在全世界明搜暗訪，終於找到一對出生高貴、沒有瑕疵的馬，只見他整日忙進忙出，餵食最好的飼料，配備一應俱全。兩年的時間轉眼過去，沒想到這兩匹馬卻完全走樣，他們的目光呆滯，身形平庸，行動遲鈍。僕人們竊竊私語，這怎麼會是良馬的模樣？

　　富翁心有不甘，重金禮聘了國王的馬車夫來接手訓練的工作，結果短短幾個月的功夫，兩匹馬就完全改觀，他們雄糾糾、氣昂昂，眼光敏銳，儀態美妙，奔馳時顯露的堅韌剛毅，更是令人歎為觀止。

　　這是齊克果的一個寓言故事。他指出，富翁的理想、目標，甚至是熱情，都十分難得，但要成就良馬，他需要老練的馬車夫，那是國王長年培育的人才，擁有最寶貴的知識與經驗！

　　聖經也有同樣的故事。摩西為著以色列能得自由奉獻了一生，年輕時挺身而出，為不公平的對待打抱不平，年老時更是直接挑戰法老，面無懼色，在上帝的保守之下，成功地將以色列領出了埃及。當這批親身見證上帝權能與恩慈的百姓，高唱凱歌往迦南前進，那是何等美好的團

契生活，對摩西來說，又是何等的安慰！然而，才剛剛離開埃及，百姓的糾紛與抱怨就沒停過。摩西的喜悅與成就感頓時煙消雲散。

這時，摩西的岳父葉忒羅出現了。他主張，以色列必須設立管理的機制，從千夫長到十夫長，各司其職、分層負責，建立一個真正的生命共同體。透過完善的組織，糾紛可以解決，下情可以上達，命令也才能貫徹，這也讓接下來上帝所頒布的律法能真正地發揮功用。官長們肩負教育以及執行律法的任務，使以色列真正成為上帝的子民。

如此看來，葉忒羅給摩西上了寶貴的一課，單單熱切盼望百姓和睦相處，與知道如何成就和平是兩回事，「富翁」與「國王的馬車夫」是如此的不同！

完善的組織，健全的管理，不但因應了時代的挑戰，它也是聖經救恩大敘事的主軸。

時間快轉至新約，在耶穌為世人的罪受死、復活、升天之後，門徒聚集禱告等候上帝的大能來到。此時，彼得起來，帶領大家討論猶大所留下的空缺。許多人不免懷疑，門徒為什麼選在此時？他們有什麼理由非處理這事不可？

親眼目睹耶穌升天的門徒，對於上帝的國降臨，充滿著熱切的期盼。他們明白，在舊約的第一個逾越節，摩西使以色列不再作人的奴僕，而他們剛剛經歷了，在新約的第一個逾越節，耶穌使人不再作罪的奴僕；在舊約的第一個五旬節，上帝賜下律法，成為約的內涵，如今，新約的第一個五旬節即將到來，上帝也必有豐富的賞賜，使新約得以完整。經過禱告尋求，彼得有了新的領會，他們該像摩西一樣，預備妥當。當年摩西為以色列建立組織，如今，門徒要為新以色列，也就是教會，完備使徒。如此，五旬節一來到，門徒便可趁勢而為。補選一事，不是莽撞，更非無知。門徒們其實是深刻了解救恩歷史的「國王的馬車夫」！於是，他們選立了馬提亞，十二使徒就位，代表教會預備好了，願意領受上帝的啟示，執行上帝的心意。果然，五旬節來到，上帝賜下

聖靈，成為約的記號，也使門徒得著能力，見證福音。

　　今天的教會，既然建立在使徒與先知的根基上，當然就必須有完善的組織，健全的管理，好繼續地領受上帝的啟示與作為。對於教會管理，我們都有富翁的理想與熱情，如果再加上「國王馬車夫」的知識與經驗，教會的樣貌與內涵就會大大地不同，這正是《事奉有夠神》所要提供的寶貝，也是我們迫切需要本書的理由。但願教會的主悅納我們的預備，使恩雨不斷降下，活水不斷湧流，使教會像五旬節那日一樣，充滿見證上帝的榮耀與喜樂。

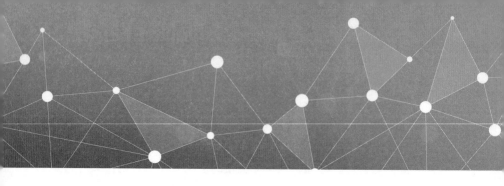

目　錄

中文版序　　　　　　　　　　　　　　　　006
推薦序　　　　　　　　　　　　　　　　　008

引言　　　　　　　　　　　　　　　　　　016

第一部　整合　　　　　　　　　　　　021
第　一　堂　基督教管理學的聖經觀點　　025
第　二　堂　管理的神學　　　　　　　　048

第二部　規劃　　　　　　　　　　　　069
第　三　堂　建立使命與異象　　　　　　075
第　四　堂　建立目標與具體子目標　　　094
第　五　堂　發展具策略性的事工規劃　　107
第　六　堂　制定政策與程序　　　　　　123
第　七　堂　預算的編製與解讀　　　　　138
第　八　堂　事工的目標管理　　　　　　157

第三部　組織　　　　　　　　　　　　181
第　九　堂　組織架構　　　　　　　　　184
第　十　堂　準備工作說明書　　　　　　201
第　十一　堂　開一場有效能的會議　　　218
第　十二　堂　事工領導人是改變促進者　231
第　十三　堂　組織的決策與溝通　　　　255

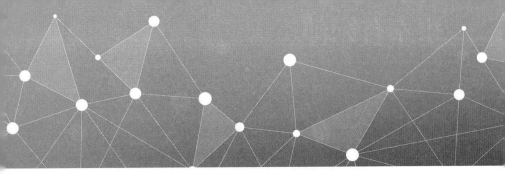

第四部　人事管理　　　　　　　　　　　277

第 十 四 堂　召募與篩選志工　　　　281
第 十 五 堂　培養團隊成員　　　　　298
第 十 六 堂　事工中的法律與倫理考量　317

第五部　指導　　　　　　　　　　　339

第 十 七 堂　培養領導人　　　　　　343
第 十 八 堂　事工中的指導型輔導　　363
第 十 九 堂　轉化群體成團隊　　　　389
第 二 十 堂　領導策略　　　　　　　409
第二十一堂　董事會／長執會與委員會　429

第六部　評估　　　　　　　　　　　451

第二十二堂　檢討工作表現評估　　　455
第二十三堂　評估活動效果　　　　　482

註　釋　　　　　　　　　　　　　　　500
索　引　　　　　　　　　　　　　　　530

引言
管理根源的不同觀點

　　有些人在教會或其他非營利宗教機構中，對於任何形式的管理都抱持反對的態度。他們視這類努力為「世俗的」，認為接受從管理來的貢獻無異於接受魔鬼的方法。這些信徒對管理的聖經根據和神學基礎的認識不多，對聖經所教導的「該如何組織事工」也知之甚少。我們身為管家，神期待我們有智慧又有效能地管理屬神的工作。事實上，身為事工領導者，有一天我們都得站在主人面前為所管理的事情交帳。好管家能認知自己的責任在於監督主人交待的事務，努力聚焦於這個目的。

　　基督教圈子不想要脫節，重新思考管理的理論與實務就很重要。然而，我們仍需要抗拒這時代特有的衝動購物傾向。管理神的事工需要嚴肅地檢視「是否符合聖經？」並且進行聚焦的思考。對神的工作提供監督與管理，不能只靠流行和三步驟的方法。對於做事工的管家而言，有哪些是符合聖經的、神學的、理論的根基？我們將在本書進行深入的探究。

　　管理學的理論在過去 50 年來已經有大幅的改變，管理與行政的方法在企業、教育、保健、軍事上也多有進展。可惜的是教會卻沒有跟上這些新見解，遠遠落在後面，所面臨的結果就是管理不善，造成混亂。有很多教會會友在這方面是受過專業訓練的，眼看著教會領導者用毫無效能的方式來管理資源，會容易對領導者失去信任，繼而用懷疑鄙視的眼光看待這些領導者。既然許多管理原則的根源在聖經裡，我們所需要做的就是教導大家在管理、組織、行政實務上的觀念符合聖經的根基。

過去的模式：流行與空想

　　談事工管理的書很少把根基建立在完整的管理理論上，也少在行政方面有神學整合的教導。這些書把焦點放在個人任務、聚焦在少數的原則，甚或只努力提供一個解決之道。實際上，在這種管理背景下需要的不只是一個回應，而這種單一的解決之道就形成管理上的新流行。只是事工所面對的複雜問題不能靠三步或七律的公式來解決。這些公式可能讓書的銷售大增，卻不能解決真正的問題。這些書缺乏放諸四海皆準的模式，使管理可以內化成為領導者的觀念，只聚焦在管理的技巧或解決問題的花招噱頭，結果就造成過多的現代流行和空想，希望能快速解決問題，並沒有在理論基礎上做有意義的討論。往後問題仍會繼續發生，只是轉化成稍微不同的形式出現──很像細菌對於抗生素產生了抗體那樣。

　　本書對教會與非營利機構的管理問題，鑽研到表面之下，從比較有系統的觀念來挖掘可能的解決之道。這種針對管理所提供的系統性策略並不是新的知識，但卻是以教會與非營利機構為背景而提出的獨特方法。我們所根據的是麥肯錫（R. Alec Mackenzie）的研究，他所提出的模式首先發表在哈佛商業評論（Harvard Business Review）1969 年 11-12月號的雜誌上。之後數十年，這模式成了企業管理教科書的架構基礎。舉凡商科、教育、護理的碩士學位都圍繞著這些標題設計課程。我們的圖表經過大幅修改，與原始的版本不同，加入了符合聖經的世界觀以及21 世紀的背景。圖表 0.1 顯示了這種模式。

　　圖表 0.1 為一個永續循環組織機構的重現，並非今日管理的靜止樣貌，而是提供管理設計的過程，這並不是「快照」的概念，而更像是電影。圖表 0.1 建立在基本的四重焦點：聖經、想法、物、人。這四個元素是必要的，少了任何一項基本元素，基督徒的管理就少了全面的觀念。從這四項開始，展開更進一步的管理任務。每項任務對於信徒團體

把「管理」內化為自身觀點都是必要的。每項任務在永續過程中，都扮演極重要的角色。

- **基督化思想**（Christian thought）：要求管理者在過程中整合聖經和神學，反映出管理的基礎假設是屬於基督化的。
- **有概念的聖經思維**（Conceptual Bible thinking）：要求管理者在規劃的過程要將聖經與神學放在心中，然後寫下對組織的想法。
- **管理**（Management）：要求我們委身在組織行動中以達成計畫，聚焦於合宜地運用資源，也就是「物」。
- **領導**（Leadership）：要求我們在進行人事、指導和評估這些多面向程序時，聚焦在「人」，不是把人視為資源，而是把人視為致力於事工中的參與者。

從這些概念式的任務下衍生出六項功能，即整合（integration）、規劃（planning）、組織（organizing）、人事（staffing）、指導（directing）、評估（evaluating）。每一個項目對於基督徒管理的理論與實務能否成功都很重要。少了任何一項，整個機構就會崩塌，陷入雜亂。從每項功能衍生的活動，成為理論的實踐。藉此，「實踐」總是與「理論」相連，反之亦然。兩者相互依賴，產生有活力以及有意義的目的。

一旦此循環成為組織的生命，就會周而復始不斷重覆。針對現況的評估會重新整合神學思考，使規劃、組織、人事、指導、評估的各功能有新樣貌。簡言之，此模式會自我重新創造，因為它聚焦在永續整合，把聖經思維內化。管理不只是維持現狀的方法，而成為能在基督徒信仰群體中持續順暢運作的保證。

本書的安排與設計

為了提供此理論全面的應用，本書圍繞著此系統模式的 23 個元素來安排設計。一旦我們確認了主要任務與功能，並且可為 21 世紀宗教

性非營利機構所應用，我們便邀請不同的作者來寫每一堂。這些作者都是獲得國際認可，也是在個別領域的專家。圖表 0.2 顯示每一堂針對此基督徒管理模式的各個主要觀念。

第一至二堂談到整合的過程，舉出聖經出處，提供基督徒領導者在管理工作上所需的神學架構。第三至八堂提供管理功能在規劃方面的洞見，包括建立使命與異象，發展目標，發展事工策略，制定政策與程序，預算的編製與解讀，事工的目標管理以及刻意用具體子目標來決定事工的方法。第九至十三堂列出組織的管理功能。此部分詳述各種活動，包括建立組織架構，準備工作說明書，開一場有效能的會議，事工領導者是促進改變者及組織的決策與溝通。

第十四至二十三堂詳述領導一個組織之相關管理功能：人事，指導，評估。人事包括召募同工，培養同工，用合宜方式對待志願者與同工。指導在於培養領導者以師徒制進行指導，建立團隊，發展領導策略以及在董事會／長執會或委員會的架構內運作。評估的焦點在對於個人與規劃的評鑑。簡言之，本書的各部分直接反映了教會與非營利組織在管理模式上的全面考量。既然宗教性非營利組織包括各種事工（基督教學校，營地，機構等），所以在功能方面不局限在只有教會可以應用，運用範圍應該更廣。

每堂的作者都在個別領域的學術上受過專門訓練，也在教會與基督教機構的實際運作具備相當的經驗，所以這本書對於教牧人員而言特別容易閱讀。

結合理論與實踐

我們這個計畫始於 2002 年北美基督教教育教授年會上的一場談話。我們追求的目標並不是學術上的，而是教牧上的。從我們最初討論開始，一直到把本書的大綱寫出來、召募願意共襄盛舉的作者到出版成

書，都出於一個渴望。希望這本書能夠成為教會與機構的基督徒領導者
一項有用的資源，為了基督國度，改進管理的效能與果效。本書不是另
一本管理學理論的書，也不是用過一次即可丟棄的資訊，而希望能夠成
為一本可持續幫助服事基督的人完成呼召的資源。本書聚焦在結合理論
與實踐。理論很重要，因為這是我們行動背後的理由，然而，理論若與
實踐脫節，就造成無知、忽視和停滯的想法；更重要的是，我們把理論
與現代的實踐調和，使本書成為在未來幾十年都具備價值的資源。我們
祈求神讓本書的內容能達到多重目的，用以訓練裝備屬神的領導者，提
供有果效的服事，建造神國。

第一部：整合
INTEGRATION

　　當我們讀聖經一路讀下去時，會發現神很在乎我們在未信世人面前如何代表祂。此外，祂也很關心屬祂的子民如何運用祂給予的恩賜與才幹。當神的僕人誤用資源或不負責任，就像比喻中的善僕與惡僕（太24:45-51），神會毫不遲延的對那惡僕進行嚴厲的審判。同樣的，我們也看見按才幹善盡責任的比喻，神給每個僕人不同數量的銀子與責任，期待他們會努力作工直到永恆之主再來（太 25:14-30）。

　　這些故事給我們的教訓就是「若我們輕忽管理的責任，便會受到神的管教。」和這主題相關的經文都告訴我們，神關心祂的資源是否運用得當。身為神的僕人，我們有責任管理如何恰當地分配祂的物資、錢財、人力與屬靈的資源。這管家職分不該被輕忽，因為成為神的管家需要有誠實且高道德的行為標準。

　　聖經對管家職分與如何恰當地使用神的財物有許多著墨，而所謂管家的觀點就是神的資源並不屬於我們，而是屬於祂的，祂信託給我們保管，直到祂認為可以歸還的時候到來。因此，一個基督徒經理人首先的、也是最應該的就是把自己看為管理屬神資源的僕人。不論我們的服事是關懷牧養教會的信徒、提供無家可歸者食宿、負責一個營地或會議中心、管理私立基督教學校或參與國際宣教董事會／長執會（Boards），同樣都需要認知我們只是過客，是神把照管祂事工的責任放在我們手中一段特定的時間而已。

我們將來需要交帳，交帳的時候應該多少也一併交上屬靈的股利。簡言之，神期待祂的投資結果是增加的。不論在哪種機構服事，基督徒領導者有重責大任要在特定範圍內管理屬神的組織。這範圍在祂的道中講得很清楚，當然，我們需要一定程度的釋經技巧才能正確地解經，若無正確的解經，就不可能有正確的應用。歷史讓我們明白就算有正確的目的也不能用錯誤的手段去達成。我們忙於建造神的國度，不表示神不關心祂僕人的道德操守。事實上，神非常看重適當的管理，因為當某個屬祂的組織成為全國媒體上法律或倫理的焦點，神的名聲就受到虧損了。

這就是撰寫本書的重要理由，這不是另一本談論管理的書，如果是的話，本書就是多餘的了，因市面上這類好書已經不計其數。本書獨特的貢獻在於把「與管家有關的紮實聖經教導與管理的健全實務」整合在一起。這樣做並不是特意勉強要把兩者拉在一起，而是因為兩者都與管家有關。正如一位信義宗的管理者寫道：「管理與神學的背景彼此互相支持也一致。這也反映出教會不是分裂的，而是整全的——既有人性也有神性；既是俗的也是聖的；既顧及眼前也關注未來。」[1]

許多教會的牧師既感嘆又輕視教會管理的需要。他們認為花很長時間開委員會做決策，比起講道或輔導而言顯得不重要。有位資深牧師說：「神學院根本沒有在這方面裝備我。」問題不在於行政或管理是陌生的領域，問題乃是在於神學院的課程通常缺乏這類教導，而這卻是牧養上最重要的責任。既然有許多資深牧師被撤除職分是因為不善管理而非在教義上出問題，我們會認為神學院對這議題應該更重視才對。

事工的管理很有必要，理由非常多。[2] 第一，因為事工跟人有關，而非是各種節目。人有優點、缺點、恩賜、渴望。人會受傷，需要我們關注。人的生命很脆弱，有些狀況會令人四分五裂。我們提供的服事不在真空的環境中進行，而是充滿人的處境。因此，我們得記住，管理是達到目的的方法，管理本身絕不是目的。基督化的管理讓我們可以更有

果效地服事人。

　　基督教事工需要管理的第二個理由是因為基督的身體是個共同體，這不是個組織，而更是一種有機體，是活的，會呼吸的，好像基督的身體在世界上道成肉身一般。教會是人的群體，這些人自願聚在一起形成一個團體。這些信徒在同一個屬靈身體上「互相」為肢體，都是神家裡的一份子。規劃、組織、人事、指導、評估的這些管理功能對事工運作很重要，因為基督教事工是整個身體的一部分，有共同的生命與使命。聖經在共同體的這方面講得很清楚，所傳達的形象如家庭、基督的身體、神的家人、神的百姓、神的國度、聖潔的國度、有君尊的祭司。教會共同生命若是缺少了管理，就容易妥協而無效。

　　基督教事工需要管理的第三個理由，是教會有使命，若大家不努力合作，就無法達成使命。無論用什麼比喻——像是戰場上的軍隊、運動場上的足球隊、音樂廳中的管弦樂團——若沒有預備和計畫，什麼也完成不了。要完成使命，需要建立補給線，也要做好防護工作、取得物資，篩選和訓練人員。這一切活動都是健全管理的核心。

　　雖然每個組織的背景與對象不同，描繪出的使命也不同，但總不脫離一個主要的目標，就是藉著救恩與靈性塑造，把人帶到與神合好的關係中。這是大使命目標的兩個主要活動。如同一位資深牧者這樣摘要：「管理對教會生命與事工不是次要的，是必要的，因為教會就是人——享有同一使命的共同群體。」[3]

　　治理（administration）與管理（management），這兩個詞在本書中是同義詞，整本聖經也清楚顯示，那些被主使用的人以治理與管理完成他們的人生目的（例如摩西、約瑟、尼希米、耶穌、保羅、彼得等）。再者，治理是神給教會的禮物，其明顯目的在於幫助基督教事工有效能、有效能地發揮功能。哥林多前書 12:28 說道：「神在教會所設立的：第一是使徒，第二是先知，第三是教師，其次是行異能的，再次是得恩賜醫病的，幫助人的，治理事的，說方言的。」值得注意的是治理

的希臘文是 *kubernesis*，這個字本來是形容船上的舵手。這種用來描繪恩賜的敘述以及在早期教會中的用法，可以在《新約神學字典》（*The Theological Dictionary of the New Testament*）中找到相關參考資料。

相關的參考資料提到，讓基督徒有資格成為群體舵手的這種特別恩賜，也就是次序與生命的真正指導者。我們並不清楚在保羅時代這種指導活動所包括的範圍。這是慢慢發展出來的。舵手的重要性在暴風雨時愈顯著。指導教會的職分，特別在內外有緊急狀況時會發展出來。宣揚神道的恩賜不出於這裡，沒有一個社會可以缺乏某種次序和方向還能存在。神給人政府，是神恩典的賜予。令人注意的重點在 29 節，保羅問，豈都是使徒嗎，豈都是先知嗎，豈都是得恩賜醫病的嗎，他沒有問到 *antilenpseis* 和 *kubernesis* 的相關問題。一般會眾可以直接擔任執事和管理者，因此這管理的職分有別於 29 節所提的恩賜，是可以選舉出來的。但這並不表示管理工作不需要神的恩賜。[4]

神顯然賜給早期教會管理的恩賜，直到如今管理的恩賜仍舊是基督身體裡的重要角色。本書這部分的設計在提供基督徒管理的聖經根基（第一堂），並且把不同經文段落找出來，整合成相關的神學觀點（第二堂）。讀者會注意到這幾章比其他章稍長，這是為了要替後面的篇幅立下重要的根基。基督教事工的管理確實建立在聖經的神學之上，所有事工領導者都必須了解這一點，並能夠向教會與事工的對象說明清楚。

第一堂
基督教管理學的聖經觀點
Biblical Perspectives of Christian Management

邁可·安東尼

　　面對事工資源的管理，最大的障礙就在於我們誤解管理的根源——不論在原則上或實踐上都如此。許多立意良善的基督徒誤以為一般企業採取流行的管理方法以產生利潤，因此若是用同樣的原則去組織管理教會事務一定會有本質上的錯誤。這種推理錯誤的問題在於，北美各企管碩士課程所使用的組織管理教科書，並不是源自於美國本土。真相是大多的管理原則起源於四千多年前聖經的記載。

　　聖經的新、舊約都充滿了規劃、組織、人事、指導、評估的例子，遠早於北美將這些原則應用在企業經營中。本堂提供讀者的是組織與管理上的聖經例證與神學原則，這些原則的根源都出於聖經。這五項管理功能的每一項，都是透過新、舊約的概觀與探索而得到的，藉此希望讓讀者明白：神是健全的管理原則最終極的創作者。[1]

規劃（Planning）

　　規劃被定義為一個過程，是你將來想要達到的一幅內在圖畫（目

標），接著列出一連串的行動（策略），加上可衡量的步驟（具體子目標），一步步跟隨著正確的路標（政策與程序），使用可用的資源（人力、預算、設備等），最後達到目的地。有效能的領導者能用話語清楚說明他們的目的地，吸引並激勵別人來跟隨。通常這就是使命宣言（mission statement），藉此把無法看清楚未來的人產生概念，明白領導者要把他們帶往哪裡去。

規劃一點也不神秘，也沒有魔法。有人認為規劃就等同於假先知用水晶球召喚出未知的事情。然而這並不是規劃。規劃是看到將來，盼望將來會變成什麼樣子，卻不是盲目地跳入黑暗中。領導者一旦掌握了異象，就開始著手透過詳細的步驟來建造未來的圖像，這需要很多努力與韌性。那些對未來看得不那麼清楚的人，也需要某種程度的信心。聖經記載了很多制定計畫的例子。我們沒有時間詳盡地研究所有的例子，但概觀幾個比較突出的例子會對我們有幫助。

創世記記載了宇宙被造，透過一種方式，讓人毫不懷疑神有個計畫。祂讓事情的次序按部就班，從最小的原子發展到無限浩瀚的空間。每一天的創造都標示著帶有目的的活動與設計。沒有一件事情是靠機遇或偶發意外產生的。每一天都有神的話，清楚指示要建立的項目。從創造銀河的星辰與球體，到海中與地上活物的形成，沒有一事被忽略。神創造次序的所有細節，其開始與運作都在祂的掌握中。神工作完畢之後，創世記 2:1-2 記載：「天地萬物都造齊了。到第七日，神造物的工已經完畢，就在第七日歇了他一切的工，安息了。」

這創造事件的次序顯示了預先的深謀遠慮與計畫。神創造地上的植物是在創造水與陽光之後，如此一來才能提供植物養分。有了食物來源之後，祂才創造動物。每件事都見證了神創造的次序與計畫。

創世記 6 到 9 章的挪亞故事也說出了神的計畫。神對人過著罪惡生活很失望，於是計畫要有新的開始。神選擇用洪水除去受造物的敗壞影響，但祂先計畫拯救一小群忠心跟隨的人。神對挪亞說話，給了他一套

建造方舟的計畫。挪亞於是有了方舟尺寸的藍圖、需要的建築材料、整個旅程需要的物資，他預備好對付洪水的來臨了。若沒有神的計畫與挪亞的順服，人類在這星球上存在的壽命一定很短。

洪水過後不久，神啟示了更多計畫，祂揀選一個叫亞伯拉罕的人，發展出一段影響人類永恆的關係。神啟示祂的長期計畫，宣告說：「你要離開本地、本族、父家，往我所要指示你的地去。我必叫你成為大國。我必賜福給你，叫你的名為大；你也要叫別人得福。為你祝福的，我必賜福與他；那咒詛你的，我必咒詛他。地上的萬族都要因你得福。」（創 12:1-3）

神後來啟示亞伯拉罕，應許他後裔的數目會比地上的塵沙（創世記 13:6）、天上的眾星（創世記 15:5）、海邊的沙（創世記 12:1-3）還要多。這樣的深謀遠慮與事前計畫，給了亞伯拉罕確據，深知神是可信的，神會守約，不會忘了自己的計畫。

神的選民作埃及的奴隸，後來出埃及，顯示了神自主的計畫。神揀選訓練摩西，經過八十年（四十年在法老王宮，四十年做牧羊人）的預備，帶領神百姓脫離為奴的處境，摩西就是在神所選擇的時刻出現。在出埃及的旅程中，神把律法頒給摩西，摩西再宣告給神的百姓。這律法啟示了神規定的命令，使百姓知道如何與耶和華維持純正聖潔的關係，並教導百姓如何與鄰舍維持恰當的關係。

除了這些律法，神也給摩西建造帳幕的指令。這帳幕是敬拜的中心，神給了建造的細則。這些計畫與藍圖再次啟示出神那種精準的性格。每種細節，從覆蓋帳幕的皮的顏色，到梁柱、牆壁、竿子尺寸的大小，都要仔細精工製作與裝設。家具的形式，每一物件的大小，在帳幕院落中放置的位置，神都仔細描述。還有祭司袍子的描述，禮儀上的洗滌與預備，會幕豎立與拆卸的指令，都是神指示給百姓的。

以色列進迦南前，神把毀滅當地百姓的計畫顯明給約書亞看，征服迦南地一事，神所描述的目的是為了潔淨百姓（民 33:50-56）。

在列王時期，神啟示了祂建殿的計畫。在列王紀上 5 章，神把計畫啟示給所羅門，要他用大衛王預備的建材建造宏偉的建築，大衛王也是因神的吩咐而儲存相關的建材。所羅門按神的命令徵召工人去鑿石頭、雕梁柱、縫製帳幕。沒有一件事情是憑機遇達成的。一切都是神的精心計畫，並向所羅門啟示。

多年之後，神指派尼希米為耶路撒冷建造城牆，在尼布甲尼撒入侵而毀壞城牆後，神指派以斯拉重建城牆。以斯拉與尼希米的計畫與預備都顯示他們仔細又有洞見的計畫。最值得本書讀者注意的，或許就是尼希米。他小心翼翼規劃一切，包括要先獲得亞達薛西王的同意，開啟後面的朝聖之旅（尼 2:1-6）；他要求王給他建城牆的材料（尼 2:7-9）；他去察看城牆的狀況，並發展出一套精準的建造評估（尼 2:15）；又分派工人，還建立了工程建造的時間表（尼 4:15-23）。真的，就因為尼希米的先見之明與仔細計畫才能克服許多障礙。

新約同樣也啟示了許多制定計畫的例子。顯然神在新約記載中仍然在祂百姓的生命中工作，為了要啟示祂許多自主的計畫。以弗所書 1:4-5 啟示我們，從創立世界以前，神就在基督裡揀選了那些會跟隨基督的人。這就是個長期計畫的例子！

在神的神聖計畫之下，馬利亞與約瑟到了伯利恆，就在剛好的時刻耶穌出生了。許多預言都在準確的時刻應驗了，顯示神為祂兒子降生所作的計畫與預備。

很明顯地，耶穌也是個善於計畫的人。路加福音重覆著一句話，組成了耶穌在世上事工階段的分野。這句話是「他就定意面向耶路撒冷去」，這句話或類似的話出現在路加福音 9:51，53；13:22-33；17:11；18:31；19:11；19:28。很有趣的是我們注意到每次這句話出現之後，我們會期待耶穌往南，向耶路撒冷去。然而有幾次耶穌卻走相反的方向。祂與門徒之前在一起服事算是一個階段，在這句話重覆之後，祂就往下一個事工的階段去了。如果你不清楚耶穌在做什麼，會以為祂迷路了，

不知道怎麼到耶路撒冷去。

　　但宇宙的創造者完全知道耶路撒冷在哪兒。祂只不過在上十架前還有其他事情要完成。祂在耶路撒冷要赴個約會，但還沒抵達之前，祂要確認門徒受了訓練，預備好自己，好可以在祂不在的時候，承擔起作事工領導者的責任。原則上，耶穌的事工是按照事先訂好的計畫進行。耶穌對著這既迷失又窮乏的世界，啟示出祂父神的性格；同時，又必須訓練裝備一小群人奉祂的名改變世界。

　　耶穌說的比喻中，關於制定計畫，有個入木三分的比喻，祂說：「你們哪一個要蓋一座樓，不先坐下算計花費，能蓋成不能呢？恐怕安了地基，不能成功，看見的人都笑話他，說：『這個人開了工，卻不能完工。』或是一個王出去和別的王打仗，豈不先坐下酌量，能用一萬兵去敵那領二萬兵來攻打他的嗎？若是不能，就趁敵人還遠的時候，派使者去求和息的條款。」（路 14:28-32）

　　雖然這段經文的主題是計算作門徒的代價，但基本問題是一個人必須為將來做計畫，特別對關乎自己屬靈情況的計畫。

　　使徒保羅是個行動派，滿有毅力。如果要找一位預備好登上永恆的舞臺、實現神的神聖計畫的人，就非保羅莫屬了，他就是那位向外邦人傳福音的使徒。保羅被神裝備，進入擴展宣教的挑戰性領域，他揭露了要如何完成目標的計畫，這目標是為基督去傳福音給世人。雖然有不少經文可以說明保羅的使命宣言，但最能顯出他火熱的經文要屬羅馬書 1:16：「我不以福音為恥；這福音本是神的大能，要救一切相信的，先是猶太人，後是希臘人。」

　　在保羅書信，我們看見到處都有保羅努力計畫的證明。例如，我們發現他說過聚會要規規矩矩的教導（林前 11 與 14 章、建立基督身體的方法（羅 12 章，林前 12 章，弗 4 章）、教會領導者的資格（提前 3 章）、教會紀律的方法（林前 5 章，林後 6 章）、先去羅馬後去西班牙傳福音的計畫（羅 15 章）以及他謹慎地把訓練好的人留在教會，以便在

他離開後承接工作的各種努力。

除了在聖經中有這些明顯做規劃的例證，我們還必須強調，身為事工的管家，計畫是很重要的面向，但不能取代尋求神的引導，或取代跟隨聖靈的感動。詳盡的計畫不能取代禱告。做規劃也不是神老是會用的一種公式。神似乎為了避免人的計畫而會啟示自己的計畫。神說：「人心多有計謀；惟有耶和華的籌算才能立定。」（箴 19:21）聖經教導我們，神喜歡做些出乎我們意料的事情。祂的道路不是我們的道路，祂的計畫不總是我們的計畫。但我們要信靠神會把祂的計畫讓我們知道，這種計畫的結果是榮耀的，值得等待。

組織（Organizing）

聖經教導我們，神不是叫人混亂，乃是叫人安靜（林前 14:33）的神，祂喜歡凡事都要規規矩矩地按著次序行（林前 14:40）。組織可以定義為凡事按次序行。在組織的脈絡下，有兩個主要活動。第一，發展組織架構，描繪出組織成員相互間的關係；第二，預備工作說明書，使工作者知道別人期望他們有哪些資格與責任。

舊約以神的創造次序開始，前段已經說過，神是宇宙的最高元首，人是神的創造，被賜予權柄，統管環境。人類對植物與動物有權柄，要以管家身分來面對此信託。這權柄不是讓人可以誤用或浪費資源，隨著權柄而來的是交帳的責任。

亞當、夏娃結為夫妻的這種家庭單位是神設立的第一個組織。他們成為夫妻關係的第一天，神就陳述了對家庭組織的期待，祂說：「因此，人要離開父母，與妻子連合，二人成為一體。」（創 2:24）使徒保羅說到這種動態：「因為丈夫是妻子的頭，如同基督是教會的頭；他又是教會全體的救主。教會怎樣順服基督，妻子也要怎樣凡事順服丈夫。」（弗 5:23-24）

　　同樣，保羅說到兒女：「你們作兒女的，要在主裡聽從父母，這是理所當然的。」（弗6:1）這些經文啟示了神對於家庭的組織架構。對於日常生活中，夫妻之間，親子之間的關係如何運作，已經說很多了，這些討論不在本書範圍內，我們只要說，神所設計的家庭單位運作，是在清楚的組織架構下，有劃定好的期待，這樣就夠了。

　　摩西五經中的其他書卷也給了我們神喜愛組織架構和詳定工作責任的證明。例如，以色列的十二支派在曠野行走時各有責任，神告訴他們前行的次序，在對著會幕的哪個方向安營。猶大、以薩迦、西布倫支派安營在會幕的東邊。流便、西緬支派，神把他們安置在會幕的南邊。以法蓮半支派、瑪拿西、便雅憫支派在會幕的西邊。但、亞設、拿弗他利支派在北邊（民2章）。利未支派的責任是扛會幕與其一切物件。革順族要擡帳幕本身，而哥轄族要擡約櫃、桌子、燈臺、兩座壇與聖所內使用的器皿。最後，米拉利子孫擡帳幕的板、閂、柱子、帶卯的座，和帳幕一切使用的器具（民3章）。

　　出埃及記與利未記把祭司的工作說明書寫出來，在穿聖袍前該如何洗淨（出28-29章）、如何獻祭（利1-6章）、剩下的祭物如何處理（出29章）。在路途中摩西遇到岳父葉忒羅，他看到摩西每日的工作極重，就勸誡他要用組織架構的形式，把工作量分給七十個長老（出18:17-18章）。利未記、民數記、申命記記載了過健康生活的各種政策與程序──與神的關係以及與周圍社群的人際關係。

　　百姓終於抵達應許之地，開始了征服那地的各種軍事行動。約書亞記後面記載了約書亞最後的日子，地已經分好給百姓了，百姓被賦予得地為業的責任，他們要完成使命（書12-20章）。利未人沒有被分到地，神的心意是要他們分散在全國造成影響，但他們有一些城邑可以居住（書21章）。

　　歷史書與先知書提供我們從整個國家的觀點一瞥次序的重要。一國的領導者如士師或君王，被賦予在百姓之上的權柄，但這權柄也帶有特

別的期待與高度的責任。濫用這種期待的人會被神直接嚴厲處罰，或藉著作為神器皿的鄰國來處罰。

有一段時期，列王們因為有需要，就發展出很詳盡的組織架構。所羅門王有朝廷百官為他辦事。他們的責任分成各種部門。有一個部門專司祭祀之職。祭司在聖殿獻日常的祭與牛羊的犧牲。其他利未人也按宗派各司其職，包括守門人、管銀庫者、歌唱者等。第二個部門管理耶路撒冷城內與周圍的事務。既然有十二個支派，王就用十二位官吏來管轄王國，官吏要向他報告。第三部門負責管理王的財產與物資。最後一個部門負責管理軍隊。

大衛手下有書記、先知、謀士（撒下 20:23-26），他也有三位在戰場上大獲全勝的勇士，還有三十位勇士在組織上是領導其他人的。所羅門繼續用這種特定部門的官吏來管理（王上 4:7-28）。

使用組織架構並不隨著舊約結束而結束，在新約我們也看到充分的證據，顯示耶穌在世上的事工有組織。祂從上百的跟隨者中只揀選了十二位，賦予他們責任預備服事。耶穌進一步從中指派三人形成一個心腹圈（路 9 章）。十二門徒中有些人被賦予特定的工作說明書，像猶大管理團體的財務（約 13 章）。耶穌訓練門徒服事時，把他們兩人分為一組，差遣了七十二人像是作實習生訓練般。當耶穌離開世上事工時，祂已經建立好一個包括祂自己、三位核心、十二位使徒、七十位門徒、一百二十位熱心支持者和上千位積極跟隨祂腳蹤者的組織架構。

在使徒行傳最前面我們就看到組織架構的證據，例如選出馬提亞代替猶大（徒 1:24-26）。彼得、雅各、約翰擔負起帶領教會的責任（徒 1-3）。在使徒行傳第六章，選出了第一批執事幫助使徒的教會服事。這些執事所需有的資格講得很清楚，包括道德品格與工作責任兩方面的要求。保羅寫信給他所設立的教會，也見證了他對教會組織架構的期望。雖然不是每個教會一定要有某種架構，但作監督或長老的資格是很明確的（提前 3:1-13）。長老有兩類：教導與管理（提前 4:14，彼前 5:2）。

管理長老負責教會的業務管理，教導長老聚焦在把「神的道」教導與應用在信徒的生命中。

保羅提供教會組織的更多洞見，他給了下列各方面的政策：端正合宜（林前 11 章）、敬拜聚會（林前 11 章）、使用恩賜（羅 12 章，林前12 章，弗 4:11-16）、整體紀律（林前 5 章）、主餐（林前 11 章）、解決會眾衝突（林前 6:1-7，腓 2:14）。

整全的計畫就要有組織架構與設計。計畫與組織這兩個功能很難分開。要有合諧有效能的服事，兩者就必須互相依賴。如果計畫的過程做得很完整、正確、深謀遠慮，會使組織過程容易得多。比較少事情會被疏忽，也不會因為資源管理不善而傷害人員。擔任教會領導者位置的人應該定期盤點，視察教會提供的職位──受薪員工與志工──並且決定教會的組織圖是否要更新？是否能正確地反映責權的從屬關係？教會領導者也該評估工作說明書，確認能達到對此職位目前的期待。如果有可能產生誤解或管理不善的鴻溝，則必須彌平。寧願在問題出現前做這類的組織評估，這樣會比問題出現之後才善後容易得多。

人事管理（Staffing）

人事是個比較直接了當的過程，就是對完成事工目標所需要的適任人選，做挑選、定向、訓練、發展。教會領導者今日面對的最大挑戰之一，就是召募足夠的志願者，使教會各部門有人手。最急迫的就是兒童事工，需要最多志工。過去幾十年教會領導者發現，如果他們在挑選、定向、訓練、發展志工的程序上不按著規定的步驟進行，他們會變成法律訴訟（litigation）的對象。教會事工要成功，人事就是關鍵。以前那種在講臺上宣告：「凡願意的人就來！」的日子不再，挑選員工必須有智慧和辨識力。在舊約與新約時代，人事也一樣重要。神對祂所呼召（或譯志業，Calling）來服事的人，很強調要挑選、定向、訓練、發

展。我們可以從聖經時代如何選人的重要原則來學習。

舊約對於男男女女被神呼召來服事，提供了許多例子。有時候這種揀選的過程涉及神蹟式的呼召，像亞伯拉罕、摩西、基甸以及許多先知。雖然對選擇事工領導者有神蹟奇事相隨好像很普通，但這不是一般情況。中保（中間人）通常被揀選是基於他們的內心，不因為有正式教育或經驗豐富。亞伯拉罕、以撒、雅各這些先祖們很顯然被神呼召，成為與神有特別關係的人，基於的不只是內心，也關乎神的主權。也有時候事工領導者被呼召是因為他們的技術與能力。

這種例子可以從比撒列和亞何利亞伯的揀選看到。他們被摩西揀選去帶領百姓建造會幕，不只因為他們有尋求神的心，也因為他們有超凡的技術，在編織、木工、刺繡上的藝術巧工（出 36 章）。摩西則訓練約書亞有一天進入迦南能承接領導國家的責任。

當掃羅缺乏順服真誠的心，耶和華就棄絕他作國家領導者，神命令先知撒母耳去膏一個叫大衛的年輕牧童。撒母耳差點就錯過膏大衛的機會，因為撒母耳期待的是位強壯儡人的戰士。然而，他看到的這位年輕牧羊孩子，毫無戰鬥經驗，就算有受過也是很少的教育，也沒有外交訓練。神對撒母耳說：「不要看他的外貌和他身材高大，我不揀選他（以利押）。因為，耶和華不像人看人；人是看外貌；耶和華是看內心」（撒上 16:7）。在此我們發現了神揀選人服事的標準：人的內心。

其他在舊約中揀選與訓練人的例子包括：以斯拉揀選所羅巴伯、撒拉鐵、耶書亞、甲篾、希拿達與其他利未子孫去管理監督聖殿的重建（拉 3:8-9）。基甸也同樣用了很高的標準來選戰士，就是用喝水的姿勢這個過程來淘汰人（士 7 章）。但以理被召募為全國領導者的高位時，他選了三個跟他有同樣品格和能力的朋友協助他完成任務（但 1:8-20）。

在新約，我們發現耶穌在事工早期就開始揀選使徒的過程。最早被召的門徒是西門彼得和他兄弟安得烈（太 4:18-20）。「來跟從我」就是那簡單的呼召。他們捨了網，生命從此再也不同了。同樣的，稅吏馬太

也被挑戰加入耶穌那忠心跟隨者的小團體（太 9:9）。雖然我們不知道其餘門徒被揀選的所有細節，但我們知道這是經過整夜禱告之後發生的（路 6:12-16）。

　　耶穌選了門徒之後，就開始定向（新生訓練）與訓練的吃力工作，使他們承擔事工領導者的責任。這包括超過三年的操練、面對面質問、教導、師徒帶領、禱告、緊密的互動，才能使一組能力一般的普通人轉化成強大的事工團隊，最後連猶太公會都不敢對他們怎樣（徒 5:34-39）。耶穌利用可教導的時刻把屬靈真理提出來，常用問題挑戰他們，探究他們的批判思考。祂運用各種方法教導，用暗喻和比喻、神蹟與講道，要確保他們受到足夠的訓練，好面對未來的任務。

　　使徒保羅從事福音佈道之前有過三年之久的定向（新生訓練）時期。他到阿拉伯去，好像享安息年，神所設計的就是要訓練他這位猶太教的學者，學習他本來就知道的預言背後的真意義（加 1:17）。巴拿巴則被耶路撒冷教會差派到新成立的安提阿教會。使徒們聽到這教會發生的重大事工報告，想確認教義的真偽與事工的實踐。雅各要巴拿巴代表耶路撒冷教會去安提阿教會短暫探訪之後到大數找掃羅（後來改名為保羅）。巴拿巴帶掃羅到安提阿，有很強的證據顯示他用新約傳福音的方法訓練掃羅（徒 11:19-26）。

　　最後保羅成了在安提阿與耶路撒冷那可靠又著名的事工領導者。在保羅三次旅行佈道中，保羅發揮才能，展開了他對人事的挑選、定向、訓練、發展的過程。在第二次旅行佈道之前，他從事奉團隊中移除了稱呼馬可的約翰，選擇西拉作夥伴。保羅在許多城市建立教會，他挑選、定向、訓練領導者，使他們在他離開後可以繼續下去。他讓領導者負責，委託他們監督管理事工。藉著保羅，訓練發展了無數的事奉領導者，簡要來說包括：提摩太、提多、路加、西拉、腓利門，還有以弗所、哥林多、羅馬的長老們，以及在羅馬書十六章提到的眾多領導者。

　　我們現在把人事這個功能做個摘要，很有趣的就是我們注意到神常

常揀選並訓練祂的僕人，不論他們之前是否有正式的預備或訓練。被神揀選使用的人之所以合格，通常基於內心的情況與屬靈的敏銳。這對今日想要在事奉中作領導者的人也是很好的功課。被神揀選，是過程中第一重要的一步。把自己指派去領導事工則是一條痛苦的路。神對自己的名聲有忌邪的心，對那些指派自己作先知的人，神會毫不猶豫地介入他們的生命正如新舊約時期，今日神的眼目遍察全地，要顯大能幫助向祂心存誠實的人（代下 16:9）。然而被揀選了，不保證可以服事。新選出來的服事者也需要在聖經知識與解經上有純正完整的訓練。歸主時所得到的屬靈恩賜只是服事道路上的第一步。恩賜需要發展、訓練，以便在特定的應用場合能適用。一個人成為信徒之後，要經過一段時間的預備（也就是定向、訓練、發展），而非立即開始福音事工。

指導（Directing）

　　管理功能中的指導，其定義為：主管帶領下屬明白組織目標，也對此目標貢獻力量，而同時主管也允許下屬追求個人目標的一種過程。以教會為背景來說，有技巧的主管（資深牧師、執行牧師等）監督屬下是以一種雙贏的方式進行，讓教會與被監督的人都受益。指導是五項功能中最具挑戰的一項，因為主管要面對的是每一個員工，要讓每人都按著自己的喜好方式被指導，而每個人對被別人領導的反應都不一樣。本質上，這是在個人、態度、需要、渴想、盼望與夢想之間的複雜相互作用。要把一個人全人的需要都考量進去，但又不能讓組織付出代價。

　　跟指導有關的活動包括交待下屬、激勵、協調、管理差異、管理變動。指導（directing）的另一個說法是領導（leading）。最近去過書店的人就知道有很多關於領導主題的書出現，不論從世俗或基督教的觀點來看，領導的主題現在廣為流行。然而這不是說在事工領導者當中這是新的主題。事實上，與指導有關的活動，在聖經裡處處可見。神很在乎是

誰在指導人致力於事工，而這些努力又如何進行。限於篇幅，我們不會詳細分析每個活動，但每一項舉幾個例子會有幫助。

授權（*Delegating*）

創世記一開始就說到，神把管理受造物的責任交待亞當（創 1:28-30）。在二十四章我們看到不尋常地記載著亞伯拉罕交待為兒子以撒找一位妻的重要責任。亞伯拉罕交待最重要的僕人回到亞伯拉罕的故鄉，從親戚當中為兒子以撒找一位妻。有關舊約其他交待下屬的例子包括摩西把審判的責任給七十位長老（出 18:17-27），後來把軍事領導的責任交待約書亞。

在新約我們讀到耶穌把傳福音事工的責任交待給七十個門徒（路10:1-20），也給十二位使徒（可 6:7-13）。馬太福音 28:19-20 與使徒行傳1:8 的大使命，則是另一個耶穌把事工交待給跟隨者的例子。使徒保羅交待事工責任給他所建立的每個教會的長老們，把服事委託給他們（徒14:23）。他在革哩底把監督之責交待給提多，並鼓勵他要忠心（多 1:5-9）。

激勵（*Motivating*）

神用獨特的方式激勵人。有時候用強而有力的方式，例如祂激勵羅得與家人離開所多瑪（創 19 章），或要約拿去尼尼微（拿 1 章）。在舊約我們看到無數的例子，都是人因權、性、貪、錢、自私野心的慾望而採取行動。

在新約，耶穌為我們立下榜樣，激勵人因愛、不自私的服事、委身、忠心、謙卑這些美德而回應神。這與我們稍早在聖經上看到人所用的激勵方法大相逕庭。耶穌激勵跟隨者去服事，是要人出於對神所做的一切心存感激。本質上，既然神藉著差遣耶穌為我們死在十架，顯明了祂對我們的愛，我們怎麼可能不服事祂呢？耶穌想用內心的動機而非外

在的東西來激勵門徒。祂藉著比喻和故事用弔詭的教導，顯示了激勵員工的不同方式。最主要的就是看內心。

　　使徒保羅寫出他對委身服事這個主題的思考。在哥林多後書 11 章記載保羅個人的受苦，我們可以一瞥是什麼激勵了保羅？保羅雖然遭受這麼多艱難，他最關心的不是自己的安危生存，而是他所創立又牧養的教會的光景（林後 11:28）。在他生命快要終了時，他揭露了服事的動機：「那美好的仗我已經打過了，當跑的路我已經跑盡了，所信的道我已經守住了。從此以後，有公義的冠冕為我存留，就是按著公義審判的主到了那日要賜給我的；不但賜給我，也賜給凡愛慕他顯現的人。」（提後 4:7-8）因為保羅看自己是罪人，需要赦免，這就是他被激勵服事基督的原因，一旦得到了赦免這禮物，他表達他那犧牲的服事不是為了名聲、認可、物質收穫，而是為了要聽到他的主說：「做得好」這句永恆的獎賞。

協調（*Coordinating*）

　　我們不用看很多聖經內容，就會看到神在創造時的協調工作；約瑟在埃及七個豐年時協調物資來源以預備七個荒年；摩西在曠野的年間協調十二支派；約書亞在整個征服迦南的過程中協調以色列軍隊；大衛在治國時協調的分工；所羅門協調大家努力建殿；以斯拉與尼希米所協調的重建聖殿與耶路撒冷城牆；以及舊約許多傳悔改信息給以色列的先知所涉及的協調。

　　在新約我們看見協調的證據，就在門徒的訓練上，這點我們已經提過。同樣的，我們在早期教會看到的協調有揀選馬提亞代替猶大（徒1:15-26），揀選七個執事（徒 6:1-6），安提阿教會差遣保羅與巴拿巴出去宣教（徒 13:1-3），以及保羅努力為耶路撒冷受苦的教會收集奉獻。這些與其他可被提及的服事，並不是忽然發生的，而是需要努力在教會間與各事工領導者間的協調。

管理差異（*Managing Differences*）

　　神是充滿創意的神。我們從他的創造看得到那獨特圖案的各種顏色、質料、形狀、尺寸與設計，顯示神創造的傾向。神獨特創造中最主要的是人。我們看見人在起源、個性、結構各方面的多樣性。很自然地，因這些多樣性，我們有個人的差異。當這些差異進入教會，我們就不驚訝這會帶來張力。多數人不喜歡改變，也沒有預備好遷就差異。

　　從舊約創世記第一章我們就看到差異的管理，因我們發現亞當、夏娃的孩子們有顯著的差異。我們讀到該隱是農夫、亞伯是打獵的。這種個人的獨特性，需要亞當、夏娃用不同的方式來養育他們。手足間的差異在以撒的後代雅各與以掃間再次發生。如果有做父母的必須對不同的兩個孩子做差異管理時，就非這兩個兒子莫屬了。上述兩個例子值得注意的就是神針對個人來處理。神對亞伯拉罕的指導與對雅各的不同。神管理士師、君王、每個先知都不同，神考慮每個人的獨特性與背景。

　　差異管理的極佳例子在撒母耳記上 25 章拿八與亞比該的故事。拿八似乎羞辱了大衛王，他差點喪命。當大衛已經上路要討伐他時，拿八的妻子亞比該帶著食物供應來見大衛與跟隨者。聖經說亞比該是聰明俊美的（撒上 25:3），顯然她用智慧處理了丈夫與大衛王之間的差異。結果她保住了自己的性命，丈夫心臟病過世後，她嫁給了大衛。

　　在新約我們看見耶穌也對人有不同的回應。有時候他當面質疑宗教領導者（太 23），也有時候他對待他們如同密友，尊重地對他們說話（約 3:1-21）。有時候耶穌對門徒強力的當面質問（可 8:33），有時候他肯定並恭賀他們（太 16:13-19）。有一次耶穌進耶路撒冷城時為居民哭泣（路 19:41），但不久之後，我們又看見他厭惡地踢翻他們的桌子（太 21:12）。耶穌考慮到他面前來的人的個別需要，不會只用相同的方式。管理個別差異需要有很強的洞見與洞察力，通常需要長時間才能發展得出來。

管理變動（*Managing Change*）

關於服事，如果可以確定地說些什麼，那就是我們面對人的時候，一定要能接受想不到的事情。很少有一個服事計畫是可以從頭到尾不做些計畫外的變動。隨著改變而來的就是衝突。我們觀察大自然就知道這個真理，只要有生命的地方就會有變動。活的東西不會一成不變。事工通常也涉及變動，不是這種變動就是那種變動。在舊約我們發現神允許變動，從以神為中心的政權模式改變為君主模式。這代表了與神原本計畫的很大改變。從神人之間原本有中間領導者（例如亞伯拉罕、以撒、雅各）的系統，變成整個國家被揀選成為與神有特殊關係的系統。進到新約，我們發現每個信徒都藉著基督救贖之工，有特權進入這種神人的特殊關係中。

神一直在進行使我們被磨成神兒子模樣的工作，這種改變與轉化，是一生之久的過程（林後 5:17）。屬靈形塑的這種過程，是新約的核心主題之一。在成熟的過程中，需要不斷從舊性情改變為新性情，從脫掉敗壞的血氣到穿上在基督裡不敗壞的性情。如同保羅對腓立比的信徒所說：「我深信那在你們心裡動了善工的，必成全這工，直到耶穌基督的日子。」（腓 1:6）屬靈的塑造是個長期過程，要向自己死，向我們生命中聖靈的工作活。

評估（Evaluating）

世俗管理學課本上最常用的字眼就是控制（control），這是管理功能的最後一個。控制的定義是為了確保能完成組織的目標而有的進展過程。控制有不同形式，例如簡單的預算或複雜的 PERT 表格。**控制**這個用詞在教會會眾間並不總是被正面接受，因為聽起來太過操縱或強迫。我們比較喜歡用**評估**。**評估**很肯定是符合聖經的觀念，因為與管家的觀念很靠近，例如，我們知道神呼召我們作忠心的管家，管理祂事工的資

源，有一天我們要「將如何使用這些資源的結果」向神交帳。這就是評估，是很單純的事情。

在教會事工中的評估，可定義為將神託付我們的資源，用會計方式管理的過程。包括設備、財務、人事、其他物件實體的使用評估。評估有四步驟：需要（1）某種報告系統的形式（2）一套可作比較的評估標準（3）發現差異後的修正計畫（4）忠誠達標者的獎勵制度。每個步驟都有清楚的聖經證據。

報告系統（*Reporting Systems*）

舊約記載了各種有效的報告系統。最明顯的，我們從神與亞當、夏娃在伊甸園直接的回應與對話開始。神知道他們的狀況與生活條件，一旦發現他們墮落就立刻當面質問他們。他們知道自己要為自己的行為向神負責。雖然他們互相諉過，但還是必須接受所作所為的後果（創3）。接著不久，該隱也要為自己與兄弟亞伯的人際關係功能不善而負責（創4）。

在整個舊約，神都維持一種「個人必須負責」的評估系統。我們從神對摩西、約書亞與之後的士師都看到神的這種評估系統。掃羅王、大衛王、所羅門王、王國分裂後的王，都被神要求要為自己的行為負責。身為領導者並不能使他們豁免神對道德標準的要求，他們仍然要對自己的動機與行為負責。神使用先知作為一種媒介，來替以色列國負責。神並不是設立一個國家之後就走開不管。祂提供一種能經常藉著先知的事奉得到神的回應與指導的方法。

在新約，主要的報告系統在於聖靈獨特的角色與職事。耶穌啟示了一部分的這種「聖靈管理」的角色，因祂說：「我要求父，父就另外賜給你們一位保惠師，叫他永遠與你們同在，就是真理的聖靈，乃世人不能接受的；因為不見他，也不認識他。你們卻認識他，因他常與你們同在，也要在你們裡面」（約14:16-17）「只等真理的聖靈來了，他要引導

你們進入一切的真理；因為他不是憑自己說的，乃是把他所聽見的都說出來，並要把將來的事告訴你們。他要榮耀我，因為他要將受於我的告訴你們。」（約 16:13-14）

之後在使徒行傳，門徒在做事工決策上，讓我們清楚看到他們與聖靈間的報告關係：「他們事奉主、禁食的時候，聖靈說：『要為我分派巴拿巴和掃羅，去做我召他們所做的工。』於是禁食禱告，按手在他們頭上，就打發他們去了。他們既被聖靈差遣，就下到西流基，從那裡坐船往塞浦路斯去。」（徒 13:2-4）從這些經文與其他無數經文來看，很明顯地，教會領導者藉著聖靈的工作，發展出一個神與他們之間清楚定義的報告系統。禱告就是對話與溝通的導管，教會被告誡要藉著禱告，把一切需要與關切帶到神面前，使事工保持活力。

設立表現標準（*Establishing Performance Standards*）

我們已經指出了不少神規定百姓的標準。不論舊約、新約，我們都看到神對服事資格的命令與指導。十誡可能是神對百姓的行為表現最值得注意的標準。再者，摩西五經中有許多其他的律法，也是給「想要與神有關係」之百姓的行為表現的標準。而對於想作領導者的人也有其他的標準，一個人是否適任是有嚴格標準的。

只有願意的心對服事是不夠的，還要求有其他的元素，如純淨的生活方式、個人紀律、謙卑等。要成為事工領導者的這些要求是嚴格的，不論在舊約、新約這些都很具體，敬拜要如何進退也都有規定。在許多方面來說，神允許人在服事原則的應用上有很大的自由，但如果有規定的標準，就要切實遵循。

在今天的服事背景下，多半都用工作說明書（job description）來把組織對事工領導者的期待寫清楚。事工領導者擔起這個職位就沒有藉口說不知道別人的要求。教會對此職位的期待是什麼？應該在領導者的工作說明書中講清楚。這樣的行為的表現標準應該清楚表達了在上位的負

責人的期待。

　　除了比較明顯的期待是寫在工作說明書上，多數事工還有政策與程序手冊，以確保能把行為的表現標準溝通得清楚。舉例來說，今天許多教會要求牧師在輔導異性時，辦公室的門要開著。同樣的，男性青年牧師不可在教會活動結束後開車載年輕女孩回家。基於最近的訴訟事件增多，許多教會也設立了額外的行為表現標準，例如使用教會車輛、誰能接送年輕人、有哪些限制等，這些行為的表現標準都該寫下來，以消除混淆。

發展修正行動計畫（Developing Corrective Action Plans）

　　舊約規定了各種修正行動。利未記 4 到 6 章詳述了獻祭者要得到神赦免的細節與教訓。民數記 5:5-7 教導了人得罪別人要如何和好。虧負者要對被虧負者如數賠還，另外加上五分之一，也歸與所虧負的人。同樣的，利未記第 6 章說，若有人說謊、偷竊或欺騙別人，「他既犯了罪，有了過犯，就要歸還他所搶奪的，或是因欺壓所得的，或是人交付他的，或是人遺失他所撿的物，或是他因甚麼物起了假誓，就要如數歸還，另外加上五分之一，在查出他有罪的日子要交還本主。」（利 6:4-5）

　　有時候舊約的修正行動很嚴厲，例如對於把獻兒女給假神為祭的人，讓社群其他人用石頭打死他（利 20:2）。同樣的，若有人咒詛父母或行淫，也要被處死。這麼嚴厲的糾正處罰行動，是為了要殺雞儆猴：「以色列眾人都要聽見害怕，就不敢在你們中間再行這樣的惡了。」（申13:11）

　　新約中修正行動的例子也很多。耶穌要糾正祂那時代的假宗教領導者的神學，就用神的道責備他們，耶穌也展現富有個人紀律的生活。祂與多數人接觸時很溫和，但必須要給人修正行動時並不害怕，這些人的態度就是不肯接受批評，耶穌的立場是很堅固的。在馬太福音 18 章，耶穌給我們一個教會紀律的模範。教會在需要給人修正行動時該用這種

形式，並要以正確的態度恰當使用。

我們看到一個嚴厲糾正的例子，就是彼得質問亞拿尼亞與他妻子撒非喇在賣田產金額一事上的說謊（徒 5:1-11）。我們也看到保羅當面質問彼得（加 2:11），以及用教會紀律來處理哥林多教會的問題。使徒約翰寫信給七個教會，評估他們的事工。雖然信中對一些教會有稱許，但其他教會也受到未忠心服事的嚴厲責備。在糾正的最後，約翰寫著：「聖靈向眾教會所說的話，凡有耳的，就應當聽！得勝的，我必將神樂園中生命樹的果子賜給他吃。」（啟 2:7）

有趣的是，我們注意到新約勸告信徒要自我評估。我們被挑戰要管理我們的修正行動計畫，找出評估自己的方法。如果我們一走偏就可修正自己的行為，就不需要從別人手中接受糾正（林前 11:28；林後 13:5）。使徒保羅說我們要過自我節制、有自我紀律的生活，免得我們被棄絕，不夠資格服事（林前 9:26-27）。

提供獎勵（*Providing Rewards*）

聖經在很多地方都說到獎勵。神對忠心順服祂命令之人的獎勵是豐盛慷慨的。當以色列國順從神的律法而生活，祂的賜福與獎賞是很豐富的。申命記第七章提到神對遵守誡命者的許多獎勵，包括家族人數增多、收成豐富、牛犢多產、免於飢荒、災病、仇敵。甚至生命本身的存活也可視為從神來的獎賞（申 8:1）。

新約也證明了神的獎賞。那些藉基督與神有個別關係的人可以得到永生（約 3:16），他們被神收養成為神家裡的人，有兒子的名分（弗 1:5），能繼承產業（弗 1:11）。我們得到祂在基督裡賜給我們天上各樣屬靈的福氣（弗 1:3）。忠心的服事者會得到天上的賞賜（林前 3:11-15）。也許最大的賞賜就是信徒能與神有特別的關係，如同亞當、夏娃在伊甸園曾有的那種「神在他們當中行走」的關係。不再有眼淚、死亡、悲哀、哭號、疼痛（啟 21:4）。

綜上所述，我們看見世俗的管理系統所用的管理原則並不新，大多數這種企業管理原則的根源源自舊約與新約時代。神布局了井井有條的宇宙，又提供人清楚的方向去維持那次序。因為記得以上這些，所以我們綜合出這些與聖經教導相關的管理功能。

神學整合所得的普遍原則
（Axioms of Theological Integration）

1. 神是一位有目的性、規劃的神：從神啟示出來的性格到祂創造時親手做的工，神都很主動從事計畫的每個過程。從聖經第一頁開始，神就以滿有目的的次序與結構形成了世界。宇宙不是從原子經過偶發的某種宇宙大爆炸形成的，而是神計畫、塑造、現在又按著統管定律仍然維持著的。神藉著複雜的蒸發、冷凝、降雨的過程，每日用水補充世界的需要，顯示祂細心的計畫。受限於篇幅，我們無法提供許多例證，但以上所述已經在在提醒了我們神的深思熟慮。不相信神是一位計畫大師，實在是侮辱了神的性格，更別說祂為我們所做的精心計畫有多少了。

就如同神仔細計畫才創造了宇宙，祂也維持宇宙的運轉。祂謹慎選擇自己的方式，帶著權能有目的有方向的統管受造物。祂期待人也用同樣的方式過活，這點我們應該不驚訝。有些信徒把自己與神的關係看成信心盲目的一躍，毫不思考目的，也沒有方向。神要我們過有信心的生活，但經過仔細計畫與方向指引，才能最大化的強化信心。我們選擇一生另一半、大學的主修、職業生涯、生幾個孩子，都該顯示某種程度的計畫，而不是偶然隨機的方案而已。我們管理神的事工也該如此。我們事工的活動內容應顯示出細心的規劃與設計。我們要完成大使命就像軍隊要有作戰策略，攻占一個山頭接著一個山頭，直到敵軍領土全部被占領。這些都需要仔細的計畫。

2. 神較喜悅以清楚設立組織架構的模式來運作：我們在創造上

（神、人、環境的架構），家庭的設立上（基督、丈夫、妻子、兒女）、教會（基督、長老、執事、會眾），都看到這一點。神給人類對於家庭、社會、教會的組織架構。祂想要這種規定的結構，若沒有組織架構，最後會變成無政府狀態，進入混亂。

3. 神對想要服事祂的人設立了明確（Specific）的資格：這一點我們在大祭司職分上、利未人的角色上、教會領導者職位（長老、執事等）看得到。這些領導者的資格沒有商量的餘地，不能公開辯論或妥協。神有高標準，值得我們用最大的努力去代表祂並服事祂。

4. 神揀選祂所想要使用的人：神不總是按著人所預備的來用，因神會考慮僕人的內心。動機是很難判斷的，因我們要從人的外面活動和行為中才能證明他的動機是什麼。我們的能力受限，無法看到人的內在思想，但神不受限。神能判斷人的思想，在我們的行為彰顯出動機之前，就能知道人的動機。神檢視人心，並按人心提出修正與獎勵。

5. 神會為了事工來訓練祂所揀選的人：這會經由各種不同管道，如正式的訓練、抓住可教導的時刻、個人危機、忽然出現的未經計畫的機會。神期待祂的僕人維持終生學習的態度，才可以繼續有個人的屬靈成長。神不總是在我們的預測之內，祂的方法當然不總是我們的方法。神的方法經常都超出我們所能理解的。正式的學位對事工很有幫助，但神選擇僕人時不受此限。學位有其地位與重要目的，但也能因人的驕傲或缺乏願意嘗試新東西的心而變成絆腳石。

6. 神不鬆手：在「指導」的段落中我們已經說過，神並沒有創造了世界就一走了之。祂在我們生命的事件中，保有主權，祂想在我們不斷的屬靈轉化中有祂的角色。祂的目標就是看到我們長大而有祂兒子的模樣。對我們大多數人而言，這是很重要的超自然的介入與指導，是一生之久的過程。

7. 不可對服事輕忽：神對我們的服事和誰代表祂都有期待。祂規定了過敬虔生活的行為準則，而且對這些標準有忌邪的心。不能達標的人

將會有糾正行動的計畫，也會按此來審判人。謙卑又受教的人，可以藉著經常評估自己的生活方式是否符合神的道，而加速成長的歷程。如果我們能自省，就不需要對方很多糾正。教會中的屬靈紀律是一種糾正行動，神期待教會在需要的時候行使教會紀律。對基督忠心的人將會有豐富的獎賞與賜福。

第二堂
管理的神學
A Theology of Administration

詹姆斯·伊斯泰普

　　好幾十年來，人試著定義並理解管理的觀念，這一直是研究的焦點。許多人已經想辦法定義這詞彙、解釋這理論、也提供相關的合理活動。一些基督徒作者試著決定「管理是不是中性價值？」的觀念，還是「該在神學脈絡下與組織機構內的一個東西？」舉例來說，非基督徒與基督徒在執行管理功能時，是否有差異？應不應該有差異？大家竭力想斷定是否有一個叫作管理的神學存在，若是存在，這樣的神學要如何說出來？這一堂的焦點就是要回答這些問題。

對於管理的當今進路（Approaches）

　　關於管理的基本議題，有好些方法可以用來檢視與探索。每種進路都會帶來些微不同的觀點，整合起來就可以給認真的學生一個管理領域的綜合概覽。在公共領域有六個主要的管理範式被提出來，顯示了六種管理進路，特別是關於管理者的角色要如何提高員工的效能、效率或生產力。這些管理範式的摘要如下：[1]

古典的（Classical）：由上而下層層負責的管理，是單向的進路，由專家或權威做決定。對員工的期待就是緊緊遵從專家給的指令就好。這種觀點是泰勒（Fredrick W. Taylor）所信奉支持的。

行為的（Behavioral）：用心理學的方法管理，藉著更了解員工去找尋增進員工效能的方法，而非把任務做更好的定義，或激起員工的動機。這種觀點是梅奧（Elton Mayo）所信奉支持的。

管理科學（Management Science）：用科學或數學方法來管理，這是在二次大戰後發展出來的，為了增加員工的生產力。用科學和數學方法使任務更容易明白，更有效能（也被稱為作業研究 Operations Research）。這種觀點是司馬賀（Herbert Simon）所信奉支持的。

權變（Contingency）：這是一種情境式的管理，此觀點認為最能提高效能與生產力的過程，就是在特定情境下使用正確的領導風格，也就是說，領導要看情況而定。這種觀點是菲德勒（Fred Fiedler）所信奉支持的。

X 理論 Y 理論：麥格雷戈（Douglas M. MacGregor）使這個理論流行起來。此觀點是用人性方法管理，而管理決策與發動是基於人對工作倫理的假設。X 理論認為員工通常都很懶惰、麻木、不負責任，只對紀律有反應。相反的，Y 理論認為人是有活力的、參與的、有責任感的，對獎勵有很好的反應。

Z 理論：這是用參與的方法來管理，強調要形成有共識的決策，看重團體成就而非個人成就。雖然這種管理的觀點源自日本，最近在美國也流行起來。它用兩種管理模式來表達：工作生命的品質與品管圈。這種觀點是歐屈（William G. Ouchi）所信奉支持的。

我們知道把管理研究應用到企業已經很多年了，但教會呢？這些方法與定義有沒有應用於非營利組織，如營地或宣教機構呢？信仰團體有獨特的情境，但也會面對需要運用管理觀點的處境，上述的理論是否在這種獨特的教會性質下可以立即應用？舉例來說，教會幾乎全都靠自願

者參與，哪一個上述的管理方法能反映這種以自願者為主的機構氛圍？同樣的，上述方法假設管理的主要目的就是提高員工的效能、效能或生產力；而在教會，「員工」本身就是事工的主體，而不是他們的效能、效能或生產力。在教會的情境中，人的本身就是管理的焦點，而不被視為是為了達到目標的工具。

對於福音機構，只是重新定義管理的情境變成信眾團體是不夠的。管理要有效，一定要在組織內先定義，並需要在組織與職位的形塑上都更有影響力、更重要的一些東西。這些東西就是神學的範式，是基於對聖經綜合的認識而有的。

管理時應用神學的必要性

討論管理時，神學的地位總引起爭辯。[2] 事實上，務實的或企業的模式主導了教會事工的管理方法，甚至在基督教教育上也如此。波林（Poling）和米勒（Miller）觀察到：「多數的規劃與管理理論比起實踐神學（Practical Theology）代表了更務實的進路。」[3] 這主要是因為我們缺少神學思考的管理方法。因為沒有獨特的基督徒管理觀念，許多事工領導者就單單接受了世俗的管理理論與實踐，沒有神學上的深謀遠慮。舉例來說，70 年代中期，強生（Johnson）注意到「教會把管理的『流程運動』（process movement）帶進來，毫無評估就開始運作，對此運動的神學意涵也一點模糊概念都沒有。」[4]

缺少神學思考的管理方法造成的結果是二分法，其特徵就是缺乏把教會的神學文化和管理文化整合起來。從募款來舉例，如果用了世俗的花招鼓勵大家給予，這與使徒保羅勸誡的「捐得甘心樂意」如何整合？有沒有一種觀點是符合神學的募款方法？今天的人怎麼看慕勒（George Muller）那種只靠禱告與等候聖靈感動人奉獻的哲學？

保羅對事工中的廉正（integrity）很看重，在哥林多後書 6:1，14

說：「我們與神同工的，也勸你們不可徒受他的恩典。你們和不信的原不相配，不要同負一軛。義和不義有甚麼相交呢？光明和黑暗有甚麼相通呢？」

　　管理從基督徒的觀點來看不是中性的，卻能很實際地表達一個人的神學與哲學觀點。因此，事工領導者要建立純正的神學信念成為管理的核心是很重要的，並要找尋一些途徑，以整合符合聖經的神學與管理的理論。正如瑞許（Myron Rush）評論的：「這麼多基督徒組織接受了世界的管理哲學，真是可悲，他們想用與聖經原則截然相反的管理哲學來完成神的工作。」[5] 這種對於管理態度是否符合神學的憂心不只是對組織機構，也是對個人與牧養方面的。如果事工領導者（受薪或義務的）將他們的管理責任用相反於他們神學信念的方式來執行，他們顯然就是騙人的，是假冒為善的。很顯然這對服事的環境沒有助益。正如博得思（Broadus）觀察到的：「牧師的領導風格就傳遞了他的神學；他的神學又支配了他如何領導別人。」[6] 一個人不可能一手握著神學，用另一手來管理；兩手必須緊緊合握，整合成一個執行事工管理的一致進路。

　　想要在教會有整合、整全的管理方法，就靠「一種強烈的信念，這信念認為事務的決策與屬靈的靈敏在一個教會生命中是相輔相成的，特別與那些負有領導責任的人有關。」[7] 如果缺少了這種整合，教會這兩種有影響力卻又各自分別的獨特功能，對於會眾的需要就不會有又符合神學又可管理的一致作法。波林和米勒評論：「太常發生的就是教會領導者企圖對於組織上的問題給一個屬靈的答案，而對屬靈的問題給一個組織上的答案。以致大家認為管理不重要、沒趣、不屬靈。」[8] 事工在神學方面與組織方面不該互相矛盾，而該彼此共同協調一致。

為了教育的管理而發展的神學架構

　　正如基督教教育的群體鼓吹「教育必須有神學的進路」，同樣的，

圖表 2.1　事工基模（Schema）

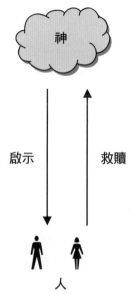

我們也該推動並教育基督徒一種符合神學的管理。有一個提示關於事工的基礎神學，說明了簡單的思維模式，如圖表 2.1 所描繪的，[9] 神啟示自己給人類，人類則個別地或整體地（例如教會）以信心回應神，與神和好。人回應神的主動自我啟示，以致人與神恢復關係——救贖。如此的思維模式所表達的，事工開始於神回應人（個別或整體）的需要而給人啟示與救贖活動。因此，就帶我們進入管理神學的五個元素：基督徒對管理的進路必須首先以神為中心，最重要的也是以神為中心。第二，必須回應人的情況。第三，以神的啟示為根基。第四，必須有救贖性。第五，對形成獨特的群體有貢獻。

　　我們需要的是教育的系統神學，能與教會的教育管理主題有關係。[10] 圖表 2.2 正是這樣的一個對於基督教教育的神學架構，至終有關

圖表 2.2　管理的系統神學

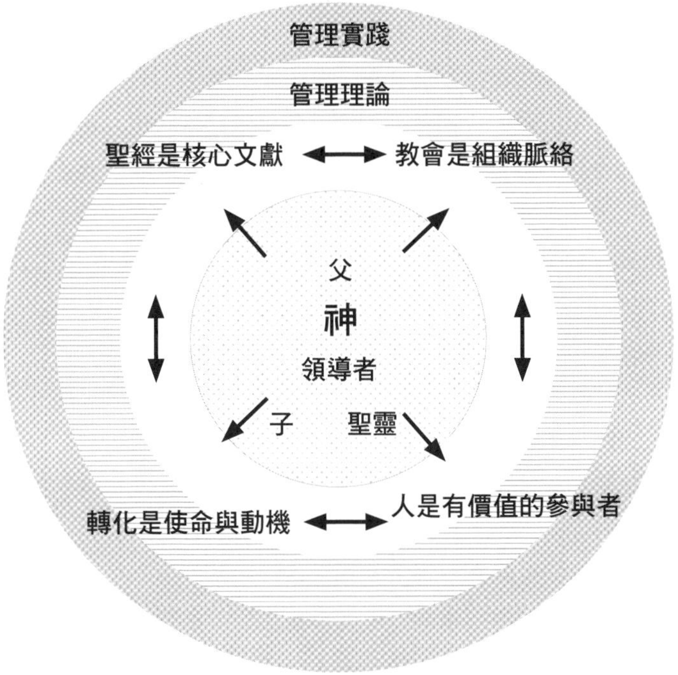

管理。這是一個考慮到神學，而用管理方式的表達，包括了幾個組成部分：

- 以神為中心：神是領導者。
- 對神的啟示有回應：聖經是核心文獻。
- 形成獨特的群體：教會是組織的脈絡。
- 救贖為目的：轉化是使命與動機。
- 回應人的需要：人是有價值的參與者。

　下面說明的是在管理的系統神學中的每一個元素。

以神為中心：神是領導者

正如對任何事情一樣，我們基督徒的討論必須從神開始，包括基督教的教育與管理。「耶穌進前來，對他們說：『天上地下所有的權柄都賜給我了。』」（太 28:18）這實在是再明顯不過了，教會最終的能力權柄是神。教會中出現的任何權柄與能力都是祂給的，也是從祂延伸的。保羅寫信給哥林多教會，談到困擾教會的問題：「所以，我不在你們那裡的時候，把這話寫給你們，好叫我見你們的時候，不用照主所給我的權柄嚴厲地待你們。這權柄原是為造就人，並不是為敗壞人。」（林後 13:10）他強調神的權柄，而保羅使用這權柄在事工中時，他寧願用在救贖而非處罰的用途上。

至終，神是教會唯一的權柄。我們只是祂事工的管家，而非事工中的權柄。因此，此神學架構中的其他元素的目的與能力也來自神——聖經是神的話語，教會是神的百姓，轉化是神的救恩，人有神的形象。基督徒對管理的進路必須以神為中心。正如基督教教育以神為中心，教會事工的管理也必須以神為中心。

所有管理活動至終要證明能榮耀神。這使得基督徒的管理有一個獨特的要求，特別是對於有管理角色的人有所要求，因為他們必須彰顯謙卑與僕人的服事態度。基督徒的管理者要謙卑地站立在神面前，神是他們的領導者，管理者與一起服事的人「以僕人的態度」在神面前服事神。就像這樣，我們被呼召要有更高的標準，至終要向神效忠。「無論做甚麼，或說話或行事，都要奉主耶穌的名，藉著祂感謝父神。」（西 3:17）如果古典的管理模式是由上而下層層負責的管理，專家是權威，那麼對於基督徒的管理者而言，神是教會的頭，是所有事情的權柄。在管理結構的金字塔中，神在最高峰，這是保留給祂的位置，非任何人類管理者可達。

對神的啟示有回應：聖經是核心文獻

　　每個機構，甚至包括教會，都有核心文獻。核心文獻是為了讓此機構設立的任務、異象（或譯願景）、目的、核心價值有一個基本聲明。這些價值能引導機構度過時間與文化的變動。對於事工領導者，聖經是機構的核心文獻。以聖經為基督徒管理的根基有其理由，因為聖經肯定神的權柄（林前 2:10-13；提前 3:15-17；彼前 1:10-12, 21；彼後 1:20-21, 3:2, 15-16）。神給人特別的啟示，我們所有人都必須回應，基督徒領導者被驅使要形成管理的一種模式，要與神已表達出的設計一致。使徒保羅確實地說，聖經都是「為教訓我們」寫的。（羅 15:4；林前 10:5-11；提後 3:15-17）聖經對基督徒教育的影響不只是提供教訓，還延伸到給予方向、教育模式、做決策的價值觀，以及管理與教導的方法。

　　聖經像是管理決策與功能的導管。也許在新約中最好的例子之一就是發生在主後五十或五十一年的耶路撒冷大會。使徒行傳 15 章記載了使徒、長老與教會其他領導者們聚集商量「是否允許外邦人直接進入教會的問題」，是否不必要求他們先成為猶太人、受割禮、承認摩西律法。巴拿巴和保羅分享他們的第一次宣教旅程經驗之後（徒 15:12），特別提到外邦人對基督的信心回應，雅各加入討論後肯定地說：「眾先知的話也與這意思相合。」（徒 15:15，引用阿摩司書 9:11-12）然後雅各做結論說：「所以據我的意見，不可難為那歸服神的外邦人。」（徒 15:19）

　　一旦給了決策，被聚集在耶路撒冷的人接受了，一份書寫的決策聲明就預備好了，也給了外邦信徒，像是把組織政策設立起來（徒 15:22-30）。事實上使徒行傳 16:4 的條規（dogma）一詞在英文 NIV 譯本翻譯為**決策**（decision），其他地方翻譯為**旨意或命令**（特別講到王的決策，路 2:1；徒 17:7），用來形容決策與書寫下來的文件。表示這是一種正式的決定，帶有某種程度的權柄。正如同這樣，聖經是事工領導者主要的鏡片，領導者透過鏡片，從中獲得教會活動的管理原則與實踐。

形成獨特的群體：會眾是組織的脈絡

　　管理就意味著在一個組織的脈絡裡。群體的大小、特性、委身度，塑造了管理的形式，正如管理也塑造了群體。教會如同組織，是有結構（正式與非正式）的、有人際關係、有規定的角色與功能、有程序與政策（說明清楚或暗示的），然而教會不單是組織。教會是什麼，不能與教會做什麼有矛盾。「是什麼」與「做什麼」要一致。

　　聖經中，教會很少被形容為一個被組織驅動的形象，比較多的味道是質的形象，像基督的身體（弗 4:12），基督的新婦（弗 5:22-32），神的羊群（彼前 5:2）或神的家（弗 2:19）。這些形象強調個人與神關係的面向，而非組織架構的面向。因此，基督徒管理不該與教會是身體這觀念矛盾，或非常不看重這個觀念。理查茲（Lawrence Richards）所著《教會領導的神學》一書（*A Theology of Church Leadership*，中文書名為暫譯）論到教會是個有機體，不是一個機構，混淆這兩者已經讓信仰團體產生困境。然而，就算他肯定管理對於保存與增進有機體的健康很重要，會使組織成長，最好還是把管理限制在「對於此身體聚集成為有機體絕對需要的事情」。[11]

　　很顯然，我們需要整合理查茲指出的「把教會視為有機體而非機構」的這種看法。教會的基本管理不可以干涉或取代教會為基督身體這終極的身分。一個有機體，就如人的身體，在功能上是高度有組織與策劃的，因此，有機體的觀念與組織的觀念並不一定是互相矛盾的。

　　事實上，教會的管理服務之所以存在，是要保存因基督而有的內在合一，促進會眾的成熟品質：「他所賜的，有使徒，有先知，有傳福音的，有牧師和教師，為要成全聖徒，各盡其職，建立基督的身體，直等到我們眾人在真道上同歸於一，認識神的兒子，得以長大成人，滿有基督長成的身量。」（弗 4:11-13）

　　組織與管理永不可能取代教會屬靈方面的面向。組織與管理可以保存與建立基督身體的合一，教會有事業的部分是要服事與支持教會如基

督的身體。

救贖為目的：轉化作為使命與動機（*Mission and Motive*）

事工的終極目的是在基督裡的屬靈成熟，不論個人或整體。保羅寫著：「我們傳揚祂，是用諸般的智慧，勸戒各人，教導各人，要把各人在基督裡完完全全地引到神面前。」（西 1:28）轉化成為更像基督是一個逐漸形成的過程，不是在歸信的時候就完成的。這個過程在聖經中以深化我們與神的關係來反映（特別是弗 2:1-10 與林前 2）。[12] 轉化的過程可以分為四個屬靈狀態來描繪：

- **天然的狀態**（Natural Status）：人有罪的地位，與神隔離，需要歸信。（參林前 2:6-8，14；弗 2:1-3）
- **不成熟的狀態**（Immature Status）：人被救贖的地位，但在信仰上不成熟，像嬰孩。（林前 3:1-3；弗 2:4-9）
- **屬靈的狀態**（Spiritual Status）：人被救贖的地位，但在基督裡是成熟的。（林前 2:10-13，15-16；弗 2:10）
- **永恆的狀態**（Eternal Status）：人永恆的地位，在天上與神同在。

因此，屬靈成熟是漸進的轉化過程，從歸信開始像枝幹往上生長。如彼得所寫：「就要愛慕那純淨的靈奶，像才生的嬰孩愛慕奶一樣，叫你們因此漸長，以致得救。」（彼前 2:2）基督徒的轉化有特定時間點（歸信）與漸進過程（成聖）兩種性質。

我們必須理解基督徒管理的終極任務是幫助個人在教會與群體中轉化。如前面所提的，基督徒管理的目的**不是**增加員工的效能、效能、生產力（視員工為達成目的手段），而是以個人轉化為目的，幫助他們在信心團體中成長。事工領導者的管理是為了靈性的理由與目的，不是為了官僚組織或只是機構所必須的而已。當我們逐漸向著在基督裡的靈性成熟邁進，也希望別人成熟，轉化就不僅成為我們的使命，也是我們的動機。基督徒管理的目的就是能幫助轉化的過程，使個人成長，至終會

渴望在會眾中服事，成為事工中有價值的參與者。

回應人的需要：人是有價值的參與者

所有當代的管理模式對人的天性和員工的反應都有些假設，每種假設對人性都有偏見：負面與正面，個人與整體。基督徒管理者把人的價值看得很高，因為人是照**神的形像**（imago dei）所造的，是神創造行動中很獨特的，神的形像是男女平等享有的。（創 1:27）這形像可以用許多面向來形容，很顯然其中一項是被造的人可以與創造的神溝通。在創世記 1-3 章我們看到這形像受造時是無罪的，後來在自由意志下犯罪而破碎，卻因神應許的救主耶穌基督來到而可恢復。

既然人的天性本身不是靜止僵硬而是不斷轉變的，所以福音神學對人性的基本假設是人性可以轉化的，這是根據羅馬書 12:2：「不要效法這個世界，只要心意更新而變化，叫你們察驗何為神的善良、純全、可喜悅的旨意。」基督徒管理者使用的方法對比於世上許多管理的方法應該更柔和有彈性。然而，因為要回應員工不同的成熟度、是否預備好、能力等等，所以領導者風格也要不同，在此前提下，管理的權變模式可以給基督徒管理者提供更可應用的模式。

海伯瑪（Ronald Habermas）對**神的形像**指出三種「實際面向」：（1）已轉化的態度（transformed attitude）對待別人（2）已轉化的行為（3）對不同人性有更大的欣賞（greater appreciation for diversity）。[13] 對基督徒管理者來說，不論個人的屬靈狀態（天然的／未得救的，屬肉體的／不成熟的基督徒，屬靈的／成熟的基督徒），或個人在機構內的職位，或他們工作表現的水準，他們都擁有**神的形像**，值得享有受尊重的人際關係、被管理者有尊嚴地對待。雅各注意到與此相反的情況：「我們用舌頭頌讚那為主、為父的，又用舌頭咒詛那照著神形像被造的人。」（雅 3:9）基督徒的神學所肯定的就是，所有人對神來說都有天賦的價值，所以要被身為基督徒管理者的我們所看重。

管理（Administration）的基督徒觀點

如果基督徒真的應該在世上用獨特態度運作，那麼這種新的模式該從我們如何管理神的資源證明出來。就因為有這種觀點，所以基督徒從事與管理有關的活動時會不同，這很合理。下面的段落要說明管理的基督徒觀點如何影響事工的運作。

管理為事工（*Ministry*）

基督徒管理觀點的第一個認知就是要意識到管理是在事工中管理，同時也是事工本身。管理不只是操作的方法或達到目的的手段，可以說它本身就是個目的。聖經教導我們：「各人要照所得的恩賜彼此服事，作神百般恩賜的好管家。」（彼前 4:10）管理是事工。新約中的管理不會涉及企業或公司組織，主要關於信仰團體的救贖。事實上，如果搜尋新約中翻譯成執事或事工（minister or ministry）的字，就已經可以有管理者或管理（administrator or administration）的意思。

「諒必你們曾聽見神賜恩給我，將關切你們的職分託付我，又使眾人都明白，這歷代以來隱藏在創造萬物之神裡的奧祕是如何安排的。」（弗 3:2, 9）

這段經文強調神賜恩，幾乎就使教會的管理工作有一種聖禮的基調，意味著我們的管理工作應該在教會當中服事彼此，而非組織架構本身而已。管理是對神啟示（奧祕）和救贖（神賜恩）的回應。以我們 21 世紀的背景來看，很容易把管理想成企業的管理，但以基督徒教育者來看，管理是一項事工，用以服事人、鼓勵人。

管理為僕人服事（*Servanthood*）

僕人領導本來就在聖經的管理觀念中。馬可福音有兩處耶穌提醒十二門徒基督徒服事的基本原則：「若有人願意作首先的，他必作眾人

末後的，作眾人的用人。」（可 9:35）稍後耶穌又說：「你們中間，誰願為大，就必作你們的用人；在你們中間，誰願為首，就必作眾人的僕人。」（可 10:43b-44）對後面這段經文，耶穌向十二門徒解釋說：「你們知道，外邦人有尊為君王的，治理他們，有大臣操權管束他們。」（可 10:42），然後耶穌命令他們：「只是在你們中間，不是這樣，」（可 10:43a）告誡他們作事工領導者的焦點，就是有僕人的態度。圖表 2.3 顯示此原則。

圖表 2.3　僕人與階級式領導（Hierarchical Leadership）

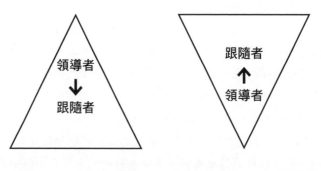

在外邦人模式中，領導是「帶著權柄，由上而下階級式壓制人」的，跟隨者被有權柄的人霸道地指使。在耶穌的模式中，領導是支持性（supportive）的，權柄在金字塔的下面，跟隨者被領導者服事，也由領導者培育與監督。

基督徒領導者看自己的權柄從神而來，自己則像那權柄的管家，他明白要以謙卑服事的態度執行此職位的責任。我們不使用自己在事工中的職位身分去頤指氣使我們的夥伴。以僕人方式領導是由關係（relationship）來領導，不是靠職位。是以榜樣（example）來領導，不

是用命令。以僕人方式領導是牧養人的服事，不是被人服事。是以謙卑的靈來領導，不是藉能力。這是如僕人般邀請別人也加入僕人服事事工的一種領導。

管理為屬靈恩賜（*Spiritual Gift*）

保羅寫信給哥林多教會討論神行事的方法時，本質上與過去不一樣，神的行動不像過去僅限於給族長這種領導者，或一支派的成員，神現在將資源給所有獻上生命給神的人。因此，「全民皆祭司」的觀念就產生了。基督身體中的每個肢體都是祭司，承擔如同傳道者的責任，將神的恩典憐憫傳給世人。為了完成此服事，神選擇給每個信徒恩賜，在恩賜範疇內有能力服事基督的身體。

沒有一個信徒擁有全部的恩賜，耶穌教訓他們要合一，分擔服事的工作。新約中有四處指出基督身體大部分的屬靈恩賜，即羅馬書 12:6-8；哥林多前書 12:7-11；27-30；以弗所書 4:11-16。這當中有一個恩賜是管理，目的不只是管理神蹟奇事，以示神的同在，而是要在會眾當中滿足牧養的功能。[14]

那麼保羅所說的「管理」是什麼意思呢？在林前 12:28 治理事的，希臘文是 κυβερνησις，表示提供引導的功能，更照字面上講是操舵。這個字與 κυβερνητης 有關，意思是船長或舵手（參徒 27:11；啟 18:17 及七十士譯本中的以西結書 27:8）。這個字並不一定指擁有船的人，而是可以決定目的地與航行途徑的人。甘格爾（Gangel）評論說，這種觀念與舊約所說的智慧（智謀）綁在一起，我們看箴言 1:5；11:14；24:6 可以反映出來，因此，智謀是一個有恩賜的領導者很重要的特質。[15] 凌納格（Rienecker）與羅傑斯（Rogers）評論說，新約中這個字用複數形式，表示在教會內有領導職分者的能力。[16]

管理是神給個人的恩賜，裝備人能擔任領導者的角色。有時候我們會倚賴自己的能力與才幹來領導，這會是一個試探，因此基督徒管理者

必須一直記得我們有領導力是神給的禮物,要用在服事上。保羅在林前 12 章強調了三次,神是這些恩賜的給予者,有了恩賜不是為自己的益處,而是為服事神的百姓。

管理為管家職分 (*Stewardship*)

管家職分是基督徒管理觀念另一個更廣的面向。保羅寫道:「人應當以我們為基督的執事,為神奧祕事的管家。所求於管家的,是要他有忠心。」(林前 4:1-2)保羅把牧者形容為管家或 oikonomos(οἰκονόμος),表示一個家的管家或經理,通常是被信任的僕人。「這個字強調一個人被委以重責,將要交帳。」[17]在新約中,這個字被用作說明長老或監督的工作(多 1:7),教會內的服事(彼前 4:10),以及照管孩童(加 4:2),因此它代表著值得信任、無私、可靠的概括特質。

這個字代表「照管不屬於我們」而屬於神的東西。基督徒管理者被賦予這麼偉大的責任必會銘刻在心,因為要管理神所啟示的(東西)與救贖的(人)。因為信託給我們的是如此貴重,基督徒管理者被呼召時就把自己想要的暫時放下。這也是耶穌所說「不忠僕人之比喻」要表達的。

在耶穌這個比喻中,有個主人「把他的家業」交給三個僕人,每個人得到的不同,是「按著各人的才幹」(太 25:14-15)。因此,沒有人的擔子過重或被期望達到不合理的標準。當主人回來,檢視每個僕人作管家作得如何。前兩個僕人都賺了一倍。那領五千銀子的又帶著那另外的五千來,那領二千的也賺了二千(太 25:19-20; 22)。這兩次主人都說:「好,你這又良善又忠心的僕人,你在不多的事上有忠心,我要把許多事派你管理;可以進來享受你主人的快樂!」(太 25:23)

然而第三個僕人不是好管家。他讓自己的想法勝過了主人信託給他的產業:「主啊,我知道你是忍心的人,沒有種的地方要收割,沒有散的地方要聚斂,我就害怕,去把你的一千銀子埋藏在地裡。請看,你

的原銀子在這裡。」（太 25:24-27）主人說這僕人又「惡」、又「懶」，後來說「無用的」，因為他沒有好好管理交給他的資源（太 25:26-27, 30），連付出一點點努力得到最小的投資回報都做不到。（太 25:27）主人就把他這一千拿來，給那有一萬的，並說：「因為凡有的，還要加給他，叫他有餘；沒有的，連他所有的也要奪過來。把這無用的僕人丟在外面黑暗裡；在那裡必要哀哭切齒了。」（太 25:29-30）

作一個 oikonomos，即管家，並不是該享有的一種權利，是神把祂的百姓、服事、信息、使命，信託給我們管理，這全都需要我們全副精神的注意、投入、服事。

管理是屬靈的（*Spiritual*）

一開始，要把管理工作和日常作業看成是屬靈的可能會有點困難。許多管理工作似乎是很例行的或很商業化的，其功能與教會的屬靈性質似乎相反，甚至矛盾。也許我們視管理為非屬靈的理由是沒有把會眾的牧養面與維持事工的事業面整合起來。

然而管理應被視為屬靈的，下面提出幾個理由。首先，管理是聖靈給教會的屬靈恩賜。第二，管理是監督事工的牧者的一部分牧養角色。第三，管理是教會對於社區與世界轉化使命的一部分。第四，基督徒領導的管理，經由僕人服事、謙卑、關係、信任而達成，這些價值都反映基督徒的品格。最後，耶穌是我們事工中管理活動的模範。耶穌被形容為管理者和上司，要注意這對於監督今日事工的組織與管理有什麼實際的意涵。[18] 簡言之，我們不需要把教會中的管理視為必要之惡，也不需要視之為與事奉分開的事業，而是以事工領導者來服事神，這是我們屬靈服事的一部分。

基督徒管理的含意

　　在這堂結束前，也許可以總結一下，用個清單來幫助讀者知道基督徒的世界觀會如何影響表達管理的方式。我們需要在管理時考慮到神學，這已經很清楚了，神學架構會影響到五個管理面向：（1）管理任務（2）組織的價值觀與決策（3）形容管理功能與位置的比喻（4）組織內的人際關係（5）管理在基督教教育的角色。把這些合在一起，提供了事工領導者一些透鏡，透過透鏡看出去，就知道自己的管理角色了。[19]

管理任務

　　有些管理任務對基督徒領導者有神學上獨特的意義。像是為志工與老師們禱告或提供牧養關懷與諮商，這些是將基督徒世界觀整合到事工領導者的管理功能的**直接**方式。其次，基督徒教育者對於一般任務的理解，應該在神學脈絡下受激勵，也該在神學脈絡下來理解。例如，簡單的事情如送出備忘錄或寫（消息）代禱事項，**本質上**好像與神學無關，要執行這些任務的理由卻可以有神學上的激勵，例如在基督徒群體中建立接納度與歸屬感。最後，有些管理任務可以在考慮到神學的脈絡下**重新定義**。舉例來說，對志工或老師提出糾正或紀律，需要用一種在聖經中形容的態度，帶著基督徒的恩慈，如關心家人般地進行，而非用「只是像企業中的客套或程序來」進行。簡言之，事工領導者的實際工作可以、也應該反映出他們的神學信念。

管理上的比喻

　　比喻是用來定義很難形容或領會的觀念。有時候就是些複雜的形容，在人已經有的經驗上增加意義。比喻對於掌握想法的精髓很有用，比只有具體外觀更好。「比喻創造了組織生命的多樣看法與形塑方式。」[20]因此，一個人選擇如何形容在服事中的自己，就反映出他的假設、期

待、偏好。比喻也影響我們如何看待我們的事工,可以顯出其受限的因素,也定義其特質。比喻所擅長的是去定義人際關係、在組織內的位置、教育性的目的或職位的功能。

有時候我們很想直接借用企業或教育上的比喻用在教會事工領導者身上(例如主任牧師就像企業的執行長等等),但如果更加考慮神學上比較恰當的比喻,就能提供我們所討論職位的牧養考量。也許我們再看新約對事工領導者的描述,包括牧師—牧羊人、長老、監督、奴僕—僕人、督導、管家,就更能讓年輕一輩對事工理解得更有神學考量。我們選擇用什麼稱呼和比喻來形容自己這個人與專業,就反映我們的理解與期待,希望這些都帶有神學訓練的認知。

管理的價值觀

不論說出來與否,價值觀形塑了組織和其中的管理理論與運作。形塑與引導當今世上企業的價值觀,來自各種不同的世界觀,這些世界觀與事工領導者的世界觀不一樣。企業的世界觀有終極目標,被設計成能吸引顧客、增加利潤率、提高員工效能與生產力,這些不是基督徒對管理的觀點。同樣的,當今事工環境的很多現代價值觀,比較與實用主義的哲學一致而非與福音、考慮神學的觀點一致。「只要這樣行得通就去做」的口頭禪成了流行的聲音,過去十年甚至在拓展事工的研討會上也聽得見,令人警惕。對於把世俗方法整合到事工應用上的議題,早就該有些批判性的思考了。

就像基督徒努力於其他事情一樣,基督徒要努力使倫理上的價值觀與屬靈的價值觀可以掌握管理理論與實踐。我們在目標與異象宣言中要明白地說出這種價值觀,引用經文與神學傳統來引導他們,形塑並促進考慮神學的管理價值觀。同樣的,身為基督徒領導者要把核心信念用神學方式表達出來,例如「我們重視基督徒是信徒祭司」這樣表達的核心價值,就把符合聖經的實用性表達出來,因為比較是根據聖經上對恩賜

的教導，以及參與彼此服事的教導，而非根據階級式或公司模式。基督徒管理就是一直用基督徒方式來處理事工，也提倡考慮神學的價值觀來完成管理。

管理的人際關係

對基督徒的生命與服事來說，人際關係是含蓄的。基督徒的人際關係特徵就是在管理上保持「質的不同」。這種人際關係把屬靈面向放在優先位置。舉例來說，組織中的關係有很多層面（上司－員工，老師－學生，一般的，與性別相關的），但基督徒之間最主要的關係是基督內的弟兄姊妹關係。不論目前的關係有什麼其他層面或連結，弟兄姊妹的關係是核心。因此，對基督徒而言，關係可以延伸到目前的組織或任務之外，而駐足安定於更實在的——耶穌基督的關係上。

基督徒人際關係還有另一方面，就是這個關係可以成長發展。引導別人或幫助人作門徒的師徒關係隱含著正面的關係，可以助人成熟，鼓勵其他基督徒夥伴。「總要趁著還有今日，天天彼此相勸，免得你們中間有人被罪迷惑，心裡就剛硬了。」（來 3:13）任何管理結構中的人際關係都不同，取決於每個人在機構內的職分，例如，同事關係，領導者－下屬關係。基督徒之間人際關係的「質」好不好，總是我們必須關心的。而在基督徒組織中，有時候的情況是必須凌駕組織內的關係，因為我們都是基督徒，有屬靈的與家人的關係這一層面。

管理的角色

這是指組織內有實際功能的一個角色，在事工工作表現上扮演的那個部分。我們身為基督徒管理者的角色，取決於我們的神學信念、事工脈絡下（例如教會、福音機構、宣教差會等）的實際必要性、個人恩賜、我們自己的屬靈成熟度。管理者角色總括了前面所提過的：任務、價值觀、比喻、人際關係。我們的管理者角色必須以神學上的定義為核

心，加上其他元素，就使人對這個職位的期待與責任成為可實現的。

那麼在教會的脈絡中，基督徒管理者的角色為何？有四種特性可以來形容：牧養的（pastoral）、教育的（educational）、公有的（communal）、在組織內的（institutional）。首先，也是最重要的，基督徒管理者是牧者－牧羊人，管理屬靈的群羊；第二，牧者是教育者，這是牧者達成牧養角色之責的方法。因此，他們的角色是公有性的，也就是說要在信仰群體中完成此責任，使群羊達到神子民的成熟。最後，他們的角色是在組織內的，不需要思考非神學的或與信徒生命矛盾的面向，這些角色有特定的責任，是在信徒的使命、事工、活動中已經界定的。

基督徒的管理方法是用屬靈的方法，藉著牧養、人際關係，努力使員工與志工成熟，更像基督，使他們個人的生命更豐盛，更參與服事。在這樣比較考慮到神學的脈絡下，管理是信仰群體中神所賜的牧養功能，基督徒參與在其中可以維持（管理）並增進（領導）教會符合聖經的轉化使命，同時又努力保存「使教會是基督的身體」的品質與功能。因此，管理是我們神學信念的實際表達，也是教育事工的重要部分。

第二部：規劃
PLANNING

在管理功能中，規劃很容易定義，要執行卻很有挑戰。說到定義，可以這樣形容，規劃是個過程，是用這機構的使命宣言去回顧這個機構過去從哪裡開始？檢視目前的情況，尋求主動地期待未來，並做好預備去迎向它。許多教科書都對規劃下了定義，但都只是上述基本觀念的衍生。舉例來說，1980 年彼德森（Peterson）對規劃的定義是「一個組織有意識地評估目前情況、環境可能的未來情況、為自己的未來定位、然後發展組織策略、政策、程序的過程，以致能選擇並達到一個或多個目標。」[1] 簡言之，規劃就是試著預測將來，然後預估有什麼必要的資源能成功地運作，使那個將來成為實際。

麥金尼（MacKinney）大膽肯定地說：「在每個組織中──我相信這是普世的情況──一定有某種規劃。」[2] 規劃之所以具挑戰性，是因為如果做得對，就關涉到許多人心中朝同一特定目標，共同發揮功能。管理功能的五個項目中，規劃是第一個，是機構成敗的起始點。有效的規劃關乎企業的生命。規劃做對了，就照原本所希望的，會發展出一套詳盡的工作文件，引導組織走向將來。

規劃過程中牽涉到的活動，就是本書第二部的內容。每個元素都更詳細地發展為單獨的一堂課。

第三堂提供了建立使命與異象宣言的詳細討論，因為規劃始於這些重要的活動，讓人清楚明白這個組織創立的**存在理由**（*raison d'etre*）。

話說在前面，對於使命（mission）與異象（vision）這兩個字的意思，在一般公司與非營利組織的不同背景下，有很大的爭議。有些人喜歡用**使命**來形容遠景或整體概況，用**異象**來形容對那個計畫更具體的解釋。有些人則喜歡把**異象**放在前面，接著才是機構的**使命**。兩者爭論的理由都很有道理。我們在這裡最重要的事情是理解首先有的遠景，隨後要有完成此遠景的更具體規劃。遠景與規劃都要用一段宣言清楚說明，使組織內的成員與社會大眾都知道。原則上就是先說**為什麼**，然後說**做什麼**。

第四堂讓讀者明白要如何寫出並整合計畫過程中的目標與具體子目標。再一次我們要說明，有些作者用**目標**（goal）來形容比較一般的計畫，**具體子目標**（objective）來形容更具體的應用。有些作者剛好相反地使用這兩個用詞。重要的不是這兩個用詞的定義，而是所代表的觀念。規劃，一定要用文字寫出來，並以具體、可衡量的方式來陳述。缺了這些，最後就不能找出誰該負責，也無法評估。目標與具體子目標可確保組織的方向，並有可用資源達成想要的方向。

第五堂是過程中很自然的下一步，以使命、異象、目標、具體子目標這一整套發展出策略性的規劃。此策略性的規劃成為一個主計畫，組織的所有活動都依此互相協調，受此引導。許多教會與其他事工組織，在這個點上失敗，因為沒有努力互相協調。在兒童事工部門發生的事情，對青少年事工部門看起來，就算有，也似乎不算什麼。每個部門若對於主任牧師或教會董事會／長執會的未來異象不去做協調，衝突與爭執就自然會發生。恰當的策略規劃可以防止這些發生，也確保有足夠的資源（人力、財務、設備等）指定給每個目標與具體子目標使用，因這些都早已在前一個步驟記錄下來了。

第六堂讓讀者看到政策與程序對事工的價值與貢獻。政策與程序是一種規劃的形式，可陳述並使人明白如何達到組織的使命與異象，像是渠道能引導人的思想一般。[3] 本質上，政策與程序幫助在事工中的人員

保持在正軌上，繼續聚焦在目標與具體子目標的達成。許多事工領導者不喜歡政策與程序，因為他們把這些視為限制與拘束。政策是必要的陳述，可引導行為與決策。理想上，政策是可以在事情發生而還未成為問題前幫助人做的。[4]

舉例來說，許多教會有一個政策，就是替青少年活動開車的人要有駕照，也要有目前有效的登記與保險。再者，司機必須年滿二十一歲，過去三年沒有重大意外發生。這樣的政策幫助教會確保開車接送青少年者有某種程度的成熟。這樣的政策也會讓教會受益，有比較好的保險費率。

另一方面，程序則是使政策可以完成而發展出的詳細方法。程序使政策被建立起來，使政策更完整，更能發揮功能。用上述的政策為例，教會所有開車接送人的人必須遵守的程序可能是這樣寫的：「**任何人因教會活動接送未成年人時，必須繳交駕照影本、有效的保險證明、地方監理所的駕駛記錄影本存檔，並簽名同意在接送教會未成年者時遵守所有地方政府法律。**」程序是將政策具體化，政策與程序攜手一起引導組織，朝向既定的目標。第六堂讓讀者看到政策與程序對事工的價值與貢獻，而且提供模板，使兩種形式的計畫都可以設立起來。

第七堂是把計畫記錄下來的最簡單形式：預算。用財務專用名詞來說，預算就是用數字表達的計畫。預算可以分配財務資源，導向目標及具體子目標的達成，這些目標是在策略計畫中既定的。

教會今日犯的最大錯誤之一，就是相較於到目前為止我們所討論的元素，預算所在位置的先後次序。當我們允許預算來決定目標及具體子目標（也就連帶決定了策略與活動），教會的特色就變成短視、過度重視金錢。這種教會當要做決策時，最後的結果就變成取決於有多少錢可用，而不是取決於使命或異象。這種屬靈思想功能不彰的情況，可以從下列情形看出來。教會的財務委員會（由各事工的志工組成）訂出教會的預算，提給教會職員（受過專業訓練的事工領導者），然後讓職員按

照分給他們的財務資源預想未來。這個方法顯示沒有信心，因為所有決策都由金錢而非聖靈驅動。

不可否認，有些事工領導者拚命進入如此雄偉信心的領域，對於籌款的現實，就算有，也不做太多考慮。結果就是大量舉債的建築、籌款的操縱作法、被背叛和受欺騙的感覺、領導者與教會成員之間重大的權力掙扎。在達成信心與實際經費之間合理的妥協是有可能的，在第七堂我們會提出來。

第二部的最後一堂並不會出現在多數的事工導向管理教科書或計畫流程表上，這是很可惜的，因為以目標來管理（MBO, management by objectives）從 1950 年開始就已經成為公司組織的計畫工具。這一堂提供讀者在事工中發展以目標來管理的必要知識與背景。這樣的規劃已經在許多教會、營地、宣教組織、學校，以及其他非營利機構中產生革命。有些教科書把這個觀念放在指導或評估那一堂下面，我們認為最好放在規劃工具之下，雖然實際上「以目標來管理」確實是指導或評估員工的有效方法。

在右頁**規劃金字塔**圖表顯示的這個規劃階層的金字塔，使讀者可以看出每個元素與整體的關係。[5] 沒有一塊是獨立於其他的，因為都是從同樣的優先次序而來。當所有規劃過程中的元素合作無間，就能讓事工組織發揮功能，又有效，又令人滿意。結果就是這事工更靠近完成屬於自己那一份的大使命。

雖然這些元素似乎有序列，大部分情況也確實有，但我們需要認知的重點是，管理的性質是動態的。就算有，也很少有一個組織長久固定不動，讓管理者可以照恰當次序來安排所有管理元素。組織在金字塔中間層的地方，也就是活動這部分，會把資源用到最大限度。然而也就是在這樣的動態中，管理者們被召來運用他們的專業，把次序帶回組織中。實際上，事工在大家努力的起起落落中，有些地方是重疊的，所以當你檢視這部分的每一堂，請記得雖然理想上有序列，從長期來看事

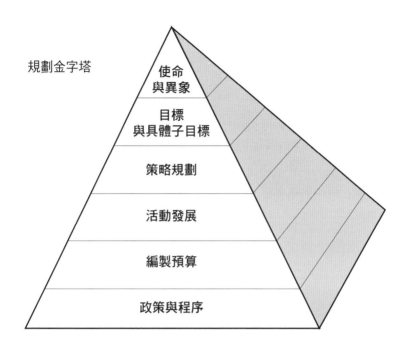

規劃金字塔

使命
與異象

目標
與具體子目標

策略規劃

活動發展

編製預算

政策與程序

工，很少在理想狀態下運作。階層中的元素在圖表上可能看起來很不
錯，但通常這些元素同時在動，所以需要有恩賜的管理領導者在這過程
中來協調。

　　我們選擇不把活動發展（program development）另成一堂，乃是因
為會使用本書的機構組織，在活動的發展上呈現多元性，單一的活動發
展模式不會符合所有事工的需要。舉例來說，適合城市青少年的活動與
其他郊區孩子的需求必然大不相同。同樣的，適合孩子的活動不適合成
人。機構與教會雖然針對的是同樣的人口群，但可發展的活動內容則會
大不相同。為了不要只創造一種活動模式來因應所有情況，我們決議最
好在這單元中，把所有規劃元素放進來，使活動設計可以更整合。

　　當你讀本單元的每一堂，請記得規劃是個過程，它本身不是目的。

它也不只是一本標示著「事工規劃」的文件。規劃要做得對，規劃的過程必牽涉許多抱持不同觀點的人。需要時間，且需要整個團隊每個成員都委身其中。規劃做得正確，會產生許多明顯的益處。首先，規劃能提供組織方向的架構觀念。第二，藉著多種來源的投入，可最小化某一個人的影響。第三，規劃可以減少檯面下作業的不利影響，因所有重要資訊都公開給所有人知道。第四，規劃可以使服事團隊中對某項事工有支持意願者，能夠更多地接受。[6] 簡言之，規劃是事工成敗的關鍵，雖然要把規劃做好需要很多努力，有效的規劃產生的益處卻值得我們去花這些力氣。

第三堂
建立使命與異象
Building Mission and Vision

高登·卡特勒

　　本堂課目的在於為你的服事挖掘建立使命與異象的一些實際方法。你整個一生可能會擔任不同的職涯角色,如異象領導者、管理者、職員訓練者或指導者,但一個人對使命與異象的熱情與動力幾乎會保持不變。一個人的使命與異象是從他對服事的個人哲學流露出來的,因此也回答了關於服事的活動之「為何」、「誰」、「什麼」、「如何」這類問題。使命與異象可以提供事工領導者方向、焦點、轉化生命的能力,特別是當生命中的困難出現,威脅人的平安穩定時。使命與異象也讓領導者可以拒絕「當時看起來是好機會」的事情。清楚定義的使命與異象不僅使你的服事得釋放,也使你的服事有力量,同時也保護你,護衛你不致過早犯錯。

理解並定義「使命」

　　使命與**異象**要準確地使用。巴拿(Barna)說:「很可悲,我研究過的大部分教會把兩者弄混。出於某些原因,多數牧師把兩者看為相

同。他們認為兩個詞可以交換使用，但其實不能。」[1] 理解這些觀念對於完成事工下一步的決策性計畫是很重要的。「教會的使命必須有清楚定義，要帶領成員去理解並接受這個使命。在形容使命是什麼之前，需要對教會的重要特性先有基本認識。」[2] 教會重要特性的基本認識，必須根植於很強的、符合聖經的對教會性質的理解。也許新約中對使命最好的例子就是耶穌在馬太福音 28:18-20 所說的大使命：「*所以，你們要去，使萬民作我的門徒，奉父、子、聖靈的名給他們施洗。凡我所吩咐你們的，都教訓他們遵守，我就常與你們同在，直到世界的末了。*」

事工要能成功，好好定義使命宣言的內容是很重要的。這樣能使事工領導者把使命與異象區分開來。我們簡單地來定義一個事工的使命：「廣泛而一般陳述你想接觸誰？教會想完成什麼？很可能許多教會的使命都差不多，連用字都一樣。為什麼如此？因為使命基本上就是服事的定義，並不需要有獨特性或特殊性或方向性的運轉。使命就是設計成可以反映一個人轉向神的服事心志，並順服把人連合起來行神旨意的教會。」[3]

北美許多事工的使命宣言都緊扣聖經中的一段經文。使命宣言經常會減少一些字句成為簡短的陳述。可能像是這樣又短又有重點：「認識祂，也使祂被認識」或「奉基督之名觸及未得之民」。有些與經文緊扣的使命宣言如同經文。例如：「新收成教會的使命是要使萬民作主門徒，奉父、子、聖靈的名給他們施洗」（根據太 28:19-20）。另一個例子如：「第一浸信會的使命是要傳揚基督，是用諸般的智慧，勸戒各人，教導各人，要把各人在基督裡完完全全地引到神面前」（根據西 1:28）。

今天在區分使命宣言與異象宣言上，有很多混淆。很清楚地，兩者是不同的。使命宣言替服事刷上一般而廣泛的色彩，實質上，是用神學作基底的哲學陳述。使聽眾知道這事工**為何**存在。異象宣言則更精準、詳細、客製化、每個事工有很大區別。使聽眾知道他們努力的**人是誰、是什麼、以及如何作**。[4]

　　巴拿提出一套準則，幫助事工領導者決定自己現在有的宣言比較算是使命宣言還是異象宣言？請回答下面的問題，如果大部分的答案你都答否，那麼這就是使命宣言，而非異象宣言了。

1. 如果有人連絡你的教會，談及參與一個看似很合理的服事機會，你目前的宣言是否清楚到讓你可以有服事導向的理由，去拒絕那個機會，並解釋拒絕的理由？

2. 你目前的宣言是否包括一些資訊，若將它與附近教會的異象宣言相比，會清楚到有重大原因可將你的教會與他們分別開來？

3. 你目前的宣言是否指出你想經由教會服事而影響的目標會眾？

4. 你目前的宣言是否指出教會清楚而獨特的未來方向？

5. 你目前的宣言是否指引大家對事工中可允許的策略與戰術有準確的理解？

6. 你目前的宣言是否提供服事焦點，使人因可參與教會的事工而興奮？

7. 你目前的宣言是否防止教會向萬人做各種大事？

8. 在得知目前的宣言後，有沒有穩定來教會卻不太參與的基督徒變得對事工的榮景很興奮？[5]

「使命」的聖經基礎

　　創世記 12 章亞伯蘭接受神的使命，卻不知道要如何完成。第一節，耶和華對亞伯蘭說：「你要離開本地、本族、父家，往我所要指示你的地去。」亞伯蘭只有使命，但確切的地點與什麼事情會發生，神都還沒有啟示。此處深刻的真理就是亞伯蘭接受神說「要去」的使命。使命是個行動的字詞。需要動作、改變、願意往下一個重要的步伐去行動，這樣才能找到、認明、完成從廣泛使命衍生出來的具體異象。不論教會的使命或跟隨者個人的使命，都與「要讓我們自己與其他人委身從

事生命轉化」有關，使我們與群體都改變成基督的模樣。為了要真誠面對符合聖經命令的基督使命，我們必須防止自己妥協於自己的看法而不遵從聖經清楚的路徑。

華理克（Rich Warren）這樣說：「沒有一件事情在目的（purpose）的前面。每個教會的起點都該問：我們**為何存在**？」[6] 藉著從聖經基礎來理解教會使命，你就可以回答這個問題。

保羅告訴我們，為了能維持長久，建造的基礎要正確：「只是各人要謹慎怎樣在上面建造。因為那已經立好的根基就是耶穌基督，此外沒有人能立別的根基。」（林前 3:10-11）耶穌同樣也在馬太福音 7:24 房子的比喻中說到：「所以，凡聽見我這話就去行的，好比一個聰明人，把房子蓋在磐石上。我們服事的使命就是那穩固的根基。」

總結以上所說，使命宣言是一個廣泛而一般的陳述，有關教會與基督跟隨者想完成什麼。使命宣言與聖經經文緊緊相扣，可回答某個事工**為何存在**的問題。換個方式來說，使命宣言大多比較有哲學性，異象宣言的特性是比較策略性。[7] 下面有幾個例子說明，不同的事工選擇如何清楚地說出他們的使命。

教 會

在美國加州洛思阿圖斯（Los Altos）第一浸信會的使命是「我們相信耶穌基督為罪死在十架，從萬民中買贖屬祂的獨特百姓，使他們如祂一樣聖潔。祂今天仍藉著聖靈在工作，完成以上所說的。藉著使人知道福音，祂建立了教會，教會是祂的新婦，祂用自己的道與靈潔淨教會。」

德州尤利斯市（Euless）第一浸信會的使命是「到達我們的地區，影響我們的國家，觸及我們的世界。」

而達文波特（Davenport）第一浸信會的使命則是「向世人表達神愛的活見證，邀請人藉信靠神兒子耶穌基督進入與神有得救的關係，彼此餵養，活出像基督的生命。」

高等教育機構

美國加州百奧拉大學（Biola University）的使命是「以聖經為中心，提供教育、獎學金、服事，裝備男女的心智與品格，為主耶穌基督影響世界。」

美南浸信會神學院的使命是「以耶穌基督為主，在祂以下，完全委身神的道，成為美南浸信會總會各教會的僕人，藉著訓練、教育、預備傳講福音的傳道人，達成更忠心的服事。」

美國達拉斯神學院的使命是，「身為專業的、研究所級的學校，要預備男女服事，在普世基督身體內成為敬虔的僕人領導者。藉著我們的教義的觀點，融合聖經中的教導，加上服事技巧的訓練，本神學院願畢業生藉著宣揚並應用神的道，在聖靈大能下傳福音，造就信徒，裝備別人。」

福音機構

國際基督和平使者的使命是「藉著和平大使與其家人，使人有得救的知識，與我們的主耶穌基督建立緊密的關係。」

青年歸主協會的使命是「參與基督身體，回應向青年傳福音，向青年展現基督的位格，工作，教導，訓練青年加入地方教會。」

從上述的例子，你可看見大家的使命都不同，有些強調比較用敘述性來陳述使命，有些比較強調使命中重要的特質。特別的形式不是那麼重要，使命的實質與如何把整個事工的核心溝通得好，才是重要的。

區分「使命」與「異象」

事工領導者與志工在遵從使命之下，需要方法執行使命。整本聖經中，神經常藉著異象使人知道祂的旨意。詩篇 89:19 說到神在異象中對百姓說話。神也在異象中對先知說話（民 12:6）。有時候祂的異象來自

可聽到的聲音，如創世記 15:1 或撒母耳記上 3:4-5。祂也用天使傳達異象（路 1:11，22；24:23；徒 10:3）。

另外值得注意的例子，是保羅在大馬色路上的歸信。他仆倒在地眼瞎之後，在同行的人面前，主對他說要他去一個城，然後會被告知要做什麼。現在這位法利賽人、逼迫基督者，被人領進城裡。主在異象中呼喚另一個人亞拿尼亞，使徒行傳 9:12 告訴我們，掃羅也在異象中看見亞拿尼亞，且亞拿尼亞使他恢復視力。

彼得在使徒行傳 10 章中的異象幫助我們了解從神的角度來看異象。彼得禱告時，魂遊象外，「看見天開了，有一物降下，好像一塊大布，繫著四角，縋在地上，裡面有地上各樣四足的走獸和昆蟲，並天上的飛鳥。有聲音說：『彼得，起來，宰了吃。』」（徒 10:13）我們需要了解猶太人的背景，才明白這異象有多激進。因為猶太人禁戒某些食物以保持聖潔的限制現在被廢除了。猶太信徒與外邦人信徒不再被多個世紀之久的規定分開。這異象太戲劇化了，彼得與神爭辯，但神三次重覆異象給彼得看。這故事與義大利百夫長哥尼流的故事交織。故事一路展開之後，飲食禁戒被廢除了，也清楚地命令了彼得要與外邦人有關連。現在彼得能夠向哥尼流還有他的親友傳講福音信息了。福音現在廣傳給那地方的人，以前在猶太律法中這些人都被視為「不潔淨的」。

神的異象通常很具體，就像聖經記載的這些例子。關於異象，有一句最常被引用又最常被誤解的經文是箴言 29:18「沒有異象（或譯：默示），民就放肆」（和合本，英王欽定本 KJV 的直譯為「沒有異象（或譯：默示），民就滅亡」），新國際譯本（NIV）的翻譯為「沒有啟示，民就丟棄限制。」太少基督徒教育者在他們平常的教導上花足夠的時間發展異象。對基督徒領導者來說，沒有異象不可以是個選項。神對我們的服事和生命有很清楚的異象。去發現異象是個冒險的旅程，而我們可以信靠祂會使這異象完全實現。

巴拿定義異象為「神所揀選的僕人基於對神、對自己、對環境準確

的認識，他們心中被神賦予的清楚圖畫。」8 馬丁·路德·金恩（Martin Luther King Jr.）這樣說：「如果一個人尚未發現可以為之死的某事，就不適合活著。」因此，金恩博士的異象帶出了上世紀最重要的社會運動的其中一個。

對於異象的觀念再多說一些，有人形容異象是有先見之明。意思是看見還未發生的事情，就做個計畫使之成真。喬爾·杭特（Joel Hunter）談到我們大多數人是如何讓一群人有焦點的，但有時候焦點會放錯地方。他說：「異象對任何一個服事都至關緊要。沒有異象的服事就像船沒有羅盤，外科醫生沒有手術刀，作家沒有筆一般。」9

神呼召領導者完成大使命，以及實踐讓使命成真的許多異象。近代歷史中最偉大的領導者之一是白立德博士（Dr. Bill Bright）。今日基督教（Christianity Today）雜誌的一篇文章中，麥道衛（Josh McDowell）、漢納（Dave Hannah）、華理克三位作者分別寫了白立德博士留給我們的遺產。麥道衛 1961 年在惠頓學院認識白立德博士。當時白立德博士在崇拜中講完道，麥道衛與其他幾個學生在咖啡店與白立德相遇，白博士分享他如何被聖靈充滿的異象，以及他對傳福音的熱情。他「完全著迷於要為基督接觸人的呼召，那種熱情會傳染。你就是不可能在遇見白立德之後，卻不更渴望去向人分享基督。對他來說，傳福音是一種生命的方式。」10

華理克評論說，葛理翰（Billy Graham）的恩賜是一次向成千上萬人傳講，而白立德是成千上萬次向一人傳講——「不同的異象，完成同樣的使命」。華理克說學園傳道會（Campus Crusade for Christ）是全世界最大的事工，白立德所遺留的就是他個人與整體事工帶領了千萬人信基督。白立德博士傳福音的異象帶領了他發展屬靈的四個定律，是史上最多被分發出去的宗教小冊子。這小冊子被譯為兩百種語言，約二十五億人讀過。白立德博士的異象從個人的異象開始，就是要傳給未接觸福音的人，最後發展成史上最重要的基督徒事工之一。11 白立德博士所發

展的許多傳福音工具中，這個工具是他完成神的大使命的異象。

緊握住神給的使命，用可以完成使命的異象去執行，這樣有可能大大改變生命。這樣做之所以有能力，是因為門徒意識到神站在他們這一邊，神渴望與他們合夥，一起完成這種服事的冒險。海波斯（Hybels）說到這種轉化的力量時說：「你不需要是個憤世嫉俗的人，當有人開始說要改變世界，就會覺得有點懷疑。甚至就算你同意這世界需要某些重大的重建，你大概也會覺得這種可能性很小。但是當神為這個夢想加添燃料，領導者被激勵了，那麼誰知道會有什麼事情發生？」[12]

為神所做的每個偉大工作都從夢想開始，然後日漸擴大。經過一夜輾轉折騰，夢想成為了行動。海波斯說，「當教會需要一種能榮耀神、擴張國度、令人怦然心動的異象時，就會轉向領導者求問。這就是為什麼神把有力的攻擊武器放在領導者的兵工廠中，這武器就叫作異象。」[13]

想像一下，如果每個事工都嚴肅看待異象，又竭力去完成，會發生什麼事情？用熱情注入你的異象並委身其中。如果我們每一個在教會服事或世界宣教組織中的人，都繼續把聖經中看似不可能的命令視為異象，從我們的鄰居開始去接觸世上每個人，會怎樣呢？沒有任何事會阻止這樣的改變發生。

「異象」的重鑄（Recasting）

有時候，神給人異象要冒險進入某個特別的服事範疇。在一段時間裡，只有神知道這件事情，那個人要獨自堅忍著完成那異象的挑戰與困難。然而這並不表示神不能夠按照祂的主權改變異象。人會自然隨著生命進程而改變。一個地方的人口結構也會改變。有時候神似乎想做改變，而事先我們並不能像我們希望的那樣清楚預見。這時候，我們也必須願意改變。特別是當神對於某一世代的作法改變了，因為這一

世代所面對的與別的世代不同。典型的例子就如美國加州科斯塔梅薩（Costa Mesa）的加略山教會。他們重鑄異象，為基督接觸到一整個世代。這個更新的異象帶入了1960年開始的耶穌子民運動（Jesus People movement）。

有時候整個教會經歷這種異象的重鑄，就因為附近人口改變了。有些時候如營地事工或宣教機構因領導者轉換、財務不足、不可預知的突發事件等而需要重鑄異象。當一個事工拒絕重鑄異象，就會停留在過去的困境中，無法改良或重新聚焦。歷史上充滿這類拒絕更新異象的事工，就停滯在傳統裡不前進了。他們拒絕改變的理由是「他們以前一向都這樣做」，而那些有最初異象的人，發現要與時俱進去改變是不可能的。

明智的領導者與事工董事會／長執會，會定期問自己，這項冒險起初的異象仍然不變嗎？還是必須改變了呢？在許多例子中，異象可能不變，但方法要更新。但在有些例子，異象的本身需要被檢視。如果這種情況發生，最好有一段時間的禱告，確保我們等候神的引導，為了事工的未來而有新的、修正過的異象。也許我舉自己的例子來幫助點出重點，說明這種重鑄異象的過程。

我在目前服事的教會擔任主任牧師，這教會已經在這裡四十二年了。創立此教會的牧師有個異象，就是接觸這新社區的孩童與家庭。加州科汶那（Covina）這裡本來被一片橘子園所覆蓋，過了一段時間，社區內人口有了變化，主要結構變成某些族裔組成的人口。教會領導者掙扎於是否要出售教會搬到郊區、還是留下來接觸新族裔社區？一段時間等候神的引導之後，領導者們接受挑戰留下來，重新聚焦在努力為基督接觸與自己不同的族群。

但這樣的異象重鑄並不是沒有副作用和張力的。好幾位很忠心的會友對教會直接去接觸社區這個新的重點，並不覺得自在。許多人離開，去了別的教會繼續服事，有些人與他們組成小組。然而，在領導位置的

成員認為，這新異象的指示是從神自己來的，他們願意渡過風暴，繼續聚焦在他們接受到的異象上。

等我到此教會成為主任牧師時，他們的領導群已經轉變過幾次了，但仍然堅守更新的異象，就是為基督接觸這個正在改變的社區。因我與前任牧師是朋友，我很清楚要付上什麼代價，才能把這個小而萎縮中的郊區教會重建成為活躍而一週開放七天的事工中心。不久後，我們就寫了修正版的異象宣言，讓我們可以對神給領導者的異象充滿熱情，也就是要接觸在將近五公里範圍內的所有人。我們的異象宣言定義我們教會是一個「社區教會」。這使我們有焦點。我們的核心經文來自約翰福音1:14「道成了肉身，住在我們中間。」[14] 這段經文應用在我們教會，就是我們要成為社區那許多族裔與社經群體當中的「道」。

我們開始了二十四小時的禱告會，並花兩年時間去研討。經過這些努力，我們能夠寫下一個異象宣言是可以讓我們聚焦，又不失去展開新事的熱情。我們的新異象宣言是這樣的：「我們是基督徒的群體，被呼召來敬拜神，藉著滿足人在身體上、教育上、屬靈上的需要來影響我們的社區，以產生耶穌基督的忠誠跟隨者。」[15]

一段時間之後，我們把三個不同聚會的會眾組成一個會友團體。教會的座右銘是：「三個聚會，一個教會。」我們有英文聚會、西班牙聚會、菲律賓聚會。三者在基督教教育與團契方面互相合作，但在崇拜方面則保持文化區別，同一時間有分開的崇拜。

因為我們相信我們的異象來自神，在滿足事工需要的資源上，我們不會限制神。目前，在我們擁有的土地上，青年歸主（Youth for Christ）事工團隊會付我們租金，他們有辦公室，還提供課程訓練並服事學生。另外一個組織是婦女墊腳石（Stepping Stones for Women，中文為暫譯），專門服事那些不想靠救濟金而想有職涯發展的單親媽媽，他們也在教會有辦公室，並使用設備。我們也興辦了一個溜冰公園，現在一週開放三次，滿是學生在那兒溜冰。但更重要的是，這些學生都正透過

教會的領導者們看見了耶穌，好幾位已經參加青年團契。再者，我們提供置放被子的衣櫃給愛的公司（Love Inc.），這是世界展望會（World Vision）的一個事工，提供被子給另一個事工。我們的姊妹們每年縫製上百條被子給全球的孤兒院。

上個月我們才開始了一個電腦實驗室，服事那些付不起電腦訓練與家教學費的人。一個房間裡有八臺新電腦，幾位志工管理這項重要的事工。我們最新的服事是發放麵包，異象來自我們最新加入的會友。事後看來，我們看見神在重鑄我們教會的異象，也見證了祂轉化生命的大能，運作在我們社區一些人的生命中。

傳遞更新過的事工異象

一旦更新過的異象已經發展出來，要能有效地傳遞給聽眾，是有某些關鍵的。泰瑞·沃德（Terry Wardle）有以下建議：「要清楚簡明。全面廣泛地溝通。指明哪些人對於傳遞異象成為實際是最重要的？傳遞時，愈有創意越好。要抓住未來，異象必須一直在人的眼前。」[16]

那些能成功轉化異象的事工領導者學習到一件事情，就是更新的異象需要一而再，再而三的重覆。他們設法與每個成員接觸，而且認知到：人需要一再一再重覆聽到新異象，才能進入心靈中。有些事工發現把更新過的異象宣言，印在機構用的信紙的信頭上是一種有效的方法。顯然，印在週報、每月通訊或網頁上，也都有幫助。更新的異象也該是年度的講道焦點。設法找出創意的溝通方法，也給人時間去抓住新方向。長期來看，這些努力一定會有永恆的回報。

建立團隊與鑄造異象

拉森（Larson）與拉法斯托（LaFasto）以三年的研究時間做了一個

報告，對象是世界上不同工作場所的團隊。他們想知道「成功的團隊有何秘訣？」這重要問題的答案。研究人員訪問了三十二位現實生活中的團隊領導者與成員。作者為了預備此項研究，發展出兩套核心問題詢問受訪者。受訪者要形容自己曾參與過的「很不尋常的極有效能又發揮功能的團隊」與「很不尋常的無法發揮功能的團隊」，請他們指出他們認為團隊效能不同的因素。從這個研究中，拉森與拉法斯托發現了有效能團體為何有效與如何有效的八個特性。清單上第一個，也是最有用的就是「清楚而能使人向上」的目標。[17] 換言之，團隊中的每個成員都能說明組織的異象，明白自己在達成異象過程中所扮演的角色。

研究員發現每一個有效能又發揮功能的團隊，都對異象有清楚的理解，且有很高的意願想去達成。而每一個無效能又不能發揮功能的團隊，則是「目標漸漸失去焦點，變成很政治化；團隊失去對目標的緊迫感或重要感，個人的目標變成比團體目標更優先。」[18]

班尼斯（Bennis）和納努斯（Nanus）針對被組織認為是有效能的領導者做了深入的研究。研究者想知道這些高成就者有哪些共同點？後來發現清單上的第一個，就是這些熱情的領導者清楚知道組織該朝哪個方向發展。他們明白他們的異象，委身要把組織帶向那個方向。他們把研究發現的結果做個摘要，說：「所有受訪的九十位，都有自己的日常待議事項，且無比關心結果，他們的專心一意加上委身，就像磁鐵一樣，專心一意的個性不一定需要強迫別人注意，他們專注在自己所做的，就像孩子在沙盒子玩沙，完全被砌建沙堡這件事吸住，就會吸引別人也加入。」[19]

清楚而令人信服的異象應該會對事工的方向與焦點有深遠的影響。能對預算的編製、人事的決定、活動目標的聚焦都有幫助。對組織轉化最有用的幾件事情，就是抓住異象，把精力用在一步步朝組織存在的理由邁進。

整合部門異象到整體異象中

對異象有個最不為人了解的部分，就是如何整合部門異象到整體異象中。教會事工中的部門活動過了一段時間會改變。一項特別活動的改變與整體教會的改變可能速度不同，因為部門的異象與教會的異象可能不一致。有很多因素會造成這樣的結果：

人口轉變

組織內的各部門改變速度都不同。舉例來說，教會內年輕已婚夫婦的人數可能減少，而年長會友的人數相當固定。這種人口改變會讓部門的異象與教會異象產生差異。

人事變換

部門與組織的異象差異還有另一個因素就是人事變換。舉例來說，青年部的牧師可能做了十年，而教會的主任牧師可能在這期間換過好幾位，結果就是主任牧師的特別異象不見得與青年部牧師的異象一致。

個別勢力

如果可以說，服事不會涉及個別的勢力，就太好了，但這樣的說法不誠實也不實際。事實上包括大部分服事神的組織也有很堅持己見而不顧及組織之更大益處的人。這時候，組織的異象就會與組織內某個部門的異象產生差異，其程度又按勢力的存在與這種力量彰顯的程度而定。舉例來說，財務委員會的主席也許有發展服事社區內遊民的個人異象，因這位教會領導者掌握了組織的財務資源，他可能會堅持要設立一個部門，而這異象不見得與整個教會的異象一致。

預算危機

組織內的部門與組織的異象產生差異的最後一個可能因素就是預算危機。當組織遭受重大危機時，回應的方法常常是削減原來計畫的焦點。部門可能被裁撤或合併，藉此度過財務風暴。在原本部門中大家曾經充滿熱情或異象的部分，現在必須從屬於另一個部門。有時候這些調整會造成部門間或與整個組織異象的錯置。舉例來說，一個教會有財務危機，可能決定把國中部與高中部合併，這樣可減少一位牧師薪資的費用。如果決定哪一位牧師留下的考量在於薪水多寡，而非事工發展的根據，那麼部門與教會異象的差異就產生了。

研究員凱文・勞森（Kevin Lawson）主持了一項全美國的調查，對教會中高度滿意於自己工作的教會職員進行。這些職員在自己的服事中蓬勃興旺，他們有些共同點。其中最主要的，就是他們的部門異象與整個教會異象是一致的。本質上，教會整體有個方向（教會異象），教會職員有個方向（部門異象），兩者是一致的。本質上，他們往相同的方向，腳步一致，進度相同。

> 健康的教會有些特性，包括在基督裡的合一（約 17:20-21），愛神，愛人的見證，特別是對跟隨耶穌基督者的愛（路 10:25-28），所有人都有操練恩賜的機會，建立基督的身體（弗 4:11-14）。健康教會的特性在於服事異象的合一，教會成員在追求異象時用恩賜堅固基督的身體。[20]

如果你是教會職員，我建議幾個重要的步驟，好在你特定的服事範圍發展異象。首先，研究並學習這個事工組織的異象是如何建立的？你需要知道歷史，認識一下創立者以及這事工生命歷程中的關鍵時刻。通常長輩們對你的研究可以提供資訊。第二，聽聽牧師或主任對事工的個人異象。不論藉著聽講道或個別會談，明白這位領導者希望組織的去向。第三，與其他熟悉這事工的職員談談，他們可能是最有幫助的，他們會告訴你強項在哪裡？進步的最好方法，最重要的，哪些是有隱藏勢

力的人，他們可能對你造成危險。第四，對於部門異象，在思想與禱告之後，與主任牧師或事工主任約時間，親自與他們分享你的異象。

　　也許最好離開上班的地方，好使他們不分心地注意聽你。你要知道這位領導者的風格，有人較喜歡看到寫下來的東西，有人喜歡聽帶著感情與抑揚頓挫的口頭報告。在這時候，你要解釋你部門的異象如何整合到整體事工的異象中。讓關連很明顯，不產生衝突。你要願意讓對方批判你的異象，不要防衛，也不要冒犯。

　　勞森說，「當你對其他事工說出意見時，鼓勵你只針對自己的範疇。這樣你的牧師會視你為團隊中的一員，而不是獨行俠。」[21] 目標當然是勞森所稱的教會合一感，也就是在事工異象與目的上，大家一致。[22] 職員的合一與目標的合一有一個最大的好處，就是團隊會在一起相較於一般情況更長的時間，每個成員會經驗到較持續的滿足感，不論是在個人或在服事表現上。

喪失事工異象

　　教會事工常忽視的地方就是「異象如何就失去了？」巴拿寫了些理由關於教會為什麼漸漸失去力量、焦點、接著失去目的？也許把這些理由做個摘要會對我們有所助益。

1. 與神失去接觸。有異象的領導者必須與神保持密切的溝通。如果我們離開了神的同在，祂給我們的異象也會離開。我們發現一年幾次的二十四小時通宵禱告能幫助我們保持與神的關係，不論身為領導者或會眾。

2. 崩壞／燃盡（Burnout）。我們活在一直被驅趕的文化中，我們渴求成就，而非與神的關係。我們最主要的服事應該要使用到我們的恩賜，這樣才會不斷受激勵，有燃料繼續成長。崩壞／燃盡發生在我們沒有用恩賜服事，又持續很長時間之後。

3. 領導不佳。當領導者沒有把異象適當地滋養起來，通常大家就會放棄。有異象的人要與另外一些有異象的人在一起，以保持互相激勵，且有效能。

4. 缺乏問責（accountability）。與受尊敬的指導者定期協談，會使你持定目標且聚焦。建議你有兩位指導者，一位與你的角色類似，但他的事工在另一個地點；一位比你年長，在事工中比你更有經驗。

5. 沒耐性。建立有效的事工需要時間。很顯然在一個事工中留得較久的人，在生命中經驗的快樂程度比較高。經常換工作會讓你和家人的情緒、身體、靈性都付出代價。不要每次有風暴就逃走。

6. 焦點擴大。研究教會成長的專家相信，任何大小的教會，都只能做好八件事工。超過這數目，我們就把自己擴大得變太單薄了。

7. 自我中心。當我們開始聚焦在自己的想法並相信自身的能力是神成功的秘訣，我們就被誤導了，成為神工作的阻礙。絕不要忘記我們活著就是要榮耀神，異象來自於神。從事工成功而來的任何名聲都單單只歸屬於神。

8. 忽視價值。服事中的倫理與誠信正直（integrity）永不可妥協。歷史中充滿了許多人失去價值觀的例子，他們漸漸開始以為若能達到目的，就可以不擇手段，但不是這樣的。

9. 有了其他的異象或興趣。如果神給了你們教會一個異象，又去追求另一個看來甚至很好的異象，這是仇敵用來打敗你們的一種方法。

10. 服事變得瑣碎。忠心不一定很好玩，我們需要經得住時間的考驗，持續下去。我們在聖經中或我們的生活中，都看見持守下去會有大獎賞，我們需要忍耐每天瑣碎日常的事情。

11. 缺乏評估。經常需要對異象做評估，也要有方法來衡量進度。這可能是很痛苦的過程，有可能會有職員要離職、更換領導者或重

新分配財務，以更有效地達成想要的結果。

12. 不適當的生活方式與結構。我們必須有一致的個人生活方式，包括個人財務、家庭、屬靈操練各方面。要讓異象轉變成行動，我們必須真實面對使我們成長的操練，也成為別人的榜樣。有時候機構內的新架構能幫助異象的實現，或重新使既有的系統活過來。

13. 極度衝突。這種情況發生時，帶著禱告的心愈早處理愈好。很常有的情況就是牧師或事工領導者的心無法好好處理衝突。然而，對重要的事情不說話，會使異象離開軌道。這時候很需要有洞見，來決定什麼事情值得面對面質問或什麼事情不值得。

14. 尋求新異象（異象過時了）。當舊有的異象已經完成了，這樣做是合適的。也許有了一位新牧師，也許衰敗的教會需要更新，或一段時間之後社區人口有重大改變。[23]

打造個人的服事異象

讀了這個標題後，你可能在想：「什麼是我個人的服事異象？」或「神要如何用我的一生？」也許註定要成為下一個白立德或慕拉第（Lottie Moon，美南浸信會傳教士）的人也讀到了。能為基督搖撼世界根基的男女總是從神給的異象開始。但如何得到異象？你又如何知道這異象是真確的，不是你自私的野心？

我們讀聖經就知道有一件事情很明顯：神給跟隨者個人異象時，祂常出乎我們的意料。有時候異象以夢境出現，有時候隨著神蹟而來。有時候異象在一段禱告和禁食後來臨，有時候讓人措手不及，像是打斷了個人的生命。神有時候藉著一個人說話來傳遞祂的信息，有時候祂直接用聽得見的聲音對信差說話。很少的時候神讓人可預測，因此我們必須說，神給個人服事異象沒有一定的方法。每個人得到異象的方式都很獨

特，就像神呼召人服事，是從神的心出發到達領導者的心，每個人的都不一樣。

海波斯領悟到異象的大能，他說：「當神把異象很清楚地傳給領導者，萬事都改變了。骨牌效應就開始了。」[24] 接下來他把神如何給個人異象的可能情況，一步步說出來。

1. 首先，領導者看到異象，一個令人脈博加快、改變生命的未來形象。領導者知道在自己內心深處，有一種「我為此而生」的潛在可能性。有可能是忽然的顯現，或漸漸的明顯，但就是有那種信念。

2. 幾乎立刻有感覺。將來的那幅圖畫讓人產生熱情，使異象有力量。這是來自聖靈的能力。現在你的異象是否能讓你說「我為此而生」？如果你可以，你就找到了答案，可以讓你在面見主之前的生命有焦點。

3. 領導者必須對異象負責。在使徒行傳 20:24 保羅說：「*我卻不以性命為念，也不看為寶貴，只要行完我的路程，成就我從主耶穌所領受的職事。*」你的異象必須在生命中有優先的地位。這會影響你與誰結婚、如何投資在教育上、在哪裡服事等等，還有最重要的，這會影響天上的人口。海波斯說：「把異象虛度可是難以想像的罪。」[25]

戴爾·蓋洛威（Dale Galloway）牧師從使徒行傳 2:17 得到異象：「神說：在末後的日子，我要將我的靈澆凡有血氣的。你們的兒女要說預言；你們的少年人要見異象；老年人要做異夢。」這位作者繼續形容當你活在神的異象與夢想之地，會發生什麼事。

你的生命將從平庸變得不凡：（1）有異象與夢想的男女，對於十一奉獻沒有困難，因他們全心相信這個原則。（2）有異象與夢想的男女對於相信神會行大事沒有困難，因他們知道在神沒有不可能的事。（3）有異象與夢想的男女不會飄盪和懶惰，因他們知道自己的方向，也因耶穌

而過得生氣勃勃。（4）有異象與夢想的男女會設定可衡量的、實際的、激勵人的、可達成的目標，卻不是那種一點都不挑戰信心的簡單目標。

使命與異象的個人應用

在寫這篇文章時，我已經做了兩次骨髓移植，又是癌症七年的生存者。在住院期間幾乎因治療引起的副作用而死亡。這時候我經歷了異象的顯現。我聽到主對我個人餘生的異象：包括在美國阿蘇薩太平洋大學神學院（Azusa Pacific University）的研究所，以基督教教育教授的身分教書，同時繼續在我服事的地方教會擔任牧師。這兩個服事機構都有我所愛並敬重的機構使命，我的心與它們產生共鳴，也欽佩這兩個地方對傳福音與訓練門徒的委身。從這樣的考驗中，我接受了更新的異象，就是要帶出下一代領導者，並繼續帶領我們這個多元族裔的教會，進入令人興奮的未來。

神對我生命的其他部分的異象，是要成為我妻子琳蒂（Lindy）敬虔的丈夫，女兒琪美（Kimi）慈愛的父親，女婿鮑比（Bobby）充滿慈愛的岳父，以及孫子女們口中的「爺爺」。我的生命似乎一點都不複雜，有了個人更新的異象，就能把精力聚焦在生命重要的部分，相對不重要的事情就可以放手不去管。我每天醒來都帶著神給我的異象而渴望服事神、服事教會、服事家人。這樣的生命很令人感到滿足。

第四堂
建立目標與具體子目標
Developing Goals and Objectives

蓋瑞·布萊德腓特

「我們在這裡試著要完成什麼？」「我們要做的明確事情有哪些？」如果我們無法回答這兩個簡單的問題，也許我們就沒在做什麼，最後可能一事無成。教會或其他非營利事工中的目標，不僅限於課程計畫或學習成效，而是關於組織的管理與領導。在本質上這是信心的陳述，神藉著目標帶領個人與教會。「信心是對所盼望的事有把握，對不能看見的事能肯定。」（來 11:1，現代中文譯本修訂版）目標是關於未來，是「所盼望的事」，能激勵人去完成新事，即「對不能看見的事能肯定」。正如戴頓（Dayton）與英斯達母（Engstrom）所說，「目標位於未來。基督徒應該既活在現在又活在未來。」[1] 目標帶有力量！目標能把一群人合在一起，發展出方向，向一個計畫推進，創造成就感。目標有力量激勵人，產生熱情，感動人採取行動。所以，有效能的基督徒領導者了解如何制定目標、打造具體子目標，這是至關緊要的，這樣能最大化個人與教會的價值觀。

動機與目標

「目標是努力的靶心，是人盼望能達成的。」[2] 就在這努力與達成兩者之間，鼓舞就產生了，目標產生的力量就清楚可見了。目標設定了方向，這樣去行，就能使個人或組織的精力與努力聚焦在值得的目的。不論是組織或個人的目標，都提供了有系統達成某事的方法，而起初這目標看起來太大或太難達成。藉著設立目標，人就被激發鼓舞，進步就發生了。像這樣，教會、基督教機構、甚至個別的信徒，就會發現設立目標會帶來預料不到的有益結果。

目標提升期待層次

「目標訂得低，就絕不會錯失。」這樣說沒錯，但目標訂得低，你也不會達成什麼。我們要完成的是那種可達到、卻又不是平常就觸手可及的目標，這樣才能提升個人、教會、機構的期待。目標可以激勵我們朝向更高層次的參與、委身、對服事的關注，以及成就感。

通常我們的目標都訂得太低，只要求中等的或只完成例行公事就好。目標要求我們「要謹慎行事，不要像愚昧人，當像智慧人。要愛惜光陰，因為現今的世代邪惡。」（弗 5:15-16）波曼（Bolman）和迪爾（Deal）注意到，組織內真正的目標出現，就會減低階級的或單方面的決策變得政治化：「政治框架的最終拆毀力量在於強調組織目標不是上層設立的，而是主要成員在不斷商討與互動過程後設立的。」[3] 如此，組織就會經由發展目標而要求更高層次的參與。

個人與團隊目標

在管理文獻中，目標的定義是「在一定時間內達成可衡量結果的具

體委身。」[4] 這個定義可以應用在個人目標或團隊／組織目標上。舉例來說，如果我想減重，我可以設立目標要在聖誕節前減少二十磅。這個目標很具體、可衡量、有時限。為了達成目標，我還需要一個行動計畫，但目標已經是定義很清楚的靶心了。同樣的，團隊也可發展出目標，使大家有共同努力的方向與合一。舉例來說，新的植堂可設立一個目標，就是在滿一週年的主日，早崇拜參加人數成長到兩百人。再次我們看到，這個目標很具體、可衡量、也有達成的時限。這樣的目標可以成為激勵人心的力量，朝向更大的目的。

目標應該使我們朝向比目標本身更大的目的。我為什麼想減重二十磅？我減重這個目標背後的目的是什麼？是要使血壓降低或膽固醇降低？是要讓我再穿得進衣服嗎？因此每個目標後面還要有某些目的。我們教會為什麼要在一週年的時候有兩百人？是我們需要兩百人才能達到財務預算目標嗎？也許我們希望自己的教會能為基督接觸世人。如果是這樣，我們或許該釐清目標。我們可以重述目標為：「以福音接觸未接觸到的家庭，在滿一週年的主日，早崇拜參加人數成長到兩百人。」這樣就讓目標更清楚，也更能衡量。

過去數十年來，服事已經從以「牧師個人為基礎」轉變為「以團隊為基礎」。正因為如此，基督徒領導者要了解目標在組織與組織成員個人生命中所扮演的角色就更顯重要。有效的領導需要有設立目標的技巧。領導者必須能引導服事團隊成員，一起設立團隊目標，又同時能形塑並達成個人的目標。團隊目標使服事有方向，朝向合一的使命。個人目標能為參與團隊的每一個成員培育動機、增加成就感和改進的方法。

教會或基督教機構用來設立目標的過程，反映了此機構運作的領導模式。[5]

- **架構的框架**：保持機構往正確方向前行。
- **人力資源的框架**：保持人的參與和敞開的溝通。
- **政治的框架**：提供機會讓個人與團隊知道別人的利益／興趣所在。

‧ **象徵（Symbolic）的框架**：發展標誌與共同價值。

　　真正的領導者同時運作在兩個層面上。一是團隊層面、一是個人層面，兩者都要運作。在團隊層面，領導者要培育合一、共同目的感、可衡量的團隊成就。同時，領導者必須委身去肯定、鼓舞、培養發展團隊中的每位成員。設立服事的大目的時，個人目標與團隊目標是相互交織的。

目標與具體子目標

　　企業管理文獻中經常提及目標與具體子目標這方面主題，但不論在公司或非營利組織內，這兩個詞不一定用得很一致。更複雜的是，教育界還增加了一些用詞去攪和。教育專家們使用這些詞彙：目標（goals）、具體子目標（objectives）、成果（outcomes）與宗旨（aims）。作者們也一樣在使用的時候不一致，通常會用「成果」來形容可衡量的教育經驗或經驗交換。

　　目標是比較大、比較一般的觀念，隨著而來的是可衡量、可計算的具體子目標，用以支持目標。具體子目標是短期的，可衡量的步驟，被設計來使組織向前，達成長期目標。以企業舉例來說，目標可能是**增加10% 的市場占有率**。目標要藉著好幾個短期具體子目標的達成而達成。這可能包括**新產品搶先上市**，或**本季結束前顧客滿意度的調查從 3.5 增加到 3.7**。

　　我們要同意什麼？在服事管理上我們要用什麼詞彙？圖表 4.1 顯示了這些詞彙的關係。[6]

　　服事的使命與異象要能達成，必須指認幾個關鍵結果的範圍，然後寫出每個範圍的目標。為了達成每個目標，具體而可衡量的具體子目標一定要設立。最後，這些就合成一個策略計畫，每個具體子目標都有具體的人力資源、預算資源、期望完成的時間。

圖表 4.1　設立目標的四階段

目的：使命與異象	→	目標	→	具體子目標	→	執行的步驟或實現的程序

- **使命／異象**：神要我們做什麼？
- **目標**：異象要實現，需要發生什麼事情？
- **具體子目標**：要達成每個目標，我們需要做什麼？
- **策略計畫**：要達成每個具體子目標，誰是可信的人？有何資源？[7]

事實上，大多數基督徒管理與領導書籍的作者傾向不很精確地使用這些詞彙。許多作者換來換去使用，沒有一致性。因為在事工管理上大家愈來愈聚焦在「團隊」的模式，有人就說運動領域中的專有名詞似乎也很常出現。老實說，不論用**目標**或**具體子目標**，成果或**具體子目標**，很重要也是普世一致同意的就是，基督徒領導者必須花時間設立具體的、可衡量的、鼓舞人的目標。圖表 4.2 顯示了目標與具體子目標的差異。

圖表 4.2　目標與具體子目標

目標	具體子目標
直接受具體子目標影響	直接受目標影響
一般	具體
不確定的	可衡量的
通常是長期的	通常是短期的
較廣泛的陳述	較狹窄的陳述

目標設定理論（Goal-Setting Theory）

請想想三或四位很成功的人士，也想想一個企業從很小發展為很大，再想想你那城市中最有效能的教會事工。在所有可能性當中，你會發現它們之所以成功與有效能，是因為委身於設立目標並達成目標。不論是企業、軍隊、服事、政治、運動、社區服務，目標導向都扮演最根本而不爭的角色。設立目標理論認知這角色的重要，並找出設立目標可應用的原則，使個人和組織的績效都能改善。而設立具體子目標端視設立目標的過程而定，所以目標就包括了具體子目標。

波曼和迪爾（Bolman and Deal）說到好幾種形式的目標，在一般組織很常見，請注意幾種對組織**沒有**益處卻很能使組織衰弱的目標。[8]

- **體面的目標**：虛擬的大目標，希望組織能有此品質而加分。
- **不能說出的目標**：不說出來的真正目標。
- **刻版的目標**：每個有聲譽的組織都應該有的目標。
- **現存的目標**：默默追求的目標，雖然與組織明說的價值觀與自我形象不符合。

目標設定過程

目標設立是一個過程，包括

（1）正式定義績效的靶心；

（2）創造是否擊中靶心之準確度衡量標準；

（3）設立達成目標的成敗結果，以改善個人、團隊、組織的工作績效。

目標設定理論是管理理論中的一支，被大家嚴謹研究，而從其中產生好幾個動機與組織發展的原則。愛德溫·盧克（Edwin A. Locke）和格里·P·萊瑟姆（Gary P. Latham）兩位作者在他們的《設定目標：行得通

的鼓舞技術》（*Goal Setting: A Motivational Technique That Works*！中文書名為暫譯）一書中陳述這些原則。盧克和萊瑟姆建議，有效的目標一定要具體、困難、被參與者擁有。有了這三個特性，盧克和萊瑟姆相信目標對個人與組織就會有強大的鼓舞力量。

具體子目標，提供更明確的靶心。舉例來說，當父母告訴孩子，「只要盡你最大的努力」，父母就設立了一個缺乏鼓舞力的目標，因為不夠具體。但如果改成「你想要開車就要得到 B 或更好的成績」，目標就具體得多，因此就能激勵人。

具體子目標從聚焦在清楚定義的結果開始。目標愈不模糊，就愈可能達成。具體子目標太廣泛——缺乏可衡量的重要特質——就缺乏方向，沒有能力帶領或鼓舞出行動來。如果你讀過《愛莉絲夢遊仙境》，可能記得愛莉絲遇到柴郡貓（Cheshire Cat）時的對話，這指出了設立目標必須具體的重要性。愛莉絲問：「請告訴我，我從這裡要走哪條路？」貓說：「那可得要看妳要去哪裡了。」愛莉絲說：「我不在乎去哪裡。」貓說：「那你走哪條路也無關緊要了。」[9]

下面的圖表把陳述得很好的具體子目標與陳述不佳的做個對比。[10]

圖表 4.3　具體子目標的陳述

具體子目標的良好陳述	具體子目標的不佳陳述
• 用結果來陳述 • 在一定時間內可達成 • 要期待什麼是很確定的 • 實際而可行的 • 如果可用數量時就陳述得很精確 • 限縮在一個重要項目	• 用過程或活動來陳述 • 永不可能達成：沒有具體時間目標 • 要期待什麼是很模糊的 • 理論的或理想化的 • 太簡短而無限期或太長又複雜 • 每句陳述都有兩個或更多的項目

　　這種設立目標的原則如何應用在教會與其事工上呢？為了舉例，我們假設你要為教會敬拜團隊事工設立目標。你就開始寫：有效地帶領敬拜。這當然是很值得追求的，但作為目標就缺乏鼓舞的力量，因為沒有定義，也沒有精確的結果。一個具體的目標可能會這樣陳述：提供有品質的現代音樂，使會眾活潑地參與敬拜。藉著發展更聚焦的具體子目標，敬拜團隊會體認他們服事的重要性。以這具體子目標為根基，團隊就可以決定方向。團隊知道他們這服事的性質、目的與別人期待他們會有的表現。

　　讓目標很具體，還有更進一步的就是「讓目標可以衡量」。這也為每個目標形成了許多具體子目標。一般來說，最有力量鼓舞人的目標都在某種程度是可衡量的。設立目標很重要的一點，就是要訂下實際衡量進度的標準，以達成目標。衡量進度，會使團隊留在正軌上，並經驗到持續努力而有令人振奮的成就感。

　　許多團隊費盡努力卻失敗了，因為缺少了具體、可衡量的子目標。約翰甘迺迪（John F. Kennedy）在 1961 年的各州聯盟演講中說：「沒有了目的與方向，光有努力與勇氣是不夠的。」具體、可衡量的子目標，就提供了那個目的與方向。那一年稍後，甘迺迪在一次特別的國會聯合會議中，他提出了太空探測的異象。他以帶著無比鼓舞力量的目標賦予那個異象方向：首先，我相信這個國家應該承諾在這十年結束時達成目標，將一個人送上月球，然後安全返抵地球。[11]

　　這個目標帶有鼓舞力量，就是因為很具體又可衡量。這目標所要求的是（1）美國要將一個人送上月球（2）安全返抵地球（3）10 年內達成。衡量目標的標準就在其具體陳述中。可衡量的目標設了一個評估進度的基準。這個目標很清楚的定義了最後結果與達成目標的時間限制。

　　這裡有另一個例子說明，增加目標中具體與可衡量的元素，如何讓目標更鼓舞人去達成？瑞克‧庫伯曼（Rick Copperman）是綠谷社區教會的敬拜與音樂副牧師，他設立了下列目標：在今年底之前，發展三個

高度委身敬拜團隊，是受過訓練、有音樂能力、在帶領敬拜上有效的。這個目標是可以衡量的：三個團隊發展出來了嗎？它們很委身嗎？年底前達成目標了嗎？團隊受充分訓練了嗎？音樂品質顯示音樂能力嗎？藉著具體而有時限的可衡量標準，鼓舞力與方向就產生了。

困難的目標比容易的目標更有力。目標當然必須合理，但太容易達成的目標就沒有什麼影響力。告訴很有能力、在考試可以得 B 的兒子只要得到 C 的成績，對長期表現的進步沒有影響力。

甘迺迪這個「十年達成將一個人送上月球、然後安全返抵地球」的目標很有野心，很困難，但這是此目標有力量的那個部分。目標一定要能夠挑戰。太容易達成的目標沒有鼓舞人的力量。目標必須崇高但又合理而實際。設立實際的目標是設立目標理論中很基本的。目標就必須要能夠達成。困難的目標比結果很確定的目標更能鼓舞人。但達不到的目標只會使團隊成員很沮喪。

有鼓舞力的目標用異象來與實際取得平衡。目標需要夠困難，但又不會困難到使人沮喪。邁克爾·凱（Micheal Kay）建議，目標必須要寫得讓人有感覺，他稱這為「聖母峰感」。團隊成員需要感覺到自己是那很需要努力並開始探險的一員，但他們必須相信能攀上高峰。[12] 正如賀賽（Hersey）和布蘭查（Blanchard）所說的：「目標要高到一個人必須伸長手才能觸及，又必須低到他們可以摸得到。」[13]

最後，設立目標中的**參與**是重要的部分。寧願不要替別人定義什麼是績效，最好讓他們參與，一起定義什麼是目標。明智的父母會說：「我們來為你今年秋季的科學成績設一個目標。你今年可以設立什麼又合理又夠挑戰的目標呢？」父母要引導兒女設立目標，又要確保兒女參與在過程中。參與，會讓人有一種**目標擁有感**，這樣能讓績效持續，這是設立目標中很重要的部分。[14]

在教會服事中，這表示我們必須花時間在團隊一起設立目標的過程中。領導者們會有一種試探，就是自己替團隊設立目標。但是在志工組

織中，參與者擁有目標是至關重要的。因此，團隊成員用什麼方式能夠參與目標設立就很重要。伊凡·謝爾（Ivan Scheier）所寫的《每個人都是志工》（*When Everyone Is a Volunteer*，1992 年出版，中文書名為暫譯）一書建議，以志工為基底的組織之成敗，就在於志工是否能參與目標的設立。謝爾相信，如果機構的目標不被其成員所擁有，那少數幾個忠誠的核心團隊成員就會因追求達到目標而崩耗／燃盡。

　　為回應這個問題，謝爾建議較大的組織，用一個他稱之為「會員提出建議」的過程，讓大家參與目標設立。這過程由組織領導者（如主任牧師或董事會／長執會）開始，用熱情的方式先分享組織的使命與異象，接下來領導者給大家清楚的陳述，表示領導者們確實有目標，但他們向會員們尋求「建議」，來調整形塑原本的目標。然後進行調查，問三個開放性問題：

1. 你認為明年我們的團隊前三項要努力的主題、活動、目標是什麼？請盡可能具體。
2. 請為每一項目標，列出至少三項可行的步驟以達成目標。這些必須是我們組織能力可及的實際事務。
3. 以上的步驟中，你個人願意投入大量時間與努力的任何部分，請在旁邊打勾。[15]

　　這個過程的最後一部分，就是組成一個目標審議委員會。此委員會的任務是將所有參與者建議的目標做關連與分析，發展成一套推薦內容，帶回到領導者與全體當中，看要採用哪些部分？謝爾相信此過程能夠增進目標設立的參與度，加強目標的擁有感，鼓舞志工參與而達成目標，並建立對結果的責任感。

為什麼我們抗拒設立目標？

　　雖然對個人或組織來說，目標都是很自然就存在的，但大家對設立目標這個想法的抗拒也很常有。也許不設立目標最常有的理由就是**害怕失敗**。失敗讓人減低自我價值，害怕被公開羞辱，或害怕隨之而來的污名。如果教會公開宣告：「今年的主日學要達到平均 400 人」，而去年的平均人數是 375 人：「萬一我們失敗了怎麼辦？這失敗實在太明顯了！主日學老師們可能會士氣低落、信徒領導者會要我對失敗負責任、其他的教會可能會發現，然後我們整個教會都丟臉。」事實上不是這樣的。首先，如果你不設立目標，那麼有問題的活動就只是繼續降級，這會讓人受辱。第二，如果沒有達到平均 400 人但達到 390 人呢？仍然有進步呀。簡言之，害怕失敗，雖然就是人性，但我們不應避免而應迎戰，不論個人或教會都一樣。

　　第二個不設立目標的一般原因，是用**屬靈的不做決定**來表達的。有人可能會用雅各書 4:13-14 這類經文來反對設立目標。「嗐！你們有話說：『今天明天我們要往某城裡去，在那裡住一年，做買賣得利。』其實明天如何，你們還不知道。你們的生命是甚麼呢？你們原來是一片雲霧，出現少時就不見了。」因此我們設立目標就變成冒犯或阻礙了神

圖表 4.4　基督徒對比非基督徒的目標設立

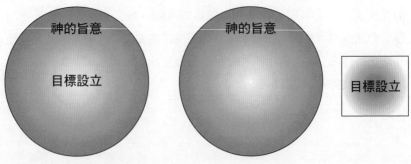

的目標。然而這樣是不公平也不需要的二分法。雅各書 4:15 做結論，勸戒我們要在主的引導下設立目標，使神的帶領與我們達成的目標之間取得平衡：「你們只當說：『主若願意，我們就可以活著，也可以做這事，或做那事。』」簡言之，設立目標卻**沒有**神就是「張狂」和「誇口」（雅 4:16），但這段經文鼓勵我們設立一個在神旨意下的目標（圖表 4.4）。

　　也許保羅的第二次旅行佈道可作為聖經例證。正如使徒行傳 16:1-5 記載的，他很明顯有計畫好的路線，然後我們讀到聖靈介入保羅的計畫：

> *聖靈既然禁止他們在亞細亞講道*，他們就經過弗呂家、加拉太一帶地方。到了每西亞的邊界，他們想要往庇推尼去，*耶穌的靈卻不許*。他們就越過每西亞，下到特羅亞去。在夜間有異象現與保羅。有一個馬其頓人站著求他說：「請你過到馬其頓來幫助我們。」保羅既看見這異象，我們隨即想要往馬其頓去，*以為神召我們傳福音給那裡的人聽*。（徒 16:6-10，斜體底線字為作者的強調）

結　論

　　基督徒領導者必須花時間設立組織的目標與具體子目標。克雷特納（Kreitner）說建立精心設計的目標與具體子目標有四重益處。他寫道，「從規劃的角度來看，細心預備的具體子目標能使管理者獲益，這些目標的功能像靶心，是衡量的標準，能培養委身度，增進鼓舞力。」[16] 這每一項的益處對教會工作都極為關鍵。沒有了靶心，我們就缺少努力的方向。沒有衡量標準，我們就缺少知道自己進度的方法。沒有委身，我們就缺少參與以及和別人作夥伴的關係。沒有鼓舞，我們就缺少為神做大事的意志。

一項針對哈佛畢業生的研究發現，只有 3% 的畢業生寫下自己對未來的目標。二十年之後，跟進的研究發現這些「有個人生涯目標的 3% 畢業生」所賺的錢，比其他 97% 的畢業生合起來賺的錢還多。[17] 很明顯，目標有轉化的力量。目標可以使生命改變，更新服事。寫下目標與具體子目標是做規劃過程中很重要的一步，也該是每個事工每年度的實踐。

第五堂
發展具策略性的事工規劃

Developing a Strategic Ministry Plan

蜜雪兒·安東尼

　　1933 年一位大有能力的年輕人興起，他承諾要帶領百姓聞名世界，使德國重獲曾有的興盛光榮。然而當這項規劃執行時，卻讓兩千萬人被屠殺，至終毀了他的國家。與希特勒（Adolf Hitler）不同的是另一位領導者，他有一個「夢」，就是所有種族都該被平等對待。他的策略是不藉暴力，而是用和平的方法使種族和解。雖然在馬丁·路德·金影響的年代，暴力很普遍，但他的規劃促成了 1964 年的民權法案，使種族隔離政策結束。

　　雖然我們用的是二十世紀這兩個突出的例子，但我們也知道策略規劃（Strategic Plan）千年來常被使用，至少這個觀念早就有了。我們看到埃及、希臘、羅馬的建造世界最偉大國家的策略。再仔細觀察，我們開始了解這些世界強國不是忽然興起的，而是這些國家的領導者有清楚定義的目標、具體子目標，而且不計代價要完成。

　　這些規劃（不論是利他或利己）透過陳述、文字紀錄、溝通、執行，用盡各種有效可得的方法或戰爭。當這些規劃實現的時候，也就得

到想要的結果。今天，我們發現大帝國的規劃，他們攻占城市，建金字塔或競技場，畜養大批軍隊或積攢財富，我們可以從他們最後的興衰分析他們這麼做是對是錯。我們從他們的得勝與挫敗中學習，但更重要的是我們學習到，若沒有清楚的策略過程與執行，就沒有偉大規劃會被完成。

策略（Strategy）這個字的意思是從希臘文 strategos 而來，字面上翻譯為「軍隊的將軍」。在古希臘時代，十個古希臘部落的每一個部落每年都選出「軍隊的將軍」來帶領團隊。這些關鍵領導者對管理大戰役中的各種小戰鬥與小衝突，給予「策略性」（tactical）的建議，而不是對軍隊管理或物資做什麼戰術性（managing）的忠告。從這種軍事性的根本來看，策略規劃一直都與「遠景／全貌」（big picture）有關。焦點在於結果或最後的成果，不在資源或產品。記住這點，我們就了解策略規劃比較不關涉**如何**達到結果，而是要定義結果應該是**什麼**。[1]

策略規劃（Strategic Planning）的聖經基礎

聖經告訴我們，在羅馬帝國之後的偉大王權將永不止息。有一位萬王之王、萬主之主將坐在那寶座上。在這王朝中，基督自己要以愛與真理執掌王權（彌 5:2-5）。他的領導很獨特，神早已先發展了策略規劃，列出要執行的過程中，每一位跟隨者的服事是什麼？首先，讓我們先看看聖經上的這個策略規劃，然後收集今日教會與有同樣使命的基督教機構可以用的原則。

在伊甸園，人類墮落之後，神自己立刻就應許有一位救贖者會來，使有罪的人與無罪的神和好（創 3:14-15）。這位救贖者將勝過罪惡，他一次勝過就永遠勝過了，人類男女將再次享受與神有純淨不受污染的愛的關係。先知與新約作者繼續解釋，這位彌賽亞／救主（Messiah or Savior）是完美的祭，為每一個願意向自己死並接受神所提供救恩之人

付了罪的代價。（賽 53:10-12；羅 3:20-24）。**這是神的策略規劃**。神開始著手這項終極的使命，使祂得以享受祂最珍貴的創造，也就是你和我之間的相交。

從這個立場，神開始了最奇妙的策略規劃，是超越時間、語言、文化、罪、撒旦、人的理解。祂召聚人成為一國，把他們分別出來成為被揀選的族類（創 12:1-3）。祂設立律法與領導者，命令他們遵守律法（出 20）。時候滿足，祂以人的樣式到我們中間（腓 2:5-8），漸漸長大，又教導我們有關父神與悔改的道理（約 14:1-6），祂離開時，祂的聖靈仍在我們當中（約 14:15-18）。我們知道祂策略規劃的最後一章還沒發生，但結束時就會成就神當初的規劃。宇宙的神將與祂所珍愛的創造和諧地同住相交，人不再受罪惡的綑綁（啟 21:1-4）。

基督離世時，祂自己給了我們「行軍的命令」（marching orders），祂給了我們大使命。那時活著的門徒以及後來的門徒，都被賦予藉悔改、洗禮、教導聖經使萬民作門徒的這項使命（太 28:19-20）。今天這仍是全球基督徒擁抱的相同使命，雖然我們每個人對於如何達成目標的具體異象可能不同。

為任何一個教會或事工組織寫策略規劃時，首先必須理解神的規劃：**使人與神和好**。下一步，我們要問，「我的教會或組織在完成此規劃中所扮演的角色是什麼？」最後，「我這個門徒在此規劃中的角色是什麼？」只有回答了這些問題，教會或基督教機構才能開始發展一個有效的策略規劃。

策略規劃與長期（Long-Range）規劃

領導者們經常對策略規劃與長期規劃的分界不清楚，然而兩者是有區別的，這是很重要必須注意的。舉例來說，長期規劃涵蓋了十年到二十年的時間，且假設環境至少在這期間穩定不變；而策略規劃涵蓋三到

五年的時間，並假設環境有可能改變。2

這兩個策略看似衝突，事實上它們針對各種未來情況，是攜手合作去達成規劃的功能。策略規劃的一個最主要優點就是更有彈性，在較短時期就可以重新回來評估，在問題發生時可以有效地解決。

策略規劃的模式（Model）

雖然策略規劃的模式可能不同，但基本架構或觀念是一樣的。從定義來看，策略規劃是懷抱著使命與異象而寫下來的事項（agenda），並設立一系列的目標與具體子目標，促使教會或機構朝向渴望的未來前進。策略規劃要具體而可衡量，有足夠高度與提升作用，能激勵人心。策略規劃是任何一個組織的動力，能使其中的成員站起來，並說：「這才是我值得投入的！」朗普金（Lumpkin）這樣下定義：

> 策略規劃是一個組織依據內部與外部評估做決策的正式而持續的過程。所涉及的有組織的人與任務，目的是執行決策，並衡量成就與績效。策略規劃也包含四個關鍵性問答：我們如何達到這裡的？我們要去哪裡？我們如何去？我們如何使一切可行？總之，策略規劃是一個有互動性、永續的、重覆的過程，包括使命、異象、情況分析、長期目標、策略、衡量標準。3

在圖表 5.1 的策略規劃模式中有兩部分。第一部分引導組織去分析教會或機構，藉著問關鍵的個人一些問題，來決定此策略規劃努力的起點。這一連串的過程從禱告尋求神引導此規劃開始。聖經提醒我們：「若不是耶和華建造房屋，建造的人就枉然勞力。」（詩 127:1）下面三步驟幫助領導者決定三個引導的原則：他們的使命、他們的異象、他們的核心價值。一旦這些都決定了，未來的獨特樣貌就開始浮現了。

第二部分包括執行內部與外部檢視，接下來是發展策略、執行策

圖表 5.1 策略規劃模型

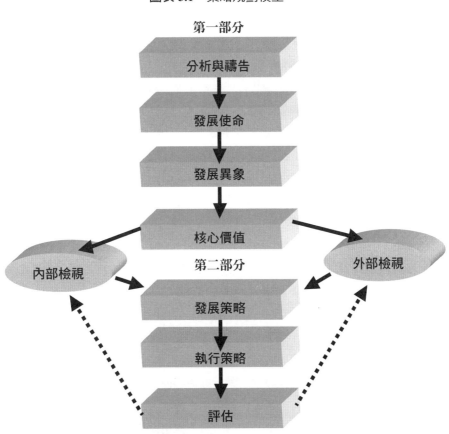

略、最後是持續的評估。通常，評估會帶來必要的更多內部與外部檢視，然後就會有更新過的策略發展與調整。第一部分比較固定，相對而言不太改變，第二部分則經常重新回來調整，也視需要而可以更改。

第一部分

分析與禱告：分析任何教會或機構都從「問問題」開始：「我們現

在如何？」「我們是怎樣的教會？」「我們很高興我們是這樣的，也很高興要往那裡去嗎？」這會迫使群體誠實地看看自己，像諺語中說的「鴕鳥把頭從沙堆裏拉出來」。[4]

這個階段重要的事情就是以開放的心胸，接受各種來源的建議。我們可以利用各種審核，檢視教會或機構生命循環的資訊，利益相關者的脈動，以及衡量生產與效能的績效審查。

有了這些資訊，就會使事工領導者必須委身於禱告的操練與恩典（privilege）。禱告是使我們的努力對準神旨意的方式。在這個時刻點，神的靈引導屬靈領導者做出決策，使暫時的轉化為永恆的。

尼希米是敬虔的好模範，他按照一個以神旨意為核心的策略規劃行事。他看到耶路撒冷城如此毀壞就極為傷痛，他開始懇求神：「他們對我說：『那些被擄歸回剩下的人在猶大省遭大難，受凌辱；並且耶路撒冷的城牆拆毀，城門被火焚燒。』我聽見這話，就坐下哭泣，悲哀幾日，在天上的神面前禁食祈禱。」（尼 1:3-4）

經過了這些時候的悲哀、個人祈禱、禁食，尼希米了解在這大苦難中自己的角色大概是什麼了？他被神賦予使命，到王那裡請求帶領一些人回耶路撒冷重建城牆與城市。我們繼續讀下去就看到，尼希米了解自己的異象要如何完成，並設立了執行的核心價值，開始了可衡量的目標與具體子目標，未來有一天這些都可用來評估。他的行動規劃是有策略的，他完全倚靠耶和華，這是他的力量，他也期待會得到想要的結果。尼希米從來不曾認為這個使命關乎他個人的成敗，而是時刻記得此規劃要高舉耶和華的名與城。

使策略規劃有力量的兩個基本柱石就是誠實地分析與禱告（honest analysis and prayer）。沒有了這兩項或這兩項帶來的洞見，我們就缺少了神膏抹的想法與規劃，就是白費努力。雖然我們把禱告放在策略規劃程序的開始，好像是分開來的一個步驟，但其實每一步也都要這樣謹慎地以禱告的心來思考。在一段適當時期的分析與禱告之後，領導者們

必須回答關於使命的問題，寫出簡明又定義得很好的使命宣言，展開規劃。

使命宣言（Mission Statement）： 此宣言定義了組織到底怎麼看自己，要以什麼方式完成大使命、它到底是怎樣的組織？此宣言要簡短、好記、易懂，不需要解釋。它決定了事工的方向，使事工聚焦於未來，使命宣言對於策略的型塑超過規劃中任何單一元素的影響。[5]

異象宣言（Vision Statement）： 異象告訴我們，我們的群體在使命實現時會是什麼樣子。異象是更具體的，將組織的核心傳遞出去，其信息是清楚而有挑戰的。能鼓舞人心，擄獲人心，而非只是說教。[6]馬丁·路德·金宣告：「我有一個夢」就說出了他的異象。

核心價值（Core Values）： 是什麼使這教會或機構很獨特？正如個人的價值觀說明了這人生命中最重要的是什麼？組織的價值觀也說明了這個群體的靈魂。[7]這已經定義好的價值觀就區分了各種組織，而這核心價值也是不變的。核心價值引導決策過程以及目標與具體子目標的關聯。

在使命、異象、核心價值都決定之後，組織的領導者們開始提取規劃方向的特別基因配方（DNA）。這可能會成為教會或機構生命中一個很鼓舞人的時刻。這股合起來的效應流出來，經過內部與外部檢視，就來到了發展策略與執行策略的階段。

我們檢視了分析／禱告、發展使命、發展異象、核心價值（第一部分）的階段，現在開始策略規劃第二部分，包括內部與外部檢視、發展策略、執行策略與評估。

第二部分

內部檢視（Internal Scan）： 內部檢視主要是評估你的資源。包括下列這些，但不僅止於這些：

• 實體資源，如地點位置或建築物／設備；

- 人力資源，如職員與志工；
- 財務資源，如現金流量，儲蓄或投資，捐獻／贈禮，準備金額；
- 態度資源，如人氣，人的道德，人的凝聚力，人的熱誠度或缺乏熱誠度。[8]

這項檢視要由最認識機構組織的人來進行，也是對資源的最新資料有利害關係的人。這個時刻領導者以 SWOT 來分析會有幫助，也就是評估優點（Strengths）、缺點（Weakness）、機會（Opportunities）、威脅（Threats）。優點與缺點主要關於內部事務與資源，機會與威脅則主要從外部檢視得知。[9] 當領導者們將每一個資源在內部做檢視，就能整合出每一個項目目前的優點與缺點。完成之後，組織就可以分析外部檢視了。

外部檢視（External Scan）： 外部檢視是評估環境。這可使組織警覺到周圍發生過什麼事，像在過去歷史上、在附近城市或社群、在人生命中經濟與社會等事件。這些事物可分成兩類：機會或威脅。通常，因為是面對外部環境，外部檢視也可稱為環境檢視。[10]

為你的教會或機構發展較大的策略價值，意味著收集超過目前行業最相關的資訊，而朝向更擴大而永恆的、政治的、社會的、經濟的、科技的環境。當我們允許每天處理一點這些資訊花絮，最後加起來就能對浮現的潮流與趨勢有更多認識。[11]

機會就是會提升機構的事件，這事件大到你想花上資本把握住這可能的展望（例如，著名的講員剛好在你的城市，你只要花比較少的代價他可能就願意到你的團體中演講）。威脅可能是要對抗大自然，也可能是真實的或覺察到的危險（例如，不安全的社區會使青少年陷入危險），或是團隊應該要認知的挑戰（例如，大學生聚會的人數增加而缺少停車空間）。

在內部與外部不同面向的檢視時，我們必須把這些元素視為動態的，在策略規劃中是會改變的。一旦組織完成了對內部與外部環境有效又完整的檢視，也把相關的優點、缺點、機會、威脅記錄下來，就可以

開始把發展策略與執行策略寫出來了。這是很實際的階段，大多數有具體思考的人開始把策略的汁液擠出來。如果上述這幾步辦得很好，有耐性的策略規劃委員會或董事會／長執會就會發現下面幾步都很簡單了。

發展策略： 為了充分發展策略規劃，讓其中的行動都能聚焦，一定要按照第一部分（分析與禱告、使命、異象、核心價值）的思考過程，以及內部及外部檢視而集得的戰術，來發展目標與具體子目標。手上有了這些資訊，教會或機構的領導者就開始寫出具體的目標與具體子目標，好提供一個能達成想要的結果的架構。讀者可複習第四堂與第八堂有關發展目標與具體子目標的詳細討論。我把目標與具體子目標合併在這裡討論，但大多時候會分開。

目標與具體子目標： 目標與具體子目標被視為最後的結果。我們用最後完成時的樣貌來陳述。目標與具體子目標必須要具體（Specific）、可衡量（Measurable）、能達成（Attainable）、相關（Relevant）、可追蹤（Trackable），也就是重要的組織管理人布蘭查所說的 SMART（聰明）。[12] 當目標與具體子目標寫好讓人能看見之後，舉起每一個目標，大家用下列問題來提問：

- 這些目標與其相關的具體子目標夠具體嗎？
- 我會知道什麼時候算達成了嗎？
- 我真的能夠在時限內，用分配給我的資源完成這些目標嗎？
- 這些目標與具體子目標和我的工作或服事相關嗎？
- 過程中有形的進展可追蹤嗎？

大部分的目標剛寫出來時，無法充分回答所有問題，所以才需要相關的具體子目標加進來，以提供最後的陳述有具體性。通常一個團隊或委員會能就著觀念來進行字句的推敲，最後寫出合適的目標，也就產生真正想要的結果。若缺少這種具體子目標的陳述，目標就只是偉大的想法而沒有動力與意義。我們以下列一個高中青年團契的目標宣言（goal statement）來思考：

> **目標一：**
> 藉神的道將我們社區與社區外的孩子帶入與基督建立的關係中。

我們把這個目標用 SMART 規則（rules）來測試一下：

1. **夠具體嗎**？不，不很具體。我們指的是怎樣的孩子？幾歲？他們住哪裡，他們的社經背景為何？他們在哪裡上學？

2. **可衡量嗎**？不。這目標什麼時候要完成？我如何知道他們與基督建立了關係？「社區外」指的是哪裏？

3. **可達成嗎**？不。若不具體又不可衡量，怎麼可能達成？如果我不能決定「到底我有、還是沒有」一個東西，我就無法去獲得這個東西。

4. **相關嗎**？可能。但我若不清楚有什麼限制，我就不知道這目標是否相關。

5. **可追蹤嗎**？不。因為沒有清楚的終點線，也沒有清楚的標記點。

我們再看看同樣是這個目標，如何用相關的具體子目標調整一下使具體子目標符合 SMART 規則，使陳述變得清晰形成策略性目標。

> **目標一：**
> 藉神的道，將我們社區與社區外的孩子帶入與基督建立的關係中。
> > **具體子目標 1**
> > 設計並執行每一季的外展行動，對象是亞里索維耶荷市（Aliso Viejo）高中生，藉教導神的道，鼓勵他們建立與基督的關係。
> > **具體子目標 2**
> > 整合使用現代樂團、戲劇、科技，並使參加的每個學生都能有聖經。

我們把這個目標與相關的具體子目標用 SMART 規則來測試。

1. **夠具體嗎？**是的。我們知道對象是亞里索維耶荷市的高中生。我們知道我們為了傳福音與外展而做這些活動。

2. **可衡量嗎？**是的。如果一年完成了四次的活動，我們就知道完成了。我們會知道有沒有教導聖經？聚會中是否使用了樂團、戲劇、科技？聖經是否發給需要的學生？

3. **可達成嗎？**是的。這個目標與相關的具體子目標在時限內與已知的限制內是可達成的。

4. **相關嗎？**是的。高中生喜歡跟其他高中生在一起，傳統上他們也喜歡樂團／音樂，一年四次活動也是很務實的。

5. **可追蹤嗎？**是的。我們每一季能算出實際參加的學生人數，做為下次活動的重新評估。再者，我們可以列表，把決志與基督建立關係的人數，與發出去的聖經數量，以及這地區學生總數做進一步的分析。

當每個目標與相關的具體子目標，都能達到上述的要求，組織就預備好要處理下一個問題了：「**很具體**地說，我們需要什麼使這些成真？」而答案就成了策略規劃的執行階段。

執行策略：在這個執行的階段，目標與具體子目標的每個細節都被徹底地檢查，提煉出每個可想像的元素，這些元素要不就會幫助目標達成，要不就會阻礙進展。藉著寫出會使目標成功或會使目標受阻的事情。也就是寫出「下一步」的功能，會讓人對這個策略產生擁有感。

下一步：這些步驟是實際要做的事項清單。可以說是一個「做完就打勾」的單子，是組織內各階層都可以使用的表格。組織是否有能力召聚有才幹、恩賜與熱誠的人加入團隊，直接與規劃長久是否能成功有關。如前所述，策略規劃必須是能在各階層擴獲人心的異象，成為每個成員的心與靈。最好的做法就是以下一步的形式，把事工成功的直接元素散發給能幹的成員，愈多愈好。

當下一步完成時，目標就近在咫尺了。當目標完成時，異象就實現

了，組織的使命就達成了。在策略規劃的過程中，還有一個經常被忽略的步驟就是評估。

評估（Evaluation）： 這步驟常會被忽略是因為一開始就沒有編入規劃過程。雖然可能在進行中有人會想到要評估去年的進展，卻會被視為多餘的或很不重要的。其實，沒有什麼比過去的事實更明顯的了，那麼為什麼許多教會與事工機構遺漏這個重要的步驟呢？

也許每天在趕截止日期、開會、做活動規劃、個人關懷、到處滅火、訓練同工的磨損中，擠壓了我們心中的遠景。為了不在細節中迷失，所有活動與目標都要在預先決定的時間定期評估。有些活動最好每週評估，有些每月或每季，而有些就等一年一度的評估。

基恩‧明斯（Gene Mims）說：「評估要設計得合適每個不同事工，評估神正在做什麼，或已經做了什麼，將來可能要我們為祂做什麼，這不是不屬靈的。事實上，恰當的評估會幫助我們慶賀祂給我們的成長而喜悅，使我們聚焦在做最好的事情上。」[13]

莎士比亞曾說：「過去是序言。」他的洞見等於把策略規劃說得對極了。策略與規劃執行之後不是就結束了策略的循環。發揮功能的策略要在下一次更新的規劃中以很警惕、可調整的方式繼續維持與保護。因此，布萊森（Bryson）在他所寫的《公家機關與非營利組織的策略規劃》（*Strategic Planning for Public and Non-Profit Organizations*，中文書名為暫譯）指出：「很諷刺的是，如果你想要事情不變，某種改變可能是必須的。不是所有策略都應該繼續有功效。這些策略必須用更多的資源與重大的調整來鞏固，或者終結掉。」[14] 持續的評估最後會帶團隊重回內部與外部檢視的評估，重新對環境的評估，然後做必要的策略改變。

策略規劃的論點

亨利‧克洛普（Henry Klopp）在他的《事工劇本：有效教會的策略

規劃》（*The Ministry Playbook: Strategic Planning for Effective Churches*，中文書名為暫譯）一書中，將執行策略規劃的優點歸納為六個論點，下面就重述這些論點：[15]

論點 1：**因為我們是管家**。哥林多前書 4:2 說：「所求於管家的，是要他有忠心。」路加福音 12:48 提醒我們，「因為多給誰，就向誰多取；多託誰，就向誰多要。」聖經中所指的有效能，通常和忠心（faithfulness）與管家的意思一致。當神把一些東西託付給我們，祂期望我們好好管理，我們不僅要負責維持所擁有的，還要用祂給我們的方式有創意地使資源增加。我們不僅對結果要負責，祂也期望我們委身於聖經所說的管家身分與其過程。

論點 2：**因為我們面對的資源有限**。我們大多同意如果教會和其他基督教機構有無窮的資源，整個規劃過程就不會這麼大了。既然我們的資源對我們的異象來說似乎永遠不夠，用亂槍打鳥而無具體目的地的方式就是行不通的。多數組織需要花重要而優先的時間在少數幾件事上，用有限的資源發揮最好的作用。

論點 3：**因為不做規劃等於預備失敗**。基督徒圈子裡有些人認為做規劃就阻礙了神的工作。我比較喜歡相信的是「做規劃展現了神創造的權能。」那麼問題就變成：「你的規劃或系統是什麼？」如果你什麼都沒有，這本身就是一種規劃。就像諺語說的：「如果你不瞄準什麼，就每次都會打中。」

論點 4：**因為我們面對相互競爭的既定事項**。多數基督徒都假設自己很客觀，不會心存有偏見的既定事項。但事實上，我們對我們的組織該如何運作、哪個事工的錢要多給一點，都有不同的意見。沒有清楚定義的規劃，大家心中不同的既定事項會變成彼此尖銳的衝突，為了讓某人的意見被接受，就會造成毀滅性的說客模式。

論點 5：**因為我們需要澄清一些假設**。教會與機構不好好做規劃評估的理由之一是，他們假設真正的評估是不可能的。有了這種假設，成

員在評估過程中變得用議誚的態度面對，起草了評估規劃就立刻丟棄，變成只是一種「練習」（exercise），以後再也不會被提起。要澄清這種假設就要用有效能的評估與寫得很好的策略規劃去執行，使大家對達成目標與具體子目標的信任度和熱誠再次恢復。

論點 6：因為會迫使教會（組織）面對改變。教會與其他基督教機構似乎因某種原因對改變很抗拒。經常要有很嚴肅的介入才能使組織改變習慣、傳統、或甚至領導。策略規劃是最好的工具之一，能確保這些改變更自然。

以上只是在基督教機構內執行策略規劃的幾個理由。然而，就因為發展策略規劃對教會或基督教事工的好處非常多，但它也不是沒有潛在的陷阱與問題。

策略規劃的陷阱與問題

陷阱 1：規劃是世俗的工具。許多事工領導者沒有仔細思考聖經證據，就用了「規劃是世俗的，但事工是屬靈的」這種二分法。有些人甚至更進一步把教會中的事務區分為屬靈的與業務的。從聖經角度來看，沒有這種區分，因為我們應該把我們生命的每一部分都視為屬靈的。

陷阱 2：規劃除去了或減少了聖靈的角色。有些組織希望能自由地被聖靈感動引導，就什麼規劃都不做。我們當然在一切努力與決策上需要尋求聖靈的帶領，但祂的引領並不是讓我們不用負責任，不用有審慎考量的行動規劃。

陷阱 3：緊迫性是個暴君。多數同工與牧師們都覺得自己的時間很有限。永遠有人需要關心、協談，永遠有活動需要注意，有查經要預備。在這樣被擠壓的時間下，許多領導者把緊迫的事情與重要的事情弄混了。我們可能很努力，但不一定很有智慧，沒有清楚的規劃就不能把我們從緊迫的事情引導到重要的事情上。[16]

陷阱 4：具體子目標要以方法而非以結果來設立。具體子目標告訴我們要去哪裡？以及怎麼知道已經達到了？如果我們的焦點只在過程（獲得最新技術）或資源（更高的工資），我們就妨礙了目標的深度與意義。我們可以問下列問題來完成思考：「如果我們使用最新的科技，對我們組織有什麼益處？」或「如果我們得到更高工資，對我們組織或利益相關者有什麼益處？」

陷阱 5：還沒有確認具體目的地（destinations）就選擇解決方法。幾乎所有活躍的團體都有最喜歡的解決辦法或很快搞定事情的能力。我們要謹慎，拒絕隨便選個解決方法或隨便使用資源，要等到你確認具體目的地，以及為什麼要如此再選擇？沒有這種洞見，就不是真正在解決問題，就只是提出不相關的選項與意見而已。

陷阱 6：跳過策略規劃的一些步驟。策略規劃的過程中有很多步驟，就算只少一個步驟都會降低規劃的品質和用處。如果再看圖表5.1，就會發現這些步驟一個都不能免除，不然就會嚴重影響整個規劃的結果。[17]

結　論

我們再回到尼西米來做結論。我們學習到尼西米一開始就分析他已知的資訊，然後謹慎地、以禱告把這些重擔帶到耶和華面前。我們學習到他把基本的使命或規劃帶到王面前，之後召募了許多人來幫助他實現神給他個人的異象，使榮耀重回耶路撒冷。

尼希米用敬拜、正直、優秀的價值觀來領導，並確保這些價值觀一直是做所有事情的核心。然後我們發現他進行了內部與外部的檢視，收集省察結果，看擁有哪些資源，評估環境或威脅。當敵人攻打他們，尼希米發展了一個規劃，以團隊來輪流工作、休息、打仗。這個規劃的執行使他們能夠實現渴望的使命。從尼希米的努力規劃，我們學習到好幾

個很實際的功課。

　　至終要說的，就是尼希米的努力這麼有效，不是因為運氣好。儘管神本身有其規劃，但尼希米也必須有策略。他能夠前瞻，看到一個大規劃如何能分成可管控的許多小部分，然後交給許多能幹的人。最後，耶路撒冷城牆的重建在五十二天內就完成了！今天，好的神國規劃者會注意策略規劃對遠景這幅大圖畫的定義有助益，讓策略使這大圖畫分成可管控的許多小片，在這流動與動態的世界創造一些改變與調適的空間。

第六堂
制定政策與程序
Policies and Procedures as Planning Tools

馬克‧辛普森

　　這真是個無心之過。青年部主任丹在這部門工作了六個月，做得很好，帶領年輕人進入教會。他到任不久之後，建立了一個關鍵事工，就是每週五晚上在教會交誼廳舉行的青年聚會，有東西吃、有樂子、還有團契的時間。這服事做得很成功，教會年輕人週五晚上教會來到，而不是聚在停車場的車子旁邊，也讓年輕人有機會邀請朋友來教會。

　　這天，丹和他的青年部團隊到交誼廳預備週五晚上的活動時，發現交誼廳擺好了桌子、椅子，好像有宴會一般。在廚房分食物的櫃檯上有一盒盒的用品，裡面裝著每桌要擺設的花，粉色、綠色的縐紋紙緞帶，還有小小的裝飾紙杯，裝著花生與粉色、綠色的薄荷糖。一小時內，年輕人就要開始吃披薩玩遊戲了，所以丹就把盒子移到角落，服事團隊把一些桌椅收起來，好空出一塊地方給晚上的活動用。

　　那天晚上，有幾個比較好奇的年輕人發現了丹放在廚房角落的盒子，很快的，好些個裝著花生和薄荷糖的小紙杯被傳給大家，而且吃光了。結束時，大部分的小紙杯都空了。因為在交誼廳的人很多，所以青年部主任丹不知道花生和薄荷糖被吃光了。

　　每次聚會結束，丹和青年部團隊都會清理廚房，把垃圾拿出去。丹也把盒子放回分食物的櫃檯上，又把剩下的桌椅收拾整理好，讓管會堂的同工比較容易在週六下午來擺設成週日活動要用的樣子。今天又是一個成功的週五聚會，特別是有兩位年輕人在今晚的敬拜時刻認識了基督。

　　週六清早，丹接到派瑞牧師的電話。大衛執事在教會廚房打電話給牧師，他氣炸了。不知道什麼人把管會堂的同工布置好給他女兒婚禮要用的桌椅都收起來了？有些宴會要布置的東西，本來在櫃檯上的盒子裡，現在不見了。大衛要知道牧師是否知道誰該為此行為負責？牧師知道丹與年輕人前一晚用了教會設施，牧師就問丹知不知道這個情況？丹告訴派瑞牧師自己所知道的，而且立刻打電話跟大衛執事道歉，並自願把一切恢復原狀。可惜大衛執事沒心情聽丹解釋。那一天丹接大衛那些生氣的親友的電話接到手軟，但也有同情支持年輕人的父母的鼓勵電話，他們知道這都是溝通不良的誤會。

　　婚禮過後不久，大衛執事向執事們提出一個政策，使青年不能再使用交誼廳，每次要使用得經過執事們的批准才可以。他的論點是，教會是一個服事的地方，教會其他的事工應該可以在週五、週六自由且優先使用交誼廳，不用擔心干擾了年輕人的「派對與遊戲」。經過很多討論之後，執事們同意，週日與週三晚上給青年使用交誼廳已經足夠，這項政策通過了，也開始執行。過了幾個月，大衛執事提出教會應該請青年部主任丹辭職，因為年輕人參與教會的人數減少了。

　　危險的假設、溝通不良、缺乏使用教會設施的政策，最後造成了青年部事工與教會婚禮招待宴會起了衝突。這種事情發生時，有人會大發脾氣，邏輯、理性、常識都很快死光了。過後才會為了防止再發生同樣的事情，去制定政策與程序。但為什麼不一開始就有這些？也許就是忽略了，有時候傳統取代了政策與程序的角色，因為「我們一直都是這樣做的」。教會與基督教機構若忽然增長，要從傳統改變為有政策與程序

的規劃型態，通常會有困難。有時候，沒有這些思維、政策、程序是因誤解了事工規劃與跟隨神旨意之間的神學關係。

「做規劃」不是罪

許多教會與基督教機構如果去做有政策與程序的規劃會感覺類似在犯罪，因為他們相信「做規劃妨礙了聖靈的感動」。在雅各書 4:13-17，雅各警告教會不要在每日業務上做絕對的規劃。他鼓勵信徒要記得，所有規劃都要看主是否願意。不幸地，很多事工領導者誤解雅各的教導。使徒保羅的服事可以幫助我們了解「做規劃」與「跟隨神旨意」的關係。

使徒保羅顯然不覺得要怪罪做規劃一事。在使徒行傳 16:6-10，我們看見保羅和同伴的第二次旅行佈道，他們規劃在經過亞洲時，將福音帶到北邊再到南邊。但聖靈卻不許（使徒行傳 16:7）。結果，保羅順服了沒有預期的呼召，去了馬其頓，最後到腓立比，使福音從馬其頓傳到希臘，最後到羅馬。

保羅沒有讓他的服事受命運或機緣影響而上下波動。他做了一個規劃，就是「當主帶領他改變時就要改變」的規劃。如果我們把雅各的教導解釋成「聖靈感動之前什麼規劃也別做」就誤解了，這會成為致命的錯誤。我認識一個教會的善意基督徒，她擔任教育事工主任，卻拒絕做年度聖誕盛會活動的規劃，因為她相信「聖靈的感動」。結果，本來應該是快樂的家庭活動，卻使孩子與父母們很沮喪。幼童在盛會前一晚才拿到要背誦的經文，又被期望他們在滿座的觀眾面前背出來。節目進行中沒有人知道下面會發生什麼事。可想而知，這對孩子與父母都大為緊張。沒有早做規劃帶來的失敗結果，使每年在盛會結束後，大家都大嘆一口氣，而孩子們則討厭本來該是歡樂慶賀的盛會。

如果做規劃真的不合乎聖經，神就不會把治理的恩賜作為聖靈恩賜的一項了。正如我們在第二堂所說，哥林多前書 12:28 聖靈恩賜的

清單中翻譯成「治理事的」這個字的字面意義是「掌舵」（to steering a ship）。[1] 舵手的角色就是要把船開到船長指定的港口。舵手掌控船隻時，不能與別的船相撞，免得船難發生。任何一個漁夫都知道，只會順著潮流不一定聰明，激流有時候會使船撞壞，有時候會使船流到瀑布之下。但當我們跟隨基督（船長）與祂的領導，畫出行船的路線（規劃），完成他的意思（目的港口），不只是恰當的，也是必要的。

十九世紀偉大的佈道家司布真（Charles Haddon Spurgeon），他是倫敦大都會會幕堂這個大教會的牧師，他相信「規劃是重要的，但我們總要認知神在人一生中做的任何規劃中的全權引導。『人心籌算自己的道路；惟耶和華指引他的腳步。』（箴 16:9）我們一旦知道神對我們的規劃，我們就可以自由地尋求要完成神目的的規劃行動。」[2]

有可能當我們用不好的規劃而失去「神旨意」的機會，我們就犯罪了。用教會聘新牧師或基督教機構聘新領導者做例子。聘任委員會經常不夠快速在合理時間內回應收到的履歷表，以致最合適的人選已經無法應聘了，而聘任委員會宣稱這是神的旨意。等到他們真的去找人選中的下一位，且聘了他，當這位新聘牧師才做一年就離職，聘任委員會說這是神的旨意。當我們不好好為事工做規劃，卻宣稱「結果是神的旨意」，我們等於對聖靈的回應不夠好，甚至我們可能是不義的。耶穌在馬太福音 12:22-32 教導我們，這是褻瀆聖靈。根據耶利米書 29:11，我們若先尋求神的國，神對我們的規劃是要我們興盛、有指望、有充滿祝福的未來。[3] 為了尋求神的國這個目的而做規劃，不是罪──不做規劃才是罪。

律法、恩典、混亂的事工

就算「聖靈的感動」（moving in the Spirit）的詮釋是對的，應用在教會或基督教機構身上，規劃的其他面向也可能變成問題。對於政策與

程序要遵守到什麼程度？律法主義與不法都會妨礙事工，正如允許事工毫無目的而被命運與機緣拋來拋去。如果事工不准有政策與程序，就有可能把所有的規劃都視為可疑的。如果政策與程序都是「可商量」的，就有可能把所有這類規劃都視為無關緊要的。

當律法主義是政策與程序的制定、執行、維持的方式，我們有那「來自機構的挑戰」，就會努力按照規定與規則來服事。有時候「恩典」對某些個人成為必要的。但危險的就是一再允許的恩典成為藉口，掩飾了人的規劃不周。一旦變成這種情況，恩典成為不用請求而得，大家期待會有恩典，或要求一定要有恩典。當人努力照政策與程序而行，卻犯了誠實的無心之過，的確可以有恩典，但政策與程序不該變成經常忽略的，事後又要求用恩典去遮掩過犯。

有時候政策與程序講得不清楚，使執行服事的人很難照著去行。但如果「得到饒恕比允許出錯更容易」，變成教會或基督教機構的作法，那麼結果將是災難一場。為什麼呢？因為當事工領導者把政策與程序視為有人可以忽略的，其他人就會期待有相同的待遇。為了公平，大家都可以這樣。到底為什麼有些事工可以不必遵循該有的程序，有些就一定要遵循呢？在這樣不一致的情況下，最後就沒有人要遵循政策與程序了，而政策與程序本來是為了防止事工衝突和不當行為的（例如超出預算的花費），最後的結果就是浪費了稀少的資源，造成服事的混亂。

使用政策與程序來規劃事工，能幫助神國度的進展，同時也在聖靈的感動之下。這樣的協議，如果用得恰當，不會「跑到神的前面」或「有損於祂對教會或基督教機構的旨意」。既然神凡事都照規矩而按著次序行，也期待我們如此（林前 14:40），不布署政策與程序，個人行眼中看為正的事，就違反聖靈的感動，也違反神的旨意了。

政策、程序、協議

政策、程序、協議這些用詞很容易被誤解。下面的定義提供讀者在事工中使用時的一些引導。如果我們用相同的定義來運作，可減少混淆或溝通不良。

- **政策**（Policy）是為了想要型塑與管理事工，其行動背後的信念或態度之明確陳述。
- **程序**（Procedure）是為了執行既定政策之必要行動，其恰當的與要求進度之明確陳述。
- **協議**（Protocal）是將政策之明確陳述與程序之明確陳述合在一起。

注意以上每個用詞都需要明確的記錄下來。明確陳述就是有清楚定義而寫下來的陳述。例如政策與程序的明確陳述可以在教會章程、業務會議紀錄、基督教機構職員與服事手冊中找到。雖然有可能我們有的是一種不明確的政策與程序（例如口頭傳統），最好還是寫下來，以備將來參考。不明確的陳述就是那種默許的或假設的。例如，假設一個事工的政策適用於所有事工，或期待執行事工的時候會有某些程序上的行為，卻沒有寫下來的指引或允許。

當我們仔細檢視每一個用詞，我們就開始明白它們合起來可幫助事工的規劃與管理。一旦我們了解政策與程序的關係，兩者合起來可形成事工的協議，我們就可以指認出某些關鍵機制會提高事工成長與發展。

政策與事工規劃

我們已經定義了事工的政策，就是為了想要形塑與管理事工，其行動背後的信念或態度之明確陳述。照這樣說，事工政策如果發展得恰當，能使基督教機構在事工的發展與執行上更有效能，在使用時間、資

源、人力上更有效能。不幸的，事工政策經常是因為有了負面經驗才實行的，而不是為了防範負面經驗而主動設立的。

再拿我們一開始的例子來說，青年事工與婚禮預備有了衝突。因為沒有對教會場地設備使用的政策，青年部主任丹不可能知道第二天有婚禮要舉行。本來，如果教會辦公室的溝通功能良好，他就可能會知道，但顯然不是這樣。因為沒有政策可以警示丹與舉行婚禮的一方有場地衝突的問題，丹的服事最後被捨棄了，有點像為了糾正他的疏忽而有的報復。大衛執事因女兒婚禮的招待宴會必須妥協，好像被冒犯了，他好像有理，卻沒想到執事們應該要設立場地使用政策，以防止未來衝突再發生。

當政策的執行只是因為問題發生而有的反射動作，通常最後會造成更多問題。以青年部主任為例，成功的青年事工因為一個反射的政策而無法在周末使用教會場地設備。好的政策能幫助事工而不是阻礙事工。當我們主動設立為了事工不要有衝突的政策，就可避免反射的或處罰的行為[4]。如果教會有使用場地設備的政策存在，丹可以做其他安排來舉行經常性的青年團契，而舉行婚禮的一方也會更謹慎地存放宴會用品。

反射動作式的政策也沒考慮到骨牌效應，因為一個政策會影響很多事工。對於只為了要糾正問題而太快制定的政策，事工領導者要小心，因為一個政策可能會對其他事工也有影響。在我們的例子中，這個政策執行之後，原本的意思是要防止青年事工與其他使用場地的事工產生衝突，但實際上，其他習慣使用教會場地的事工在無預警之下，發現他們也受影響不能用場地了。最好的政策就是預先想好會影響什麼？而不是事後去處理的那種政策。

事工的政策如果有明確的陳述會比只有不明確的期待更有效能。政策用文字寫下來（明確），每個人聽到的都一樣。若教會領導者更換了，下一任領導者有寫下來的政策引導他們替事工做決策。如果政策只是傳統，用口傳的，或假設「事情就該這樣做」（不明確），很可能事工

的衝突就會增加，特別是更換領導者的時候。同樣的，當政策只是「沒什麼道理，這就是我們的政策」這樣隨意的、用這句話當藉口的，事工的衝突就會增加。清楚寫下來的政策會解釋什麼是必須做的，也對政策為什麼存在提供某種程度的道理。否則，當政策成為問題，就會出現例外，那麼事工的衝突就會再度增加。

政策反映了整體事工的信念與態度。政策的用詞——允許什麼、不允許什麼、鼓勵什麼、要求什麼、不鼓勵什麼等等——都是做決策的一種形式，反映了這個事工相信要為基督做的是什麼。想要感覺一下基督教機構的信念與態度的最好方法，就是去看使命或異象宣言之外的東西，也就是事工政策的用詞有多清楚。[5] 甚至沒有政策這件事情，也讓我們看出這機構是否意圖成長！

不幸的，很多基督教機構花很長時間設立了使命與異象宣言之後，卻沒有設立配合的事工政策。在這種情況下，使命或異象宣言只剩掛在牆壁旗幟上的動聽口號，對事工長期的效能，沒有什麼增進的作用。

事工政策若有書面的程序，就更為有效。明確陳述的程序使政策更親民友善，執行政策的人會更能達到政策所期待的。沒有清楚執行程序的模糊政策，等於鼓勵大家忽略或規避政策。

為事工政策而訂的事工程序

我們已經定義程序是為了執行既定政策之必要行動，其恰當的與要求進度之明確陳述。因此，當事工程序發展得又清楚又有邏輯，與政策緊緊相連，就可以使基督教機構的政策成為更可能實現的。有效能的事工程序能幫助事工而非阻礙事工。沒有效能的事工程序讓領導者們要猜測該做什麼才能符合政策、或才能使事工跳過不必要的拘束或不需要的阻礙。有簡單、明確、可衡量的行動步驟的這種程序比較能讓人照著去做，而不是讓領導者自尋出路、自生自滅。

政策、程序合成事工協議

我們定義事工協議（a ministry protocol）是將政策之明確陳述與程序之明確陳述合在一起。因此，事工協議企圖將政策與程序以對使用者友善的方式合起來。當然，有時候你就是得照規矩來，若了解為什麼要有這個規矩，會增加大家願意遵守的可能。在服事方面的應用，**協議**這個用詞可以用來形容恰當地執行政策與程序。協議指的就是執行政策與程序的方法。

為了把程序放入事工協議的架構中，古諺「保持簡單」的勸告說得對。最好的程序就是一步一步的，愈簡單愈好。[6] 程序愈複雜愈模糊，使用者就愈難照做，然後就愈容易放棄，甚至連試都不想試。一步一步的程序使事工領導者們更容易知道跟**誰**一起做（人與核准的團體），做了**什麼**（明確的任務過程），**何時**必須完成（時間架構）。政策**為什麼**必須有程序；政策**如何**因程序的細節而得以執行。

為了幫助基督教機構堅守協議中的程序，要求大家填寫與政策相關的表格，這些表格應該預備好。在現代這種網路社會，從教會或基督教機構網站下載表格很容易，能幫助事工領導者們很快得到表格。這種方法也節省複印成本甚至郵資。如果無法從網路下載，教會或基督教機構的總辦公室應該要預備這些表格。

在事工協議中的程序「不需要很詳細的流程」。舉例來說，我們一開始講的例子中，青年部主任與婚禮一方都要填申請場地的表格。此表格會讓教會辦公室知道有可能造成衝突，於是要使兩方都知道，然後做適當的協調。此表格可包括布置的指示與圖表，以幫助管會堂的職員預備場地。再強調一次，執行使用場地設備的政策不需要太複雜的程序。多半時候，最簡單的就是最好的。

每個基督教機構都有不同的政策，也就有不同的程序。布魯斯·鮑爾斯（Bruce Powers）所寫的基礎書籍《教會管理手冊》（*Church*

Administration Handbook，中文書名為暫譯）[7] 與《基督徒教育手冊》
（*Christian Education Handbook*，中文書名為暫譯）[8] 對程序給了極佳的
例子，使人容易在協議中執行一般教會政策。事工協議的形成應該包括
下列元素：

- 政策的名稱。
- 政策的目的陳述。
- 政策的聖經與神學基礎與實施理念。
- 政策的限制（企圖達到什麼）與不限制（不企圖達到什麼）。
- 為執行政策而有的程序步驟（Procedural Steps）的清單，包括列
  出可用的資源，需要的資源等等。
- 在政策與相應的程序之管理上，指出負責單位。
- 政策的開始日期與更新的日期（通常在文件的頁尾或註腳中）。[9]

　　幾乎每個教會與大多數基督教機構都差不多需要五項具體的協議，
才能使政策得以照期待來執行：

1. 總行事曆規劃（Master Calendar Planning）的協議。
2. 交通運輸的協議。
3. 採購與請款的協議。
4. 設備使用的協議。
5. 事工預備（Ministry Readiness）的協議。

總行事曆規劃的協議

　　總行事曆規劃可以使組織中的許多政策與程序放在一起討論，提醒
事工領導者們遵守相應的協議之重要性。這過程很簡單，也是所有參與
者團契的機會。由組織的總辦公室製作一個總行事曆，共十二頁，每月
一頁。先把每週的事工寫下來，已通過的特別事工也填入。在吃點心、
禱告、研經，使心歸正的一段時間之後，教會或基督教機構的每個事工

領導者就把整年每個月的計畫走過一遍。討論每個月的時候，每位領導者就把計畫中那個月的活動日期與時間提出來，然後都寫在同一個行事曆上。若有任何衝突立刻就很明顯，協議改變日期或時間就可開始，或標示出來以後再協議。討論每個月的行事曆都重覆這個過程。

　　用行事曆規劃的過程還有額外益處，就是讓教會或基督教機構衡量事工不要都擠在一起，也能對神藉著教會或基督教機構在新的一年會做什麼產生興奮感。

　　在規劃會議結束時，所有事工就都已填入總行事曆，且掛在總辦公室醒目的地方了。經驗告訴我們，總行事曆的使用要發揮得最好，需要整年都只有一個人可以去寫或修改。一個指定的人來控管行事曆，可避免有些還沒通過的活動就被寫上去，使事工起衝突。在我的教會經驗中，最好的人選是教會秘書長，而非牧師。拜電子科技之賜，現在很容易設立與印出總行事曆，分給董事會／長執會和委員會成員每人一份紙本的總行事曆。

交通運輸的協議

　　教會或基督教機構一個很常增加購買的項目就是巴士或箱型車。買了之後就會有不可避免的衝突，像是兩個事工團體在同時間都需要用車。關於巴士或箱型車的預訂、使用、服事、歸還，若有清楚的政策，會減少許多危險的假設，例如假設油箱是滿了油的。若總辦公室備有預訂單，通常對此政策來說就足夠了，還有簡單的檢查表，在使用結束時填好交回，可讓車子預備好給下個事工單位使用。[10] 不按照程序協議的團體或個人，通常會被限制一段時間不能使用車子。

採購與請款的協議

　　財務資源的流動通常是任何組織最關切的。當事工領導者不需要事先被批准、事後要請款，就可花錢，管理者很快就會對預算失控。通常

這些花費也不是不當花費：有時候教材上需要的資源，目前教會資源中心剛好沒有，教會的教員就常需要在最後一分鐘買用品；也有時候善意的事工領導者們沒有仔細查看庫存就買了東西，這會浪費資源。然後還有扣稅的問題。未經批准的採購，無法享受基督教機構免稅身分的好處，就浪費了不必要的花費。

教會或基督教機構為了預算，要求大家遵守協議，預先填採購單／請款單，事工領導者們很快就會學習按規矩行事。這樣能大大減少重覆的花費，採購也能享用免稅的優惠，財務同工和董事們也更能夠維持預算。當事工領導者們選擇不遵守協議，那麼未經事先批准的採購是否能請款，要看負責人的決定。有些教會和基督教機構的政策是當採購可以免稅卻沒有免稅，教會就不把稅金發回給請款者。

要使採購與請款的協議能成功執行，過程就要簡單且處理快速。多數事工領導者會同意一個能保護財務資源不浪費的政策，但如果要好幾星期採購才能被批准，許多人就寧願為了把事工完成而先採購，冒著不能請款的危險。有些人乾脆跳過這整個程序，把花費從給教會的十一奉獻中扣掉，或從給機構的慈善捐款中扣掉。其實這樣最後就扭曲了他們支持的事工單位的真正財務需要。

設備使用的協議

如果有場地使用政策就可以解決我們一開始的例子，防止場地使用衝突，也使管會堂的人更容易恰當去布置場地。有些場地經常被同一個事工單位使用，但因不同事工而需要經常改變桌椅擺設時，「照預定單與布置單行事」會有好處。一開始大家不會覺得遵守協議的重要，但管會堂的人通常會感激有此規定，這樣他可以照協議來預備場地，而不用猜測需要什麼？特別是當有幼童或年長者的聚集，桌椅尺寸需要調整的時候。

事工預備的協議

　　還有一個重要的、但不是最後的協議，對事工規劃很有用，就是配置「事工預備工作表」（ministry readiness worksheet）（圖表 6.1），對於教會或基督教組織的每一項教育性活動都可如此。這工作表是一頁、雙面的文件，幫助教育活動的領導者可按照所有要求的政策與程序檢查一遍，不至於少了某項重要事情。工作表的一開頭列出主題、日期、時間、地點、可能參加的人數，按年齡組別來填。下面就是「需要／有」的清單：

1. 活動宣傳的各種形式。
2. 教會領導者與管理團體的批准。
3. 任何事工普遍需要的資源名冊（如音樂同工、影音設備、人力、招待、嬰兒室同工、廚房同工、零錢箱等等）。

　　這清單下面是活動的行程表，最後有快速的評估表，指出參加人數，天氣（經常會影響出席人數），以及任何可以改進事工的備註。

結　論

　　如果有清楚陳述的協議使得政策與程序攜手合作，可提高事工規劃的執行。這樣的管理方法有聖經根據，只要事工規劃逐漸展開時，能繼續順從聖靈的引導。我們的挑戰在於「要設立能增進事工而非阻礙事工」的政策，設立「容易照著而行」的程序，且「遵守而不規避就有益處」的程序。另一個選擇就是沒有這些政策與程序的服事，雜亂無章，不始終如一地進行，浪費時間與資源，一路產生衝突。這樣的方法不榮耀神，無法提升事工，也沒有忠實地使用祂給我們的恩賜才幹，規規矩矩按著次序行事。

圖表 6.1　事工預備工作表

事工名稱			地點		
日期			時間		
主題／強調					
年齡　　幼童　　兒童　　青年　　成人					
宣傳			批准／通知		
需要	有	項目	需要	有	團體
		新聞稿			教會職員
		公布欄			教會辦公室
		傳單			執事
		海報			基督教教育
		報紙			董事
		收音機／電視			選出的委員會
		電話			社會上的委員會
		個人對個人			課堂／部門
		報告			

資源			
需要	有	項目	備註
		要求	
		詩歌領唱者	
		伴奏	
		樂譜／詩本	
		特別音樂	
		餐點／點心	
		廚房幫忙同工	
		影音同工	
		影音設備	
		視覺輔助設備	
		特別燈光	

		監督人	
		房間布局／設置	
		節目單／程序單	
		布置	
		招待／先導	
		設施圖	
		嬰兒室（年齡）	
		停車場服務人員	
		零錢箱	
行程		**備註**	

事工評估

參加人數		天氣	

第七堂
預算的編製與解讀
Preparing and Reading a Budget

東尼·布克南

　　如果你想知道一個人的價值觀，看看他的行事曆和支票簿就知道了。耶穌說的也與此原則起共鳴：「你們的財寶在哪裡，你們的心也在那裡。」（路 12:34）這對於機構來說也是對的，甚至對教會或教會的事工也一樣。基督教教育事工也是強調「評估」之重要性的事工，因為定預算的基本活動就是要評估價值。本堂會提供讀者制定各種預算的基本知識，因為多數事工領導者都被要求經常使用預算。但本堂不會詳述會計過程的細節。

預算的背景

　　了解組織的預算要從了解教會文化與所在的群體開始。不懂文化，或更糟的是忽視組織的文化或所在的群體，使這事工在預算過程的一開始就註定失敗了。

　　組織文化指的是組織在領導方面的正式與非正式的價值觀與行為，這些會從領導者與領導者間的信任度、領導者對教會或基督教組織的信

任度、組織對領導者與各領導者下面的職員與團體之間的信任度，凡此
種種的表現看出來。如果有不信任的文化存在，預算的制定就必須有一
種系統，執行的時候要讓不信任者看到錢是怎樣收到的、如何計算、記
錄、分配的。不承認有不信任文化，只是讓不信任繼續下去，還添加柴
火，變得更不信任。同樣的，在有高度信任感的文化下，預算的制定若
剝削了信任文化，採取忽視良好的實踐系統就屬不智。良好的實踐系統
包括清點、平衡、有人負責。

　　關涉預算編製與文化的重大問題，是組織的信念到底是集權
（Centralization）還是分權？集權簡單的說就是「爸媽」說了算，爸媽是
最高領導，所有決策包括財務基金的批准、政策、取得，在事工中的職
員就像兒女，凡事都要尋求爸媽的同意。會變成集權結構經常是因為現
金流很緊，以及教會或機構有各種問題。不論理由是什麼，最高領導者
與事工中那些「在壕溝中」的前線戰士，若缺乏互相信任也會造成集權
文化。

　　若集權文化存在，制定預算的過程可以讓「在壕溝中」的前線戰士
提供資訊，但仍由最高層領導者做決策，決定使用基金的優先次序。集
權文化的重大問題在於組織內做事的人是否支持？他們通常會有無力
感，覺得在工作的過程中被剝奪權利。結果會造成士氣低落的問題，職
員的離職率會變高。

　　分權（decentralization）文化也有它的問題，但如果組織要成長為
有動力的組織，這樣的文化必須存在。分權要求的是對機構的使命必須
要有更高的支持，要賦予領導者更多權力，使用資源時有更多組織層次
與更多程序要跑，才能達成事工。而制定決策要愈接近執行事工者所在
愈好，也要在財務上建立責任制度。

預算的目的

為了進行預算過程,我們必須了解預算的目的,以及如何將預算應用在組織中。本堂討論的預算會聚焦在非營利組織的預算,通常稱為「基金會計」(fund accounting),因為是將預期收入的總額,分配到各種帳戶或基金,讓組織的領導者來使用。

預算會反映領導者相信組織會有多少收入,以及該如何花費。沒有預算,組織的運作就成了近視的,結果會變成「誰先從出納員要到錢,誰就先花錢」,只會反映出納員或財務委員的價值觀。

葛雷(Gray)說,「預算是用數字表示的規劃,預估組織未來的需要,滿足在特定時間內的需要。教會的預算通常用金額表示,通常是一年運作的成本。」[1] 圖表 7.1 圖示了預算與事工的理論連結。[2] 預算和財務資源在目前的事工規劃中是平衡的。到了某個時間點,有提議的方案出現,取代了目前的預算,造成不平衡的情況。這時候,教會或基督教機構的領導者需要做決定——要不就是減少提議事工規劃,以符合預算,要不就是擴張預算來確保支持提議的事工,重新設立預算的平衡點。毫無疑問地,領導者必須依據預算,有時候拒絕提議,有時候肯定提議,通常進步的、成長的、有領導態勢的組織,比較偏愛事工擴張的提議。而偏愛縮減事工提議的組織,通常是在守成的狀態中。

扎實的預算過程包括把組織事工規劃中使用的人力、報表、設備都轉化成金額。

人　力

預算過程涉及的人力需要花時間開會,設立優先次序,把優先次序轉化成預算,把預算跟大家溝通,達到依優先次序,使領導者對準優先次序與預算,設立最終預算,跟總財務長將此溝通。在教會中,此人選

圖表 7.1　預算與事工

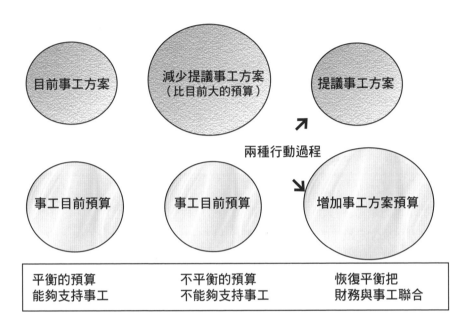

可能是有領導者身分的教牧同工，而在機構中，此人選可能是有業務職分的經理。需要什麼樣的技術才能設立預算並管理預算呢？預算過程的基礎是常識般的原則，如「不要入不敷出」，「收進來與花出去的速度要差不多」以及關於電子表格的幾個基本指令。

電子表格就像分類帳，有橫向、直向線條構成的空格（圖表 7.2）。每個空格可填入數字或有數學運算的功能。如果對此不熟，可先查詢網路的線上資源。這種電子表格對各種預算情況都很有幫助，因為可把程式設計成每次填入的資料一有改變，就自動重新計算。

有些人對數字有天分，他們常被稱為「數豆子」的人。這種恩賜可能包裝在鐵面無私的面具之下，這種生意人可能缺乏了解什麼是企業與什麼是好的企業原則之區別。如果是這樣，需要有教導。就算人有基本

圖表 7.2　分類帳／電子圖表格的舉例

分類帳號 #	帳目名稱	預算	月實支	年度累計	差額
5101	課程	15,400	1,280	2,400	13,000
5102	圖書館	6,000	500	2,500	3,500
5103	活動	4,000	120	2,000	2,000
5104	教師研習發展	1,500	100	700	800
5105	教學用品	3,000	250	496	2,504

才幹，還是需要謹慎，要給負責人定預算與管理預算的教育。很多人說，在教會定預算的過程需要恩賜，我不確定這樣的說法對不對？但我親眼見過顯然沒有這種恩賜的財務領導者，而基督教事工經常最大的問題在於財務穩定。

報　表

一般人試著學習做預算，主要就是要學習表格、日程表、圖表、電子表格，總稱之為報表。學習看懂財務報表對一般受過教育的人都很困難。教會或基督教機構應該總要藉著提供簡單的報表向領導者與大眾展示財務穩定。大家看不懂報表，永遠不該成為教會不提供縮減為一頁的財務報表的藉口，我們必須確保參與財務事工者了解更複雜的報表，使至少有一組人對組織的預算與花費有全盤深入的了解。

設　備

電腦對預算程序扮演重要角色。教導商科學生必須使用電腦應用程

式來做財務管理是很典型的課程，但許多神學院並不提供這個層面的事工訓練。很感恩的是愈來愈多基督教大學與神學院開了如何在服事環境中使用科技的課程。北美大多數人的家中或工作環境中有電腦。這使得大家對電腦運作與電子表格如微軟的 Excel 或 Quick Books 的基本功能頗熟悉。更複雜的會計軟體程式也有，但上述兩者已經足以提供事工領導者對財務管理的基本知識。

管理事工財務的特定電腦，應該只用來做財務會計與追蹤這項主要目的而使用的電腦。如果還必須用在其他功能上，就必須只讓有權利看財務資訊的人使用。用來追蹤預算細節的電腦也不是預算部門的特定範圍內每個人都可以用的，因為如此不僅可以看到資訊，也能修改資訊。避免了這種情況，就會讓一些人免於責任，也增加系統的可信度。

另一重要事情就是要將電腦重要資料備份。現在有許多備份程式可用，去選一個來使用即可。有的程式會自動備份，或有系統地備份，有的要設計才能備份。無論如何，要確保在每一個有財務交易的日子結束時，存有備份。典型的一種三代備份系統很不錯：子，父，祖父。最接近當天的備份是子，最靠近當天之前的期間，那個備份是父，更遠的備份是祖父。明智的作法就是在另一個地點存有備份，以免像火災這類的大災變發生而無存檔。

預算的種類

在教會和基督教機構使用的預算有三種基本型態：一般基金、建堂或資本基金、特別基金。不同組織的名稱不太一樣，但功能是相同的。

一般基金（*General Fund*）

一般基金，有時候稱為年度基金或經常費預算，是一個組織最主要的帳目。每週收到的錢存到一般基金帳戶內。一般基金的預算通常包括

整年花費在建物修繕與清潔、水電燃料、人事、活動支出、會計支出如銀行費用等。一般來說，人們指稱的教會支票帳戶就是一般基金與預算。

資本基金（*Capital Fund*）

資本基金也稱為建堂基金，通常用來支付建築物花費，銀行貸款或建築體的主要整修重建。有些組織規定，任何超過設定金額的設備採購花費──例如超過五百美元的物品──就歸屬資本支出。影印紙的花費屬於一般基金，但購買五千元美金的新影印機，則屬資本支出。領導者們需要設立區分一般基金與資本基金的最高金額。

指定基金（*Designated Fund*）

教會和基督教機構的領導者對好些地方選擇設立這種特別基金。對教會，常見的特別基金是「宣教」基金。其他例如建堂基金，教會附隨組織如教會學校的基金。指定基金有特定的目的，領導者們要很謹慎地限制用途，以節省銀行費用，避免複雜的報表，免得對教會不同部門有一種「這是我的錢」的心態。再者，教會的信徒會開始將奉獻歸到指定基金，而不都放在一般基金，有時候這樣做只是出於無知，有時候卻表示反對一般基金的用法或對領導者的不滿。

如果教會或基督教機構的領導者決定了一個短期的特別計畫，分開設立帳戶變成最有效管理細節的方法。特別計畫的性質有時候也促成需要一個分開的帳戶，如特別的宣教規劃。好的會計制度一定可以處理特別規劃的收入與支出。然而，對於一個規劃或活動有了特別基金分開的帳戶，通常給人象徵的意義就是收到的錢會用在特定的活動中。不論任何情況下，絕對不要把指定收入用在非指定的用途上。這樣不僅不道德，也會招致國稅局與事工組成者的災難。

會計可能會很複雜

通常來說，擁有好些特別基金的組織頗值得信任，其領導者被視為有好品德。然而很多時候，會設立特別帳戶，就是因為成員對領導者的不信任。我個人的經驗是，當信徒對領導者使用奉獻不信任時，指定基金或特別基金的成立就會戲劇性增加。就算設立這些帳戶的人沒有這樣的意思，事工領導者對增加這些基金的解讀就是如此。

預算模式

對高等教育組織內的預算，瑪格麗特·巴爾（Margret Barr）歸納出五種預算模式：（1）增量預算（2）零基礎預算（3）規劃、設計、預算系統（PPBS）（4）套公式的預算（5）以成本或責任為中心的管理。Barr 對非營利組織中的每一種模式都提出了優缺點評估。[3] 我們在本段檢視這五種預算模式，特別考慮到對教會是否可以應用。

增量預算（*Incremental Budgets*）

巴爾說，增量預算假設前一會計年度的預算是正確的，很能夠反映出單位的支出。[4] 這個假設在高等教育圈是錯誤的，因組織與其他外部組織的複雜性，改變通常很慢。這假設在教會也是錯誤的，因為沒有把神的全權放入考慮，也沒有考慮到當信徒需要改變，領導者必須回應神的旨意。這種改變經常很快又很大。此種預算模式對教會與基督教機構絕不恰當，特別是當教會與基督教機構敏銳於信徒需要的改變，以及回應社會改變而有的持續挑戰時，不能用這種模式。

零基礎預算（*Zero-Based Budgets*）

此模式中的每一項目都重新調整，沒有假設哪些項目是一直可以在

預算程序中的。⁵ 用此名稱是因為每一年度每個部門都從零開始，把所有支出都鍵入預算，使每筆支出都變成有正當性。這種模式表面上聽起來很好，因為表示每筆支出的需要與正當性。然而會有些問題。

零基礎預算模式需要很多時間才能順利進行。每年都有很多支出是恰當的，花時間對此複雜系統走一遍，使每筆支出都有紀錄，會浪費寶貴的時間。舉例來說，必須繳付的貸款不需要用此方法。如果你在考慮改換成利率較低的貸款，或改變還款期限，也許可以用這種模式，但大多數教會按月付貸款就好。零基礎預算模式通常在混合著使用的時候最好。因為經常性支出都很固定，像貸款或水電費。通常只要照著呈給委員會的表格來做預算就好。而新事工或其他預算部分，需要注意的就是委員會要求說出採購的正當性。此系統的優點是與信徒參與規劃的過程緊密相關。

規劃、設計、預算系統（PPBS）

規劃（planning）、設計（programming）、預算（budgeting）系統（PPBS）模式在八〇年代到九〇年代早期的高等教育圈子很流行。⁶ 過程非常集中，聚焦在決定每個規劃的成本效益的預算。這反映了高等教育的集中聚焦在組織效能上，而組織顯示其活動是否有效能，根據的是研究，而非因為有資源就肯定了效能。這就是說，一個活動有經費不表示有效發揮了功能。因此，預算過程與活動的結果緊緊相連，把效能記錄下來，組織只提供經費給有可衡量結果並達成目標的活動。

這種預算模式對教會與基督教機構會帶來益處，但前提是他們以研究做了集中深入的評估，看是否有效能？但因教會活動的性質聚焦在靈性發展與認知發展上，在教會背景下要證明活動有效能可能很困難，要衡量屬靈成熟度或證明某個活動比另個活動貢獻了更多靈性成熟的提高，也很困難。結果就是要達到 PPBS 而使預算通過很困難，可能會造成志工很大的沮喪。

套公式的預算

這是美國在所有層級公立學校使用的預算模式。每個學生的註冊資訊都建立好送到基金分配單位。有些學生有特殊需要，但基本方式都是套公式。這種模式可以在某些教會使用，特別是成人詩班規劃的預算。只要選好整年使用的音樂，決定每個詩班班員的樂譜成本乘以詩班人數。

此預算方式的問題就是每年的各級學生人數不同，班級人數也不同。有新人加入、舊成員不再來、轉到別的教會或營隊人數增增減減。這種模式對於出席人數在一段時間內（如一季，一學期或一學年）較固定的基督教學校或高等教育機構最合適。為了預算而要追蹤出席，在別的事工是很花時間而不值得這樣評估的。

以成本或責任為中心的管理

巴爾所提出的最後一種預算模式是以成本或責任為中心的管理。此模式與企業的「以利潤為中心」或「以費用為中心」的預算很類似。觀念很簡單：組織的每個部門各自負責募款與花費支出。雖然這對附隨組織比較合適，但對於學院或大學之內的應用卻不太容易。[7] 對教會要用這種預算模式也一樣不容易。以成本為中心的預算在組織內的特別規劃使用較好，或教會內各部門的旅行來使用，但若大專院校或營地使用，錢先進入到一般用途，再按審核過的預算分配出去，這對教會或機構的預算過程不很恰當。

所以要用哪個模式呢？研究教會文化，決定如何運作，再看哪種預算模式合適你們的組織。也許可用混合的模式，只要預算過程中能包括總預算的各種需要就好。不論用哪種模式，每年都要預備花很多時間，教導教會中各部門負責做預算的人。沒有一個模式從名稱就能解釋得清楚的，如果讓志工領導者自己來做預算，他們會自己創一種模式。如果是這樣，有可能與其他團隊發生衝突，因不知道預算過程是怎麼進行的。錢往往是衝突的主題，就算在教會也一樣。

如果團隊決定改變預算過程或程序，必須要提出理由，讓組織內的人預備好開始聽取另一種預算模式，要先說明為何必須改變（例如哪裡有錯誤），即使新的模式比較不需要花這麼多力氣。建議請一位受過訓練的財務會計師，對事工管理的財務政策與程序提出建議，並擔任顧問。他們受過訓練，對事工財務的倫理該如何處理，會提供需要的方向。如果之前沒有詢問過他們的意見，最好的時間是在每年審計過之後來請教他們。

預算的時間線

預算過程的時間長度，會依據下列各種因素而決定：組織的大小、組織參與度的文化、組織架構的複雜度。組織愈大或愈複雜，預算過程要從基層開始，就愈花時間。但我們若假設大組織比小組織的架構一定更複雜，卻不見得一定正確。舉例來說，若預算需要有委員會與會眾的批准，時間線可以調整得更短。反之，若預算需要層層批准，就需要更多時間。例如從委員會批准開始，到事工部批准，到各部門，到財務組，到領導者，到全體會眾批准才算通過。

洞察組織文化也很重要。在這裡要注意的就是，愈多人參與做預算的過程，時間要花愈多才能完成。從某方面來說，這是一種組織架構的問題，因為一切都要看信徒平均大概要涉入到什麼層次，才能讓預算通過。在某些事工，預算是由經驗豐富的專業人員設定的，很少有空間給一般信徒提出意見。而某些事工的預算制定卻更喜歡讓平信徒領導者大量參與。後者顯然需要更多時間規劃，使最後的預算文件通過批准。

預算循環（Budgeting Cycle）的各階段

預算是年年都要做的，預算的步驟有一定的循環。理解這些循環如

何運作？每個階段的重要功能是什麼？對事工的新手領導者會有幫助。典型的循環包括了規劃、編預算、批准、管理、報表、存檔。

階段一：規劃

　　預算有兩個部分：收入與支出，目標則為收入要大於支出。現金流量與資產負債表顯示在下面。收入即收到的錢，不論來源為何（如什一奉獻、特別奉獻、指定奉獻、書店收入、票券出售等）。教會領導者設立一個期待從會眾來的收入金額做為收入的預算。支出即付給個人或機構的錢，通常是以服務或產品來換取支出。

　　決定組織目標。預算過程與計畫過程是吻合的。如果組織沒有一定的方向，預算過程會變得一樣缺乏方向。這種缺方向會對預算過程影響愈來愈大，因為愈接近預算的最後，做決策的需要愈增加。理想的預算過程就是要在一開始起草，就接著開設立目標的會議。（參第十一堂）一旦教會領導者決定了下一年的目標、具體子目標，就要開始為這些目標提供基金了。做預算永遠不該在目標設立的會議之前開始。請記得：服事引導預算的形成，不是反過來，當然我們知道兩者必須有共生的關係。我們也不能光憑不實際的夢想就創立一筆預算。

　　決定可用資源。教會的預算委員會應該按照組織期待會收到的經常捐款、按事工別而有的收入、補助、捐贈、投資收入、以及遺囑與信託，設立一般的成長百分比。經常性捐款是教會與基督教機構的主要收入來源。從聖經角度來看，捐款占機構收入的很高比例，這是好的。

　　另有其他收入來源的基督教機構，如果已經能達到每年基金的需要，就常不再挑戰會員在時間與財務上做個好管家。教會做預算時只管支出不管收入時，就會發生這樣的情況。不評估外在環境對內部的影響，當年度展開繼續往下時，會造成嚴重的預算問題。

　　舉例來說，我住在美國佛羅里達州的奧蘭多。在 2001 年 911 之後，到這裡來度假的人急遽減少，旅館業與主要景點的收入降低到很危

險的地步。地方經濟崩壞，旅館業與娛樂景點的反應就是解僱員工或讓許多員工減少工時。這些員工很多都屬於我去的教會。人的收入減少，奉獻就會減少。那事件發生後第一年，外部環境頗嚴重地影響了教會的預算（內部影響）。教會的領導者警覺當時的經濟情況，明智地改變了花費習慣，讓教會有時間慢慢恢復。這個具體的事件在稍後的預算管理部分會談更多。

按事工別而有的收入，就是一個事工要求參與者繳交的金額收入。例如青年團體經常申請營會、宣教之旅或其他特別活動的基金。本質上為了教會好，某活動收到的金額應該抵銷全部的成本。要確認的是，個人若因為捐獻而收到什麼回報，捐獻的報表要能反映那項禮物。雖然這項條款已經在國稅局的規定中許多年，到最近幾年，教會或私立學校這類組織才比較被密切注意。我們可遵照一些準則來辦理，管理者最好能諮詢律師或檢定合格的會計師。

在教育圈，收到機構或基金的補助很常見，但在教會圈不太常見。某個基金在檢視籌款模式時提出建議，教會活動中的某些元素可能對申請補助很有幫助。問題的中心常是「這活動有沒有提升某種信念或支持教會的經常支出」？這都要看當初設立基金的意圖是否補助這類活動。

投資收入很能夠提供教會穩定的預算。例如美國印第安那州的一個教會決定，在美麗的新會堂建成之後，捐贈一筆維修基金，使會堂的維護費絕對不會讓年度經常費受負面影響。這筆捐贈基金持續穩定成長，現在能提供超過維護會堂所需。這種投資收入是經常被忽視的資源，但也很花費人力才能得到。在教育事工中，捐款衍生的利息可以用作發展志工老師的費用，或提供上大學或神學院學生的獎學金，以預備將來事工人才。

遺囑與信託是收入的一大來源。然而因為得到此類收入的時間特性（某人死亡），這類收入很難做規劃。愈來愈多人把教會包括在遺囑中。然而做預算時把遺囑與信託的收入計算進去是很危險的。在預算過程中

有些方法可以在這方面較為成功。

　　一種方法是列出長期規劃的大型採購清單。如果教會獲贈遺囑與信託，就可以在那時候去購買這些項目。第二種方法是直接將這種收入放在捐贈基金中，將此基金的收入在第二年拿來做預算。第三種方法是當教會成長需要更多新場地設備時使用。基金被分出來，等到要建堂時再把基金放到現金流量中，以支付建堂帳單。使用遺囑與信託的收入來補預算缺口，對地方教會的長期規劃來說不是好的作法，但若有不在規劃內的經濟危機發生，這樣也算合理。

　　事工領導者也可能需要指出事工有額外的收入來源。這些來源與可能的金額需要在做預算時，向會眾或預算委員會提出來。

階段二：編預算（Formulation）

　　編預算的階段有兩部分：從每個事工彙編預算，以及檢視在事工這一層面是否已經批准。組織內的預算委員會多半不要求事工的各部門作預算用特定的方法彙編。因此，事工領導者應該要有某些標準方法，使組織目標變化為預算上的數字。通常在策略規劃的階段或以目標決定事工的階段應完成這件事。換句話說，每個目標和具體子目標需要有特定的一個人和金額來表達。然後把這些金額彙集起來，編在預算的某一行顯示出來。

　　編預算的第二步是檢視彙編好的預算，在事工這一層面提問下列問題：

1. 每個事工彙編的預算是否正確反映事工的文化與倫理？事工在文化與組織領導的價值觀上是否和諧？

2. 事工或委員會的目標與預算是否有清楚的關連？

3. 預算的每一行是否都有足夠的正當性？事工領導者在這裡對職員的引導會很有幫助。使預算有正當性的文件，要預備到什麼程度，就是事工文化的問題。

4. 收入與支出平衡嗎？事工的預算保持在預算委員會配給的限度內嗎？若否，有額外收入讓事工可以平衡差距嗎？

5. 預算已經包括每一項目了嗎？考慮過支出所作的形容與支出的正當性，這金額合理嗎？

6. 有沒有重覆？是否兩個事工都算了要採購的相同支出或活動費用？

階段三：批准（*Approval*）

批准的過程應該聚焦在兩個目標：對準和允許。批准的過程聚焦在這雙管齊下的目標時，會花更多時間，需要更多人力，也會編出更多人同意的預算。

對準，牽涉到所有各個層面參與預算者，是否能有機會看到預算反映出組織領導的價值觀。投入很多的人會很感激別人看到他們在整個預算中募款的努力。當經費不夠時，看見全貌會讓那些雖然自己要求的沒被批准的人，知道錢花得很有智慧。所以要先提供機會給事工內的同工檢視與回應，然後再把一些預算移到更遠的以後再考慮會比較好。要讓預算對準目標會花更多時間，但能建造更穩固的團隊，對花費提供更多的理解。

第二是批准或允許。這要看事工管理的型態。此預算過程可能有兩個批准或允許的層面：暫時的與最後的。暫時的允許是審核團體的一種行動，按照假設與一些因素，說出這尚未決定的確認：「這預算是沒問題的。」預算過程中的確認很重要。很多編預算過程需要在下一個年度開始前的 4 到 6 個月就開始。這段期間有些事情會發生或有些因素會產生，對預算會有或好或壞的影響。

當錢比較足夠，也就是有好的影響時，處理起來比較簡單，壞的影響就是收入減少而花費增加，就比較難處理了。如果領導者們暫時允許，會讓事工的人事部門知道在目前情況下，預算在未來這一年是恰

當的。這使得大家可以開始做規劃（也就是目標與具體子目標有經費了）。等到快到下年度開始，再給最後的批准，這樣有個好處，就是讓關涉的人知道預算還是有可能改變。

關於人力資源合約的問題，以及其他必須在實際預算年度開始前解決的問題，通常由領導者們個別討論，在某些情況下，特殊的項目會被批准，好讓事工繼續進行。

最後的批准是當事件或假設都確認了，預算也在目前年度結果出來之後恰當地調整好，就可以按著預算開始花費了。

預算分派的兩個時間點：暫時的與最後的。是否每個人都看得到總預算，這與組織文化有關。特別是薪水的預算是很敏感的。如果薪水包括在事工部門的預算內，這部分的預算就分別分派到每個部門。許多事工比較喜歡將所有職員的薪水合併成一個總額，放在薪資管理的那一行。如果薪水不包括在事工部門的預算內，整個事工的預算就分派給做這事工的人員那裡。

階段四：管理（*Administration*）

羅伯特·葛雷（Robert Gray）寫道：「作預算的主要原則在教會管理上經常被誤解，預算並不是絕對的、最終的、不可改變的指引。很多時候，情況不斷變化，預算變得過時，需要調整。預算不是用來管理教會的，預算本身不是目的。預算只是管理所使用的工具，是達到目的的方法。當預算變成緊身衣，就失去了用處。」[8] 前面我們談過的外部環境與內部應用，我要再次強調，要能應用在這裡。如果外面情況改變，內部的應用也要改變。例如，財務年度一開始，預算已經由會眾或管理的董事會／長執會批准通過了，過了三個月，當地一位主要僱主搬走了，使教會許多成員失業。教會的領導者必須看到外部環境對內部應用的影響，立刻重新評估預算。簡單來說就是調整花費，來反映較低的收入或指認還有沒有額外的收入？

階段五：報表（Reporting）

　　這個階段包括定期與年度的報表。定期報表可能包括每週、每月和年度報表。每週報表可能包括給執行長／主任牧師和財務委員的報表。每月報表也可能包括要給部門負責人和方案的領導者。年度報表可能給教會或事工的每一個人看。三個報表有不同的對象，要能客製化，使拿到報表者得到需要的資訊。因此，說清楚報表的對象是誰很重要。給全教會會友的不像給教會職員那樣需要很詳細的資訊，所以報表可以較短，只包括一些總額與金額互相比較的資訊。職員可能需要關鍵細節，但也可能只需要某一方面的細節就好。

　　要確認你用的會計軟體含有能客製化各種報表的選項。與各種報表的對象晤談，決定什麼是需要的、合理要給的資訊。有時候資深的領導者可能需要修改某些人要求的資訊，因為在領導者的眼中，一個人什麼都知道會不恰當。領導者應該做最後的決定，要給事工部門與全教會的資訊該詳細到什麼程度。

階段六：存檔（Archival）

　　財務年度結束後預算資訊要如何存檔，這在各種文獻中講得很少。將過去的預算互作比較，可以得窺事工成長與發展的趨勢，這是很有價值的部分。

　　什麼資料要保留呢？組織的財務長或會計部門通常保留支出的細節與支票的一部分。但部門通常不保留制定預算的細節，也就是把異象與目標轉變成行動的細節。做預算的會議紀錄要和年底的事工預算報表在一起保留。除了教會的會計部門要保留這些文件，事工領導者應該保留的資訊如用來計算方案的課程花費的數字，計算團體活動的方法等。當又到了事工中這個大功能的規劃時刻，這些資訊會變得很有價值。

　　因教會環境中的活動很多樣，一開始也許你最好保留當年預算的文件到當年度結束後兩、三年。下一年，就做記號在預算的存檔上，標出

哪些是需要的？然後你就會設立一個文件保存系統，知道哪些資訊要保留。

制定預算的原則

做預算有幾個原則可以應用到整個制定預算的過程中，讓預算可有效使用。首先，**預算是團隊合作的過程**。一個人單獨做的預算通常會缺乏彈性觀點，但事工的財務支持很需要彈性才能有可行的規劃。關涉的同工都可提議且贊同是很重要的，比一個人做決定好。第二，**事工第一，錢第二！**大家會支持預算不是因財務的技術理由（例如預算數字很正確，預算平衡了等等），而是因事工有潛力成功，會造成影響。把科目或預算的一個項目設立好，**絕不能取代事工中的行動**。第三，**控制花費會更強化預算**。花費若沒有控制，例如要有採購單，支出要得到批准才行，預算只不過是空空的文件而已。

第四，**避免以負債方式做預算規劃**。如果預算設計成讓教會或組織產生赤字，就是幫倒忙。這包括了基金之間互相借貸——就像俗話說的「拆東牆補西牆」。某項預算不能移作別項用途。同樣的，機構負債不該超過年度收入的三倍。否則教會或機構的財務資源會被用來還債而非服事。第五，**管家原則**。管理的一部分就是要做好管家（參第二堂），這包括教會或機構的財務資源。

財務在基督教事工中代表了關鍵的重要性。耶穌的教導中將近一半的比喻都與管家主題有關，可見耶穌也關心財務。在教會或基督教機構的成員當中，財務也是個高度驚爆的話題。許多事工領導者對於財務會計相關的隱藏議程與政治層面都大為吃驚。本堂的設計是讓將來的事工領導者預備好，面對會議室中開會的現實生活。要做功課，花時間學習如何有效管理事工中的金錢。你可能不喜歡這些，寧願花時間做別的事情。但忽視這重要的管家責任，會讓你比你想得更快被炒魷魚。

　　預算過程應該反映組織文化，必須從以價值觀為驅動力、廣泛參與計畫過程、有智慧的事工領導者團隊而取得。這樣的過程，提供反應組織價值觀和計畫的花費，也讓實踐計畫的人成為組織財務功能的一部分，來支持整個組織。這樣，財務的焦點就在於運用金錢來達成組織目的，而不是衝突的議題了。

第八堂
事工的目標管理
Ministry by Objectives

邁可·安東尼

對事工管理者來說，要找到方法持續向教會的目標邁進，同時又要牧養那些對事工有自己一套想法的熱心人士，一直是個挑戰。這樣的平衡不容易獲得。等號兩邊的任何一邊強調得太多都會有危險。如果太強調達成教會的目標，事工領導人就會有不關心小羊的名聲。如果太強調個人或自己部門，負責人就會被貼上沒效能的標籤，因為他就是「無法完成任務」。

這些年來，我們看過一些最成功、最有效的事工團隊，是那種充滿創業家熱情的同工團隊。這些事工領導者（兒童部門牧師、青年部牧師、主任牧師等）的特質就是以高度個人驅動力與企圖心在運作，這些人都不太需要管理或監督。他們的座右銘可能像這樣：「帶領，跟隨，不然就別擋路！」他們不需要別人很多的監督控制，因為他們自己內心就有想要完成任務的熱忱。

然而，這類事工領導者在合作的部分就會有問題。每個事工部門都很主動要達成自己的使命和異象，但若沒有什麼合作，最後就會因部門間的衝突而對撞，導致自我毀滅。在這種高成就的事工環境下，活

動好像沒完沒了，但不是所有的活動都很有目的。在年終，每個事工領導人要對自己的活動負責，可能部門的目標確實達到了，但教會卻沒有因此更好，因為缺乏相互合作與彼此都同意的方向。要避免這種浪費人力與物質資源的方法，就是要有管理的系統，提供合作方法，朝向彼此同意的目標，這系統的本質就是事工的目標管理（Management by objectives）。

MBO 是什麼？

目標管理或簡稱為 MBO，是為了能成功地達成組織的目標與具體子目標，大家需要互相合作而發展出來的。**目標管理**這用語最早是在 1954 年彼德・杜拉克（Peter Drucker）寫到的：「企業需要的是管理原則，能讓個人在付出力氣與負責任的同時看到全貌，並讓異象與努力有相同的方向，發展團隊合作，使個人的目標與大家的福利能和諧一致。唯一能達到上述這一切的原則，就是以目標來管理和自我節制。」[1]

雖然他訓練管理者人的方式在五〇年代早期廣泛被接受，但一直等到其他管理專家提出修正與洞見之後，才真正把 MBO 整合到北美工作方法的功能中。在杜拉克這最初的想法印行大約十年之後，喬治・奧迪昂（Geroge Odiorne）出版了一本名為《目標管理》（*Management by Objectives*）的教科書，使得 MBO 成為一般人所接受的管理系統中的觀念。奧迪昂對目標管理的定義為「一種管理系統，組織內上司與下屬兩層面的經理人一起指認共同目標，定義好每個人被期待要有某種成果的主要責任區，以這些數據做每單位運作的引導，並評估每個成員的貢獻。」[2]

奧迪昂將目標管理過程以循環圖來表示，從組織的目標開始，尋求達到與下屬利益的和諧。參圖表 8.1。

圖表 8.1　MBO 循環

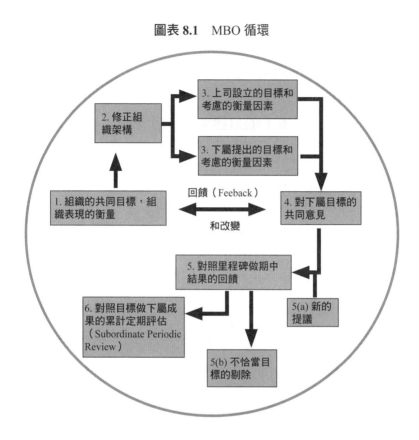

自從這觀念開始出現之後，就廣泛地被各種場景與領域採用。舉例來說，它被用在醫藥[3]、政府[4]、教育[5]、營會[6]、教會[7]、以及一般人好好過生活的策略上。[8]目標管理可以被各種領域採用是因為它很簡單，很容易轉換。不同的模式都用目標管理的形式來描繪曲線圖的細節。這些模式包括奧迪昂的 MBO 循環[9]、莫里西（Morrisey）的 MOR 過程[10]、漢伯（Humble）的 MBO 循環[11]、希爾馬（Hillmar）的 MBO/R 作業系統[12]。每種模式都有其貢獻，也都對於把 MBO 形式描繪成持續的過程有所幫助。既然本書強調的是教會事工，我們就把 MBO 的好處

應用在地方教會的情境中。一旦我們把它分成一些基本元素，多半教會事工領導者會發現很值得投資時間與精力在目標管理上。因此，我們把它稱為事工的目標管理（*Ministry by Objectives*）。

事工的目標管理的步驟

事工的目標管理從理解神給我們資源，要我們作管家開始，我們對此應該感激。的確，神擁有千山的牛羊，但也很少教會能夠擁有一切所需的牛羊。我們要善用神給的資源。既然資源有限，夢想無限，我們就得做困難的抉擇，決定如何使用這些資源。排好優先次序，有智慧的管理，這就是事工的目標管理過程的核心。此過程分成三階段，每階段內有一些步驟。三階段為：預備階段、執行階段、評估階段。

預備階段（*The Preparatory Phase*）

這是把事情預備好的階段。需要一些細節的分析，否則在事工過程的時間確認具體子目標的時間會徒勞無功。這階段的多半活動已經在教會生命周期中的某個時間點完成了。然而，缺乏定期檢討與更新，益處會變得很小。在這階段，教會基本上要檢討修正使命與異象，決定下一個事工季節要完成什麼？尋找在對的地方有對的同工，使任務完成。下面詳細解釋各個步驟的內容。

步驟一：再次檢視教會的使命與異象，確認這些都更新過且仍然相關。你需要決定事工下一年度的焦點與優先次序是什麼？這會隨著許多因素不時地改變，包括社區人口、人力（支薪者與自願者）、可用的物資資源的數量（設備、車輛、財務等）。每一項都要納入考慮。

為了舉例，我們假設教會的使命宣言為：「超越阻礙，以神的愛與救恩之信息，接觸每一世代。」為了達成此使命，你們發展了策略或包含在這樣一句話中的異象：「將福音帶到湖畔郡的家庭中。」你的教會

再次檢視使命與異象，確認這些都正確地反映了教會下面幾年的重點。如果這些都做了，就可以往下一步走。

如果教會在使命與異象這裡的意見不合一，在往下一步之前，就有些事情要先做。複習第二堂與第三堂，努力使教會發展出一個更新過的使命與異象宣言。這對未來是很重要的，未來事工的目標管理時，會要做很多重要的決策，這就成為一個界線。

步驟二：為了達成使命與異象，教會領導者必須做「教會該做什麼和不做什麼？」的困難決定。沒有教會是什麼都做的。優先次序必須要設定。對有些人來說這不容易，因為對某一個強調說**是**，就必須對另一個強調說**不**。對有些人來說，這種作法很短視且缺乏信心，似乎限制了神。事實上，我們不是限制神，而是以祂給我們的有限資源，尋求祂要我們做什麼。經過安排優先次序的過程，我們就成為神事工資源的較好管家。

現在教會的董事會／理事會成員要在心靈中尋求，查驗神在下一個事奉季節帶領大家往何處去？有的教會在這時候會分析自己的優點、缺點、機會與威脅。以這種 SWOT 分析開始是不錯的，但要確保你在收集資訊時，儘量問愈多人愈好。用郵寄方式普查教會會友的意見也對資訊收集很有幫助。有的教會在城鎮集會場所舉辦年度大會，請會友們提出回應意見。

你可藉著幾個焦點團體來取得不容易寫在表格上的資訊。例如，一位長老或執事可以在主日聚會後和六、七位詩班成員談談，或一位理事約單身團契代表一起午餐。如果每位理事都被指派一個焦點團體，在很短的時間內就可確切知道教會的脈動。對會眾來說，知道理事們關心他們對教會未來的希望、夢想、渴望，也會很得鼓勵。一旦你從許多來源得到了這些資訊，這就是整合資訊成為可行的具體子目標的時候了。

在事工的目標管理的步驟中，你要發展一個大家都同意的組織目標的清單。我鼓勵你把這清單縮減到最小——也許不要超過十個目標。我

們會有一種想要討好愈多人愈好的試探，很難說**不**。然而我奉勸你，寧願現在說**不**也不要讓人興起了期待又達不到。

這份簡短的組織目標必須直接與教會的使命與異象有關。例如，既然我們已經把使命與異象宣言清楚明白地說出來，我們就可能列出優先次序的簡短清單，是像這樣的：

1. 在我們這地區內的大學新建校區開始現代形式的學生崇拜。
2. 按次序設立從 0 歲到 22 歲的門徒造就方案。
3. 在我們宣教預算內支持更多新的宣教士。
4. 初步詢問市政府有關教會隔壁空地的使用。
5. 為目前教會運作的醫治恢復事工設立「以聖經為穩固根基」的小組長訓練。
6. 為年輕母親設立「學齡兒的新手媽媽」方案。
7. 翻新每間教室都有更高階的教學設備（電視、投放映機等）。
8. 更專注於新朋友事工，使教會會友增加 7%。

顯然還有一些可以加上去，但這簡短的清單已經達到我們第二步驟舉例的目的。一旦列出清單，就要讓所有職員同工與平信徒領導者認領。長老們、執事們、理事們、任何其他組織形式的領導者們，與主任牧師一起同心協力，支持這裡的每一個目標。有些目標是從前面一年繼續下來的，有些是新增加的。不論兩者的比例如何？它們就形成了目前這一年度事工焦點的基礎。

如果你看了這一步驟而認知未來將有嚴肅的磋商與協議（negotiating and resolve），你就對了。進步一定要付代價。忙碌不保證成功。撒旦最好的武器之一就是讓我們忙於沒有目的的活動。要聚焦於重要的活動並不容易，卻可以防止無意義的遊蕩。

迪爾·麥康基（Dale McConkey）形容此過程為以具體子目標來更新（renewal by objectives, RBO），因確認教會主要的活動可以變成事工更新的力量。他說：「操練以具體子目標來更新的重大理由，是要幫助

我們完成教會最有意義的事情，首先我們要決定我們想做的最重要事情
是什麼？將團隊所有力量導向我們想達成的，避免把時間精力花費在不
需要的地方。要多強調我們想達成的結果，少強調沒有條理的力氣消
耗。」[13]

步驟三：進行架構（structural）分析。這是檢視教會組織架構的時
刻，為了達到這些目標而做任何必要的改變。至終，有一個人或部門要
負責執行並協調，以成功地達成這些目標。現在是改變的時刻，不論人
事、工作內容或從屬關係，都可在規劃開始之前調整。

說到組織需要調整，這是 MBO 過程中的一個元素，奧迪昂寫道：
「把真實的組織架構按照目標畫出來，因為目標改變，組織就也會需要
改變。而組織改變會造成個人責任區與權柄的改變，這需要先澄清，以
便在下屬經理人被要求寫出下一年度他們的成效目標與衡量標準時可以
回答得出來。」[14]

這就涉及誠實的分析，看教會職員每個人的恩賜與合適做什麼？柯
林斯（Jim Collins）寫的《從 A 到 A+》（Good to Great）一書中，用了
一個搭公車的比喻來描繪進行組織分析時的態度。他做了全國性的研究
之後，形容一般有效能領導者的特質為：「我們以為從那種從 A 到 A+
的領導者會開始設立新的異象與策略。但其實我們發現他們一開始就讓
對的人上公車，錯的人下公車，對的人坐在對的位置──然後才想想車
子要駛向何處？諺語所謂『人是最重要的資產』，其實是錯的。人不是
你最重要的資產，對的人才是。」[15]

進行這種架構分析是這過程中最有挑戰的部分之一，因為需要毫不
偏袒地評估別人的表現。當我們檢視教會目標，最高層的領導者必須
問：「我們所聘的員工是否能達成這些目標？」如果答案是**否**，就必須
要做些改變，不然整個計畫等於沒有確定。

人被聘用，工作多年後，可能失去個人的熱忱或對工作的委身。舉
例來說，青年部牧師可能一畢業就被聘，那時他年輕、有活力，很想接

受青年部門的挑戰。然而，10年之後，有了妻子與三個幼兒，他可能缺乏曾有的熱忱與對青年事工曾有的信念。這並不是說他不再是個好基督徒領導者，也不是貶低他多年服事的價值。然而教會卻付不起一直留他在那個職位的後果，特別是如果他內心深處缺乏動力、主動、熱忱。

教會領導者們認知了青年部牧師發生的改變，需要問自己一些艱困的問題，就是恩賜與適任的問題。完全有可能（事實上很可能）的就是，青年部牧師自己知道對教會青年事工的不斷需求缺乏熱忱。主任牧師或大教會的執行牧師應該與青年部牧師單獨會晤，然後決定他的恩賜是否適任教會中的另一職務。也許他多年的領導與事工經驗可以用在教會新目標上，他可以成為教會要發展的大學事工的關鍵領導者。或者他可以擔任不同的角色，如某個新事工的副牧師。

如果沒有合適又合理的職務，應該要十分恩慈地告知青年部牧師，教會不再需要他的服事，然後給予慷慨又與年資相符的離職補償。這就是柯林斯所說的，這是評估是否對的人在公車上、以及對的人在對的位置上的時候。如果不是，就不要從公車站開車！

教會最令人詬病之處就是常在於無法做困難的決定，即對於不再需要的職員無法要求停職。教會想要表現仁慈、有恩典、有憐憫，於是浪費了資產，無法作神所賜資源的好管家。長久下去，教會若留著青年部牧師，不是對他好，因為他留在那個職位上，既不享受也不感激。在第二十二堂「檢討工作績效」對這類艱困抉擇還有更多的洞見。

執行階段（*The Implementation Phase*）

現在第一階段的步驟都完成了，要開始在教會的上司（主任牧師、執行牧師等）與職員（兒童部牧師、青年部牧師、單身事工牧師等）之間，進行會產生結果的討論。這是雙方見面腦力激盪的時刻，找出方法來完成這些目標。這也是激勵人心的時刻，因教會職員們要一起決定前面幾個月努力的方向。

步驟四：經理人員與下屬相聚一堂，把每一個目標轉換為可衡量的具體子目標。這包括了要做些什麼才能達成目標、目標如何分解成更多可管理的步驟？誰負責哪一個步驟？需要什麼資源及執行的時間表。這是經理人員傾聽下屬所關切的事情以及關心下屬感覺的時刻。這是把人力、財務、物資資源結合成一個簡明規劃的時刻。

這步驟可以用任何一種形式來進行。有些經理人員較喜歡寫出如何衡量目標的清單，同時下屬也寫出自己的清單。然後雙方聚首，一起分享具體子目標。這使得最後要負責達成目標與具體子目標的人有自由決定如何達成是最好的。也讓下屬能把個人的目標加進去，這對整個組織也許有極大的重要性，卻被設立較大的目標的人忽略了。有些經理人員較喜歡與下屬相聚，一起寫出彼此都同意的清單。選哪一種方式要看環境元素，例如有多少時間，經理與下屬的工作關係（例如下屬感覺他有自由商討並提議的空間嗎），下屬是否有能力把可衡量的具體子目標精製出來，下屬獨力運作是否做得好等等問題。

對以上的清單，我們用具體的例子來說明。如目標 #1 若能增加下面的具體子目標就更實際了：

目標 #1：在我們這地區內的大學新建校區開始現代形式的學生崇拜。

具體子目標：

1. 指認並召募四位關鍵個人作團隊領導者，提供崇拜的方向、教導、技術支援。
2. 發展事工規劃，指出要完成的重要的步驟，以便開始這項事工。
3. 籌募創始資本（財務）作為此新事工的開辦費用。這種形式的籌款可避免影響教會原本正在進行的方案。
4. 在大學校園裡開始廣告規劃，包括報紙、廣播、傳單、個人接觸。

在截止日期之前，也許會增加更多的具體子目標。對於這些目標與具體子目標，愈能實際，愈能用可衡量方式表達，就愈可能達成。在每

個目標之下增加具體具體子目標的過程，對結果的成功與否事關重大，因為具體子目標可成為根基，衡量將來的活動，並影響資源分配的決策。

沒有經驗的職員寫具體子目標的時候會認為似乎簡單到令人困惑。以下有幾個指引幫助我們認知具體子目標該有的重要特性。

1. 要具體指出該採取的行動。具體子目標要清楚說出執行什麼活動。

2. 聚焦在可指認的目標結果。具體子目標的每方面都要指向可衡量性。用模糊一般的說法只會讓具體子目標變得空泛無用。

3. 要有時限。每個具體子目標都要承諾一個完成日期。目標日期可假設為每季、每學期、或一段期間結束的時候，但每個具體子目標都要附帶著時間架構。

4. 要可衡量、有形的或可檢視的。儘可能把每個具體子目標用可衡量的用語表達。這並不是說每個具體子目標都要用數量的形式寫出來。有些具體子目標是質，不是量，但每一項都要讓看佔毫無疑問地可以決定達成了沒有。

5. 要夠有挑戰性。這項具體子目標對組織與個人都適用。組織若沒有被拉伸，就無法成長。

6. 要實際可行。接受挑戰與實際情況之間是可取得平衡的。好的具體子目標兩者兼具。

7. 要與組織的目標一致。這被稱為具體子目標的和諧性。每個具體子目標都與組織的目標和諧一致，並對目標有所貢獻。[16]

步驟五：把計畫跟大家溝通，並定期檢討。在這時候，教會有了目標的總清單，引導來年的各項活動。再者，每位管理人員與下屬也已經會晤，而寫出一份與教會目標相關的彼此都同意的具體子目標清單。事工團隊的每位成員了解自己扮演的角色，也應該被授權去行動。

許許多多人投入很大量的時間才精製、發展出這些計畫，這成為保

護教會不毫無頭緒而忙碌的一條界線。這成為緊要資源分配之決策者的引導，至終，也提供了教會成員一路邁向使命與異象目的地的標記。這成為很有價值的文獻，有關人員理當如此看待。

現在到了溝通這些目標與具體子目標的時刻了。你最不該做的就是把這些束之高閣，忘了它們的存在，等到年度檢討再拿出來。有些教會把年度目標貼在公告欄來提醒會眾。有些教會喜歡在醒目的地方：如主要交叉通道或月報中標示出來。

步驟六：定期檢討。這些文件應該成為經理人員與下屬每個月進展報告和每季檢討的基礎。每次大家坐下來檢討表現成果，不論每月或每季，這些目標與具體子目標是第一個在議程上要討論的項目。

在定期檢討的會議上，要查明事工有進展或沒有進展？將現在我們所在的位置與我們該達到的位置互相比較，可以讓我們在危機出現之前就採取修正行動。若有哪裡需要更多的資源，要指認出來並加以分配。若有不實際的具體子目標或之前沒有預見的情況發生，可以給一些補助或預備金以便調整。我們不太建議修改目標，然而若負責的董事會／長執會或會眾都同意或支持，可再考慮踏出這種年度目標的重大修正。

這種期中檢討很重要，將具體子目標對照年度目標，成為大家一起思考與建立團隊的重要時刻。這應該是開放的，很誠實地評估目前的進度，而不要只有希望如何、如何，或對未來很樂觀的預言。請記得，這是對過去表現的評估，不是對未來可能性的沉思。

評量階段（*The Assessment Phase*）

執行過幾次的定期檢討之後，我們現在進入過程中的第三階段。在此階段，我們執行評估，衡量我們達成目標與具體子目標的效能。這不是責備人或找藉口的時刻，而是誠實地檢視我們的進展、慶賀我們的成就、找尋讓我們未來更有效方法的時刻。

步驟七：部門評量。教會中每一個部門（兒童、青年、單身、音樂

等）把目標和具體子目標清單拿出來，將已達成的具體子目標用書面摘要寫下來。既然每一個具體子目標都是用可衡量的樣式表達的，我們不太需要懷疑部門領導者沒有能力決定達到的程度有多少。這份報告應該用簡明的百分比表達已達成了多少，用事實、數字、資料來支持這百分比。若可能，這份報告要有表格和圖形，讓人對成長和成就可一目瞭然。

請記得，部門具體子目標達到百分之百是不太實際的，特別是當具體子目標包含了某種挑戰程度。如果都達成了，要不就是你的團隊有高達成度的成員，要不就是你當初設立的目標不夠挑戰。因為一路上你們一起執行每月或每季的檢討，所以不該有什麼意外的事情。這是把所有片段整合成年度累計報告的時刻。

管理人員的角色是要慶賀下屬的成就，以及（或評量）一些個人為何沒有達成目標：失敗來自缺乏資源嗎？沒有預見到目標發展好之後的外在情況嗎？有個人因素以致他們無法達到更高成功層面嗎？這理由會影響下年度目標設定的機率有多少？有重要而未見的人事變化影響成功率嗎？這些問題與其他許多問題都要討論，才能得到有意義而正確的累計文件。

一旦年度的部門檢討執行了，主任牧師或執行牧師就要把這些融會到累計評量報告中。這是事工的目標管理的過程中最後一個步驟的精華。

步驟八：累計評量。這是過程中的重要步驟，因代表許多人與委員會一整年工作的總和。這文件應該由主任牧師來預備，呈到教會的董事會／理事會。報告中針對每一個目標來進行，焦點要放在成功達成的程度，哪裡需要進步等等這類具體的回應。這裡要強調的是團隊成功達成的部分而非指責未達成的部分。最後放在主任牧師桌子上的這份報告，應該反映出在他監督下，他對事件與活動的分析。然後把報告呈給董事會／理事會檢視與討論。

　　許多教會選擇提供摘要，針對目標的進展，做執行程度的摘要，即「教會現況」報告，之後寄給會眾。內有彩色的圖表幫助大家看懂，也可以將豐富的內容整合起來一起呈現。

　　目標管理應用在地方教會，可以是策略性規劃中很有幫助的方法。它提供了設立目標的許多資源，有來自董事會／理事會、職員、會眾的建議。因人會對自己要負責的區域產生擁有感，所以就能為自己所同意的目標的進展負起責任。目標管理促進經理人員和下屬之間的對話與討論，目標管理對團隊的建立有貢獻，使大家在一起努力時有群體感。

事工的目標管理的執行

　　在地方教會，基本上有四種事工的目標管理的執行方式。第一種是從上到下的方式，教會從執事會起始執行，然後到主任牧師，主任牧師再與他的同工來執行。第二種是從下到上的方式，從一個經理人員自己的部門開始執行，其他部門將其包括在自己的事工中，直到在組織架構中一直上到執事會。第三種方式是部門的執行，好幾個部門（兒童事工，成人事工等）使用這種方式，再及時擴展到所有其他部門。最後一種是老闆層級的方式，只有主任牧師與直屬的少數同工開始執行，其他同工不參與。即本質上只有最高層的經理人員使用這個系統。

　　哪一個方式最好？大多數教會與使用 MBO 的其他非營利組織較喜歡用的「從上到下」的方式。這種方式確保有最高程度的同心合意，讓主要的人都在同一個團隊中，也造成整體教會最大的影響力。既然長期的策略計畫通常由教會的執事會與主任牧師起始，他們的參與最關鍵，也能有最長久的益處。事工的目標管理要能發揮較好的功能，就要以教會目標做為部門具體子目標的基礎。一般來說，任何大規模永久改變都需要高層經理人員的批准，才會有效而持久。[17]

　　下面的時間表是一種建議的作法，可以把事工的目標管理整合到教

會的年度行事曆中。此時間表假設年度預算循環從每年 1 月 1 日開始。如果你教會的會計年度從 7 月 1 日開始，你可調整。重點是，目標管理必須先於預算資源分配。如果先分配資源再開始設立目標，會徒勞無功，因為財務應該是用來給教會目標提供資金的。

　　11 月：教會的執事會、牧養同工、會眾開始討論對未來目標的盼望與夢想。執事會與牧養同工把清單縮減為處理得了的大小。

　　12 月：編制教會的年度預算，把必要的資源分配給教會目標需財務支持的地方。

　　1 月：兩星期之內，每一位上司與管理人員會晤，寫下部門具體子目標。以具體子目標來決定的事工就開始了。

　　2 月：每一位上司與管理人員積極追求達成部門目標。上司與管理人員在本月底開會，對照具體子目標來衡量結果。

　　3 月：本月底，執行**第一次定期檢討**，對照目標所期待的來衡量結果。書面報告歸檔，上面有每個上司衡量的目前表現。

　　4 月：每一位上司與管理人員積極追求達成部門目標。上司與管理人員在本月底開會，對照具體子目標來衡量結果。

　　5 月：每一位上司與管理人員積極追求達成部門目標。上司與管理人員在本月底開會，對照具體子目標來衡量結果。

　　6 月：本月底，執行**第二次定期檢討**，對照目標所期待的來衡量結果。書面報告歸檔，上面有每個上司衡量的目前表現。

　　7 月：每一位上司與管理人員積極追求達成部門目標。上司與管理人員在本月底開會，對照具體子目標來衡量結果。

　　8 月：每一位上司與管理人員積極追求達成部門目標。上司與管理人員在本月底開會，對照具體子目標來衡量結果。

　　9 月：本月底，執行**第三次定期檢討**，對照目標所期待的來衡量結果。書面報告歸檔，上面有每個上司衡量的目前表現。

　　10 月：每一位上司與管理人員積極追求達成部門目標。上司與管

理人員在本月底開會，對照具體子目標來衡量結果。對下一年的目標開始腦力激盪，要將本年度循環中的成功與失敗考慮進去。

11 月：每一位上司與管理人員積極追求達成部門目標。上司與管理人員在本月底開會，對照具體子目標來衡量結果。在此過程的同時，每個事工主任會期待他的累計報告發展出來，因為下個月就要交了。

12 月：在月初，不同事工主任的累計報告都呈交到他們的主管那兒，他們會晤並一起討論針對目標的進展，對下一年度的目標做最後的討論。預算做好之後再做最後一次的修正。「教會現況」的報告寫成之後，在月底由主任牧師發給會眾，慶賀為了神國度進展而完成的所有工作。

創造「接受改變」的氛圍

在教會可以執行目標管理之前，需要預備道路。如果我們以為管理上的改變不會有人懷疑或遭到抗拒，就太天真了。抗拒改變只是人性，特別是讓職員要為事工活動負更多責任的時候。創造「接受改變」的氛圍時，內部與外部環境改變都需要考慮。下面幾項元素是這方面的概覽：[18]

1. 有利於改變的環境。考慮教會的氛圍是否對改變持開放的態度？教會是否在太短期間內經歷了太多改變？以整體會眾與少數幾個團體做對照，整體會眾對改變有多開放？最近是否有不太成功的活動影響了大家對這種管理方法的態度？

2. 相對開放與沒有威脅的環境。很多教會討厭改變，事實上，大多數教會都如此。新觀念必須推廣給會眾，很多時候要被視為不得已的方法而非更好的方法才行得通。如果教會對新觀念的一般態度是開放的，那麼目標管理這種方法比較容易被接受。

3. 高層（主任牧師，執行牧師，副牧師等）的願意分授權柄。以具體子目標來決定事工的管理系統有幾個秘訣：每個人都知道教會整體的

大目標、多數職員知道自己的角色，誰得到什麼資源？理由是什麼？誰出了力、誰沒出力？在第一次定期檢討之後這就很明顯了。高層經理人員必須願意亮牌，願意與教會職員分享權柄與分擔責任。對有些人來說，這意味著可能要改變運作的方式。他們要去找其他職員組成團隊一起來玩牌，而不是只當棋子。

4. 教會職員的品質。一旦資深同工懂得了這個系統，就需要把設立具體子目標的責任委託給部門主任。然而若接到此任務的人，還沒有足夠的訓練，整個系統就會受到威脅。每一環節對整體的成功都很重要。

5. 事工主任願意接受以具體子目標來衡量他們的事工。有些人喜歡對事工用比較模糊的方式來衡量。他們認為如果無法衡量，他們就比較不用負責任。所以他們一定要願意接受事工的目標管理，以此為決定成功與否的根基。主任牧師或執行牧師與下屬的管理人員之間要建立某些信任感，這也許是必要的第一步。

6. 願意符合程序要求。多數剛成為教牧團隊的成員，對自己的時間要花得符合別人期待的這種情況，會有困難。他要守住預算、要維持辦公室開放時間給信徒可以來找他、要準時交報告、參加委員會議、做別人對他期待的事情等等，這都很不容易。這些事情經過時間會慢慢學到。多數進入服事的人，對會眾與上司所加五花八門的期待，會渾然不覺。然而，這是生活的實際，也是合理的要求，因為我們被要求作個好管家。若教會有天生就討厭準時寫報告、交報告的職員，就需要額外的指導。

7. 足以預測的環境，使計畫更合理。教會生命在某些季節做的計畫會更實際。在新的主任牧師剛上任不久，大家急著想對新夢想發聲，也會把力氣聚焦在未來。然而若教會剛經歷了重大危機，或主任牧師的管理風格是放任自由的，或他快要退休了，教會在規劃方面可能就用守成的模式。在這樣的環境下，寧願等到領導者交接或危機處理好之後，再開始事工的目標管理的模式。

該考慮的關鍵重點

1. 目標要與使命和異象有關連。問題不在於蛋生雞或雞生蛋，哪一個先——教會的使命和異象在先，這應該是毫無疑問的。從使命和異象宣言之後，才有接下來的目標與具體子目標。有時候教會得到有錢的開發商或民間領導者提供似乎是「一輩子僅有一次的機會」，這也並不少見。但在接受這類邀請之前，要確保與教會的使命和異象一致。無數的教會、教育機構、宣教團體、其他的非營利組織一開始都對基督充滿熱情，最後卻因接受了與原來的使命和異象無關的大好機會而偏離了正軌。

2. 具體子目標要實際並可衡量。請記得，到過程的最後，部門與累計報告都要倚靠正確的評估資訊。如果無法衡量，要決定達成的程度就有困難。如果職員的命運維繫在活動的成功與否，而活動的效能又無法衡量，隨後檢討人事表現時也會同樣又困難又模糊。

我們認知教會的活動，不是都可以衡量或計算的，太強調數字會導致危險的結論。甚至法利賽人在用可衡量的表現誇口時，耶穌就責備他們內心的狀態。我們需要找到可衡量的（出席、洗禮、決志等）與不可衡量的（屬靈塑造、不再上癮、關係恢復等）之間的平衡。有些事最好留給神去評估。我們追求的是要更同心努力於負責任、作更好的管家，而非過分地驗明數字。

3. 抱持對機構愈有歸屬感，愈能朝目標前進的態度。事工的目標管理，必須以團隊合作來進行。組織從上到下規定什麼而不遇反彈或碰壁是不可能的。教會的執事會、主任牧師、重要的信徒領導者，都必須要相信這方式，並且表達委身於這過程。若重要成員不在團隊中，只在一個部門進行目標管理仍然可行，但對於整個教會的益處就會受限了。

4. 與會眾溝通目標，整年都顯示在會眾眼前。多數的規劃在寫成書面之後就潰敗了。一旦規劃做好，印出來，大家回家後就假設有自動駕

事工的目標管理

階段	活動	誰：董事會	
1	檢討與修訂教會的使命與異象宣言	與主任牧師	預備階段
2	發展組織的目標且列出優先次序	董事會與主任牧師	
3	檢討與修訂組織架構、工作內容、從屬關係	主任牧師與教會同工	
4	牧長與同工協商具體子目標	牧長與同工	執行階段
5	計畫的傳遞：委身、張貼、找經費	牧長與同工	
6	執行定期的檢討	牧長與同工	
7	部門評估	董事會與主任牧師	評估階段
8	執行年度累計的檢討（Cumulative Reviews），寫「教會現況」報告		

駛在操作了。規劃是不會自己就完成的。設立目標、發展具體子目標，都是預備階段的步驟。真正的工作在這之後。宣傳計畫、檢討計畫、張貼計畫在醒目的地方，好使大家不忘記這計畫。如果只束之高閣，等到累計檢討時，很可能沒達成多少，只剩下大家悔恨當初花了這麼多時間在目標、具體子目標上，卻永遠達不到。

5. 事工的目標管理是一個旅程，不是目的。在過程中，我們要有長期的眼光。的確，很多教會每年度都設立目標，但他們心中想的很少每一項都達成。今年沒有達成的，可以加到明年的清單中。有些在 1 月似乎對宣教成功與否很關鍵的事情，到了 6 月就不再如此重要，但這沒關係。請記得，你擁有這規劃，規劃不擁有你。規劃與目標可以重寫與修正。它們是未來行為的導引，是達到目的的方法，而非目的的本身。目的永遠都一樣──使人朝著更有基督樣式的品格前進（弗 4:15-16）。

教會使用事工的目標管理方式的益處

許多教會列出了在事工管理上，使用事工的目標管理方式的益處。摘要如下：

1. 它提供了有系統的方法來監督管理教會的職員。目標管理很清楚地整合了大家都同意的在與上司、下屬的關係上衡量表現的標準。它使用了在企業界有長久成功史的報告機制，其用詞在執行方面多年來都很成功。在事工管理上使用這種有系統的方式，促進了對資源的有效管理，使人成為好管家。

2. 事工的目標管理提供了對難題的引導，難題就是要決定上司可控制範圍的跨度有多少？控制範圍的跨度，定義是一個人能有效管理的人數。有人能管理較多的人，理由很多，所以若將此人數標準化，規定大家的能力都一樣，是無濟於事的。教會使用事工的目標管理的方式，就能決定任何一個經理人員該負責管理多少

人？要交多少報告？簡單的方法就是計算上司能與多少下屬會晤，能預備寫出具體子目標，並執行定期的檢討。

3. 事工的目標管理能清楚地證明有限的資源該如何分配。資源不會給較受歡迎的人，或受政治、偏好的影響。資源分配該以誰需要什麼才能達成責任範圍的大具體子目標為準。很明顯地，我們不該期待一位職員有很主要的責任範圍，卻沒有相稱的財務與物資資源，這樣就等於任人失敗。

4. 事工的目標管理方式的另一主要益處，與管理上的權責原則有關。此原則指出，有責任的員工也要賦予相當的權柄，使他能完成責任。有責無權很明顯地違反了此原則，這是不可以的。有責任於一系列具體子目標的員工，應該假設也有相當的權柄，使他們在責任範圍內可達成具體子目標。這樣並不會使員工不需要負責任，而是讓他們不需要事事詢問，對於已經同意並寫明的事情，不需要得到允許才做。

5. 事工的目標管理方式對教會的益處在於，從行為模式（最好的證明標準）顯示哪些職員經常達成具體子目標？哪些經常沒有？使表現評估與獎勵制度不用猜測，因為獎勵會頒給那些經常對達成教會使命與異象有最大進展的職員。「這種新方式鼓勵自我評估，自我發展，強調該強調的地方：在於表現而非個性。下屬主動參與評估過程，就會更委身，創造出一種動機很強的環境。」[19]

6. 事工的目標管理方式會提供職員資訊，在每個年度開始就讓他們知道以什麼來評估表現。這讓他們不必猜測別人會在年底要求什麼，因為那時會檢討與評估每個成員在工作相關項目上的表現。目標管理給每位職員某種程度的安全感，因為衡量表現的標準已經清楚成文與設定。不會有什麼讓人吃驚的事情，職員可以在這一年內有自信地運作，並信任評估系統。

教會使用事工的目標管理方式的危險

這段的標題也許可以改為誤用目標管理的危險，因為會惹上麻煩其實是誤用了這些步驟與原則：

1. 太強調可衡量的表現，會導致缺乏冒險與信心。在服事中有時候我們必須願意以信心來生活，以信心來引導——信心是我們看不見的，所以無法衡量。我們知道得神喜悅的人，是願意以看不見的信心為本的人（來 11:6）。但這並不等於允許職員胡作非為，只是我們必須將信心放入考慮。在工作上也一樣。我們自己若無法彰顯靠信心而活，怎能期待信徒呢？

2. 使用目標管理的另一危險是「太強調報告與會議」。有些組織採用這種管理方式之後，要求每週寫報告，看各職員在每個管理範圍內對目標有多少進展。這種過度報告會導致沮喪，悲觀，最後產生宿命論。報告絕對不可取代面對面開會。沒完沒了的報告堆在上司桌上，與有效的人際關係和建立團隊相比，其實是適得其反。電子郵件只讓我們從各個角度得到許多資訊。我們不鼓勵「只為了寫報告而寫報告」，要讓報告在時間與成本上都很有效能，否則就是幣多於利。要求每週寫報告是過度強調了可衡量性與過度要求人要交帳。

3. 第三個危險就是「不提供職員該有的教育與訓練」就要求他們寫可衡量的具體子目標。寫得很好的事工目標看起來很容易，等到自己花時間寫就知道不容易了。這些具體子目標要與教會的目標有直接關連，指出人力、時間表、決定什麼是成功達成的標準。

4. 最後一個危險就是「沒有預估到未預料之機會的影響」。把計畫寫下來很有價值，然而有時候（雖然很稀少）這些計畫沒有把想不到的事情放入考慮。有人過世、結婚、換工作、生孩子等等，這些人生重大的事件都會改變我們的方向。再者，教會也有類似

的里程碑。有的牧師在道德上跌倒或到別的地方發展，財務方面也經常不是像我們想要的那樣可預測，另外如火災、洪水、暴風雨等天災，都會改變教會的常軌，而且毫無預警。

在這些像里程碑的事件，以及很多可以加在清單上的事件，我們必須不要太堅持我們的道路，被我們的目標綑住，以致神無法在教會的生命中工作。目標可能需要重寫、除去或拉長時間。目標管理不應該讓所有規劃都動彈不得。規劃的目的是引導方向，模塑方向，而非無理霸道地要人聽命。

結 論

事工的目標管理是一種計畫系統，鼓勵教會將活動與資源整合起來。忙碌不保證進步，所以經常需要檢視，以確保活動是有目的的，對教會之所以存在是有貢獻的。聖經教導我們對人力與資源要作好管家的許多功課。神給每個人都有恩賜，有一天祂要我們對如何使用恩賜交帳。同樣的，神給教會資源，領導者們必須為此交帳。事工的目標管理是整合管家職責的一種方法。

如果要證明組織有「神的手在掌管」，用一個詞來摘要就是改變。改變是成長循環中自然的部分。當神在祂百姓生命中工作時，他們就經常在改變與重塑的情況中。舊性格漸漸減少，新性格慢慢浮現。改變會引起抗拒。人，就像教會一樣，會喜歡待在舒適安全的圈子裡。人抗拒改變，因為不知道最後會如何。事工的目標管理的方式會在轉變過程中，將一部分恐懼帶走，因為把改變做得更刻意和可控制。基本上，你在對周圍的人這樣說：「是的，我們教會為了正在改變的鄰舍而將改變，但藉著目標管理，我們可以設定改變的速度，為我們願意付出的代價做好預算。」也許不是所有的改變都是大家喜歡的或可避免的，但目標管理幫助我們有合理的控制方法。

　　事工的目標管理的益處遠超過其危險。規劃是一種控制，有些人對生活和服事覺得控制愈少愈好，但這絕不是基督與早期教會給我們的榜樣。控制會證明成熟度與是否有意識要達成什麼。如果教會要對世人有長期影響，必須認知規劃與設立目標的價值，它並不是控制的方式而是得自由的方式——從隨性的忙碌得自由，從隨著每個潮流起舞得自由。事工的目標管理，讓教會領導者能自由地設立自己的軌道，並有意識地去達成。

第三部：組織
ORGANIZING

　　從混亂整理出次序的行為，通常就是在組織中所指的管理功能。當然，我們很清楚知道管理功能不只這些，但這簡單的定義離目標不遠，因為組織所講的就是恰當的次序（權柄、責任、架構）與交流（溝通、物資資源、人事）。對此功能嫻熟的人，不會被混亂嚇跑。事實上，他們會沉醉其中，因為混亂讓他們找出組織結構中各種活動的基本意義與目的。

　　組織比較學術性的定義是「各種角色或職位的正式的與有意識的結構。」[1] 有些人爭論著要把規劃與組織合併到相同的類別中，因為兩者關心的是基本相同的活動。一位管理專家這樣說：「組織其實就是應用在部門或功能上的規劃。」[2] 有這類看法很明顯是錯的，因為與組織功能相關的活動在質上與規劃是不同的。

　　組織始於一個機構的使命與異象，是在規劃階段清楚說出來的，也把機構的目標與具體子目標考慮進去，因為目標、具體子目標能提供方向與釐清內容。規劃做好之後，藉著回答這個組織或機構是**誰要管理**與**如何管理**，組織的行動就此展開。在某個時間點，架構的模式需要浮現，各種角色、責任、權柄關係、資格、職位之釐清需要設立。組織行動很自然會使事工朝向使命、異象、目標、具體子目標的達成，這些都是在規劃階段發展出來的。

　　從混亂整理出次序的起始點，就是要決定使用哪一個最好的組織架

構，使事工能發揮最好的功能。這不是容易的工作，沒有一個組織架構能適用於所有事工。舉例來說，附屬於教會的營地與學校，架構就不相同。同樣的，機構如基督教青年會和城市內的弱勢兒童幼稚園，架構也不同。就算在教會範圍內，大家對什麼才是最好的組織架構也有不同意見。有的教派較喜歡有階層的組織架構，例如有主教與大主教；有的教派較喜歡分權方式，信徒有較多的控制權。這是第九堂討論的焦點，希望幫助讀者了解，如何為每一種特別的服事發展最好的組織架構。既然本書讀者大部分會將所讀的應用在教會，本堂課所強調的大部分會聚焦在教會的應用。

第十堂設計為幫助讀者了解如何發展基督教事工內的職位界定，或工作說明準備。教會界長久以來都因為對這重要的管理方面很忽略，而感到歉疚，結果就造成士氣低落以及被剝奪權利的成員。受薪職員的工作說明書與志工不同。兩者對事工的成功運作都很重要，但所要求的重點不同。

事工領導者大概最常有的抱怨就是參加會議與主持會議了。不事先好好規劃，會議奪走大家本來可以用在其他事情上的寶貴時間。既然我們被呼召將力氣用在有效的服事上，與受薪職員和志工一起開會並主持會議，是必要的要求。既然不能避免會議，我們在這職位上的人就要讓做規劃與主持會議的時間不至於枉費。如何開一場有效能的會議並不像登天那麼難，有了正確的元素，包括議程和一些讓會議進行順利的指南，新任的事工領導者可以將會議視為事工效能的一部分，而非阻礙。這是第十一堂內容的主力。

有人曾說，只有兩件事情是確定的：死與稅。對服事的人來說還有第三件確定的事情：改變。使徒保羅用人的身體來比喻教會。身體對外在環境與健康的反應會一直改變，教會也應該一直保持行動力。有些變動是正面的，對屬靈健康保證有利。不幸的是有些變動很明顯有許多毀壞的力量，不論在身體內，或來自許多外在因素。第十二堂就討論事工

組織正面與負面的影響，希望能幫助領導者有一種促使改變成為建設的態度。

在基督教事工中成為改變的媒介，不是為了嚇人。在機構中「帶頭者」最好有清楚的策略，預備好被誤解與反對。然而，組織的改變雖然令人痛苦，也是長期成長與發展能夠發生的媒介。停滯不變，保持靜態，在組織中會使士氣低落，只剩無意義的活動。簡言之，沒有改變就沒有成長！

此單元最後一堂課討論組織的決策。有些建設性的決策方法能使團隊有榮譽感與向心力，也有些決策導致誤解與失去信任感。在團隊中建立信任可能需要好多年，但一次決策就可以失去信任。作者想要的就是幫助讀者了解，在基督教事工中，健康的決策有哪些基本元素。

第三部的設計是要提供讀者事工功能中的基本管理技巧。包括設立架構，預備有效的工作說明書，學習在職員中開一場有效能的會議，引導團隊經過改變這個地雷區，以及如何在組織內做決策，以上這些都是這個重要單元的焦點。

第九堂
組 織 架 構
Organizational Structures

邁可·安東尼

你可能記得我們在第一堂討論過,神創造了次序。自然界發生的事情都有某種目的與設計。宇宙的形成與維持,反映出神那不可思議的設計。同樣的,聖經清楚教導,神願意讓祂的百姓在一個有次序、和諧一致的系統內受治理。我們從神組織了以色列支派、給利未支派祭司的特殊職分來移動與負責會幕一事可見。在新約,我們看見神規定次序的許多證明,例如教會中選執事與長老成為領導者角色,各種特別服事需要的恩賜(傳福音、教導、諮商等),都顯示神對於服事是喜愛有組織的(弗 4:11-16;羅 12;林前 14:26-39)。

本質上神喜悅事工受管理,在規定的模式中,使每個職位,角色與責任都井井有條。然而,這不是說所有教會的組織架構都要一樣,好像動物被設計成一個樣子。雖然神創造了次序,祂也是創意十足的主。[1]

教會事工組織架構的設計也可以反映出各種變化的創意。我不認為有哪一種組織架構可以適合所有教會。因為變數太多,反映在每個地方教會不同的神學、地理、種族、人口上。即使從使徒行傳的教會走馬看花一番,也顯示每個教會的不同。安提阿教會沒有複製耶路撒冷教會的

架構。以弗所教會也沒有仿造腓立比教會的模式。哥林多教會必然有自己的一套團契方式！教會架構的重要性不在於看起來像別的教會，而是這個架構是否促進在當地群體中的服事。

在我們討論的開始，也許釐清次序（order）與組織（organization）的區別是很重要的。教會從很早期就考慮到次序的問題，也仍是今日教會關切的重要議題。次序與組織不同。次序被視為一個團體中大家接受的計畫，大家同意的指南，使團體不混亂，能自由成長。次序是普遍接受的一種目的，加上普遍接受的方法，為的是達成大家認知的結果。次序指派責任，也限制責任。次序定義權柄，也限制權柄。組織是特定團體為了有次序地進行而有的方法，例如選出主席、秘書、財務等。[2] 兩者不同，但都需要，才能使一個團體或機構順利發揮功能，有效運作。

多數組織都太複雜，很難三言兩語說清楚，通常都用圖表形式表達，稱之為組織圖。此圖有組織內的各種功能、部門、職位，以及相互間的關係。每個單位都用一個方框圖示，用橫與豎的線條與別的方框相連，以表示相互關係。這些線條代表了權柄關係，以及單位之間溝通的管道。[3] 然而請小心，不要過度解讀這組織圖，例如某一個人的部門（圖表上的方框）並沒有與最高層（通常是教會董事會／理事會或主任牧師）很近，並不表示這部門不重要。會堂管理可能在圖表的好幾層以下，但若沒有他／她的有效服事，訪客可能永遠不會再來一個不安全的教會，或嬰兒室很髒的教會——不論他們多喜歡這教會的講道。組織的每一部分都很重要，都有要緊的目的，不論它在組織圖上的哪一個位置。

正式與非正式的組織架構

在我們檢視教會常見的各種組織圖之前，也許花一點時間談正式（formal）與非正式（informal）組織架構的差異會有幫助。許多作者都

對正式與非正式組織架構提出看法，因兩者在機構中都很常見，雖然通常一開始你接觸到的很可能是正式的組織架構。但不久之後，你就會發現事情不像圖表上那樣運作。知道其間的差異與原因，會幫助新手領導者不致太過沮喪或太過失望。

正式的組織架構

正式的組織架構是為了達成機構目標與具體子目標而存在的規定模式或關係。此關係描述了權柄與溝通的模式。藉著組織圖讓大家都知道誰負責管理哪些資源？一個人為了做好自己工作所擁有權柄的程度為何？這並不是說圖表上的關係沒有彈性，然而正式的組織架構中，模式通常已經固定，彈性很小。「誰管教會會堂中的音響系統？」這個問題的答案，你可以從組織圖中看出來是崇拜部牧師。

非正式的組織架構

許多剛開始到新教會服事的事工領導者面對的問題是，發現組織圖示的與事實運作間的差異。例如你發現崇拜部牧師要管理會堂的音響系統，因為在組織圖上他／她負責崇拜。然而這卻不表示崇拜部牧師真的有音響櫃的鑰匙！教會中的政治力也很強大，很現實的是，你發現真正管理音響系統的人是位退休人士，他設計並建造了音響系統，視之為自己的財產。這就是正式與非正式的組織架構不同的本質。

非正式的組織架構是在實際世界中的運作，誰在負責？溝通管道如何運作？這些都不一定是事情應該有的作法。分析教會的非正式組織架構可能顯示教會最有權勢的人不是主任牧師，而是他的助理，因為她掌控了誰可以去見主任牧師的大權，談多久？什麼事項可以放入（或刪除）開會議程？知道正式與非正式的組織架構的差異，在新工作的前幾個月轉換時期會造成很大的不同。

一般（Common）組織架構

　　教會各種組織架構與各種事工之多，就如教會本身這麼多。有些宗派對於團契該如何架構有自己的偏好；有些宗派以前如何，以後也會繼續如何。很明顯地每種方法都有好壞。下面列出幾個一般教會的架構方式之簡略概覽。本堂課包括教會架構的上層（宗派、教會、董事會／理事會、主任牧師），中層（兒童、青少年、成人等），因為教會的教育事工運作不在真空中進行，而是在更大的教會組織架構為背景下進行的。

　　再者，每一種架構都會以其優點與缺點來評論。某些研討會講員想要說服你某種架構最好，但相反的，我認為沒有一種架構會適合所有教會。事實上，在一個地方運作得很好的教會架構，卻在另一個地方的類似教會中成為災難。

大公教會模式（*Ecumenical Model*）

　　用這種模式來形成教會架構，源自教會歷史的早期。天主教（Catholics）、信義宗（Lutherans）、循道會或美國衛理公會（Methodists）、聖公會（Episcopalians）這些宗派，用大公教會的模式架構教會。「其原始形式是集中權力在一個主教身上，用此方式來管理教會。後來發展成由教區主教來管理一整個地區的地方教會。這是根據使徒統續（天主教）的教義或歷史統續（聖公會）的教義。」4

　　主教（Bishops）是天主教、東正教（Orthodox）、聖公會的特徵，但不一定是所有循道會或信義宗的體制。這也是使得我們要在短短一堂課中講一種適合所有教會體制的困難所在。北美的許多信義宗教會可能將地區總會（參下一類別）與教會的架構合併在一起。這使得地方教會更有自主權，不受宗派太多的影響。至於循道會系統，至少在聖道公會（United Methodist Church）可能有主教或監督，但這監督不像其他宗派

的監督有祭司職分。

大公教會模式的優點有：

1. 從長遠歷史的角度來看，穩定性高。本質上教會不易因領導者、教義、運作方式的忽然異動而陷入危險。

2. 因教區或宗派群體能提供暫時急需的資源，所以宗派支持的根基比較廣。

3. 主教可以指派事工領導者（牧師、教區長、神父等）到一個教會講道，並按社區需要來領導，此事工領導者不必擔心被地方教會解僱。

4. 事工領導者（牧師、教區長、神父等）不會對某些會友偏心，因為他要對總會或主教負責，而非對地方教會的會眾負責。

大公教會模式的缺點有：

1. 這種模式改變很慢，因為為了要適應社區改變而有的活動，不見得是宗派領導者的優先選擇。

2. 宗派領導者對地方教會有許多決策權，但其實他們在地理上離得很遠，或種族差異很大。

3. 由於宗派管理架構這麼大，指派教牧人員到一個教會可能變得很有政治性，而非按照地方的需要。

4. 許多大宗派努力討好特定團體，被迫在教義方面妥協，結果就是慢慢朝向相對主義而受侵蝕。

共和模式（Repulican Model）

這個模式是長老會（Presbyterian）用來組織教會架構的模式。長老會宗派將許多教會分成好幾個群組稱為總會（Synod），也就是根據地理而分區（例如西南區總會）。每個總會再分成一些長老部（presbytery）。

圖表 9.1　教會治理的共和模式

長老部是由較小範圍（例如聖地牙哥郡）的教會組成的。每個長老部內，按地區大小而有數目不等的教會。鄉間長老部的教會數目會少於市郊長老部的教會數目，然而鄉間長老部的地理範圍可能較廣大。（參圖表 9.1）

　　長老教會有牧師、長老、執事。執事會裏有男女代表。長老們有時稱為「治理長老」，是由被會眾選出來的平信徒擔任。「教導長老」通常是主持長老部的長老。[5] 長老們與牧師一起管理教會，兩者形成一個稱為「執行董事會／理事會」（session）的單位。執行董事會／理事會包括牧師、副牧師、長老、會眾代表。會眾代表是從教會中的各團體如弟兄會、姊妹會、崇拜委員會等選出來的代表。

　　主任牧師是執行董事會／理事會的主席。執行董事會／理事會也有一位書記，此職位在牧師之下，是負最大責任的職位。此職位像是教會管理的主管，也是執行董事會／理事會中的執行委員會主席。

　　此形式的教會架構，以執行董事會／理事會為中心。牧師身為執行董事會／理事會的主席，提供先知性領導的最大機會。如果牧師能有執行董事會／理事會與他站在同一邊的支持，則會享受長期有成果的服事，不是靠權謀的操縱，而是藉著一同研讀、坦誠討論、有遠見的決策，真誠地與其他人分享領導權。[6] 對於不在長老會長大的人來說，此組織架構可能很陌生，所以用組織圖來表示可能有幫助。這組織圖不包括長老會一般有的所有事工，但可以說明大家公認的，在教會中的教育

圖表 9.2　長老會的組織架構

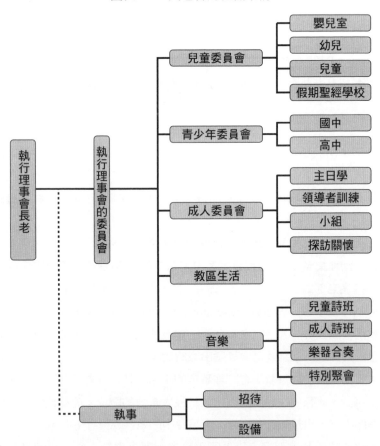

事工是如何與其他事工協調的。在圖表 9.2 顯示了一個長老教會的組織架構與相關事工。

共和模式的優點有：

1. 此教會架構的模式使宗派藉著教會傳遞一致的哲學。成員若搬家，可以藉著留在同樣的宗派而有相似的教會生活與服事。

2. 在長老會體制內，牧師（教導長老）是被教會呼召的，之後由長老部確認。這樣，教會與宗派互相溝通，一起承擔治理之責。

3. 宗派的特色與出版品可以在各教會分享共用，使成本減低。

4. 宗派代表可以用某種程度的確定來代表宗派在道德、公正、政治等議題上發言，整個宗派會比單獨一個教會更能發聲。

共和模式的缺點有：

1. 當長老部的地理距離很大時，宗派代表就很難確實知道地方教會的需要。有效的領導要求牧羊人與羊「保持接觸」。

2. 宗派裡的牧師有時候更想討好宗派代表而非自己的會眾。任何宗派背景都會有此危險。

3. 要確認派某一牧師到某一教會時，有時候在宗派領導者間特別變得很有政治意味。

4. 宗派的本質就有可能產生官僚作風或改變很遲緩等糾葛，這些都不是不可能發生的。要跟上時代有時候變得很困難。

公司模式（*Corporate Model*）

　　有時稱之為**董事會／長執會控制模式**，此公司模式是按照企業決策的方式設計的。這是用公司為背景，以公司中的名稱與程序來運作。在公司模式中，教會的董事會／長執會成員就像公司的董事會成員，負責僱用與解僱執行長（主任牧師），為長期、短期的教會方向做決策。他們也設立目標，教會僱用職員來執行，他們也是決策者。在財務、法律、倫理等的策略上，董事會／長執會做了決策就向教會職員與會眾溝通。這種以高層管理為架構的教會組織，我們以圖表 9.3 為例說明。更進一步的應用則顯示在圖表 9.4。

　　此組織架構模式有個問題值得討論。如果牧師受董事會／長執會（也是他們僱用與解僱牧師）控制，牧師對於自己是否有自由說出內心

圖表 9.3 公司模式的組織架構

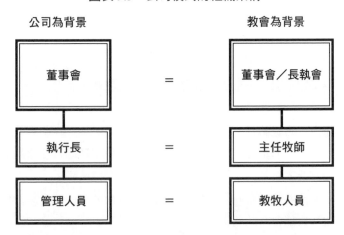

圖表 9.4

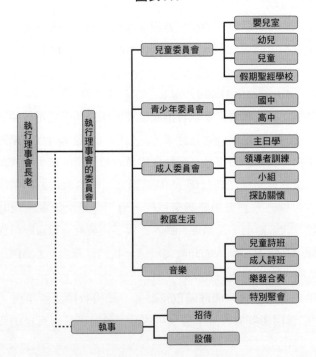

要執行教會紀律會有困難（特別是牽涉到長老執事的時候），因為他會怕丟了工作。有一個宗派對離職的牧師們做了一項調查，發現 60% 的牧師說，與董事會／長執會關係不滿意是離職的原因。有位宗派領導者的意見是，長老有權僱用與解僱牧師，就是問題的根源。[7]

公司模式的優點有：

1. 在危機時刻或教會有衝突時，可以快速做決策。

2. 一個單位替整體會眾說話。本質上，不太會有溝通不良的情況。

3. 權柄與責任都很清楚地集中在董事會／長執會，使這兩個重要的管理功能可以平衡。

4. 主任牧師要為是否有能力適任負責，如果需要解聘牧師，董事會／長執會可做決策，會眾的影響可以減至最小。

公司模式的缺點有：

1. 雖然此形式的管理在公司背景下運作順暢，卻沒有多少聖經的支持。使徒行傳中，執事被選出來不是要去告訴使徒如何服事。

2. 董事會／長執會可能受政治力保護，對教會方向可做決策，而失去屬靈方面的元素。

3. 此模式無法讓董事會／長執會與教牧同工一起分享治理權責。

4. 董事會／長執會的主席掌控了教會與教會職員，但可能他在正式的神學訓練上是很不足的。

創業家模式（*Entripreneural Model*）

此模式的教會領導中，牧師在教會中提供很強的創業家式的領導。通常在新教會植堂時，創辦牧師需要事必躬親，才能在事工的初期把事情建立成型並順利運作。身為最主要的執行者，他設立政策與程序，交由董事會／長執會與教牧同工去執行。創業家式的牧師可以自由的配置他自己

圖表 9.5　創業家模式的組織架構

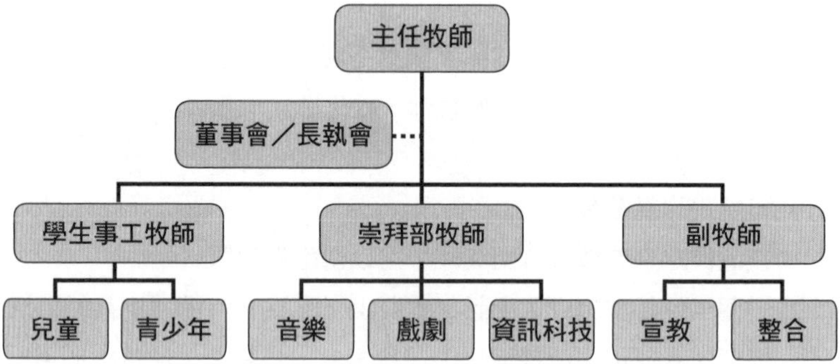

的同工團隊，類似總統可以自己組織內閣。內閣成員可類比為教牧同工。對於已經存在的教會，若採取這種模式，表示教會允許被選出來的主任牧師可以解散目前的所有職員，用自己的團隊來取代。因為在教會章程中規定牧師有這樣的執行權柄，任何接受呼召加入團隊的職員要知道這一點，也就是當牧師離職時，他的服事也可能停止。圖表 9.5 說明了這種模式。

創業家模式的優點有：

1. 董事會／長執會成員的權柄很小。因此，不需要很多訓練和領導。

2. 教會很大而牧師有此種個人魅力，屬創業家式的牧師時，用這種治理方式可以讓主任牧師「稱雄」。

3. 既然創業家式的牧師對教會有強的掌控，要回應人口趨勢，不用很大努力，一個人就可以帶來改變。教會對改變的反應可以很快速。

4. 創業家式的牧師能夠在自己身邊建立職員的團隊，支持他個人的事工理念。不用浪費很多時間去說服職員們事情該如何像他一樣地做。

創業家模式的缺點有：

1. 此模式顯然不是耶穌在新約說的僕人領導者模式。

2. 當創業家式的牧師離職時，所有職員被迫辭職，會造成混亂，失去對事工目標的動力。

3. 這種創業家模式的主任牧師變得不需要負責任，因為董事會／長執會等於是「橡皮圖章」，在危機時，他們也可能不敢面對面質疑主任牧師。

4. 創業家模式的領導需要主任牧師很有個人魅力，而這種人不容易找到，當主任牧師離職時，就會出現領導的斷裂。

會眾制架構模式（*Congregational Structure*）

這種模式將會眾視為教會的權力基礎。這種以會眾為形式的組織架構，根源出自清教徒（Puritan）與浸信會（Baptist），早在北美殖民時期，那些從英格蘭教會（Church of England）分別出來的移民，用自己希望的教會架構來實踐信仰而不受宗派管控。在這種組織架構下，由會眾選擇主任牧師、教牧職員團隊、董事會／長執會的每一位成員。決策是由教會會員大會投票產生。在大會中，通常由執事會主席來主持會議的進行。

採用此架構時，董事會／長執會對教會的管理負責，包括預算、法律合約、聘用與解僱職員、建築與土地的維修、教會設備等。教牧職員負責屬靈方面的事務，包括講道、教導、傳福音、協談等。教牧職員（通常沒有受過管理的訓練）在服事上較可專心，不受管理之責的干擾。圖表 9.6 說明了這種教會架構。

會眾制架構模式的優點有：

1. 每個教會可以掌控自己的命運。可以選自己的屬靈領導者，並決定任期。

2. 不受宗派限制，教會可以選擇自己的課表與課程，以符合最佳的個別需要。

圖表 9.6　會眾制模式的組織架構

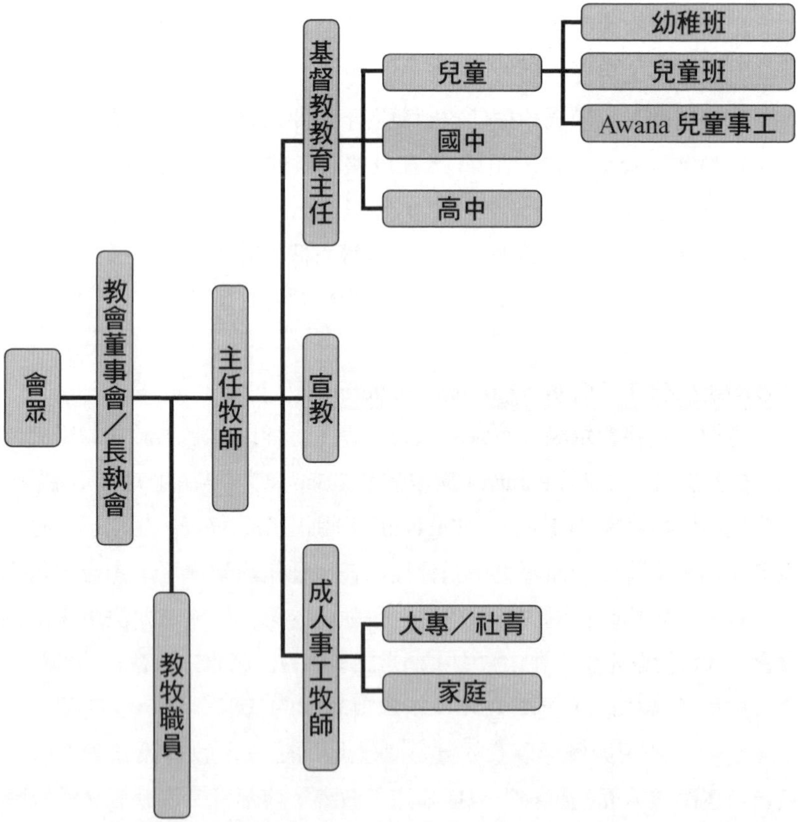

3. 會眾可對自己會友施行教會紀律，這是按照聖經模式的懲戒，不需符合宗派比較緩慢的程序。

4. 每個堂會可以依照教會不同的資源、文化模式、人口趨勢來管理事工。

會眾制模式的缺點有：

1. 此模式假設管理功能與屬靈事務是分開的兩件事。這樣的區分顯然不符合聖經。一方的效能能大大影響另一方。

2. 有時候會眾的民主投票不一定反映神的心意。聖靈不一定與大多數人的決策相符。

3. 有些教會想要支持多數人的意見，選擇大家有共識的決策，這種情形下，整個教會可能因為一個人的投票就有不同的決策。如果此人不是被神的靈引導，整體會受苦。共識的投票最後卻變成少數人決定的規則。

4. 此方法假設會眾足夠成熟，可以做重要的決策指引教會屬靈事務，可能會忽視了主任牧師與教牧職員的影響。

部門分立（Departmentalization）

教會的教育事工多年來在形成部門一事上沒有什麼創意。傳統方法涉及標準的年齡組（兒童，青少年，成人等），這三個組適合所有教會，每個教會再決定每個組別要有什麼方案。例如，兒童部門可再區分為搖籃班（出生到 1 歲），幼兒班（2 歲到 3 歲），學前班（4 歲到 5 歲），低年級班（大班到 3 年級），中高年級班（4 年級到 6 年級）。青少年可區分為兩部門（國中與高中）。成人按年齡可區分為青年成人（21 到 35 歲），中年成人（36 到 50 歲），老年成人（50 歲以上）。就算有，也很少有教會把成人按照婚姻狀況區分，不論是未婚、離婚、分居、寡居、或已婚者都在一個組別中。雖然很多北美教會過去兩百年用此方式是行得通的，但當初的訴求早就失落了，許多現代教會已經拒絕這種方式，而改用更現代、在文化上更相關的模式。

現在已經很難找到有教會聘全職傳道人來負責基督教教育事工了。現代教會普遍是用志工或專業職員來負責各部門。教育事工近年來有爆

發性的多樣化。例如以前教會可能有一般的音樂方案，按照兒童或成人分成兩部門；現在可能有一個創意藝術部門，整合各種敬拜藝術的配置（如各兒童表演團隊、青少年敬拜團隊、敬拜的樂團、成人聚會、各詩班、表演團隊、舞蹈、戲劇等）。

有些教會開始跨世代事工（crossing generational lines），想努力減少把教會分成三部門而造成的流失。許多教會苦於信徒轉換部門而導致流失。兒童從六年級升上國中時就流失，沒有好好地銜接轉換到青少年部門。許多教會也注意到年輕人的流失，他們離開了青少年部門，沒有進入成人部門，直到結婚生子。為了彌補這種鴻溝，一種稱為「新世代的事工」（New Generation Ministry）就產生了，目標就是協調從出生到二十一歲的事工方案。

對於分部門的這種新方式，想要達成的就是協調所有事工的資源，圍繞在一個主題上。新世代事工的牧師將以一種團隊參與的態度來聘用職員（為兒童、國中、高中、大專）。例如在國中帶敬拜的領導者也在週間帶領兒童敬拜團隊。國中部牧師可能在兒童冬令營會中講道，或高中部牧師主持新生兒父母的特別聚會。三個部門之間必須持續有這樣的事工理念，並有很強的團隊倫理（strong ethic）。

持續堅忍這樣做下去的報酬很大，兒童可接受一致的服事，也認識了青少年輔導們，在轉換到青少年部門時可以很平順，而三個部門循序漸進地提供廣度更全面的課程。課程內容較不會重覆，不致使學生對老故事感到無聊。高年級可以聚焦在批判性思考的技巧與應用，而非只是記得故事中的名字、日期、事實、人物。

教會組織圖（Church Organizational Chart）的設置

教會組織架構用組織圖來表示是最好的方法。組織圖表可將權柄與關係用線條說明清楚。看一眼組織圖，就會清楚知道誰在哪個責任範圍

有權柄？誰沒有權柄？此圖可減少溝通不良與決策不佳的可能性。

如果你的教會還沒有這樣的組織圖，最好能用圖表來把工作關係釐清，以示教會目前的運作功能。每個職分或領導者都在圖表上。如果教會與宗派有關連，可能要考慮到宗派有某種偏好，要用某種名稱來稱某種事工責任。例如你偏好用委員會來分組別，但宗派偏好用部門來分。其實用哪種名稱來形容這個團體的事工不那麼重要，但重要的是在組織圖上的某處標示此事工。

甘格爾的極佳著作《基督教教育的領導》（*Leadership for Church Education*，中文書名為暫譯）提出了四種原則，來幫助教會設置組織圖，並提出四個例子。四原則如下：[8]

- 按照教會目前的情況來製圖。
- 組織圖發給所有老師與領導者。
- 另製一圖，將組織架構希望有的改進標示進去。
- 不斷更新此圖表。

某些人把組織與管理的性質視為相反於聖靈的帶領。這些人對聖經所教導的次序與組織認識不清。既然神是次序的創始者，祂喜悅自己的教會在次序中運作似乎才符合邏輯。為了達成此目的，教會的領導者必須一起決定怎樣的組織架構最好。既然新約並沒有清楚定義教會架構的模式必須要在教會歷史中複製。似乎神允許在不同環境中有不同的架構。很大的危險在於要求大家要效忠一種組織事工的方式，而新約並沒有這樣的教導。

教會的組織架構目的是要「對神信託我們的資源更有效分配」，作更好的管家。任何組織最關鍵的元素不在架構本身，而是所代表的特質。對的特質幾乎可以使任何架構有效地運作。同樣的，教會很平順簡明的架構也可能因為有了錯誤的領導而四分五裂。禱告的重要性再怎麼強調也不為過，這是任何教會架構要能發揮效用的重要元素。

二十一世紀的事工領導者也需要創意思考，不局限在框架內，以對

應當前世代快速改變的需要。傳統的組織架構對我們的父母那一代與後代可能行得通，但對於未來，我們需要策略性思考。既然聖經提供了符合聖經的角色、資格、工作內容（牧師、長老、執事等），這些職分就要照聖經的教導維持下去。

然而對於適應改變而新創造出來的職分（如兒童部牧師、青年部牧師、靈性塑造事工、小組領導者、創意藝術牧師、整合牧師等），我們要花時間定期評估這些職分的可行性，不然身為事工領導者就失職了。在角色、責任或運作方法上需要改變時，身為神資源的管家，我們有責任做必要的改變。

教會事工的組織與架構不是令人費解的火箭科學，但確實需要具體的方向。我們需要把聖經所規定的教會職分的教導，與文化上的解讀整合，才能應用在不斷變化的服事上。若教會能夠在這種困難的張力下發揮功能，就會經驗到許多年豐滿的服事效能。而不能適應的，就會努力維持傳統模式，直到此模式絕種。願神賜我們勇氣保持組織架構的彈性，使我們在未來的世世代代能觸及這失落窮乏的世界。

第十堂
準備工作說明書
Preparing Job Descriptions

馬克·辛普森

　　班頓牧師在一個大學城的中型教會擔任青少年部主任，這是他服事的第二季。到目前為止，他的精力都用在發展國中與高中的事工上，他的努力也頗為成功。班頓的創意受青少年喜愛，他對青少年的需要也很重視，所以受到愛戴。他也被青少年的父母與廣泛會眾尊重，因為他很敏銳於教會領導者所關切的青少年活動性質，並能在預算之內完成服事。

　　在他第一季服事的最後一個主日，有幾位主日學老師向他要下一季的教材。班頓牧師請他們向主日學校長湘特拿教材，此外也沒多想什麼。但那天下午，班頓牧師接到一通湘特的電話，讓他的心立刻下沉。

　　「班頓，你知道下週日開始的新一季主日學教材在哪兒嗎？」主日學校長湘特發瘋似地問道。

　　「不知道，我以為妳已經有了教材，所以我才要主日學老師問妳。」班頓這樣回答。

　　「可是我沒有教材！我以為你去訂教材，你也會發給老師們。」湘特發瘋似地說。

「可是我沒有訂教材，湘特。」班頓這樣回答，很怕聽到湘特下面會說的話。班頓繼續說：「因為妳是主日學校長，我以為妳會訂教材。」

湘特抱歉地回答：「班頓，我也沒訂教材，我以為這件事情現在是你的工作了，因為你在教會上班，又是青少年部主任。」湘特的回答，正是班頓害怕聽到的。

顯然班頓和湘特都假設自己沒有訂教材的責任。班頓牧師很天真地假設主日學校長會訂教材，因為以前多年來都是她訂的，而且自己的事工僅限於青少年。主日學校長湘特天真地假設現在青少年主任會訂教材，因為他是在教會上班的職員，擔任事工的負責人。兩位領導者都沒有職位或工作說明書的相關文件，好警示他們到底誰該訂教材。

相反的場景也可能發生。法蘭克與約拿單要共同策劃年度的基督教教育研討會，這是由一個基督教非營利機構主辦的研討會。兩位弟兄都是志工，志願帶領研討會。他們同意要一起策劃，而非由一人負責。

法蘭克與約拿單都是很注重細節的人，研討會的每件事情都有檢查清單。不幸的是，兩人都從同樣的清單開始檢查，在好幾個地方都浪費了重覆的力氣。雖然兩人共同設計出這些檢查清單，卻沒有決定誰負責哪些任務？兩人都沒有工作說明書，重覆的努力都沒被發現，直到採購單重覆了，場地申請單重覆了，才被發現。幸好及時發現，做了取消與調整。

上述兩個場景若使用了工作說明書，就會避免尷尬與錯誤，他們都是善意的領導者與同工，但可能為錯誤付上不小代價。兩個案例中，大家都照著自己對任務的了解去工作。但那種了解的基礎都在於與職位相關責任的假設上。工作說明書可以為領導者們下個定義，到底別人對他的期望是什麼？他有哪些一般的和特定的任務要負責監督？「工作說明書不能保證你的團隊會是比較堅固興旺的團隊，但能使教會免於危機。我見過許多成長的團隊，很有生產力，是很美好的團隊，他們沒有為教會中任何人寫下工作說明書；我也見過教會分裂，多年來毀損基督之

名，因為他們對工作沒有職責界定。」[1]

工作說明書為何有價值？

工作說明書（Job descriptions）是企業界、非營利組織界、高等教育界在人事方面常見的一部分。工作說明書通常在聘僱的面試時就會拿出來講清楚，就算只有口頭解釋也算。但人事室幾乎一定會有組織中每個職位的工作說明書「正式」的檔案。此工作說明書是組織期待員工完成什麼任務的一般指南，但不一定是任務的全部。工作說明書能幫助僱主設定薪資標準，也指認組織中哪些是關鍵的職位。

然而工作說明書多年來在教會界中面臨很不一樣的接受度。教會對教牧職員並不給工作說明書，這是很常見的。通常就算有工作說明書，也是僱用秘書或清潔工這類支持團隊時使用。就如其他組織一般，工作說明書是用來設定薪資標準，定義關鍵的職位，列出一般工作責任的大綱。

牧師沒有工作說明書，對牧師與教會都是很敏感的問題。對牧師來說，工作說明書可能變成恐怖的文件，因為會設立界線使牧師的職責無法完成。例如，如果工作說明書**要求**牧師對教會會友作家庭探訪，其他的事工就可能因此沒受到該有的注意。對教會領導者來說，工作說明書也像在懇求牧師不要太過注重某一項責任。如果牧師厚此薄彼，教會領導者可將工作說明書視為控制牧師工作表現的工具。不幸的是，如果將工作說明書的價值視為恐怖文件或控制工具，雙方都將受損。

缺少工作說明書，不論是組織中哪一層級的員工，就會被迫假設自己的職責是什麼？也要假設權柄的從屬與上下溝通的管道該如何？這樣的假設使員工站在尷尬的立場上，他要猜測如何做或不做才是恰當的？假設與猜測都會造成不幸的結果，就像青少年部牧師班頓與主日學校長湘特的情況、或在財務上造成災難，就像法蘭克與約拿單策劃教育研討

會，有重覆計畫的情況一樣。缺少工作說明書，增加了重要任務無法完成的可能性或不必要力氣的浪費。

在某些教會，「口頭講述的事工歷史」就是給志工的「工作說明書」，像是假期聖經學校的服事者，年度的聖誕盛會或青少年復活節朝陽崇拜等。同樣的，某些基督教機構的企劃職位的「工作說明書」，也根據聘僱時的口頭約定。不幸的是，不論是教會領導者或企業受僱者，這種口頭約定的「工作說明書」通常使工作表現發生困難，特別是在組織中的其他人並不知道此人有權柄做某些工作，或不認同這種權柄。[2]

「工作說明書是很好的工具，寫得仔細又好的文件可以釐清責任，權柄，截止日期，負責的從屬關係，還有很多有用的項目。」[3]工作說明書帶來其他的價值包括：

- 除去因為沒寫下來的期待而產生的衝突；[4]
- 保護角色過度擴張（根據會眾／消費者期待）或角色縮減（根據職員利益和任務偏好）；[5]
- 形成工作評估的標準；[6]
- 促進策略性規劃（列出根據符合特定責任與任務的資格的新人事）。[7]

「工作說明書」對教會和宗教機構都很有價值，因為可以促進團隊中每個成員的效能，避免隱藏的事項或誤解的期待。我們不要讓團隊中任何一個人變成「什麼都可以做，但什麼都做不好」的人，每個成員都要被視為有特殊才幹、恩賜、技巧的專業人員，為了整個團隊的大利益不可隨意遣散的任何人。[8]在需要通才的情況下，工作說明書可以預先設下責任界線，使志工或職員用很實際的態度來完成工作。工作說明書也可以幫助人不要過分專注在某一件責任，而忽視了其他任務。

工作說明書的一個重要價值在於不論聘僱職員或自願者時，都很明顯有用處。當可能成為職員的人或志工，知道別人對此職位有什麼期待？他就可以做更正確的選擇，判斷到底該不該接受此工作？聘僱職員

或自願者時，若讓他們對責任一無所知，這職位還是可能有人要，但之後，可能因為能力不足，以致任務可能還是無法完成。例如，如果「教會期待主日學老師參加禱告會，每週都最少要打一些電話給學生，至少花多少時間備課？主日早晨幾點要到教會？這些都應該在工作說明書或類似文件中寫得具體。」[9]

我發現，通常有坦誠陳述的工作說明書的志工會更願意服事，且把服事做得好，更有滿足感。當沒有工作說明書或寫得不清楚時，志工今天可能願意做，明天就不一定了。我在好幾個教會擔任過基督教教育部門的傳道人，知道要找志工有多困難。有時候很想就抓一個熱心人士來填補職位的缺口，然後趕快去忙長長清單上的下一件事情。不使用正確的工作說明書，像是一個試探，可以讓我們立刻解決找人的需要，但長期來看，加倍的困難會經常出沒，下次你要找志工時，問題會回頭來找你。使用坦承又正確的工作說明書，會帶來更正面的結果。

工作說明書或服事描述：各代表什麼？

一旦組織機構認知了工作說明書的價值，下面一個挑戰就是要恰當地發展工作說明書。因此，我們必須記得的重要一點，就是僱主與僱員的期待與結果有很大的不同。當然**工作說明書**這個用詞可以用在僱員和志工兩者身上，若可以區分，就能夠避免對於志工也有對僱員的相同期待。下面的定義可以將僱主／安排服事者以及在兩種領導者下面的角色與關係，更加釐清：

工作說明書是清楚定義的文件，列出了職位名稱、角色、責任、權柄從屬、溝通管道，是僱主與**受薪僱員**間互相同意的紀錄。**服事描述**（Service description）是清楚定義的文件，列出了職位名稱、角色、責任、權柄從屬、溝通管道，是僱主與**非受薪志工**間互相同意的紀錄。

如此細微的區別為何重要？工作說明書，是對僱員的工作表現恰當

的期待，伴隨著工作表現的評估，這是與**財務報酬與升遷**相關的。而服事描述，則是對志工服事表現之期待，這是**非受薪的服事**，所以評估也要按此身分進行。當事工擴大，需要更多志工如同全職或半職職員一起來服事的時候，事工領導者很容易就期待——如果不是要求——志工的表現要和受薪職員一樣。在這情況下，志工會受到不公平的評估，好像有虧職責似的，而他們的服事也會受到不公平的批評。

我聽到志工不願意再繼續服事的理由之一，就是被對待的態度。有些人感覺自己的服事不被欣賞珍惜，好像本來就應該似的。有些人感覺責任太重，影響自己對家庭與工作的委身。難怪，有時候志工在服事中途退出，事工領導者就必須做出令人不悅的安排，「以後不再排這些志工來服事了。」事工領導者實在太常用期待受薪職員的標準來評估志工了，在此情況下，志工會感到沮喪、幻滅，以及／或對自己在組織內的角色很氣憤。有些人選擇不再擔任志工，有些人則減少投入，或換到別的崗位去服事（更極端的就是換教會或換機構）。

當我們對志工使用服事描述時，很微妙也很重要的，就是提醒了事工領導者，他們面對的是志工，該以志工待之。服事描述對志工也是重要的提醒，因他們的勞苦不只是做一份工作，而是服事主耶穌基督（西3:24）。

誰需要工作或服事描述？

每位在服事團隊中的受薪僱員都需要工作說明書；每位在服事團隊中的志工都需要服事描述。「這是極端重要的，每個服事機會都有書面的工作（或服事）說明書或描述，可以發給我們考慮要聘請的人。」[10]

每位受薪者，從最資深的職員到最資淺的員工，都需要工作說明書，好為他／她的職位發展必要的技能、勾勒指派的任務、定義權柄的從屬關係、指明負責任的型態、指出支援的量度。[11] 當每位受薪員工都

有工作說明書，組織內的所有工作就能協調好，一起運作，發揮功能，完成組織內所有工作的職責。如果只有少數人有工作說明書，就容易發生錯誤與疏忽。「寫得清楚的工作說明書，可以長期減少不同職位上員工的誤解，不論是全職或半職，受薪員工或志工。這樣，大家對自己的工作『是什麼』就有清楚的了解，但更重要的是，他們就了解自己的工作『不是什麼』。」[12]

　　為僱員或志工設立或維持工作說明書或服事描述，是個令人望而生畏的工作。然而，在教會或基督教機構的職位，常常在許多人身上都是身兼多職，例如主日學老師，營會輔導等等。這類的職位可以用一般的工作說明書。但是對於董事會／長執會或委員會的每位成員，最好不要給這類**一般**（general）工作說明書，而是給服事描述，指明此人在管理團體中的**特定**（specific）功能。在董事會／長執會或委員會的每位成員都被指派特定職責，可以

- 動員組織內的所有成員主動負責任；
- 確保每個事工範圍都恰當地受到管理；
- 避免管理事工時領導者的疏忽，如果職責是隨機指派的，就會發生疏忽；
- 減少董事會／長執會或委員會的成員只作觀眾看別人運動比賽，而不參與運動。

主任牧師的工作說明書

　　教會主任牧師（the senior pastor）的工作說明書是最難設立的。雖然新約（提前 3:1-7）對牧師（即監督，譯按）的資格說得清楚，另外提到主任牧師的主要責任有（1）祈禱與（2）傳道（徒 6:4）。而現代的主任牧師也要管理教會的運作，每個時刻都有不同的需要，不幸的是，牧師常常照會眾的怪念頭在忙碌。會眾對牧師職責的期望應該要寫在主

任牧師的工作說明書中，才能避免忙於沒寫下來的期待與不公平的工作表現評估。

不幸的是，主任牧師的工作說明書常常是在牧師離職後、下任牧師到職前才產生。這份工作說明書等於反映了會眾對離職牧師的不滿。然後新到任的牧師就受此拖累，特別是如果這份工作說明書的設立，強調了先前被忽視的事工，或刻意減弱了前任牧師過份偏愛的事工。[13] 在理想情況中，主任牧師的工作說明書應該要考慮到他的恩賜才幹，再去設立或維持此描述。也就是說，當牧師在職時就設立或更新工作說明書。然而對主任牧師最有效的工作說明書，是在他領導或起草下寫出來的初稿。[14]

我的經驗是，要主任牧師寫出自己的工作說明書，或要教會設立牧師會照著去做的工作說明書，通常說很容易，要做卻很難。「教會中有些人會拿一份老骨董的主任牧師工作說明書，認為那是法律文件，據此來毀掉一位他們想辭退的牧師。」[15] 如果主任牧師工作說明書的背後有這種動機，那麼協調事工團隊職責的機會就失去了，而設立的文件要不就是被忽視、要不就成了事工向前邁進的絆腳石。

給志工的服事描述

如同受薪員工一樣，每位在教會或基督教機構服事的志工都需要服事描述，不論他有領導者職分或其他任務的職分。如同工作說明書、服事描述可以為他／她的服事發展必要的技能、勾勒指派的任務、定義權柄的從屬關係、指明負責任的型態、指出支援的量度。當每位志工的職位都有服事描述，教會或基督教機構組織內的責任就能協調好，不會被忽略，所花的力氣也不會重覆。

我之所以會注意到志工的服事描述，是因首次在基督教教育部門董事會／長執會服事的結果。多年來基督教教育這個部門都使用了工作說

明書，來協調教會的教育事工。此工作說明書對志工定義了教會對他們的期待，以及他們可以期待教會提供的支援。團隊中每位成員也知道向誰報告自己的進度？誰又必須向他報告進度？有什麼資源可用以完成工作？也就是說一份好的工作說明書的所該有的元素都包括了。[16] 教會能有這樣的工作說明書是很好的發展，但卻缺少了一些東西。

就在我開始董事會／長執會的服事不久，我發現許多志工的士氣低落。當我問到他們的服事時，這些志工或助手覺得自己除了本身的工作，這服事就像另一份工作。這樣的態度似乎與詩人所勸勉的「你們當樂意事奉耶和華」（詩 100:2）相反。所以我試著將工作說明書改名為「服事描述」，每個服事的描述之上都引用了經文，強調志工的工作是服事基督。改名稱的這個簡單行動為我們的事工行了奇事。董事會／長執會的焦點從事工轉向人，志工們也表達感激我們的努力。結果帶來了志工更好的表現，徵召志工更容易且志工留任更增加。原本的工作說明書資料還是保留在服事描述中，但強調為什麼要有職責描述的態度卻改變了。

工作與服事描述的調整

工作與服事描述通常是在團隊中增加新職位的時候設立的。但更經常發生的狀況是，教會和基督教機構為了已經存在職位上的員工或志工設立工作或服事描述。

事實上設立工作或服事描述沒有最理想的時間，除了發現某個職員或志工的職位沒有此描述的時候就盡快設立。例如，如果工作或服事描述是從零開始，就沒有過去的包袱，沒有對此職位累積的期待。然而若沒有實際運作的經驗，就算根據類似職位過去經驗而設計，此職分的職責描述會流於過多理論。若是一個職位存在已久，卻沒有工作或服事描述，已存在的運作經驗可以使此描述更準確反映此角色與職責。然而，

為某個「現存的」職位設立工作或服事描述有一種危險，就是此描述多半是對任職者負面經驗的反應。

不論工作或服事描述是在某職位生命長度的哪個階段設立的，重要的就是此描述能準確反映此職位的主要職責，此描述也要能保持彈性，可納入此職位所需的特殊才能與技術。[17] 藉著把彈性內置於工作或服事描述中，組織所需可以遷就人才的特質，只要最主要的職責清單達成了，僱員或志工額外的能力與興趣就能被欣賞而用到。[18] 此職位的主要職責不一定會因人而改變，但遷就每個人的才能與技術，職位會因人事改變而調整。

事工有職位出缺時，此職位的工作或服事描述要被評估與調整。[19] 工作或服事描述的調整，應該要包括同層級職位的人提出的意見，以及直屬上司與下屬提出的意見。[20] 若是可能，也可以詢問離職者的意見，並恰當地考慮是否要採納做調整。

在一個職位有人擔任後的六個月到一年，要再看一次工作或服事描述，把僱員或志工帶入職位的額外才能與貢獻考慮進去，遷就這些特質而做調整。[21] 因此，這些描述應該每年更新，以確保組織的需要可以被滿足，而組織也珍惜僱員或志工，要讓此職位對他們仍然具挑戰而有意義。[22] 這樣額外努力的結果會對組織有很大的益處，員工表現會更好，服事滿意度更增加。[23]

因為工作與服事描述不是靜態的文件而已，會隨著時間與人事而變動，所以不應該是組織的官方文件。對職位的名稱、職責、資格的任何改變，可能需要修改章程。[24] 工作或服事描述最好保存在組織的總辦公室或人事室的檔案中，以便容易取得，分發給相關者或修改調整。

工作或服事描述的元素

雖然工作或服事描述會按照組織需要而不同，有些核心元素（core

elements）是每個描述都該有的。例如，工作或服事描述不該只有組織
對僱員或志工的期待，也要包括他們期待組織可提供哪些支援。[25]

重要的是工作或服事期待的用語，以及接下來的支援量度要說得盡
可能具體。具體的用語可以減少對職責的誤解與錯誤的假設。抽象或理
論上的用語會使職責有太多不同的解讀。

圖表 10.1 是以一個教會的教育事工為例子，由志工來擔任主任一
職，此服事描述包括了下列的核心元素，這些核心元素是每個工作或服
事描述都該有的：

- 職位（position）的官方稱謂。
- 職位的目的。
- 職位的資格。
- 工作或服事的從屬關係。
- 一般責任（服事的主要範圍）。
- 組織對此服事的期待和提供的資源。
- 工作或服事的個別範圍。

職位的官方稱謂

職位的稱謂比一般人想像的還要重要。工作或服事的名稱告訴別
人：（1）在組織中，此職位的層級（2）擔任此職位者可以使用的權力
與權柄的層級（3）擔任此職位者意味著具有某種的能力。

職位稱謂對員工或志工的士氣有很大的影響，甚至對他們旁邊一起
工作者的士氣也有影響。對員工或志工來說，沒有什麼比公開場合的文
件或口頭上用錯稱謂更叫人喪氣與尷尬的了。「像『主任』、『傳道』、
『協調員』、『主持人』的用詞，每一個都傳遞了不同的意義。」[26] 例如，
傳道通常比主任受過更多訓練。如果牧師介紹一位青少年傳道，說成青
少年主任，在此職位上的人可能會略感不同——本來就不同！誤用稱謂
是不經意就會發生的，但也可能傳遞了對此員工或志工的不敬。職位稱

圖表 10.1　服事描述──教育事工主任

> *無論做甚麼，都要從心裡做，像是給主做的，不是給人做的，*
> *因你們知道從主那裡必得著基業為賞賜；你們所事奉的乃是主基督。*
> *（西 3:23-24）*
> *無論做甚麼，或說話或行事，*
> *都要奉主耶穌的名，藉著他感謝父神。*
> *（西 3:17）*

服事稱謂：教育事工主任（Director of Educational Ministries）

職位的目的：教育事工主任負責監督教會中所有教育事工的管理、發展、評估。

職位的資格：教育事工主任要能證明具有教導與領導的技能。時間管理與人際關係的技能也都同樣重要。

服事的從屬關係：教育事工主任在教會副牧師的領導之下服事。教育事工主任要參加所有的基督教教育部門會議，以委員會的當然委員身分來服事。青少年部門的協調員要向教育事工主任負責，也受教育事工主任監督。教育事工主任也是基督教教育部門面對執事會的連絡人。

服事的主要範圍：一般服事範圍共四項：行政、教育、發展、事工。

　　行政：在教會的使命宣言、目標、預算方針之內，設計並維持整個教育事工。這包括聘用符合資格的人事；發展並調整基督教教育方案以符合會眾需要，並完成教育的具體子目標；提供需要的教材、資源、教育性工具、監督並報告花費與進度給適當的從屬關係人。

　　教育：訓練裝備信徒，使人能有效地服事基督。這包括設計有清晰說明的教育具體目標，使其能與教會的使命宣言相符；在教會與家庭有符合聖經理念的教與學之發展、溝通、榜樣；訓練領導者；評估與管理教材的選擇與資源的使用。

發展：發展並領導整個教育方案的擴展。這包括結合教會的其他事工，主動努力外展，並持續外展；衡量與評估成長；計畫短期與長期的事工目標。

事工：以身作則，協助教牧職員完成牧養與關心的責任，這包括關心同工、帶頭去勸勉、協談、強化、鼓勵；以創意建立互相關懷的團隊；藉著指出個人的屬靈恩賜與神賜的能力，引導人有效地服事主。

服事期待：教育事工主任被期待要召募同工，視需要將責任分派給人，而非獨自一人服事。教育事工主任被視為耶穌基督的僕人，福音的執事，如同教牧職員一般要對教會屬靈情況向神負責。其他的服事參數包括：

- 教會期待的工作量大約每週 12 小時，包括主日早晨、主日晚上、必要情況下的週三晚上，以完成此職責。

- 我們鼓勵教育事工主任參加有助於專業上成長的課程，教會提供每年度一次參加大型研討會的經費。

- 教會將提供教育事工主任預算，補助教育事工部相關的花費。

- 服事範圍的個別範圍：我們鼓勵教育事工主任善用神賜的能力與屬靈恩賜，以完成此職責。服事範圍依情況可能的改變如下：

-

-

-

-

修訂日期：

謂的誤用也可能傳遞了此工作或服事的角色，並不像官方稱謂那樣對組織有重要性。因此，工作和服事的職位稱謂不要輕忽以待，在書面文件與口頭上都要正確的使用。絕對不要輕視稱謂的力量！[27]

然而很重要的是盡量把職位稱謂描述得正確又簡短。短的稱謂相較長而複雜的稱謂，更容易記住，也更能被正確使用。在我自己的服事中有一段時間，我的稱謂有十七個英文字之長，幾乎需要第二張名片才能寫得下！雖然那稱謂很正確地描述了我在組織內的角色，我的同事很少有人能正確地使用整個稱謂，甚至我有時候都記不得全部的稱謂。在學術界用長的稱謂並不少見，但大教會或基督教機構也變得好像稱謂愈長職分愈高。但若真要名符其實，有這些長的稱謂者，責任也加重，使員工或志工不會因稱謂而尷尬或被羞辱。

職位的目的

職位的目的陳述，是工作或服事描述另一個該有的核心元素。職位的目的要介紹此職位的角色與責任，以及在組織內的功能。這簡短的陳述，主要是要指認職位比較廣的具體子目標、任務以及此職位希望能擁有的目標。[28] 工作或服事描述中其他的內容都是從此陳述而出。

職位的資格

工作或服事描述另一個核心元素是此職位必須有的重要資格清單。通常會要求的資格包括在內，但不止於此，之前的工作經驗型態與工作量，以及執行所需的技能都會在此清單中。[29] 按不同的工作或服事角色，可能要求的其他資格包括（1）教育背景（2）職位相關的訓練或證照（3）個人特質和人際互動技巧（4）屬靈成熟度的指標。[30]

一個職位的資格首先要有**必要的憑證**（requisite credentials），之後再要求其他**希望有的憑證**（desired credentials）。如此一來，最重要的或沒有商量餘地的資格就不會被忽略或受其他亮眼的資格蒙蔽。這樣安排

資格要求，從「最必要的」到「希望可以有的」，能幫助召募者指認合適的人事，也讓申請者或志工知道此職位真正需要的專業層級。

工作或服事的關係

工作或服事描述中說明了從屬關係之後，員工或志工就能了解「此職位在組織架構中的位置；此職位要向誰負責；此職位要為誰負責。」[31] 從屬關係需要釐清的包括（1）施發命令（2）權柄從屬（3）涉及的委員會。指認了這些從屬關係，員工和志工就知道在取得允許與資源時要聯繫的人員是誰。

施發命令指的是此職位上面的權柄是誰？此職位要監督的職員或志工有哪些？而權柄從屬則是從施發命令再擴大，指出並釐清此職位的決策界線在哪裡。不論工作或服事的從屬關係在組織架構的哪一層級，最重要的就是「有某種行動責任的人也要有相稱的權柄以達成任務。若權責不相稱，等於讓員工註定失敗。」[32]

工作或服事描述中還有部門和委員會的責任需要釐清。員工或志工需要知道他／她應該參加或提出報告的決策體是哪個部門或委員會？以哪一種身分去參加或參與度該有多少？都要指明（例如以觀察員、主席、投票委員、當然委員身分等等）。

一般責任

除了職位的稱謂，當人提到工作或服事描述，通常最先想到的就是有哪些一般與特定責任。每個職位的職責不同，就算同一個職位，因為人的不同，責任也會不同。通常，工作或服事描述應該要包括兩層面的責任：（1）**一般的**（general）活動與責任，每個擔任此職位的人都被期待要去做的（2）**個別的**（personalized）活動與責任，是目前在此職位上的個人獨特的責任。

工作說明書中的一般責任（或服事描述中的主要範圍）部分，即每

個擔任此職位者都被期待的、沒有商量餘地的活動，要清楚指明。此職責反映了此職位的主要目的，是在前面的描述中已經強調的。此職位也應該要與其他職位共同努力，使教會或基督教機構能有效能、有效能地運作。當時間不斷過去，此職位經由不同的人擔任，或同一層級有重覆的職位產生（例如不只有一位的青少年領導者），一般責任可能需要更新，但一般責任通常不會有很大的改變，除非職位本身改變了。

組織對此職位的期待和提供的資源

　　工作或服事描述應該要包括重要態度或行為的指標，是組織對此員工或志工的期待，反之也要包括，他／她對教會或基督教機構期待能得到的有形支援。[33] 一般組織會期待的態度與行為包括：（1）對職責忠心負責；（2）同意按照聖經與組織的標準保持靈性正直與行事為人；（3）保密；（4）尊重消費者／會員、同儕、上司等等。這些期待比較不是要去完成的任務，而是要以這樣的態度完成一般職責。

　　在陳述組織對此員工或志工的期待之後，也要指明組織能提供員工或志工的有形支援。一般員工或志工需要的有形支援就如預算的支持、正面而能有生產力的工作環境、繼續進修或受訓的機會、透明敞開的溝通等。這些支援要在教會或基督教機構可支援的實際範圍內盡量努力提供。必須記住的重點是，員工或志工的表現與留任，通常直接與對此職位的支援提供有關！

工作或服事範圍的個別範圍

　　工作說明書中的**個別職責**（服事描述中的個別範圍）是每個職位上的**個人**具有獨特的技能或興趣，因而帶到組織內、可以商量的活動。自然這些都因人而異。**與職位相關**（related to the position）的活動因個別的員工或志工帶進此職位，而因此提升了特定的職責。這提升的活動擴展了此職位在組織內的價值，同時也增加了士氣與工作或服事的表現。

每次有新人填補一個職位，個別職責的部分就要更新，以反映此員工或志工的獨特技能或興趣。

結　論

工作和服事描述是協調教會事工或基督教機構功能的無價工具。藉著這些描述，跨職位的職責更容易管理，使所有活動都攜手合作，沒有疏漏、爭競、重覆。結果就是組織整體的提升，衝突減少，合作增加，團隊感增強，員工或志工的滿意度提升。

第十一堂
開一場有效能的會議
Conducting Effective Meetings

丹尼斯·威廉斯

　　曾有人這樣說：「委員會省了幾分鐘，卻浪費了幾個鐘頭。」（省了幾分鐘 keep minutes 是雙關語，也是做會議紀錄之意，譯按）只要在教會或其他基督教機構的委員會服事過，都會從心底發出「阿門」同意這句話。我們花很多時間開會，所以必須認知我們要作有效率的好管家（efficient stewards），別浪費別人的時間。

　　也許首先我們要定義**會議**是什麼？好讓讀者知道本堂課的主題方向。廣義來說，會議談到了「為特定目的而聚集在一起的人」，包括董事會／執事會與委員會。

　　在本堂課中，我想首先確認會議的社交性質之重要性。其次，我將討論大多數基督教組織一般運作下主持的不同形式會議。第三，我們要探討促進有效能的會議方法，指出讓大家能經驗到成功的實踐方法。最後，我要提出一些指南與實踐的清單，可用來評估你所主持或參加會議的效能。

會議是社交

社會學家會同意，大多數會議都可說是社交，因為一定與人有關。既然我們承認不是所有社交都是正面的，很重要的就是要認識這群人，培養與他們社交的動力。領導者可以藉著跟參與者談話而知道他們的嗜好、讀書習性、有興趣的運動、旅行、朋友、家人。有智慧的領導者不會忽視「開會是一種社交（social events）」這個事實。來開會的人不見得都想要「完成工作（get things done）」，許多人來開會是享受開會的過程與社交，他們喜歡與別人聚在一起。

要培養這種環境，你需要先規劃一段非正式的時間讓大家彼此認識，使大家感到放鬆。也許第一次的聚集，要給大家時間談談自己、自己的興趣、以及他們對開會議題感覺有何重要性。另一種作法是把第一次的會議時間提早，先讓大家有點社交時間。

還有一種方法是提供活動以啟動討論，這樣也同時提供了團體資訊。許多研究團體動力的人發展了許多不同的問題，但這時候不需要很深入或太深奧，只要足夠「破冰」，使大家在一起感覺很舒服就好。例如下列這些無威脅性的問題：

• 你九歲到十二歲住在哪裡？
• 你家人中哪一位是最溫暖的中心人物？
• 對你來說，神什麼時候不再只是一個字而已？
• 你生命中最有影響力的人是誰？為什麼？

還很有幫助的建議是，請團體中的人完成個人資料問卷：

• 我最喜歡的食物是？
• 我小時候最喜歡的度假方式是？
• 我空閒時喜歡？
• 我喜歡的電影類型是？

- 主日聚會後的下午我喜歡去做什麼？
- 我夢想的車子是？

藉著彼此分享，我們將更認識我們所服事的人。花時間建立社交關係是建立團隊的重要先導，也能發展有利於服事的氛圍。

這些活動帶來很明顯的社交發展，同時也滋養了團體的凝聚力。凝聚力是指黏在一起或聯合在一起，是使友誼長存並聯合我們成為服事團隊的力量。

下列是讓凝聚力成功的幾項重要方法：

1. **指認團隊。**使用**我們，我們的**，取代**我，我的**；表示「團隊包括大家」，避免強調個人的擁有權。

2. **建立團體的傳統。**找出一些不常見、令人興奮或有趣的事情，是這個團體會記得的。

3. **強調團隊合作。**不要擔心成功後誰加分？只要團隊成功就好。這不是讓某人變成超級英雄的地方。今天我們聽到很多關於團隊服事的談論，這是很健康的。只要確保這也是團隊服事的過程。

4. **幫助團隊認出工作做得好的認可。**以對團隊有重要貢獻來稱許工作做得好。當然我們這樣評估時必須誠實，我們的信譽就在於實話實說。最有用的就是在整個團隊面前，對大家說出特別的認可和獎勵。還有當方案或事工規劃很成功，要向整個團隊說出稱讚與認可。

5. **設立清楚而可達成的團隊目標。**給下個月、下週、或已知的會議有一個目標，比較能提升士氣。好的目標會讓團隊設立未來的進程，使每一位成員都在軌道上。

6. **給團隊獎賞。**達到清楚的目標是團隊的獎賞。「若沒有各位，我們不可能達成此目標！」這種稱許是一定要的。我們常常省略了這樣表彰，但這對建立團隊士氣與意志是很重要的。

7. **對待團隊成員要像人，不像機器。**不要忽視人性與社交的面向。團隊成員很快就會發現領導者「只關心目標的達成？」還是「也關心人的需要？」的確，我們是有神給的目標要完成，但其中也包括服事那些跟神一起在事工中聚集的人。

三種會議形態

會議有正式與非正式的，或者可以說有些會議是事先規劃的，有些會議是臨時的。顯然有些會議早就排入了行事曆，但這不表示經過好好的規劃。

第一種型態的會議是要宣布或提出訊息。大家被召聚來聽取決策的宣布。有點像記者會，事情佈達之後，不允許提問。若有問題，對決策只能做進一步的解說，而不能改變決策。這種會議對決策沒有投票同意權，只宣布決策。

這類會議聽起來像這樣：「我請大家來，是要宣布一件事，除非募款有進展，否則所有預算凍結，不再新聘人員，從現在起，立即生效。」

第二種型態的會議是要得到團隊的支持。這時決策也已經做好了，但訴求團隊能接受決策，並能支持。隨之而來的問題會按順序提問，氛圍比第一種會議敞開而正面。但很重要的是這時的討論不是意圖改變決策，而是有特別的目的，就是得到對決策的支持。

這類會議聽起來像這樣：「我們今天請大家來開會，是要讓各位知道，聘僱委員會做了決定，邀請瓊斯先生擔任我們的新總裁。我們相信他會為我們的組織帶來新方向，也相信各位會幫助他在新職位的轉換很順暢。如果對如何達到這個目標有任何想法或建議，我們很樂意在這時候聽取各位的建議。」

第三種型態的會議是為了解決問題。決策還沒有達成，團隊聚在一

起討論問題，為了要達成某種解決方式。這並不是說大家沒有準備的來開會，或不太確定自己會投什麼票，而是決策未定，在最後的投票之前，還有很多機會討論。

這類會議聽起來像這樣：「大家都知道今年我們教會有很大的成長，我們都很喜樂。但這樣的成長也帶來很大的挑戰，就像分享設備與資源和場地的共用。我們今天請大家來開會，希望腦力激盪一下，如何適應這新的成長？共同努力找出合理的解決辦法。今天我們可能不會有最後的決定，但我們在稍後做決策之前，希望聽大家的想法與建議。」

認識三種型態的會議能幫助大家明白參加會議的目的，以及在過程中，別人對參加者期待什麼？不幸的是，當有些人參加的是決策已經做好的會議，他們卻以為自己參加的是要解決問題的那種會議。這種情況經常給團隊成員帶來沮喪、不滿、不同意。大多數人都希望自己在決策過程中可以表達意見，當會議因為溝通不良而使人誤解，會產生負面的反應，有時候甚至有人會辭職。

開一場有效能會議的建議

既然這麼多人為了開會花這麼多時間，很重要的就是要盡一切努力使時間用得好。這裏提供一些建議，希望能幫助委員會成員所貢獻的都發揮到最大的效能。

開一場有效能會議的關鍵在領導者。首先，身為促進討論者，領導者要對各種想法設立優質的表達方式。鼓勵大家用「如果……會……」這類的建議方式。如果想要有新點子，就鼓勵團隊的成員跳出框架來思考。

讓成員知道你想聽他們的想法，就算聽起來很不正統又怪異。如果大家知道領導者願意聽他們的想法，不批判論斷，會使他們自由地去發想，有什麼能幫助團隊的新點子？

　　另一個培養創意氛圍的方式，是聚焦在團隊面對的挑戰上。有人說「定義得好的問題已經解決一半了。」領導者要謹慎清楚地說出目前的情況，使團隊可以進行思考。給團隊時間。領導者要鼓勵團隊，展現幫助每個人發揮想法的意願，這樣就能培養大家從團隊角度去解決問題的態度。

　　領導者拒人千里的冷態度會妨礙效能，因為他拒絕聽取新想法或非傳統的解決方式。如果我們只聽那些我們喜歡的人所說的，或只聽我們想聽的，事實上我們就把其他成員排拒在外了。沒有整體團隊的共同努力，我們就不會有應有的效能。

　　當出現了成功的想法，我們要用鼓勵與肯定的稱讚獎勵貢獻者。很重要的就是，就算不受肯定的未成功想法，雖然沒有被採用，也要鼓勵，否則大家會不敢再提建議，將來也不會嘗試新想法或解決辦法。

　　在這一切中，我們需要強調的是，大家已經完成的且能帶給團隊益處的部分，指出團隊整體發展出來的想法很有益處，能激勵團隊的意志。這是我們稍早所稱的「給團隊獎賞」。

　　再者，有效能的團隊領導者（an effective group leader）應該聚焦在挑戰上。領導者要精確定位問題的所在，又要很具體。不要只說：「現在這裏一團糟。」要更具體。到底真正的問題是什麼、我們該如何解決？有時候必須把問題個人化，以實際直接的話來說，但避免丟出責怪或負面批評的字眼。這是很不容易的，但好領導者必須願意指認問題，並繼續往前。

　　在處理問題時，若團隊沒有提出什麼想法，領導者可能必須「另找出路」，建議一條針對問題的攻擊線，殺出重圍。從這裏讓人開始動腦，當然這不是最後的解決方法。因為最難的就是讓團隊開始動腦。一旦開始動腦，人們的創意就有機會提高。如果領導者也只是坐著不動，沒有流動的對話，開會就是浪費時間，造成士氣低落。

　　當團隊繼續針對問題進行討論，領導者必須靠近團隊成員。必須要

有個定期檢查進度的機制。記住，成功需要時間。有些想法或解決辦法是行動導向的，有些是想法導向的，在解決問題的創意上，我們不時需要兩者並用。

有些好想法不是從個人而來的，而是從團隊努力而來的。想法提出來時，領導者要把想法提煉精製，研發出來。幫助提出想法的人更能符合團隊的需要。此關鍵在於預備，而預備需要時間。快速解決之道，常常無法持久。

安排一段想法的試用期。如果需要大幅改變，那麼更多的預備時間就很重要。如果可能，先在小範圍內試試看是否可行？確保在過程中要設計出一個全面評估的機制，也要有最後的評估過程。

獎賞那些提出成功想法的人，很多時候這就是指整個團隊。雖然在基督教事工中，我們是因為委身於主而服事，但領導者對忠心服事又使服事更有效能的人，說一些肯定的話也不為過。

良好會議的元素

下列的良好會議（good meeting）元素寫起來簡單，但要經常這樣執行卻不容易。這些元素互相合作才行，少了某些元素，會議就無法打中紅心。

1. 說明會議的目的。第一步是要對開會的理由說明清楚。這是每月定期的進度查詢會議嗎？還是為了要達成重要決策的特別會議？主要為了大家的團契與激勵嗎？還是因為我們總是有這麼個會議所以要開呢？大家都很忙，不想花時間在沒有目的的會議上。經驗法則應該是：如果會議沒有清楚定義的目的，就別開會。為了開會而開會，價值不高，會造成負面反應，團隊就會不想付出努力。

強調開會目的的一個方式就是設立具體的目標。這樣就能提供評估方法，知道完成了多少？在會議結束時，回顧此次會議達成了什麼，會

對大家很有激勵。

2. 提醒參與者，他們的參與很有價值。 開會成功的關鍵在於有對的參與者出席。有時候特別召聚的會議是由領導者選擇某些人來參與的，有時候開會成員是已知的固定成員。不論哪一種，重要的是主要成員的出席，並預備好承接任務。領導者也會針對目前的問題，選擇可以貢獻的人來參與。不幸的是，有些人與此任務毫無相關背景，卻被指派為委員，當然就限制了開會的效能。

3. 預備很重要。 不論領導者或團隊成員，來開會之前都該完成「功課」。如果缺少關鍵資訊，要做成好的決策就很困難。雖然我們不喜歡去「檢查別人」，但打個電話或送個電子信件，確認大家完成了作業，可能是必要的。缺少了到位的重要資訊，將危害會議的成功。

4. 地點，地點，地點。 不要低估開會地點的重要性。要在干擾最少、注意力被分散最少的地方。要在對最多人方便的地方。有時候大家喜歡開餐會，如果在公開場合，餐會能討論真正的公事就很有限。試著找能促進開會而不會分心的地方。不要在課桌椅只給小朋友用的教室開會。

5. 提供有效能溝通的工具。 有足夠的溝通工具和資源供應參與者是很重要的。如果大家看到提案，會更了解情況。當有人提出問題，應該有資料已經預備好。很明顯的，如果你用文件呈現，所有人都**必須**有一份影本（最好提前就發）。這些都是實際的事務，但缺少了這些，開會時間可能會被浪費。

6. 預備議程。 議程的功能就像計畫書，好好預備的議程能幫助會議成功。議程有好幾種用途。議程能說明開會的目的與目標。議程能講解要談的項目，每項討論要花的時間？誰會負責等問題。明智的作法是把議程貼出來，會議進行時可以刪除已經討論過的項目。張貼在大家面前的議程能幫助團隊走在正軌上。

議程如何成為刺激大家討論的引導呢？首先，議程要實際。例如分

配給會議的時間有多少？我們能合理預期完成多少項目？很重要的是對議程上的各種行動設有時間限制。如果發現一次會議要談的事項太多，就要排定另一次會議。議程不該太過擁擠。很重要的是把負責每個項目的人名列出來，加上預估時間，就能使會議朝正確方向前進。

有些議程要求團隊提出想法，所以要給大家討論與互動的時間。這類議程如果分配到的時間不夠，可能要延至下次會議再決定。舉辦大型會議後，計畫團隊必須要有聽取匯報與評估的時間。若不限制評估的時間，可能會花上好幾個小時。分配給評估的時間最好大約是四十五分鐘到一個小時。大家就知道如果要提出什麼，要在這時間限制內提出。這樣使評估能保持新鮮，開會的能量維持高水平，也使其他項目有時間討論。

議程的次序也很重要。從簡單的開始進入到較複雜的議程是個好方法。但次序要有邏輯。如果你從最困難的項目開始，恐怕會無法討論其他項目。

在議程上列出建議也很好，使團隊可以知道如何處理。如果要為某些職位提名，列出可能人選也是好方法。似乎大家從一些建議開始處理，會比從零開始容易。這些建議不必太複雜，或只有簡單的符號。我們要知道領導者並不是要用這些建議來掌控團隊，而是要讓會議進行順利，期待成員提出意見，並以這些建議為基礎來進行。

大家在會議前看到議程很重要，這樣大家才知道開會要預備些什麼資料？也能讓團隊有機會事先思考，也可以避免對討論事項有誤解，或有什麼驚人的意外產生。如果會議主席或領導者提出不恰當的議程或不該討論的事項，可即早刪除，節省團隊寶貴的時間。不要低估議程的重要性。沒有議程，或議程很模糊，會議的成功就值得懷疑了。

7. 掌控會議。 領導者的責任是要讓會議往正確方向進行。除非與目前討論的項目有關，要避免分岔去談臨時的意見和故事。參加會議對每一個人都是時間的犧牲，若時間浪費了，會減少成員服事的意願。

8. 摘要會議所達成的項目。最後，會議將結束時，與團隊一起複習開會所完成的。指明下一步，列出沒有解決的項目。讓這段時間成為感激大家投入時間與精力的時間。讓大家離開時，感覺自己的貢獻很值得而重要。

9. 散會前指派任務，複習任務。通常會議中做的決定需要指派人完成。你需要提醒被指派任務的個人，確認他們的責任。具體指出未解決的項目將來要採取的行動，誰要負責？有什麼資源？任務何時到期？結果要如何溝通？都要清楚說明，以避免會議後的誤解。

評估開會的效能

有人這樣說，「值得做的事情都值得評估。」對會議更是如此。評估的目的就是要改進，這就是我們要持續進行的，使會議有效能。

我們怎麼知道團隊合作良好？有下列這些跡象：
- 大家自由發言，表達意見與感覺。
- 決策採自大家的共識。
- 想法的提出會受歡迎，能自由被採納。
- 大家按照貢獻意見的品質被評估。
- 所有成員都全力參與。
- 重要的議題有足夠時間討論。
- 對別人的想法、計畫、提案都能理解。
- 對目標與任務都能聚焦。
- 人受到尊重，決策與行動都以神為中心。

我們怎麼知道團隊合作不良？有下列這些跡象：
- 只有少數成員參與，會議被某些人霸占。

- 大家不覺得自己是決策過程的一員。
- 有能力的人不貢獻一己之力。
- 不重要的項目似乎花了很多時間討論。
- 決定之後似乎又回頭討論。
- 害怕改變。
- 對團隊整體的溝通很有限，只有領導者們知道發生了什麼事，行動似乎以自我為中心，而非以神為中心。

　　圖表 11.1 可幫助你評估開會的效能。你可按照會議的內容與目的，自由地增加一些項目。

　　評估開會效能的最後一項建議，就是請外面的觀察員。選一位不屬於團隊的人，請他來觀察。他不參與開會，但坐在容易看見大家的位子。觀察焦點在開會時每個人的行動，特別是有什麼使討論朝著正確方向前進？有什麼阻礙了討論？記錄誰發言，發言的次數。用一張圖表可能有幫助，在每個成員發言時就作個 × 的記號，再畫一條線，從發言人連到發言的對象。如果此人回答了，就畫一條線回到發言人那裏。如果此人對另一人說話，就畫另一條線。這樣可以幫助發現誰發言最多，誰沒發言或發言最少。這樣可以指出溝通的平衡和流動。評估開會效能的元素之一，就是大家是否全力投入，這是追蹤的方法之一。

　　觀察員要試著從言詞背後的感覺著手，也觀察團隊對感覺的反應。試著看看在決策過程中情緒與感覺的分量。也注意會議中大家是否保持興趣？如果缺乏興趣，大家很無聊，可以建議如何「換檔」好使大家積極參與呢？對房間評估一下，大家舒服嗎？可以看到彼此嗎？看得到螢幕等媒介嗎？通風好嗎？光線充足嗎？有令人分心的噪音嗎？如果討論很冗長，試著決定原因為何？是否這個議題討論太久了，需要休息一下嗎？議題是整個團隊都有興趣的嗎？花太多時間在這個議題上了嗎？領導者霸占了討論而沒有讓其他人參與嗎？

圖表 11.1　會議評估

☐　會議的目的，事先就清楚說明了嗎？

☐　團隊知道議題、需要及要採取的行動了嗎？

☐　你收到開會通知或提醒嗎？

☐　問題提出之後，領導者試著回答、還是讓大家參與？

☐　大多時候或整個會議時間都是領導者在講話嗎？

☐　對沒什麼話要說的人，領導者試著請他們參與的努力到什麼程度？

☐　會議的地點對開會效能有幫助嗎？

☐　所有必要的文件與資源都預備了嗎？

☐　領導者刺激大家做批判性思考到什麼程度？

☐　團隊被鼓勵在恰當時候做「跳出框架」的思考嗎？

☐　團隊做批判性思考的時間足夠嗎？

☐　溝通的資源預備好了嗎？**並且**發揮功能了嗎？

☐　決策是匆匆做成的嗎？

☐　討論過程中，領導者是否把團隊的思考做摘要，幫助大家對議題看得清楚？

☐　分岔離題的討論如何被控制？

☐　領導者對分岔離題的處理，態度得當嗎？

☐　散會前，領導者是否確認並複習指派的任務？

觀察員的報告中不對開會過程做評論，只報告看到了什麼。只報告事實，不提意見。讓團隊自己對於如何使下次開會有進步做結論。

結 論

俗話說三個臭皮匠勝過一個諸葛亮，但很多人不習慣在團隊中工作，所以看不見團隊服事的益處。領導者要練習並把團隊服事的方法教導給大家，一起邁向事工的目的。

主持有效能的會議不像量子物理這麼難。預先思考，事先規劃，會議就可以完成很多事。會開得好，大家就不討厭開會而開始珍惜開會的時間，看成是執行事工的一部分。能發展這種態度的關鍵，就在於能夠且願意把本堂課所談的原則應用在會議中。

第十二堂
事工領導人是改變促進者
Ministry Leaders as Change Agents

詹姆斯·伊斯泰普

　　改變（change）這個詞會引起害怕與憂慮，也可能激勵人而造成創新。正如人的一生都會經驗或好或壞的改變，組織也一樣。教會或基督教機構發生改變出於不同的理由。1999 年有一本很受歡迎的書是史賓賽·強森（Spencer Johnson）的《誰搬走我的乳酪？》（*Who Moved My Cheese?*）藉著兩個小矮人與兩隻老鼠對乳酪漸漸減少（改變）的反應，作者用簡單的比喻來強調改變的動力。[1]

　　同樣的，麥克·納帕（Mike Nappa）所寫的《誰搬走我的教會？》（*Who Moved My Church?* 中文書名為暫譯）也提供了一個現代比喻，論及教會與社區的不同關係。此書說到四位教區牧師，尋找消失的教堂建築，找到之後，完成了每個人自己對社區的事奉異象。[2] 這裏的重點是什麼？教會和基督教機構是有選擇的——要不就是我們刻意促成改變、要不就是我們對發生的改變只做回應，讓改變掌控我們服事的軌道。請記得本書稍早說過的：健康的成長需要改變。

　　基督徒管理者被賦予勸人與神和好的事工（林後 5 章），所以我們必須委身於組織內刻意的、主動的改變。若不擁抱組織內改變可能帶來

的正面影響，只聚焦在過去，只管理現今，就不能幫助我們委身於希望擁有的將來。本堂課提供對改變簡略的看法及如何把改變引進基督教機構？也將提到組織管理和人事衝突，因為這也是教牧人員對教會或機構的一部分管理責任。

改變的性質

改變是我們都會談論、但對改變的性質很少花時間定義或解釋的。沒有發展對改變的基本了解，就幾乎不可能將改變有效地引進組織。對於改變的性質，我們從五種基本假設開始談：改變是自然的、無可避免的、必要的、改變是一個過程、改變奠基於價值。

1・改變是自然的（Change Is Natural）

換句話說，改變就是會發生。就如我們人的出生、成長、活著、無可避免的死亡，組織也有生命循環。若否認改變的自然性，就等於否認事實。我們當中誰從來沒有經驗過某種的改變呢？

圖表 12.1 圖示了一個組織的生命循環發生的自然改變。[3] 此模式循著改變的彈道軌跡，從想法、事工、方案、組織自然呈現出來。從左下角開始，組織是經由主動的、刻意的、逐漸的改變而出生的。事工聚焦在將來，以能夠達到想要的夢想那樣來策劃。事工持續成長，藉著對想法的刻意計畫與持續增進，努力使潛力充分發揮。然而，這方案、事工、或組織會達到高原，也就是最大效能點，這時候當初夢想的目標就達成了。失去了繼續往前的動力，下一步會是什麼呢？

這是大家對制度的迷思，以為一個組織不用有什麼重大改變就能維持目前的效能水準。而事實上，我們可能必須改變方案、事工或組織，才能維持目前的成就水準。這種維持的迷思造成許多教會與基督教機構的無效能，終至死亡。要維持組織成長、將來能擴張、事工有成就的唯

圖表 12.1　組織的生命循環圖表

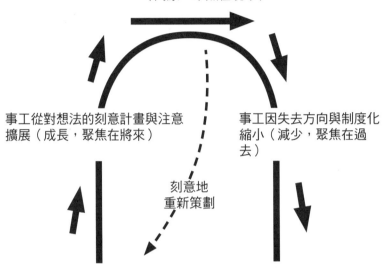

事工達到最大效能
（高原，聚焦在現今）

事工從對想法的刻意計畫與注意
擴展（成長，聚焦在將來）

事工因失去方向與制度化
縮小（減少，聚焦在過
去）

刻意地
重新策劃

事工從對教會的將來想法（異象
或夢想）開始
（出生，聚焦在將來）

事工崩潰甚至解散，結果
造成毀滅性的衝突
（死亡，焦點消失了）

主動的
刻意的
進步的改變

被動的
非刻意的
退步的改變

一方法，就是組織的重新策劃，重鑄異象，這是第三堂課談過的。在本
質上我們問的就是：「神要我們下一步做什麼？」不這樣問，就等於把
組織放在逐漸減弱終至失序的情況下，而不是被神的旨意驅動、刻意進
步的情況中。

圖的右邊表示**沒有**重新策劃時，將發生什麼？因最初的夢想達成
了，不再激勵我們，或不再有動力繼續進步，事工就縮小了。於是組織

就制度化（institutionalizes）了，開始為了繼續存在而存在，不是為了達成事工而效力。它的焦點變成光榮的過去，是夢想仍然鮮活的時候。最後，事工或組織因缺少了必須存在或繼續有效能的充分理由而崩潰，就這樣死亡了。**如果**沒有重鑄異象，這就是組織的一般生命循環。

改變是生命中很自然的部分，對個人或組織，都可能是迷思。拒絕改變可能威脅生命。有些改變要刻意去做，會帶來益處，就像圖表的左邊，而不刻意所帶來壞處的那種改變，也是組織生命循環的一部分。

2 · 改變是無可避免的（Change Is Inevitable）

根據圖表 12.1，組織的改變不但是自然的，也是無可避免的。甚至**如果**那種主動的、刻意的、進步的改變，並沒有完全被組織採用，那種被動的、非刻意的、退步的改變，也是無可避免的。在領導者真實參與同工中，改變是刻意的：在領導者的缺席中，改變是組織逐漸減弱終至失序的副產品。因此，避免改變絕對不是重點，重點是選擇要經歷哪一種改變？改變是無可避免的。

3 · 改變是必要的（Change Is Necessary）

正如改變是自然又無可避免的，改變也是必要的。不論對組織使命與事工的進步或維持目前的水平，甚至自身的生存，改變都是必要的。把改變看成違反使命，不接受這必要的改變，將使組織環境變得停滯不前。這就是典型的一種管理，在決策、策略規劃、組織管理上，只停留在自我感知上，不看組織的實際，只想到過去的形象、目前的情況，而不看事工將來想達成的目標。然而，在長時間中經歷了文化與人口的改變，證明成果豐富的，就是能接受必要改變的教會與組織。

舉例來說，美國教會的主日學已經生存了超過兩百年，因為在這段歷史中，它無數次刻意地重塑自己。事實上，許多人驚訝地發現第一個主日學，本來是社交性的外展事工，在一個餐館聚會，有位支薪

的老師，教導的不只是聖經（例如衛生、文學等），一開始還不受教會支持。對我們大多數人來說，我們的經驗與 1780 年羅伯特‧雷克斯（Robert Raikes）當初所設立的主日學剛好相反。這幾個世紀以來，主日學確實重塑了自己，若非如此，今天可能不存在了。[4] 改變是必要的。

4‧改變是一個過程（*Change Is a Process*）

改變是一整個過程，牽涉到產生新想法、接受它、執行想法、回應衝突、將本來是新的變成例常的一部分。簡言之，改變是牽涉組織中每個人心思意念的一種過程。教會和組織對於改變，有五種不同類型的人，每種人在組織改變的過程中都有自己的功能。（參圖表 12.2a）：

創啟者（Initators）：這些人是創新者、促進改變的人，他們是有創意、會產生新想法的人。這型的人在教會或組織中都是少數。

早採納者（Early Adopters）：這些人本身不是促進改變的人，但看重創啟者，傾向同意新想法，因此會在過程中比較早採納新想法。這型的人通常比創啟者多。

中採納者（Middle Adopters）：這型人在教會或組織中最多，可能佔 55% 到 65%。他們會跟隨早採納者，因此他們會注意新想法，等他們看到別人採納，他們就採納了。

圖表 12.2a　平衡的組織改變過程

創啟者	早採納者	中採納者	晚採納者	落後者

　　晚採納者（Late Adopters）：這型人是懷疑分子，他們不容易採納新想法，事實上，他們傾向不採納，直到教會或組織內的大部分人都採納了，他們才會採納。這型人與早採納者的人數差不多，但他們會等到中採納者有行動了，他們才會跟上。

　　落後者（Stragglers）：這型人反對改變。他們傾向強烈反對，努力對抗，或當教會與組織採納新想法之後就離開。這型人通常是少數，與創啟者人數差不多。

　　採納改變的過程，有點像在長長的車陣中等候紅燈轉綠。第一輛車也許立刻回應（創啟者）綠燈。然而，第二輛車（早採納者）必須等到第一輛車動了才能動，因此在轉綠燈與車子動之間會有一點延遲。這樣的過程在第三、第四、甚至第五輛車繼續下去，直到所有車輛都動了，然後燈又變紅。如果車輛同時一起動起來，可能會發生車禍。

　　然而不是所有教會與機構對制度改變都以標準模式來回應。例如，有些組織比其他組織對改變比較肯順從。圖表 12.2b 顯示了這種型態。其中的創啟者與早採納者合起來，比較於典型平衡組織的這兩部分，是比較大的。所以這型組織的特色就是創新與快速的採納。

　　另一種情況就是教會與機構對改變不太敞開（圖表 12.2c）。這型組織中，晚採納者與落後者是比較大的部分，使創啟者與早採納者想要改變的聲音變得很小。這型組織是傳統的、有些停滯的，因為他們對創新難以置信。

　　那麼人們如何**採納**改變的想法？麥斯威爾（Maxwell）形容改變是一個過程，從無知走向接受創新。下面列出了麥斯威爾所說的各個步驟，即一個人或教會與機構，從對想法無知，邁向全然接納改變，以及其中的意義。[5]

　　步驟 1：無知（Ignorance）。跟隨者中沒有一致的方向或需要優先處理的感覺。

　　步驟 2：資訊（Intormation）。一般資訊分發給大家，要改變的想

圖表 12.2b　創新的組織改變過程

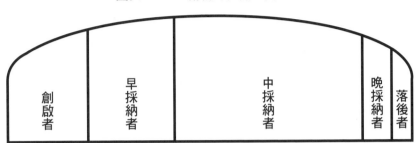

圖表 12.2c　停滯的組織改變過程

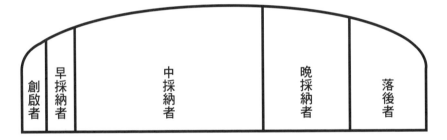

法一開始不被接受。

　　步驟 3：注入（Infusion）。新想法注入現況中，可能引起衝撞，面對大家沒興趣、偏見、傳統的質問。一般的傾向聚焦在：「這樣會有問題。」

　　步驟 4：個人改變（Individual Change）。早採納者開始看到提議的改變之益處而接受。個人的信念取代了對現況的自滿。

　　步驟 5：組織改變（Organizational Change）。事情的好壞兩方面都被討論。看得出大家對提議的改變，有了較少防衛，更多敞開。氣勢從反對改變轉換到贊成改變。

步驟 6：笨拙地應用（Awkward Application）。執行改變時會經驗到一些成功、一些失敗。學習的過程很快速。

步驟 7：整合（Integration）。笨拙開始減少，接受度增加。成就感增加，第二波成功的結果出現。

步驟 8：創新（Innovation）。重大結果的出現創造了信心，也更有冒險的意願。結果就是願意更快、更大膽去改變。

改變要被視為一個過程，但這過程的基礎在於什麼？

5 · 改變奠基於價值（Change Is a Value-Based）

改變絕不是中性的。在基督教組織中，改變該有神學上的動力，某些情況下，也必須因神學立場而反對之。當我們評估教會或機構的現存架構，我們拆除它是為了要更好地分析其組成元素與關係，再重新組合成新型塑的方法去服事。然而在這些步驟中，教會的神學價值觀與關切，就提供了方向。在產生新想法、分析新想法、在組織內增進其優先順序、促進事工上，這所有步驟都奠基於神學上提供的價值。既然改變奠基於價值，不是所有的改變都可視為合乎基督徒價值或基督徒想要的。評估一定要透過聖經與神學，但神學不能與現況混為一談。

組織改變的類型

改變不都是一樣的。正如前述，教會與機構的生命循環有兩類的改變。主動改變（Active change）是在生命循環圖表的左邊，表示組織的改變出於刻意的計畫與架構，是由夢想驅動的，聚焦在將來的事工。在這種情況下，管理是由教會或組織來領導。另一方面，被動改變（Passive Change）是在生命循環圖表（圖表 12.1）的右邊，表示組織的改變出於非刻意的、不相關的、制度下的，聚焦在過去（懷舊）的事工。管理者只是回應改變而非帶領改變。被動改變很少出於管理者良心

的決策，只單接受組織逐漸減弱終至失序，因為缺乏真正領導，無力促成主動的改變。

　　然而改變的另一個面向，就是將改變介紹給教會或組織的步調或程度。**逐漸的改變**（Gradual change）指小的或逐漸增加的改變，對教會或機構現存的管理架構做微調——改變的決策仍然在教會或機構的使命、異象、核心價值的結構中。**激進的改變**（Radical change）指大的改變，改變了教會架構——改變的決策重新策劃了教會與機構的結構。在這四種元素的組合下，我們可以看出改變的類型，並更認識改變是什麼？圖表 12.3 列出了改變的四種可能組合。

圖表 12.3　組織改變的類型

	逐漸的	激進的
主動的： **計畫的、刻意的** （**planned and intentional**）	微調（Tweaking），逐漸的改變；例如改變主日學的次數，或成立新的主日學班級。	轉化（Transformation），激進的改變與危機管理，例如將主日學轉化成小組，或週間的查經形式。
被動的： **回應的、非刻意的** （**reactionary and unintentional**）	進化（Evolution），監測參加主日學人數的持續下滑，決定減班。	回應危機（Crisis or Reactionary），例如決定出售教會營地，以彌補一般基金的財務虧損。

　　微調與轉化是主動的、計畫的、刻意的改變模式。這代表了積極的行動，增進教會或組織的事工。尋求的就是組織達到未來想要的情況。**進化與回應危機**是被動的、回應的、非刻意的改變模式。這代表了維持的行動，或儘量不使事工縮減的行動。他們接受了無可避免的將來，尋

求的就是事工能適應未來改變的環境。

　　健康的教會了解改變，也會擁抱改變。教會或組織的管理階層如果有被動改變的氛圍，不尋求創造想要的未來，但接受無可避免的事工下滑的未來，他們的改變只是在回應。本堂課聚焦的是在提倡與執行主動刻意的改變，這才是大家更想要的。

提倡與執行組織的改變

　　提倡與執行教會或組織刻意的改變，有三個階段的過程，形成永續循環，持續重新再造，使事工發揮潛力，不斷進步。因此，組織的領導者最好要有的特性是革新與創造力。這三個階段為解凍，流動與結凍。

　　階段 1：解凍（Thawing）。這是新想法被引進的階段，會面對抗拒，要鼓勵人採納並參與改變。這只是最初期。提議的改變只要目前的決策者和鼓吹者不努力就會消失。這個階段要提供大家改變的理由，也要呼籲大家委身於所提出的改變。在這階段要評估現況，不滿會浮現出來，這樣就能使大家有動力接受改變。提出的改變等於推銷給了教會。

圖表 12.4　執行改變的過程

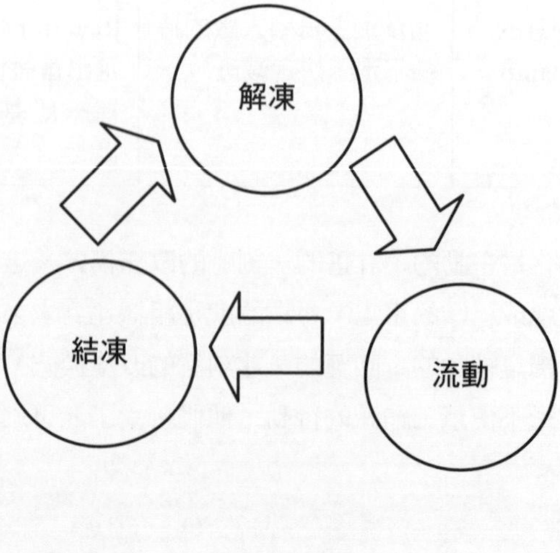

簡言之，這是對過去放手的時候。解凍了，就變成流動的，現在能動了。

　　階段 2：流動（Flowing）。現在的策略上是要從過去流動到未來——從現在**是**什麼，到未來**想要**成為什麼的時候。這是執行想法的時候。在這階段，管理執行的過程很重要。吉姆・海靈頓（Jim Herrington），邁克・博南姆（Mike Bonem），詹姆斯・富爾（James Furr）指出四種態度可幫助教會面對此階段的組織變化。[6]

- **態度一**：產生創意並維持創意的張力。溝通、做決策、開始將提出的改變觀念化。
- **態度二**：心理模式的治理力量。對教會與事工用比喻、假設、圖表來說明。
- **態度三**：團隊學習。對改變有反應的人必須成為那個主題的專家，但不是以個人而是以團隊為之。
- **態度四**：操練系統性思考。教會是複雜的組織，內有互相關連的系統，都會受到提議的改變所影響。

　　這個階段包含了改變的戰術，執行的一步一步過程。要完成此階段，需要頻繁而清楚的溝通，在架構上支持改變，在過程中持續評估。提議的改變在這階段成形了。簡言之，解凍的冰變成流動的水，照著預先決定好的通道流到想要的目的地去。

　　階段 3：結凍（Freezing）。這是當新的想法成為現況，賦予能力的階段。改變達到最後一、二個階段，有了最終的形式。結凍階段還是牽涉到執行的過程，但這是最後一步，所提議的改變成為新的現況了。執行已完成，成為標準的操作，簡言之，現在那個新想法結凍了，變成在教會中堅固而可指認的一部分。

　　圖表 12.5 將改變過程的三階段摘要圖示出來。然而必須記得的重要事項為：這是持續的過程，因現在結凍的是上次最後的改變，一開始必須先解凍，這樣將來才會更好。

圖表 12.5　改變過程的三階段

解凍：對改變的抗拒
在一段時間後減少

結凍：因賦能
而參與新事工

流動：
策略地執行新想法

組織改變的策略與戰術

組織改變要能成功，牽涉到有策略的進展、對整件事情形成恰當的方法、有戰術的採取具體行動以達成策略。因此組織改變的戰術有兩個層面：（1）對提議的改變能增進的戰術（2）對提議的改變減少反對或抗拒的戰術。圖表 12.6 提供了如何在教會中執行改變的策略觀點。[7]

根據這些執行改變的一般策略，達成改變的戰術很重要，這樣才能成功地執行改變。

解凍戰術（Thawing Tactics）

有效的改變需要戰術，使教會或組織的成員認知需要改變，擁抱往前進的意願，採納新想法或新模式。這是執行組織改變最典型、最困難的階段。要達成此階段目標，下列有幾個建議的戰術：

- 對於改變，提供符合聖經和神學的理由，避免不符合聖經或不忠心、不支持新想法的負面涵義。
- 將提議的改變與教會或組織的使命和異象結合。
- 客觀地說明改變之需要，例如目錄不符合需要，分析出席人數下降的原因，出版調查結果等。
- 在過程初期就詢問教會、組織甚至社區的關鍵成員的意見。

圖表 12.6　改變的策略

改變 階段	挑戰 ／議題	總體反應 （策略）	行動步驟 （戰術）
解凍	克服對改變的抗拒	建造案例，使改變成為必要	指出或説明目前的事工或情況令人不滿的地方。
			提供機會參與改變過程。
			徵召支持改變初步行動的人。
			提供牧養，關注繼續反對的人。
			提供解凍過程的時間。
流動	改變過程的管理	發展改變所需的細節	對於想要的改變之初步行動，形塑清楚的觀念。
			將改變初步觀念藉各種方式溝通給會眾。
			針對轉換時期發展支持系統（組織，物質與屬靈方面）。
			對改變進展的回應，設計評估考核系統。
結凍	執行提議的改變	加強會眾改變的動力	贏得教會中關鍵領導者、個人、小組的支持。
			利用各種聲音如弟兄們、姊妹們、一般代表們來發聲支持。
			發展口號、標記、語言來支持改變的初步行動。
			藉著慶賀與公開表揚提供穩定性。

- 說明提議的改變並不是取代，而是對現況的另一選擇，所以不見得會使目前的活動、政策、程序消失，然而因為提議的改變能改進現況，以後會逐漸取代之。
- 避免強迫的觀感，要給大家時間考慮、思想、討論。簡言之，不要一提議，就立即投票。
- 在提議改變之前的幾個月，以講臺信息、課程、教會職員的演講，介紹新想法。
- 把提議的改變呈現為舊有的擴張或修訂，所以比較是對過去與現況的修正或調整。
- 用其他教會或組織的類似例子。指出他們的制度，避免看起來像「我也要」的可能爭議。
- 對議題做好功課，諮詢外面的權威，例如支持的刊物或專家，甚至教會或企業的顧問。
- 對提議的改變深思熟慮，包括目的與目標、執行計畫、能投入的資源、評估影響的方法。這個過程在第二個階段會繼續。

流動戰術（Flowing Tacics）

一旦贏得案例，做成決策，要開始改變了，管理者就要規劃一步步將決策整合到教會或組織中，朝著想要的改變邁進。下列方法與改變過程中的流動階段有關：

- 成立執行團隊，管理執行計畫的細節，回應沒有想到的困難。
- 從目前的 A 點到想要的 B 點，用故事看板將必要的步驟寫出來。海勒與辛得爾（Heller and Hindle）解釋說，除了指出改變過程中的步驟，故事看板還有兩個特徵讓任務可以接下去處理。一為將每個步驟對準整體改變任務，一為把任務量化。每個任務完成的天數或截止日期要事先決定。[8]

- 要使提議的改變容易管理，將改變分成具體的單一行動步驟，使每個人容易達成，而加起來就讓教會或組織朝向想要的目的。
- 決定執行需要的資源和時間表；定好日期與金額。
- 拜訪不同的教會與組織，一窺他們的經驗與成就。
- 發展完善的溝通策略的機制。對提議的改變之進展，整個組織如何得知？繼續能得到進展的消息嗎？你可以說這裡所在乎的就是習慣、習慣、習慣。
- 除了消息的分享，也要委身於讓會眾參與、開大堂會議、徵求民調（不是投票）、使用問卷等。
- 一對一傳遞新想法。對於教會與組織中的關鍵個人與發出的聲音，個別花時間處理。
- 列出清單，記錄任務的完成與責任，確保整體合作的執行是可以衡量的。

結凍戰術（Freezing Tactics）

提議的改變如何成為制度中的現況呢？這就是第三階段的任務，結凍。這是執行改變的最後階段。有幾項管理上的戰術可以促進新想法融入組織文化中。

- 對於改變，對大家的溝通要聚焦在採納與完成後的正面涵義與益處上。
- 強調提議改變的理由（why）與內容（what），而非作法（how）。解釋並聚焦在目的與目標，而非方法。
- 形成組織的政策與程序，以此使改變完成後更堅固。
- 在整個過程中，保持高度溝通，不但在頻率上，也在互相重疊的管道上。
- 組織改變的達成是經由團隊而非個人。因此，多表揚團隊的成

功，而非個人的成功。

• 慶賀任務達成！此慶賀也代表了提議改變的終點。

每個改變過程的階段都需要不同型態的戰術，我們使用每一種戰術去完成個人和組織要求的效能。

辨認「抗拒改變的人」

許多努力改變組織的人的致命的錯誤，就是低估了改變的負面反應。不只是對落後者，而是整個改變的涵義。對有些人來說，接受改變的過程帶來創傷，甚至與死亡類似──無法行動、否認、生氣、討價還價、沮喪、測試，最後接受。[9] 所以管理者應該不驚訝，在這樣與創傷相遇的過程中確實有衝突產生。

抗拒的來源很多，但同樣都對提議的改變懷有恐懼。這是對他認為神聖之物即將失去而有的反應，或因為會被他不認識的東西取代而有的反應。這些阻礙的來源是因信念（beliefs）和價值觀（values）受威脅，有個人方面的、也有人際關係的，還有組織方面的阻礙，甚至包括不信任上面的領導。下列是可能的抗拒來源，管理者必須察覺：[10]

解讀與神學： 對教會與基督教組織來說，獨特的一種抗拒是基於對聖經解讀與神學的不同。例如：抗拒對貧窮者和弱勢者的社會關懷，是基於他們認為傳福音只屬於靈性關懷的信念。解決方法：對提議的改變用正統的神學觀念來形塑，也許可有助於減少抗拒。

世界觀與價值觀： 改變絕不會是中性的，而是反映每個人的價值觀與優先次序，因此，持不同觀點的人會興起抗拒。例如：有人看重現況過於創新，有人不能接受舉債，不認為這是必要的。解決方法：向這些人溝通，解釋提議的改變對準了教會或組織的使命、異象、核心價值，可有助於減少抗拒。

人際關係： 組織改變是因組織內的人事改變。抗拒可能來自組織內

的人事變動。例如：個人感受、裙帶關係。解決方法：對這類可能的抗拒來源要注意，在規劃的過程中，要考慮關鍵者的感受與看法，也許就可以表達關切。

程序問題：改變受到抗拒，可能因為此決定與執行會違反大家期待的或同意的程序。例如：基督教學校宣布改變入學資格的決定，卻沒有讓教職員有發聲的機會。解決方法：程序問題的關切，要在執行改變之前就向教會或機構溝通，而不是預先就批准執行的程序。

制度主義：「我們以前從來不這樣做！」這類抗拒來自於把現況與傳統視為神聖不可侵犯的禁忌。例如：抗拒成立成人主日學的選修課，因教會的成人主日學一向都是分齡開設。這可能是最困難的一種抗拒形式，因為鼓吹者很真誠，只是不熟悉別的教會或組織那種作法。解決方法：減低這類抗拒的最好方式就是用歸納式的討論把改變介紹給大家，將改變視為新增的或另一選項，而非替代原有的。

短視的事工：抗拒可能來自對需要沒有遠見，使執行改變的解凍階段有問題。例如：教會營地不認知特別的需要或殘障者使用營地的需要，就不提供場地辦殘障週活動。這類問題的起因通常是他們沒有能力看到自己以外的需要。解決方法：提供精確的需求，運用解凍戰術，甚至提出見證和使用圖例，強調改變的需要。

不信任領導者：基督徒領導者被呼召要能「無可指責」（提前 3:2；多 1:6），「必須端莊」（提前 3:8）。當領導者無法帶領，甚至有不當的表現，不值得信任，聽到改變提議的人，就會不想加入支持陣營。例如：有人質疑場地的擴建，因為決策者之一是個營造商。解決方法：抗拒這種有問題的領導，就要設立高標準，使大家都可以就近觀察，可以看得到過程，並在有閃失時承諾會修正。

改變的複雜性：對改變的抗拒有可能來自誤解，或因為改變的提議太複雜，不容易理解。要有效回應這種抗拒來源，就要提供清楚、精確的改變計畫書。例如：在基督教學校要改教材時，提出了四十步驟的大

綱，而不是只用五個階段、每階段有八步驟來描述。解決方法：呈現的方式應該指出改變的合理性、執行的階段、強調將來會有機會澄清並不斷更新。

歷代的創新者：執行改變的過程，就隱含著今日的創新會變成明日的現況，然後被教會或組織中新一代的領導者挑戰。改變的抗拒可能來自沒想到的來源，就是另一個創新者，他想保存自己的創造。例如：新的營地經理對理事們提出改變營地標準的行事曆，而理事中有前任的營地經理在座，當初是他設計此行事曆的模型。解決方法：在改變過程的早期，請教歷代的創新者，使他們也成為改變過程中的一員。也展現改變與原本之間的關連，而不指出過去之創新的錯誤、缺失或沒有效能。

個性：抗拒改變也常來自個人對提議的恐懼感，例如：有些人就是不愛冒險，喜歡恆常穩定的安全感，而不會看到改變的需要。有些人可能不願意受苦或犧牲，因為新想法從生出來到成長結果，需要受苦犧牲。自滿也同樣是問題，會看不見別人的需要，只看到自己的需要。若有人已經在現有的組織架構內占一席之地，而改變會帶來挑戰，他們會看到自己現有的身分受到威脅，或害怕新職位可能增加責任。解決方法：教牧人員及時的現身牧養是最好的回應，這些擔心害怕，要以同情心來緩解，教牧人員可提供屬靈方面的顧問。

力量場域的評量

管理者如何知道支持已經足夠，可以進行改變的初步行動了呢？我們可以運用力量場域（Fields-of-force）來分析。圖表 12.7 圖示了這種分析。此圖表描繪了對於主日學改變課程想法的支持或抗拒，是否從聚焦在內容的課程改變到聚焦在應用的課程。偏好改變的人包括基督教教育傳道、多數的主日學老師、會眾中參與基督教教育部門的同工、多數父母們以及宗派的領導者。支持的程度從 +1 分到 +5 分，用箭頭長短表示。

圖表 12.7　力量場域的分析

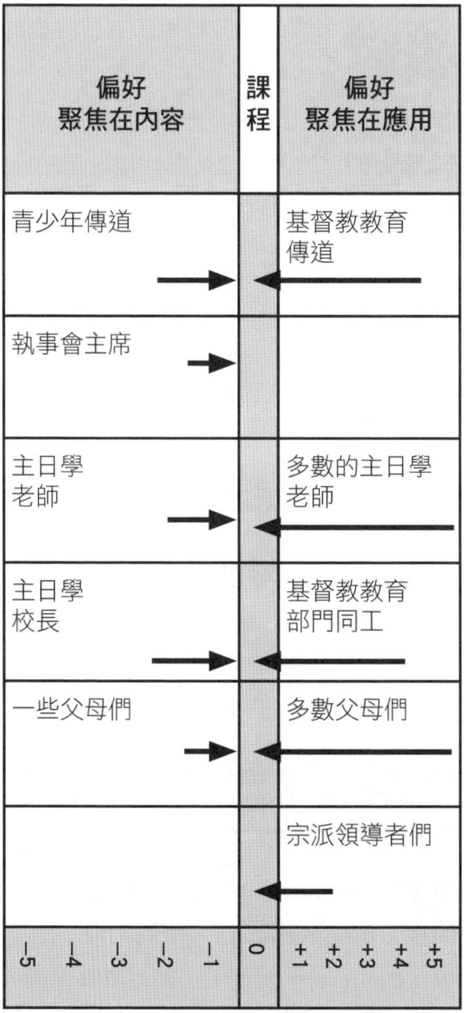

偏好 聚焦在內容	課程	偏好 聚焦在應用
青少年傳道　→	←	基督教教育 傳道　←
執事會主席　→		
主日學 老師　→	←	多數的主日學 老師　←
主日學 校長　→	←	基督教教育 部門同工　←
一些父母們　→	←	多數父母們　←
	←	宗派領導者們　←
−5　−4　−3　−2　−1	0	+1　+2　+3　+4　+5

反對改變的人，偏好現況，包括青少年傳道、執事會主席、一些主日學老師、主日學校長、一些父母們。同樣的，偏好現況者的抗拒力量也從 –1 分到 –5 分的尺度來表示。分析顯示支持改變的力量有 23 分，抗拒改變的力量有 9 分。

怎麼知道如何評分呢？如何評定一個人 2 分、另一個人 5 分？顯然，正分是偏好改變者的尺度，負分是偏好現況者的尺度。但你如何派定一個數字？這有好幾個評定聲音力量大小的標準：（1）數字。顯然算人頭在評估力量上是必須的。（2）受尊敬的個人。一個受尊敬的個人比五十個非領導者者更有影響力。（3）受影響的人。被提議的改變直接影響到的人要包括在評估內，他們的分量要比不受影響的人大。（4）有職位的人。在教會或組織內有領導者職分或有權做決策的人要加重分量。雖然此過程不太科學，卻是一種可以對改變的決策比較客觀的方法。此分析能指出為了促進對改變的接納，哪些場域要更多關注。

衝突的準備

改變與衝突是一體的兩面。抗拒改變通常以某種衝突的形式出現。有能力的管理者會認知此事實，對提議的改變引起的各種程度抗拒，採取恰當的管理方式，來面對無可避免的衝突。衝突不都是同樣的。有不同程度的強度。史皮德‧李斯（Speed Leas）指出了「宗教性爭論」的五種程度：[11]

程度 1：困境（Predicaments）。每個人聚焦在問題上。

程度 2：不同意（Disagreement）。每個人聚焦在自我保護上。

程度 3：競爭（Contest）。每個人公開從事贏／輸的競爭情景。

程度 4：對打／潰逃（Fight/Flight）。每個人以對打或潰逃來破壞關係。

程度 5：棘手（Intractable）。每個人把傷害對手合法化。

　　每種程度的衝突都需要恰當的回應。多半教會的衝突在程度 3 之前都還可以管理。在程度 3 時，互相不同意的雙方開始出現一般的扭曲現象：[12]

- **二分法**：互相衝突者彼此以極端用語來看待此情況，例如對／錯，黑／白，沒有灰色地帶。
- **普遍化**：互相衝突者以「每個人」「所有人」「從來不會」的用語說話。
- **放大法**：互相衝突者密切注視每個事件，不按比例原則把小事擴大，或做洋洋灑灑的解釋。
- **訴諸情緒**：互相衝突者強調對方使自己害怕或受傷，或以顯示憤怒為手段，讓改變的過程岔出軌道。

　　對程度 3 最好的回應就是向對方增加清楚而直接的溝通，強調雙方一致之處，指出事件根源的價值。[13] 超過程度 3，也許就需要專業的衝突管理人，或外面的第三方來促進對話或調解仲裁。

面對組織衝突的方法

　　對於衝突情況，我們要用什麼策略回應？一般來說，管理者必須決心用肯定的態度來回應、想得勝或有合作的精神、看重關係與對話來解決問題。這兩軸合起來，會組成四種可能方法面對衝突的出現（圖表 12.8）。

　　競爭者（Compete）與合作者（Collaborate）都是高肯定者，區別在於肯定組織改變的價值之高低。競爭者會看到有輸家與贏家，而合作者想創造所有人都是贏家的情況。肯定態度很低的人就是懦夫（Cower），他們避免衝突，無可避免地委身在輸的策略中；妥協者（Compromise）則是在必要的改變中想保持關係而受挫的人。當然，妥協者與合作者都是很重視組織內的關係者，而競爭者與懦夫則否。最好的回應是合作，這是雙贏的策略。

　　這些策略，我們舉例更加說明。畢靈斯（Billings）在蒙大那州的和平事工組織（Peacemaker Ministries of Billings, Montana）指出了教會中衝突行為一般有三種類型。圖表 12.9 指出面對衝突可能產生的回應行為與動作，注意，和解的回應經常會潛入逃避或攻擊的回應中。[14]

圖表 12.8　衝突管理的策略

高 肯定 低	競爭者 （贏／輸）	合作者 （贏／贏）
	懦夫 （輸／輸）	妥協者 （輸／贏）
	低　　關係　　高	

圖表 12.9　對衝突的回應

逃避的回應 （懦夫）	攻擊的回應 （競爭者）	和解的回應 （妥協者，合作者）	
• 否認 • 潰逃 • 自殺	• 訴訟 • 突擊 • 謀殺	• 個別的 • 一對一 • 忽視別人的冒犯 • 討論 • 協商	• 協助 • 第三方協助 • 中間人 • 仲裁 • 教會紀律

結　論

改變在組織中是無可避免的。不論基督徒是否在使命中服事，世界也總是在改變。在世界中運作的組織也會經歷改變。不論正面或負面，改變就是會發生。身為基督徒領導者，我們可以選擇支持、回應改變，或者選擇主動地管理我們生命中改變的影響。比較健康的回應是要刻意地去注意。不幸的，改變也帶來衝突。我們再次說，基督徒領導者要將改變視為正面而非負面的。衝突能給我們增加對話與討論的機會。把我們從舒適地帶引出來，在我們生命中創造一種不平衡。而並不是所有的動盪都是不好的，事實上，多數的衝突若按聖經觀點處理得當，會有正面的結果。

不論衝突多麼有張力，基督徒的管理者必須維持教牧關懷，在衝突中現身。朗‧蘇撒克（Ron Susek）在他的《烈火》（*Firestorm*，中文書名為暫譯）一書中，討論了對衝突的六個合宜的教牧回應，每一個都視衝突情況而定：[15]

站出來（Step Out）：在衝突中，設立榜樣，提供模範的行為。

介入（Step In）：做中間人，提供雙方一個共同點。

超越（Step Over）：高於衝突之上，提供一個高於衝突而可以聚焦的主題。

加速（Step Up）：面對面質問衝突的雙方，對衝突的源頭提供直接的回應。

退後（Step Back）：讓衝突自己熄滅，提供空間讓衝突繼續下去，但因為缺乏燃料就使衝突擴大的可能受限制。

下臺（Step Down）：從衝突中退出，對於不需要管理者介入的衝突，不提供支持，也不參與。

身為基督徒管理者，我們對一起服事的同工有責任，也對教會或組織中同工的情況要提供教牧回應，即使對衝突的雙方，我們一樣有責

任。對有些人來說，實在很難接受改變，但對另一些人來說，他們是以熱情來歡迎改變。不論哪一種情況，教牧精神必須得勝（prevail），以維持組織的基督教性質。

第十三堂
組織的決策與溝通
Decision Making and Communication within the Organization

詹姆斯·伊斯泰普

　　我們每天都在做決策。個人方面，我們有日常例行的決策要做，像穿什麼、去哪兒吃午餐等。通常，這種日常的選擇對我們影響很少。然而，也有重大的、會改變生命、里程碑一般的抉擇，像選擇大學、職業或另一半。決策的過程可以簡化到只要回答自己的問題就好。這種**個人**的抉擇，不論多複雜或多麼像里程碑那樣重大，相較於關係到許多人的管理過程抉擇之複雜，是不能比的。毫無疑問的，部門會議、委員會、小組、團隊、專案，都需要做決策。有些決策是例行的，有些是里程碑式的，決策過程的管理是十分緊要的。

決策的迷思

　　大家對決策有很多錯誤的觀念，使大家想要做正確的決策時，感到混淆困惑，因此危害了決策的目的或任務。下列就是一般人對決策的誤解：

誤解 1：決策不一定都有神學根據。對於福音派的人來說，每件事情都與神學有關。不論性質上看起來多麼例行平常或似乎與神學無關，決策都反映了我們的價值觀，而價值觀又與神學提供的資訊有關。並且，每個決策都應該會尋找是否有聖經先例。對基督徒領導者來說，所有決策都直接或間接與神學有關。

誤解 2：決策只發生在組織的最高階層。事實上，決策在整個組織內都會發生。領導者、經理、特別方案與任務的主管，都要做決策。當然策略性的決策是由組織的領導者來決定，但日常運作的決策在整個組織內都有。

誤解 3：有了精確又立即可獲得的資訊可保證做出好的決策。精確又立即可獲得的資訊對於好決策很重要，但並**不能**保證可以做出好決策。錯誤的是，例如不能為每個利益相關者發聲的決策過程，或對數據有偏頗的解釋，就算有了最高品質的資訊也會讓決策錯誤。

誤解 4：單獨一個人做決策與大家一起做決策，一樣容易。正如前面所述，就算在最理想的情況下，企業的決策比個人的決策要加倍複雜得多。個人的決策只要面對自己的觀點與關切，團體的決策面對這團體中每個人的觀點與關切，並要管理個人與個人之間的整體互動協調。

誤解 5：小團體做的決策會比較好。愈小的團體在關係上的牽連愈少，也只要與較少人的觀點抗衡，但不表示這樣的決策就比較好。也許會比較容易做決策，但不一定是比較好的決策。再者，如果團體太小，可能沒辦法代表整個組織，也可能用了不智的決策過程。因此做決策的團體大小與決策成敗不相關。

誤解 6：決策應該以絕對客觀的理由為基礎。人並不能絕對客觀，人有情緒、不同價值觀、不同的委身，甚至這些都接近不理性的邊緣。決策不能只以是否客觀為標準，也要有認知的方法，並得到情緒上與價值觀上的支持才行。同樣的，需要做決策的問題或事件，可能與人的情緒或智力的需要有關。當然客觀性是很有價值的，但不能被視為採取某

行動的唯一的或最好的理由。

誤解 7：決策應該由行動者自己來做。事實上，剛好相反。管理決策（administrative decisions）是整體決策過程的產品，不是每個人自行的決定。事實上，如果由代表團體的個人來做決策，此人可能有賄賂整個團體的意圖。

簡言之，做管理決策是複雜的，不可小覷。恰當地理解如何做決策，可以保全其過程，並增進有效決策的可能。

決策的類型

決策不都是一樣的。例如，賀賽和布蘭查認為在試圖改變的決策中，有兩件重要的事情：診斷，決定要做什麼；執行，決定如何去做。[1] 然而，就算在這個大範圍內，每個決策的性質還是不同。海勒和辛得爾指出了八個類型的決策：[2]

1. **不可逆的。**一旦決定就不可以解除的決策，例如簽約買賣一個公司。

2. **可逆的。**可以完全逆轉的決策。在雙方同意的行動之前、之中、之後，都可逆轉。

3. **實驗性的。**在第一次結果出來並證明能讓對方滿意之前，都不算最後決策。

4. **反覆試驗性的**（又稱試錯法，trial-and-error，譯按）。在知道規劃可能被真正發生什麼而被迫改變下所採取的決策。

5. **階段性的。**初步決策之後，接下來的決策要看每個階段中，互相同意的行動完成之後才能決定。

6. **謹慎的。**允許之後有偶發或問題出現的決策。做決策者想要萬無一失。

7. **有條件的。**某些預見的情況出現，決策就改變。是一種有開放性

選擇的決策。

8. **延遲的**。先暫停，等到決策者感覺時機對了才做的決策。必要的元素出現之後才往下走的決策。

雖然在組織架構內的各層面都在做決策，各決策的重要性也不同，對教會的影響也不一樣。圖表 13.1 描繪了任何一個組織中三種基本的管理階層（領導階層、經理、方案主任）與每個階層的不同種決策（長期的、策略的、運作的），每一種決策對下面都有影響。領導階層做最有影響的決策，是有長期重要性的，例如組織的使命、異象、價值。管理好幾個方案主任的經理，要做策略性的決策，例如主日學三年招生的目標，開設的課程或基督教營地設施的五年擴建計畫。每日例常的運作決策，則由方案主管來負責，例如聖經學校校長決定下一季的主日學要訂多少教材。領導階層愈高，決策過程中的複雜度與重要性就愈大。

圖表 13.1

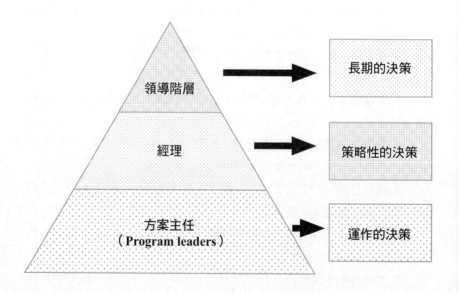

用數字做決策

公式提供了幾乎絕對的肯定性。例如 2+2=4，兩個氫原子加上一個氧原子產生水（H_2O）。然而，決策**不是**公式。決策過程有某些可定義的步驟，概述任務以決定方向（診斷），然後在組織內執行（行動計畫）。圖表 13.2 列出了個人與團體在決策過程中的基本步驟。

圖表 13.2　決策的步驟

診斷的決策
- 持續進行靈性的預備
- 清楚定義事件或問題
- 說出想要的結果
- 收集相關的資訊與資料
- 收集替代方案的想法
- 發掘並辯論出最好的替代方案
- 做決策
- 形成政策／程序

執行的決策
- 發展執行計畫
- 執行想法
- 評量決策
- 評量整個過程

步驟 1：持續進行靈性的預備

這是做有效決策的第一步和最後一步。決策能夠**屬靈**嗎？絕對可以！有幾種方法可以使決策變得屬靈。參與決策的人可以在靈性方面預備自己，委身於禱告、禁食、靈修、在做決策期間、個人進行神學反思。

韋恩·雅各布森（Wayne Jacobsen）建議了在團體中共同禱告的幾項指南：[3]

- 禱告要活潑有動力，對每個聚會的特殊性要很敏銳。
- 幫助成員了解「神要的只是單純真誠的禱告」。
- 這是共同的禱告，可以用會話式的禱告接著別人的禱告加進去。
- 不要太聚焦在公事上的結論，而要在我們的態度與觀點上。
- 每個成員都要希望神的旨意成就在團契當中。
- 神的智慧不只給一個人獨占。
- 我們必須彼此信任。
- 總之，別怕犯錯。

參與決策者應該要從考慮神學觀點著手去做決策。不論決策的性質為何，都要符合神學的幾個總體標準：

- 這決策榮耀神嗎？
- 這決策與聖經中神啟示的旨意一致嗎？
- 這決策顧及人的靈性嗎？
- 做成這決策是奠基於成熟忠心的呼召嗎？
- 這決策更穩固了基督教會的性質，促進其使命嗎？

這些問題可視為決策的總體標準，提供神學考量，去做成策略的、長期的、運作上的決策。最後，決策可以根植於聖經上的先例。聖經中，神百姓做出的類似決策，可以光照我們檢視自己所做的決策，也讓我們與過往的信仰團體有了屬靈傳承的接觸點。

步驟 2：清楚定義問題或事件

決策者需要有目標。目標愈清楚，決策就可以愈精準。整個團體要能發掘、釐清、測驗、總結到底要決定什麼？很有可能每個參與決策的成

員對問題或事件都有一點點不同的理解。因此，若沒有此釐清步驟，這團體會經驗到決策過程的混亂。在這個步驟中，決策者要參與兩種思考過程，要不就是直線性思考、要不就是系統性思考。直線性思考是假設問題較簡單，需要單一的回應；系統性思考是假設問題較複雜，需要多方面的回應。除非決策者能一致同意問題所在，說出來、寫下來、清楚定義的問題，否則就不能開始恰當地思考問題，更別說提出有效的決策了。

步驟 3：說出想要的結果

成功的決策有哪些標準？如果問題解決了或事件充分處理了，什麼才是**想要的效果**（desired effect）？通常來說，標準就是個鏡子，反映了前述步驟的定義。例如，一個基督教學校決定了如何發獎學金，其中一個要考慮的事件就是對女性與少數民族的公平性，那麼想要的結果就是，女性與少數民族可以公平地申請獎學金。我們再次說，直到參與決策者可以寫出整套想要的結果，否則就不可能做出有效的決策。正如前述，有的事件要求系統性思考，因為很複雜，所以不能用單一的回應充分處理好。同樣的，想要的結果也不一定是單一的，所以要提出整套複雜的想要結果，才能處理這種情況。

步驟 4：收集相關的資訊與資料

有效的決策需要準確、可信、當今的資訊。決策者必須從事的包括：找到真相、收集資料與看法、甚至調查信徒的意見來收集需要的資訊。決策還沒做成之前，也還沒有提出替代方法之前，很重要的就是對目前的情況有正確的認識，然後進一步定義目前的議題。相關資訊可能有各種形式，視處理的事件而定：

神學的。決策者要針對討論的問題查考聖經，並檢視自己的神學傳統，提供屬靈的洞見。這樣，基督徒管理者可避免實用主義的陷阱和制度上的便利。正如凱倫·尤斯特（Karen Yust）評論的：「每個教會委員

會的主要目的都是去找出神對教會生命（church life）的旨意。」[4] 每個基督教組織的決策，一定要持守教牧方面的考量。

　　統計的。為了對問題或事件有更正確的定義，或看到重要性，計量的數據也許是必要的。例如根據出席率突然增加，基督教教育委員會決定設立新的主日學班級，比較謹慎的作法是要認識這樣的統計資料，如增加了多少人？目前主日學的班級數目、報名情況、班級可能的大小，能來教導的教師人數？

　　法律的。有些情況下可能需要法律諮詢。所以可能要請一位律師成為決策者的顧問，例如，一個營地的董事會／理事會製作了人事手冊，包括聘僱與解僱的政策，或他們設計了教會的兒童安全政策與程序手冊。這兩種情況，都需要不違背或不規避州政府或聯邦政府的規定，所以必須有法律顧問。

　　歷史的。規劃與決策過程的其中一部分是要了解組織的過往與現況。可能必須找尋歷史事實，以探明什麼元素或事件造成問題的目前情況。是什麼引起問題？什麼讓事件現在浮現？組織在過去如何處理這個議題？

　　財務的。許多決策都有預算上的意義。事實上，多數決策最後都對預算有影響。目前情況在財務方面影響的資訊極為重要，特別是要做的決策與財務相關。我們有多少資本或信用？許多這類的預算決策，會造成漣漪效能，影響個人的、家庭的、其他構成組織的預算。例如一所基督教大學決定提高學費，要問的是不僅對整個大學預算的影響，也要問對父母與學生們的財務影響，對可能的學生補助金或學生貸款變多之影響。在辯論是否用替代方案前，獲得正確的財務樣貌是很重要的。

　　組織的。評估組織的目前情況也能提供做決策的必要資訊。在任何決策之前，先要看組織是否健康？這方面有的要用統計資料來看，也必須要看組織的使命、異象、價值觀。因此，決策者也要透過組織本身來思考問題。

很重要的就是收集**所有**可獲得的資訊，預備好給**所有**決策者，不要篩選，或限制某些人才能得到資訊。簡言之，每位決策過程參與者都從相同的現況開始。

步驟 5：收集替代方案的想法

決策者要從事腦力激盪。決策者要提出每個可能的想法，不做評估或評論。腦力激盪的目的就是讓參與者的想法快速持續提出來，提愈多愈好。因此，團體必須開發冒險的想法，鼓勵創新，記錄**所有**腦力激盪的結果。團體把類似的替代想法分類，以提供初步資料的分析。一個需要記得的重要事情是，這並**不是**真正的決策階段。決策的本身最後可能來自腦力激盪中的一項或多項之組合，**但是**決策在這個步驟還不成熟。

步驟 6：發掘並辯論出最好的替代方案

腦力激盪之後，決策者要決定哪個想法是最想要的？哪個替代方案可以達成想要的結果？為了恰當處理問題，所有腦力激盪的替代方案都要評估，再決定何者最能得到想要的結果。這可以由 SWOT 分析得到。此分析可讓決策者評估腦力激盪出來的替代方案是達到標準（優點）還是未達標準（缺點）。（參第五堂課有關執行 SWOT 分析的更多資訊）。也可以回到步驟 4 得到的資訊，評估哪一個替代方案是最想要的？替代方案愈正確，就愈能評估，好決定可能的正面結果（機會），執行時可能的冒險（威脅）。

圖表 13.3 提供想法評估的圖表，有兩個元素可看出成功決策的確定性高低：（1）想要結果陳述的準確度（決策者知道需要解決的問題所在嗎？）與（2）決策者推薦的方法的信任度。

當決策過程接踵而至，想要的替代方案浮現，使可考慮的選項縮減。準確性與信任度愈高，確定性就愈高，否則就愈不確定，兩者之間的就屬於有風險。

圖表 13.3

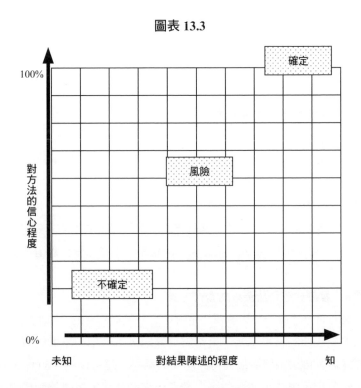

步驟 7：做決策

　　這個步驟中，最能解決問題的替代方案已經不需要證明，在腦力激盪時已經評估過，是留在清單最上面的，很明顯就要選擇它了。重要的事情就是**何時**要做最後決定。可能需要的就是設立決策的截止日期；或一套大家同意的進程，之後就要做決策。不論用什麼方法做決策，決策過程中的整個診斷階段一定要先完成，才能往下進行執行階段。這種決定要根據前述的標準，秉承事先已決定好的流程，**而非某些人最後的接受或拒絕**。

　　有沒有修訂決策或大翻轉的情況呢？只有當證據顯示，決策過程用了不確實的數據和資訊，或當情況顯然改變，先前的定義和想要的結果不符合了，才要改變決策的過程。這時可以從第 5 或第 6 步驟重新開始

或整個從第 2 步驟開始。

　　一般來說，組織常有四種可能的決策模式，每一種都基於團體與領導者的關係。[5] 決策要不就是由一個人（即領導者）做成的，要不就是由團體共同做成的。當領導者有責任做決策時，要不就是經由**權威式**（dictation，一人說、一人聽寫，譯按）的方法做成的，要不就是經由**磋商式**（consultation）的方法做成的，也就是決策者給大家機會去問問題，並對決策做出解釋。一人決策通常比團體決策簡單，因為可以避免維持團體動力的麻煩、避免共識或投票的麻煩、或有處理分門結黨的可能。但這不表示一人決策比較好，只是比較簡單而已。

　　後面兩種模式是當決策由團體共同做成，而領導者的影響逐漸減少的模式。**促進式**（facilitation）是假設決策由團體與領導者共同決定，所以領導者的角色就是促進決策過程，幫助決策者做出決策。團體決策的第二種模式是**授權式**（delegation）。這種模式的團體能自我管理，自己就能在決策過程中達成決策。決策團體自己選出領導者，所以被指派的領導者可以將決策權授權給一個有高度能力的團體。

　　當決策到這個層面時，投票決定還是共識決定的選擇就出現了。投票就是多數決，有可能使 49% 的決策者的意見不被考慮進去，可能產生憤恨，產生公開分歧。共識決總是比較受歡迎，因為大家對該採取的方向有**一般的**接納與同意，也會委身支持決策，雖然在細節上每個人不一定會背書。詹姆斯・梅斯（James Means）指出了做決策時，身為團體領導者的六個可能缺點：[6]

　　1. 領導者施壓，要達到成員不同意的目標。

　　2. 領導者用操縱的方法。

　　3. 領導者無法激勵人。

　　4. 領導者無法評估團體的潛力。

　　5. 領導者無法得到重要人士的助力。

　　6. 領導者無法掌握團體動力。

步驟 8：形成政策／程序

如果決策的內容不是政策或程序，就有可能必須形成政策和程序，使決策穩固。政策是事先決定的決策，而程序是事先決定的行動。如果決策的內容就是政策或程序，就必須把新形成的政策放入現有制度政策和程序手冊中。這個步驟就使決策成為正式的，也就是決策敲定了。

步驟 9：發展執行計畫

現在決策已經敲定了，注意力要轉向使之實現，這就開啟了決策的執行階段。新的挑戰在於從現況到新決定的情況，要形成一步一步的行動計畫。團體必須想清楚改變的過程，發展出執行決策的戰術計畫。此計畫要考慮的元素有：

- **誰**需要被告知此決策？誰被此決策影響？
- 成員或會眾**如何**被告知？
- 執行此決策需要什麼**資源**（人力和其他的）？
- 要**產生**什麼？（物質的與非物質的）？
- 有哪些一般所需的行動**階段**？
- 有哪些**具體**行動的步驟要採取？

這樣做，可能會看出本來未預見的執行障礙，然後去處理。許多絕佳的決策被很差的執行所阻撓，因為大家把注意力多放在決策上而非執行上。

步驟 10：執行想法

這一個步驟，說比做容易。當人執行先前所設計的規劃時，有些調整是必須的。然而，幾項普遍的道理在執行決策時還是要遵行：[7]

- 參與決策者的每一個人都要有一樣的異象，對此決策口徑一致，代表共同一致的決定。
- 要從最上層開始動員，且不停止。不斷向前進展對執行很重要，

這樣才能避免停滯。

- 當組織承認有需要，激進的改變才比較容易。
- 本堂課稍後會討論，領導者要提供執行進展的更新資訊，並對會眾增加正式溝通與持續對話，這對執行很重要。
- 既然數據會提供人的安全感，大家認知會眾有高接受度，可以成為對那些不為所動者提升接受度的方法。

步驟 11：評量決策

我們如何知道決策有效呢？我們如何知道所用的標準不只是理論，在實際上也行得通？我們如何知道決策是否讓我們得到想要的結果？如果假設在理論上這麼完美的決策，在實際上絕不需要確認其精確度，就是疏忽懈怠了。評估要視決策的性質而定，有不同方向可以行：從參與者和組織成員的反饋，或參與新方案者的滿意度分析都可以達成。決策是否成功的標準要可以衡量，並優先考慮決策體之外的聲音。

步驟 12：評量整個過程

從做這個決策的經驗，我們可以學到有關做決策的哪些功課？為使將來決策有效的機率增加，前車之鑑很重要。成功與失敗都可以讓人學習，決策團體下次會預備得更好。

決策在聖經中的樣貌

雖然聖經對決策過程並沒有提供有系統的大綱，但對神百姓做決策的洞見卻令人自省。其中一例在早期基督徒群體的生活中可見。圖表13.4 描繪了前述的決策步驟（左欄），與第一世紀耶路撒冷的基督徒群體與使徒所做決策的關聯（右欄）。

早期基督徒群體顯然將決策視為他們優先要考慮的，值得花全副注

圖表 13.4

前述步驟 1～12 的決策步驟	使徒行傳 6:1-7 的例子
持續進行靈性的預備	使徒們參與在很積極的基督群體中，他們以經常的委身而被大家知道（徒 2:42；4:31；5:41-42）。
清楚定義事件或問題	早期基督徒群體經驗到持續的增長，在飯食上超過使徒可以服事的，特別是對希臘的寡婦可能有忽略（徒 6:1）。因此，問題其實有四層面：（1）寡婦沒有人給她們吃，（2）人數增加沒有處理，（3）教會工作人員有限，只有十二使徒，（4）可能的種族／文化事件，如巴勒斯坦人對比希伯來寡婦等。
說出想要的結果	使徒顯然指出了他們想要的結果：（1）寡婦食物需求的處理，（2）人數繼續成長，（3）對此情況更好的管理，（4）討論已覺察到的種族／文化關切（徒 6:2, 4）。
收集相關的資訊與資料	使徒顯然知道目前情況，正如路加對早期基督徒群體面臨的情況之解釋。雖然使徒行傳 6:1-2 沒有解釋他們**如何**得知，從他們的回應看出對情況有充分的了解。
收集替代方案的想法 發掘並辯論出最好的替代方案	使徒們可能想過各種選項。例如對社群的增長叫停，維持現況。使徒自己可能會沮喪，要不就是停止**社會**關懷的服事，只聚焦在**牧養**事工（好像兩者可以真的劃分似的）。使徒也可以改變服事的焦點，從外展事工到「管理飯食」。同樣的，使徒們也可以決定只服事自己的族群（猶太人）而促使猶太／外邦兩種會眾的分裂。徒 6:2 所用的措詞，顯示至少他們考慮過替代方案。

接前頁

前述步驟 1～12 的決策步驟	使徒行傳 6:1-7 的例子
做決策	「所以」（徒 6:3），使徒們對基督徒群體想要的方向有了共識。他們在教會使命之下做了決策，這決策也更幫助了使命（繼續在神的道上服事）的達成，並處理服事會眾的需要。
發展執行計畫	使徒向基督徒群體解釋他們的決策，邀請他們一同參與。決策的執行是由會眾中選出七位來服事，這些人要符合事先設立的標準，得到使徒的允准／差派（徒 6:2-3, 5-6）。注意這選出來的所有七位都有**希臘**名字，因此有可能處理文化／種族方面的關注。
形成政策／程序	選七位服事希伯來寡婦飯食的事情，成為教會中平信徒服事的開始，後來有更多的執事，長老與其他使徒指派服事的興起（提前 3:1-3；多 1:5-9）。
執行想法	使徒們差派（「按手」）被會眾選出來的七位男士，讓他們服事（徒 6:5-6）。
評量決策	決策的效能得到正面的反應（徒 6:5a），人數繼續增長（徒 6:7）。想必他們想要的結果達到了（至少暫時達到了）。以後「這七人」繼續出現，似乎肯定了決策過程和事工的有效性（徒 21:8）。
評量整個過程	使徒行傳 6 章的決策，等於模擬了以後一件在早期教會與使命和方向相關的類似事件（徒 15:1-35）。

意力。他們展現了對使命的委身，也有檢視替代方案的意願，他們選擇了達到教牧目標的最有效方法，又對基督徒群體的看法與接受具敏感度。

組織內的溝通

喜劇演員阿爾伯特與科斯特洛（Abbott and Costello）演出的經典故事「誰在一壘？」，是「不懂溝通需有雙向性」的例子。故事中，阿爾伯特一直解釋棒球員在場上的位置，對科斯特洛來說卻是愈講愈迷糊，愈講愈令人吃驚。但不是因為科斯特洛無法了解阿爾伯特所說的，而是阿爾伯特不能聽懂科斯特洛的回應。簡言之，溝通是個過程，不只是內容或傳達的方法而已。

大多數組織和管理者都假設溝通是有效的，直到溝通不良，發生複雜的情況，才會注意或考慮溝通的問題。去查明情況時我們會問：「誰早就知道了什麼？」「誰對誰說了什麼？」「某人怎麼會知道？」「誰應該要知道這些？」

溝通不只是選擇字眼、句子結構或分享資訊的形式。溝通不是單向而是雙向的經驗。圖表 13.5 顯示了溝通的過程。從發出者的心智開始，包括他／她的想法和感知。這些想法和感知用話語、符號、圖像來編碼，就成為信息，可以分享。傳輸過程就是把信息傳出去，用不同方式如說話、副語言（如肢體語言，譯按）、非言語的、視聽的、多媒體或圖解等方法。現在信息被收聽者接收到了，他有自己的想法和感知，解碼的過程就開始了。收聽者用理解與解讀來了解信息。然後把對信息的反饋從收聽者的想法和感知角度回給發出者。

因此，在整個溝通過程中，每次的單一溝通，都一定會出現好幾個可能的版本：[8]

• 發出者（Sender）意圖要說的話或想法；

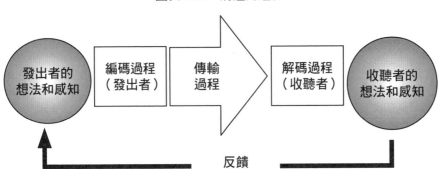

圖表 13.5　溝通的過程

- 發出者（Sender）真正說的話或編碼後（encoded）的信息；
- 發出者真正以為自己說了的話或發出者的自我評估；
- 收聽者（Listener）聽到的話或接收到的信息；
- 收聽者想要聽到的話或他的想法和感知；
- 收聽者根據自己的感知所做的解讀或解碼（decoding）；
- 收聽者以為自己聽到的或他對信息的了解；
- 發出者得知收聽者聽到發出者說了什麼，或得知反饋。

　　管理者對組織的溝通系統的安全性有責任。通常遇到的溝通問題是在想要的信息與感知的信息之間的分歧，這就讓溝通過程中的傳輸階段有了張力。圖表 13.6 顯示了解碼的主要問題，經常是由於傳輸的限制或無效，若加強了傳輸方法，解碼的問題就可減到最小，信息編碼的更具體方法就能夠增加。[9]

　　解碼的問題在神學背景下特別看得出來，因為專門用語滿載了各種涵義。例如**洗禮**一詞，甚至光從水的洗禮字面上就承載了浸入、澆灌、灑水等意思，而從隱喻方面還包括聖靈的洗禮，這就經常造成教會、基督教營地和學校的混亂與溝通不良。因此，傳輸的方法必須要多元、各式各樣，以確保準確的溝通，例如要在第一次使用專門用語時先定義，

圖表 13.6

解碼的主要問題

發出者想要的信息	傳輸方法	收聽者接收的信息

解碼的次要問題

發出者想要的信息	傳輸方法	收聽者接收的信息

或者不要用洗禮而把洗禮的形式也說出來，或在發給大家的文件上提供照片。

組織內溝通的原則

　　組織要依賴溝通文化的發展，這是影響力、想法、創新、初步行動之發展的所在。事工中的溝通型態顯示了對此事工的價值觀與優先次序。下列一些原則可以幫助事工領導者記住如何溝通才好，不論是對職員或對組織成員。

1. 擔任領導者階層者要做榜樣並擁護組織內敞開的溝通。
2. 事工要警惕防範傳達差勁的信息，特別注意會引起誤解或溝通不良的信息。
3. 基督教組織要確保言語行為上溝通的和諧。在說「要做的事情」與「實際上做的事情」，兩者都有誠信正直的榜樣。
4. 事工領導者應該經常與組織內成員和周圍較大的社群溝通。我們建議可用各種形式（新聞稿、備忘錄、會議等），而面對面的對話總是大家較喜歡的方式。
5. 組織應指派一人或一個隊來監控溝通，特別是文字溝通，設立一

個收集溝通事項的日程表。較大的組織要指派一人作對外發言人，訓練此人能勝任。

6. 事工必須要採用一種是成員普遍經驗的溝通文化，不致把組織內的溝通退化成閒言閒語。

溝通的方法

也許在組織中最通常的兩種言語溝通形態就是**書寫**與**口說**。書寫方面最普遍的形式包括新聞稿、網站、電子郵件，但其他種類的書寫溝通方法也很常見，從手冊到公關文件都是。當我們要寫一篇出版的文章或公開演講介紹某事物時，有四項建議如下：（1）解釋這次溝通的理由，讓讀者知道重點。（2）整個文件或演講都用摘要的方式，來引導讀者的心思，理解你提出的理由。（3）謹慎選擇措詞，要用詞精準。（4）最後，提供各種視覺指標，例如用不同字體和符號，標示溝通上的轉折點。[10] 大多數事工都限制了自己的溝通方式，但為了有效運作事工，必要的資訊可用更有創意的方式來介紹。

象徵式的溝通，例如人的肢體語言，可以是一種有力的溝通方式。我們要注意手勢或身體訊號的溝通。例如身體正面的姿勢包括微笑、點頭贊同、眉毛挑起表示注意或用手的動作來增加強調。負面的動作包括咬筆桿表示不確定、手摸臉或頸表示擔心（顧慮）、把手放在前額或鼻樑表示張力或衝突。[11] 查覺我們自己或別人的肢體語言，有助於溝通。同樣的，刻意使用肢體語言可有助於促進溝通。

視覺的溝通，通常在組織中伴隨著其他形式的溝通。像發給大家的文件、照片、圖表、其他資訊等，都可以用來增加呈現方式與口說的溝通。用這些材料加上語言溝通，並不保證信息的傳輸，但這些確實增加了傳輸的方法，提高人與人和組織內的溝通之精準的可能性，使溝通更容易互相理解。

現代科技提供了各式各樣新的溝通方法。這可能是很多組織在溝通方面還沒有完全善用的地方。《領導者》（Leadership）雜誌中有個漫畫似乎看出這一點，這漫畫中有位教會秘書，她的辦公室用古騰堡形式（Guttenberg-style）的印刷方法，問道：「牧師呀，你對要我申請要買的影印機，做了什麼決定嗎？」[12] 崇拜或開會中使用電腦投影，網站與電子郵件，這類的科技創新在教會與基督教組織愈來愈普遍。有些幫助教學的應用程式，如用網站搜尋的能力，可以增進教會、教會營地、學校、高等教育的教育議程。然而，這種科技例如視訊會議或透過對講機開全國會議，還沒有進入多數基督教組織的溝通規劃內。

也許最常見的面對面溝通方式就是**會議**了。第 11 堂課已經對會議的形式與功能提出了洞見。然而，還有三個基本問題可用來評估會議的溝通動力：[13]

1. 你的員工有沒有每週或例常的員工會議？如果沒有這類會議，員工會活在緊急情況發生的恐懼之下。例常的會議會讓事項放入議程，讓參與者有機會付出同心一致的注意。

2. 參與開會者是否分享對溝通的期待？如果該有的資訊都預備好，並有敞開的溝通，會議就能達到最佳表現。如果參與者期待的溝通沒有達到，會議就會在一種混亂、甚至懷疑的氣氛下進行。

3. 團隊多久做一次溝通有效性的評估？通常溝通若沒有受到直接注意，就會變成一種假設。明智的作法就是定期評估溝通的缺失與成功，使未來會議的溝通能改進。會議，就是最多組織決策的所在，也是工作完成的地方。會議的成功倚靠有效的溝通。

結　論

基督教組織的決策過程與溝通是很重要的動力。了解決策所涉及的基本元素能幫助領導工作更有效。一旦決策做成，就要溝通到整個組織

內。不論做決策的態度或溝通的方法，都要極為謹慎，以確保組織制度上的誠信正直。

第四部：人事管理
STAFFING

　　詢問任何一個非營利機構主管，哪一項是工作中所做過最困難的決定？答案往往都是「人事管理」。如何選擇員工的確是會對機構產生長遠影響的一個關鍵因素。召募、挑選、訓練適合的人員這項工作，對於一個機構是否能夠長久經營下去是非常重要的要素，因為人是一個組織最重要的資產，而人事管理則是所有事工進行的核心。

　　在過去不同的世代中，神揀選合他心意的人並賜下所需的恩賜。對於每一個先知、君王、牧羊人或牧者而言，神清楚地讓他們明白自己是神所選用的器皿，每個人都需要善用他的恩賜或才能使神能得到榮耀。在新約聖經中，我們發現有許多條列的清單說明所賜給信徒的各種恩賜（弗 4:11-12；羅 12:6-8；西 12:7-10, 28-30）。基本上，神對於事工發展的計畫是立基於祂所賜下的各種恩賜，當每一個人善用他所得到的恩賜，教會就會經歷健康的屬靈成長和人數增長。對於擔任事工領導者的我們所面對的挑戰，則是了解因著個人不同的恩賜所適合的事奉以及他們是否被呼召參與在這項事工之中。甘吉爾在他的書《建立教會中教導的領導者》（*Building Leaders for Church Education*）有明確的說明：

> 　　在基督教事工中，恩賜和呼召兩者之間必須有適當的張力存在其中。我們從新約聖經中明白聖靈依照祂的主權賜給每一個基督徒不同的恩賜，期盼這些恩賜能在教會中用來事奉基督。

而呼召就像是決定船舶行駛方向的舵。恩賜基本上決定了事工的內容，而呼召則決定了事工要在何處開展。

因此在事工統整中，負責監督和管理的人需要明白恩賜和呼召這兩項重要的要素，符合聖經的教導。

恩賜和呼召這兩個概念在教會或基督教機構召募員工時有著很深的應用，特別是當我們用來監督這些組織所從事的活動或評估其成果時則更顯重要。[1]

每一個事工領導者都需要瞭解召募員工時可能面對的張力，例如一個有前瞻思考洞見的員工，往往和個性隨和易相處的人有著完全不同的特質。熱情有異象的領導者往往比較難順服，而愛抱怨、隨和的同工則可能不容易激發他們的動力和熱情，而這兩項特質很難在同一個同工身上發現。就如同以下這位經驗豐富的事工領導者所分享的：

當機構或組織召募新員工時，人資主管在面對人員的多元性和內部團隊的一致性和相容性這兩項需要上，會發現兩者間有微妙的衝突。這情況往往很複雜，實際的經驗其實是一個團隊往往只能包容團隊中成員有某種程度的差異或多元，接著可能就要花大量的時間處理這些差異，最終這些過程可能還會損害一般工作目標的完成。

當有新的人員加入機構中時，就等於提供高階管理者一個機會，藉此來評估目前人力合作的整體狀況，檢視多元化的程度，同時進一步思考要採取何種領導策略來取得團隊合作適當的平衡和融合？主要的執行人員也需要事先決定對於組織而言最具策略性的員工組合，應用在召募新進人員和選擇新進同工的策略上，以期待可以達成預計的組合，藉此組織中的人力資源可以達到最佳化。[2]

人事管理則需要在這些或其他相關重要問題上掌握重點。簡單的定義「人事管理」，這項工作又可以視為「不斷地在填補組織架構中的各

種職位」，而寫出這項工作的定義比真正執行這樣工作簡單多了。[3] 因為大部分的事工都已經是進行中的事工，當組織使命、異象或具策略性的規劃一旦確定，事工就開始開展了。接下來就必須進行人力的盤點，確認可使用的人力的資源以及有哪些工作需要加入人力？有時候的情況是組織裡已經擁有人力資源，但是卻不一定被安排在適合的工作中，這時候，就必須做調整，好確保每一個人都能夠被放在適當的位置上效力。

　　若是需要增加人力資源，那麼就需要透過詳細的分析來確定所需要增加的員工數目和聘僱的條件。這些知識對於將來能確實地管理人力資源是不可或缺的。本書第十四堂課的內容就在討論如何召募到組織所需要的人力資源，同時也更進一步討論「如何管理每一個組織中的員工績效？」有很多的教會和非營利組織因為沒有適切地管理人員，而深陷法律訴訟當中。法庭認定機構對於自身的人事（無論是志工或支薪的員工）都有確實管理的義務，因此事工的負責人也必須了解法律的規定以及明白如何搜集相關的資訊？召募和管理志工則是事工領導人所需要面對的一項非常耗費時間的工作。若是能擁有相關的知識，好讓這項工作能有效能、有果效的進行，將是事工領導人很重要的一個優勢。

　　第十四堂課的內容希望能夠幫助事工領導者了解如何能裝備和訓練師資，往後可以用來訓練會眾。大部分的志願教師都有一顆願作的心，但是卻不具有足夠的專業知識。因此，訓練他們好具有執行工作的專業知識則是我們的職責。若沒有合適的訓練，他們將會很快地失去參與的熱情而中途退出。這些也會引發教會肢體的不滿和削弱群體的向心力。稍後的篇章也會有關於教室管理及各種教學法的探討。

　　而對於某些機構的監督者而言，協助支薪的同工在專業上有所發展往往會比和志工來得更加困難。這是因為支薪的員工和志工受到不同程度的熱情或動機驅使所產生的落差。當志工的表現不如預期時，組織的員工可能也感到挫敗或焦慮，而這些可能會影響團隊的士氣。通常志工管理者最大的恐懼來自於志工和受薪同工之間的張力，而這樣的情況非

常的普遍。當大部分的機構管理者被問到工作上最困難的部分為何？在三十個受訪的管理者中有二十九個人表示存在於志工和受薪同工之間的張力是他們工作中最令人困擾的一個部分。[4] 這個問題若是沒有及時處理，將會對機構的運作造成極大的破壞力。

第十五堂課的寫作目的是要協助讀者確認員工發展的關鍵要素。驅動機構中受薪同工服事的動機可能與志工參與的動機大不相同。知道這兩者的差異可以幫助管理者協助受薪同工去追求更好的工作表現。本堂課的重要在於「如何幫助員工能委身於事工之中，同時能有良好的工作績效」。

在第四部最後一堂課則是處理事工中有關法律和道德層面的議題。這一堂課的作者是一位曾經在丹佛開設律師事務所的執業律師，在完成他的博士學位之後，目前是南加州水晶大教堂全職同工。他為本書的寫作團隊提供了和上述相關議題有關的重要知識以及實際運作的經驗。除此之外，這一堂課的內容還提供讀者大量的文件範例，幫助讀者了解更多與主題相關的資訊。事工中一個小小的錯誤都可能對於組織未來的發展造成重大的損害。法律界有句話這樣說：「對法律的不知，不得作為抗辯的理由。」這句話對於有機會站在法官和陪審團面前的事工領導者更是如此了。希望這一堂課的內容可以提供事工領導者相關的事實，好讓他們能在法律上站得住腳，同時也列出相關的聖經經文成為依循的準則。

第十四堂
召募與篩選志工
Recruiting and Screening Volunteers

賴瑞·普歇爾

　　我第一次接受召募而參與教會服事的經驗，其實是發生在某個星期三晚上的年度事工會議上。當時我剛從軍中退伍幾個月，於是我回到位於肯塔基州的故鄉。我從小到大所參與的那個小型社區教會正在舉行一年一度的事工會議，準備在會議中選出教會的同工和教師。這場聚會參與的人並不多，然而對於會友來說，不出席這樣的聚會其實是一件危險的事情，因為這代表你可能會被指定負責某些事工，同時事先完全不會被知會。而那場聚會中，我被指定參與在兒童主日學的服事，在初級的主日學課程中教導五位低年級的男孩。過去這一年，他們的母親們曾經嘗試要自己擔任這堂課的老師，但後來每個媽媽都很快地退出。當我試著拒絕這項被指派的工作，同時告訴孩童的父母和會眾幾種可能發生的後果後，我很快地明白自己無法拒絕這項任務。

　　接下來的一年，我和瑞克帶著這五個小男孩開始了一趟改變生命的旅程，接受牧養這五個男孩的工作，幫助他們面對生命中各種挑戰。當我承接這項服事時，一方面戒慎恐懼，另一方面覺得這項服事的內容實在令我應接不暇。而我之所以接受這項委派，其實是為了這幾位被父母

管得死死的可憐小男孩，當時的我並不明白，而在往後的日子裡，我卻因著這些持續一生的關係而深受其益。一開始，瑞克和我用非常笨拙的方式與學生們在課堂內外建立關係，我們將自己幼年所學到的一切灌輸給這五個小男孩。然而在我與這些男孩們互動的過程中，我學到了一個深刻的經驗。其中一個男孩的媽媽告訴我一個事實：她提醒我在課堂中要留意我的言行，因為她的兒子正在觀看我所做的每一個動作。這真是一個沈甸甸的真理，我開始察覺我對於他人竟然有影響力，這項體認對於我的屬靈成長和歷程造成深遠的影響。

事實上，召募志工的目的並不是只要找到一個熱心的人，然後將他安置在一個沒有人願意承接的位子上如此而已。召募志工這件事情要具備有國度的眼光。即便瑞克和我因著主日學的事奉，生命的確有所成長，但是回首過去，召募我們參與這項服事的方式，的確仍有許多有待改進的空間。

這一堂課的內容將會探討教會的事工及機構應該如何召募及篩選（screen）志工，首先我們會先從聖經和神學的角度來討論「如何邀請信徒參與屬神的事工」？接下來會開始檢視今日的教會召募志工時所遇見的各種問題。最後，本堂課的內容將會專注在討論教會用來篩選志工的方式。

合乎聖經託付的志工事奉

在今天，你可能很常聽見以下的論述：一個企業經營成功與否的關鍵在於本身是否清楚自己營運的目的。不論是在一般商業的情境中或是在各種基督教事工中，**使命**和**異象**往往是被用來定義目的的兩個專有名詞。一個企業可以花費非常多的金錢和精力來發展有關企業使命和異象的論述。而教會所被賦予的使命和目的則是依循聖經中主耶穌的教導（太 28:18-20）。這段經文又被稱為「大使命」，同時也是教會存在最

主要的意義。因著神在聖經中明確的指示，教會完全可以省去摸索的時間，同時會眾也不需要花費大量的時間研究和討論何為教會的使命？教會的領導者也能從這些經文中找到禱告的方向，尋求神所賜給他們的異象。**異象**這個詞的定義則是用來表明個別教會協助完成大使命的方法。在之前第三堂課的內容中，這些詞語和概念都有相關的延伸與探討。

很可惜的是，很多教會把事工中的任務簡化成只是在專業上盡責，就像我們從事娛樂活動或外出吃飯時所接受的服務一般。消費主義已經深植人心，在聘僱傳道人或同工來滿足事工單位的某項特定需求時，更是如此。但上述的作法或概念符合聖經的教導嗎？

以弗所書 4:11-12 所陳明的內容和現今世代的招聘模式大不相同。大使命所帶出的是全球性的事工，這樣的使命如果單單只透過全職的傳道人來執行的話，恐怕會令人覺得不堪負荷。神明白這一切，在以弗所書的經文中也明白指示普世的教會要如何面對這樣的挑戰。以弗所書 4:11 列出在教會中存在的各種不同的職分，每個職分都有神所賦予的不同恩賜。擔任這些職分的人必須被視為神因著特定目的所賜給教會的禮物。以弗所書 4:12 更指出**牧師**和**教師**的主要工作是在裝備聖徒。全職的傳道同工往往都被認為是接受教會會眾的聘僱，主要工作是在執行教會內會眾指派的各項任務。而這樣模式悖離了聖經在以弗所書 4:11-12 的教導。

在會眾眼中，牧者和同工往往具備專業的技能，也接受過完整的訓練，這使得某些全職傳道人誤以為自己的身分是常駐在教會的專業人士，職責在於執行各樣的事工，而不是聚焦在裝備聖徒。如此消費主義的思想導致信徒產生一種錯覺，認為自己在教會中是接受服務的一方，而不是在教會中成為神的僕人。以弗所書 4:11-12 教導教會要裝備聖徒來參與教會中的各樣工作，而這才是所謂的建立教會（builds up the church），因為教會乃是基督的身體。

聖經中對於教會使命、傳道人工作以及教會中個別成員所扮演的角

色有著完整的論述，這也提供了倍增領導力（leadership multiplication）的模式。只要留心觀察就不難發現，現今的教會中有太多的人實際上只承接非常少數的工作。要解決這樣的現象，就必須回到聖經中所明示的門徒訓練、信徒的事奉以及如何倍增領導力的教導之中。

彼得前書 5:1-5 呼召教會中的長老要牧養教會中的羊，而這是神所託付的責任。「牧養羊群」的比喻也說明一個領導者所承接的責任不只是處理一連串的任務罷了，事奉神所需要的是領導者和跟隨者雙方都能把事工中的各樣工作，看為一種在他人生命中的投資，而這些投資在個人生命中的各樣努力也等同於投資於神國的各樣事工之中。除此之外，提多書 2 章也明白指出監督的工作內容，提供了事工的領導階層一個可以依循的模式：年輕人要接受年長者的教導，年少的婦女也要接受老年婦女的指教。

事工的領導者必須負責協助每一位神所託付給他的成員參與完成神的大使命。這並不是說事工的領導者就不需要實際參與在事工的各樣工作之中，而是著重在提醒事工領導者「並不需要孤單一人來完成所有的工作」。事工領導者的職責在於花時間和精力來栽培神所託付給他的同工，所以倍增領導力就是參與在培育門徒的各樣工作中。

召募的難題

我之前接手那個沒有母親願意繼續負責的主日學課堂經驗，正好可以做為「如何不要召募志工」指南。教會和非營利機構往往透過召募志工來滿足教會或組織中立即的需要，而對於未來的人力資源分布則沒有妥善的計畫。這樣用人的模式往往造成往後各種危機的發生。而我當初因著對於所屬教會向來「用人方式」的察覺，使得我原本非常想要缺席每一年的事工會議，但是我又很怕一旦缺席，不知道會被指派何種工作？基於恐懼，我還是出席了。這其實只是其中一個例子，足以說明為

何教會總是無法找到能夠因應事工所需的志工。丹尼斯‧威廉斯（Dennis E. Williams）和肯尼斯‧甘吉爾則試著提出了許多與召募之間相關的問題，[1] 當中有部分的問題會被摘錄在本堂課接下來的段落當中。

屬靈問題

任何關於事工中「是否有足夠的工人？」這類型的問題，首先要被視為一種屬靈問題。在馬太福音 9:36-38，我們知道當耶穌觀看周圍的人時，他對他們產生了同理心。而當我們看待事工中的各樣工作時，我們必須將執行這些工作視為一種發揮屬靈同理心的行動。這樣的動機會使人更願意向神禱告，祈求豐收的神賜下夠用的工人。我們究竟將事工內各項的工作視為一條條代辦事項，又或者是提供一種屬靈的服事呢？我們的禱告不應該專注在只是要填滿工作的空缺，而是尋求機會，幫助人在屬靈的成長和事奉上接受裝備。

缺乏委身

很多教會當中都存在著一大群沒有參與力的會員數，這些數目可能來自於因為搬遷或返鄉而無法再參與教會的人。如果大部分的教會願意誠實以對的話，這數字可能比預期的更大。在教會裡，多的是站在一旁袖手旁觀的人，真正願意動手收割莊稼的人卻非常少。不過有時候造成這些現象的原因是因為作工的人都已經筋疲力盡了。我見過有些擁有事奉經驗的人後來卻不太情願主動參與事工，很可能是因為他們覺得一旦參與了，終身都脫不了身；有些人則可能在之前的事奉經驗中受傷了，因此對於在教會中再度參與事奉就顯得非常遲疑。一份近期與這主題相關的研究顯示，有百分之七十的教會期盼他們的會眾必須參與服事，才能取得會籍。[2] 這樣的危機慢慢地被呈現出來，有愈來愈多的教會有計畫性地傳遞這樣的信念，希望會眾多多參與在教會的各樣事工中。有一個位於南加州的教會更不諱言其教會的核心價值是：「每一個會眾都是傳道人。」

缺乏合適的領導

很多教會面對的則是領導階層的真空狀態，因為他們沒有提供會眾足夠的機會去建立一個**親密型的群體**（closed group）。門徒訓練和領導能力的培養都因為時間的壓力被放在一旁，一個親密型的團體對於個別的成員接受門徒訓練和培養領導能力是不可或缺的。在這樣的群體中，目前和未來的領導者都有機會可以參與在更多深入的屬靈訓練和裝備當中，同時也提供屬靈成長和服事發展的機會，而**開放型的群體**（open group）則是像主日學課堂或查經班這樣的集會，主要的功能是福音性的活動以及彼此之間的團契。開放型的團體對於彼此服事的需求比較少，更多著重在建立基督教教育的根基上。

保羅用提摩太後書 2:6 有關農夫的比喻，說明提摩太要如何成為忠心的人。農夫知道若是想要收成農作，需要付出努力和耐心，而培養領導力也是門徒訓練的一部分。現在許多教會中的門徒訓練並沒有引導信徒參與事奉，大部分的教會生活只是花許多時間在小組團契或查經班中，然而教會必須要提供管道讓信徒發揮他們個人的恩賜。

管理上的問題

每一次當「領導力」出現成為一個關鍵字之後，「管理」這個詞就容易被忽視。管理並不是教會中的必要之惡，而是確實地扮演著重要的角色。領導在於做對的事情，而管理則在於把事情做對。

最近我在檢視檔案櫃時，恰好在當中找到一個資料夾，當中存放的是一份完成調查的屬靈恩賜清單。我問了教會秘書，這份資料完成的時間以及領導階層過去是如何應用這份清單？這位秘書筋疲力盡的狀態和評論恰巧就是教會某位管理階層缺乏計劃的明證。曾經，在某個令人興奮的時刻，教會的領導者們決定要好好地完成會友屬靈恩賜的調查，但卻從來沒有把這份資料運用在他們各樣計畫中。這樣的作法必然會在那個教會中形成一種不情不願的文化，當新的領導者們開始領導工作時，

教會的會眾心裡會明白這只是時間長短的差別罷了，這些躍躍欲試的興奮感終究會消失，一切都不會有什麼改變。久而久之，愈來愈少的會眾願意參與在訓練課程中，當然也不會確實配合完成教會的調查，因為他們心中早已明白：這些資訊並不會好好地被使用在教會事工中。

　　一個領導者的異象若沒有適切的計畫和執行方式，必然會造成會眾的挫敗感，異象的確可以幫助會眾看見一個不一樣、更好的未來。然而，若沒有好的計畫，那麼會眾並無法看見這個異象將會如何成就？一份完整的計畫也會鼓勵教會的成員參與在事奉當中，因為有了好的計劃，就能提供落實異象的實際步驟。

　　因此，良好的領導所需要完成的任務是提供異象以及能到抵達目的地的交通工具，而組織就是用來完成任務的交通工具。組織管理包含明列出在特定的情境下，能夠完成神所託付的使命而成型的組織架構和當中所需的人力。系統思維（systems thinking）和系統校正（system alignment）這兩個專有名詞，對於如何組織一群信徒來完成神所託付的異象，扮演著重要的角色。系統思維著重的是一個大圖像，而這個大圖像則是領導者用來仔細審視教會整體架構的參考，藉此評估教會的預算、支薪同工和志工的比例、各項事工、會堂可使用的空間以及社區連結等內容。系統校正則是透過領導者實際地調整組織架構，好強化並支持教會能夠落實異象的各種方法。同時執行這兩個原則是很重要的，因為有太多的領導者總是想要把新酒裝在舊皮袋之中。隨著社區型態和會眾的改變，教會的組織也需要隨之調整，同時滿足因應這些調整所產生的需求。

　　評估也是組織中重要的一個面向，威廉斯和甘吉爾則認為這是教會中最弱的一個部分，要執行優質的評估需要好的組織能力。[3] 評估的目的並不是為了懲戒，而是希望能帶來改進。在執行任務之前，需要先對於想達成的目標有清楚的認識，每一項指派的職位都要有清楚的工作描述、期待和完成工作的標準。有了依循標準，參與事奉的人才能明確地

知道任務的定義以及評估成果的方式。隱晦或模稜兩可的描述和標準會使得事奉的人無法了解自身職責和任務本身的重要性。參與服事的志工需要知道自己的參與的確能帶出不同的果效，這樣的認知能夠增強同工的事奉動機，同時在工作中更願意與他人合作。

至於為何在召募同工完成神的託付這件事情上，總是會遇見困難，主要的原因眾說紛紜。我們住在一個高速進展的社會當中，很多家庭都是雙薪家庭，因此當你在教養的責任之外，還要再加上其他的義務時，時間就會變成是主要的限制。因此，我們必須將教會會友的入會標準加上「鼓勵屬靈的成長」以及「領導能力的發展」這兩項。有效的管理也代表一個領導者只能指派有限的工作項目給特定同工，教會的領導者必須打起精神且不輕易放棄，因為賜福的神將會完成祂給人的使命。神賜給我們每一個人同樣的時間，而教會領導者的任務則在於負責挪去阻礙會眾參與服事的各種困難。

召募及維繫志工

你的教會如何確認並且安排新的志工呢？對於教會如何安排新加入的同工到合適的位置上，我第一個參與教會事奉的經驗並不是一個好的範例。雖然我開始的經驗並沒有讓我對於參與事奉這件事情感到退縮，但是對於其他人卻不然。這間教會召募志工的方式五十年來都一樣，一個小教會往往在召募同工這件事情上顯得隨性，因為教會組織運作的方式就像是家庭，傳道人和同工的人數不多，各種事工也相對容易管理。但是對於一個想要有發展和成長的教會就必須採用更刻意的方法，接下來我們要檢視的步驟可以用在教會領導階層召募同工時所採取的方法。

一旦管理階層了解教會或組織目前的景況，對於未來的發展有更完整的了解時，將事工的內容條列出來就變得非常重要。策略性的發展計畫可以用來確認某些已經存在卻不再有效能的事工，或者也能因應情境

所需做出微調。在第五堂課對於這個議題有更深入、仔細的討論。對於所處社區的檢視也可以找出社區實際需求，同時發現實際執行事工中兩者的落差；這個步驟也能幫助教會發現是否已經觸及新加入的人口，完善的計畫也可以讓教會了解新加入同工的實際需要。

列出目前教會現存事工的清單，同時在清單上加上這些事工目前的負責人。這份清單可以幫助教會了解目前的人事需求，同時也可以在教會的公布欄上公告，或者也可放在每週教會的週報當中。這份清單也可用在新成員的訓練課程中，幫助新成員了解教會，同時也可以幫助預備未來的領導者。

下一個步驟是確認神所賜給會眾的各樣恩賜，執行一個能夠囊括最多教會成員的一個計畫，進一步完成屬靈恩賜的調查，這項工作非常重要，也可以透過教會的主日學、門徒訓練課程以及新成員訓練課程來完成屬靈恩賜的調查。成功的關鍵在於能夠讓愈來愈多的人完成表單的填寫，要達成這項任務需要有完善的策略，同時也需要花一些時間才能完成。因此，建議教會成立一個領導團隊來引導整個調查過程，這個團隊需要建立一個系統來鼓勵所有接受調查的會眾能夠完整地填完清單，並且即時的交回。牧者也可以在講道中鼓勵會眾參與在這個計畫之中，並且透過主日早晨的禮拜程序，幫助會眾實際完成這些調查，甚至也可以邀請會眾帶著完成的調查表來到講臺前，作為一種對於教會委身的回應，同時一起為此禱告。

管理團隊也可以寄出一封信件給參與完成屬靈恩賜調查的會眾，信的內容可以鼓勵他們的參與，向他們表達感謝。同時在信中解釋接下來會採取的行動，來幫助會眾參與在教會的訓練課程和事工當中。管理團隊也可以指派一小群人或某個人來審視會眾交回的屬靈恩賜調查表，各種服事的機會和空缺也能透過這份清單來呈現。參與者需要花時間來審視自己的恩賜、興趣、經歷和曾經受過的訓練，確認召募的同工能夠符合服事的需求，同時也能提供給屬靈的指導者參考。

　　指導者的人選可以由曾經在事工中參與事奉的人來擔任，在提多書 1:5-6 中，保羅指示提多要選任無可指責的人擔任長老，我們的確需要能夠有敬虔品格的人來擔任領導者，同時發展事工團隊的運作方法也是必須的。這些能夠幫助新的事工有所成長，同時也會在召募同工時減少挫敗。指導者也需要能夠幫助新的同工培養足夠的能力和動機來達成事工的目標，每一個步驟都要小心地執行，同時也要提供志工足夠的資訊，並且盡力維繫彼此的關係以減少人力的耗損。如果領導階層能夠提供指導者足夠的訓練也會帶來極大的助益。這些實際的運作方式可以在教會的組織內，有效地培養各階層所需的領導者。

　　在出埃及記 18 章，摩西的岳父提出了睿智的建議，要摩西設立不同層級的領導者來協助管理。各族之間可以選定特定的人來處理微小事務，而更大的事務才帶到摩西面前裁決。設立不同的領導層級在團隊的情境中，確實能看到其果效，訓練教會事工中各個指導者來主導這個過程也能夠發展出新的團隊事工文化。

　　培養指導者的過程其實也就是在養成牧羊人。牧羊的人照顧羊群，同時也聽見羊群的需要（約翰福音 10 章）。牧養群體或者團隊的指導者也必須要明白他們的任務是造就願意忠心跟隨耶穌的人，而不只是完成事工中的各樣任務。我們往往更著重在工作的完成，而排除了個人的需求。牧養的模式更適切地反應出基督和門徒之間的關係。在彼得前書 5 章，彼得吩咐教會領導者要牧養耶穌的羊群，彼得鼓勵這些領導者要成為模範，好好地牧養羊群。於是我開始在腦海裡描繪耶穌這位大牧者後面跟隨著一大群羊，因著這樣的景象，牧者也很容易明白，只要牧者本身跟隨耶穌，那麼羊群也會自然也會努力跟隨。

　　要建立對自我有高度期待的教會就必須先培養出對自我有高度期待的會眾，而使用上述所提到的步驟，將能對教會的組織文化帶出必要的改變。

鼓勵志工

丹尼斯·威廉斯提出以下九項建議，用來幫助教會提高教會同工事奉的動機：[4]

1. 教會的領導者必須是以人為導向，而不是以事工為導向。

2. 事工的領導者必須具備敬虔的品格來贏得團隊的尊重。

3. 事工領導者必須盡力將團隊成員放在他們所期待的崗位上，同時使他們的需要能夠得到滿足。

4. 參與事奉的同工必須有明確的任期。

5. 要維持事奉的動機，事奉的人必須清楚地被告知需要達成的目標。

6. 在評估績效時，一定要給出讚美、認同和感謝。

7. 為了團隊的發展，教會的領導者必須強調團隊合作更勝於彼此競爭。

8. 當服事的人有機會參與計畫和做出決定時，也能夠幫助他們維持動機。

9. 應該要更多關注教會組織內各個層級是否執行有效能的管理。

一個信徒事奉的動機應該是想要事奉神，因為當我們事奉時，我們就成為跟隨神的門徒。

篩選志工

麥特是一個快速成長教會中負責教育的牧師，過去他總是匆忙地召募同工參與所屬教會的教育事工，好滿足人力上的需要。正當他召募到足夠的同工，計畫要立刻開始相關的訓練課程時，他接到一通關切電話，來自於他所牧養的一個青少年的雙親。一開始，麥特認為這通電話其實只是來自一對過度保護的父母，但是後來隨著相關的抱怨愈演愈

烈，麥特無法再繼續忽略，因此他開始著手調查與新同工有關的各種控訴。當麥特調查這個同工的背景之後，發現這位同工在過去的教會事奉中也曾發生過相關的抱怨，這位總是積極參與事奉的同工開始讓麥特感到困擾。

這次的經驗讓麥特開始執行全新改版的事奉同工篩選程序。麥特起初只是想要找到足夠的同工來滿足事工的需要，卻也因此可能陷入更大的困擾。這樣的故事在北美數以千計的教會和非營利事工中到處上演，這些不斷重覆的故事其實應該要在教會牧者或其他領導者心中引發一個疑問：同工究竟要如何召募才好？這一堂課的第一部分已經試著要對這個問題提出解答，第二個問題則是麥特所遇見的兩難困境，這問題與「如何篩選參與事奉的同工」有關。

耶穌告訴他的跟隨者說：「*我差你們去，如同羊進入狼群；所以你們要靈巧像蛇，馴良像鴿子。*」（太 10:16）上帝可以明白一個人的內心，但是我們卻不能，即便檢視一個人的生活，我們對於瞭解一個人的內心世界也是所知有限。

而教會基於以下各種理由，附有篩選管理事奉同工的相關責任。第一個理由是我們要把神所託付的工作交託給那些忠心的人（提後 2:2）。基督的工作必須能明確地反應出基督的品格，因為基督是信實和真實的，所以那些為基督工作的人也當如此。基於這個理由，所有參與事奉的人，無論是受薪同工或志工都應該受到篩選。接下來，本堂課會提供協助篩選同工的步驟，特別是針對參與兒童或青少年事工的同工。教會的同工應該要提出推薦信函，同時簽署書面的文件，同意教會在面試之前進行背景調查。你會需要推薦信中各聯絡人的資訊，同時也需要面試時個人相關資料的證明文件。除了面試之外，也要有個人得救見證、特殊興趣、過去事奉的經歷等相關資訊的文字紀錄。在面試或篩選過程所取得的所有資訊都是機密文件，因此也需要被安全地保存。

第二個篩選同工的理由是「要承擔保護事工中所有參與人員生命安

全的責任」。每次當媒體報導那些發生在公園、學校或教會事工中等不合宜的事件時，父母的腦中浮現的第一個想法便是：「這些事可能發生在我小孩的身上嗎？」教會的領導者要主動提出方案來確保每一個成員的安全，特別是小孩和青少年的人身安全。

另一個要好好篩選志工的理由是因為今天存在於我們社會中「好爭訟」的文化，只要讀一下藥品處方箋上的說明和產品上面冗長的聲明，或者當小孩要參與體育活動時要簽署的各種責任免除同意書就可以窺知一二。教會可以採取哪些步驟確保同工或者受僱者不傷害他人、同時不讓教會因此要負連帶法律責任呢？這裡有個提醒：當教會審視相關規條以防止被提告時，一定需要有法律專業顧問的協助。

在美國，1993 年通過了國家兒童保護法，這法案鼓勵各州要強化犯罪歷史及孩童侵害案件的管理。在 1993 年 10 月通過這個法案後，又在 1994 年的犯罪管制法中加以修訂，從此設立了許多兒童保護措施以及照護機構。[5] 因著這條法案的通過，各州政府授權給各個組織進行全國性的犯罪歷史背景調查，特別針對參與兒童、青少年、老年以及身心障礙人士工作的志工和僱員，教會當然也無法從上述的調查工作中免責。事實上，教會因著更高的道德因素，反而必須採取行動完成這樣的背景調查。

兒童和青少年的確是最容易受到傷害，也最需要特別照顧的一群。J.W. 比爾‧菲利普斯（J. W. Bill Phillips）提供了許多建議，協助教會能夠保障自身員工以及會眾的安全，菲利普斯鼓勵所有的教會都能將兒童及青少年事工所採取的種種措施化為文字，同時也提供以下教會可以採取的各種措施：[6]

1. 參與兒童和青少年事工的所有人員都需要完成犯罪背景調查表。在召募同工的申請表單上要提供欄位給申請人簽名，同意教會進行背景調查，沒有任何例外。

2. 所有的兒童照護小組最少需要兩名同工同時出席，沒有例外。兩

名同工中有一位必須是成年人。

3. 要參與教學的同工必須加入教會成為會員至少六個月以上。

4. 提供所有的老師和同工常態性的訓練，進行與孩童有關的所有政策以及性侵害相關課題的說明。教導教師如何確認一個孩童是否遭受侵害，同時當地的警察單位和社福機構也可以提出相關的建議。

5. 每一年要確實訂出明確的時間，召開會議檢視兒童照護政策、同工個人檔案等相關資料。如果有更新或補充的部分，也要透過文件告知所有同工。

6. 參與兒童事工的同工，若有相關言行無法遵行已經頒訂的政策，那麼就立刻暫停此人的所有事奉，直到實際調查工作結束，做出進一步處置為止。

7. 如果教會遇見相關的問題時，要推派教會對外向媒體發言的人選。只允許教會所指派的人代表教會發言，同時要向所有人提出警告，務必遵守這項規範。

教會的篩選程序會幫助教會的同工和領導者實際負起道德、靈性和法律上的責任。當教會採用這些程序時也必須要謹慎地執行。受薪同工和志工領導者也必須被納入發展和執行這些程序的成員中，這樣將可以幫助他們清楚明白每一項用來保護兒童、青少年、領導階層和教會的各種步驟，同時也建議聘請律師專門審理教會的相關文件和篩選程序。當有人發出與教會同工有關的抱怨時，必須同時諮詢律師。教會的保險公司也要提出相關方案，確保教會所有的志工和同工都受到適當的保護。

結 論

在這一章，我們討論了召募和篩選同工的方法。我們也從馬太福音

28:18-20 明白：教會的任務是協助完成神的大使命，在以弗所書 4:11-12 也列出了符合聖經的領導者發展模式。受薪的同工無法獨自完成教會的異象，他們必須參與在發展教會使命的任務中，同時確認服事志工的恩賜，授權會眾參與事工。聖經中，培養志工領導者的模式是一種牧羊人的模式，神的子民藉由參與事工榮耀神，並且在恩典和知識上皆有所成長。教會在召募志工時所遇見的各種困難（屬靈生命的問題、缺乏委身或領導者以及其他管理問題）都是用來評估教會文化的指標。當教會的領導者能好好透過事奉的機會訓練會眾，就能用聖經的真理取代教會文化。同時，我們也討論了篩選同工的各種重要面向。

　　在我們現今喜歡訴訟的社會中，教會領導者一定要有策略和程序來確保教會所有成員的安全，同時列出如何執行相關措施的各種建議，此外，當教會在發展各種安全保護程序時，也可以諮詢相關的機構，在發展程序、執行和實際篩選所有人的過程中，都要徵詢律師的意見。

問題討論

　　1. 你的教會有實際召募和訓練志工的程序嗎？當你的教會因應需要召募志工時，是否同時提供訓練課程？如果你的教會沒有同工召募和訓練的方法，你將會主動採取甚麼行動？

　　2. 你的教會是否提供會友一份條列所有事工的清單？你如何發展和使用這份清單呢？

　　3. 你的教會是否針對新加入的會友提供相關的課程？如果是你，會怎麼樣設計這樣的課程內容？你的教會是否曾經調查會友的屬靈恩賜清單？清單如何能在召募和同工替換時提供協助？

　　4. 你的教會是否篩選受薪同工和志工？你將如何主導教會以發展及採用篩選的措施？你將如何主導這樣的過程？而這些監管措施的內容為何？

志工申請表單	
姓名	
地址	
工作電話	手機：
Email	

1. 婚姻狀況
   □單身　　□已婚　　□離婚　　□離婚又再婚　　□分居

2. 請簡述你信主的過程：
   _____
   _____

3. 成年之後是否接受過洗禮？　□是　□否，
   你是否願意接受洗禮？　　　□是　□否

4. 你來本教會的原因為何？
   _____

5. 你為何想要參與教會的事奉？
   _____

6. 你目前已經參與教會哪一領域的事奉呢？
   _____

7. 你目前有加入小組，並在小組中追求屬靈成長？
   _____

8. 你過去曾經有哪些擔任領導者的經驗？
   _____

9. 你生命中曾經經歷哪些破碎或受傷的關係？　□是　□否
   如果是的話，請說明：
   _____

10. 你生命中是否有身受罪綑綁的部分，而無法為耶穌作見證？
    □是　□否
    如果是的話，請說明：
    _____

11. 你是否曾經接受過教會的督責？　□是　□否
    如果是的話，請說明：
    _____

12. 你目前有哪些規律的屬靈操練讓你可以穩定的成長，並且與耶穌基督擁有親密的關係？

_____

13. 你是否曾經被警察逮捕或者觸犯法律上的重罪？　□是　□否
　　如果是的話，請說明：

_____

14. 你是否願意順服教會領導團隊（牧師同工／董事會／長執會）的管理？
　　□是　□否

15. 推薦：請提供三位推薦者的姓名、地址和電話號碼，我們會與他們聯繫。
　　1. 教會同工：　_____

　　2. 姓名　_____
　　　　地址　_____
　　　　電話　_____

　　3. 姓名　_____
　　　　地址　_____
　　　　電話　_____

簽名　_____　日期　_____

以下欄位僅供同工使用

面試人員：_____　日期　_____

事工領導者簽名：_____　日期　_____

執行牧者／主任牧師簽名：_____　日期　_____

擔任領導者的職位：_____

這位同工日後報告工作進度的對象為：_____

評論：

_____
_____
_____

第十五堂
培養團隊成員
Developing Staff Members

蜜雪兒·安東尼

　　一提到教會或機構中的同工發展（staff development），首先冒出來的想法會是：我希望我有同工可以協助他們發展。大部分的教會或非營利機構往往在「同工發展」這件事情上，只能提供極為有限的資源或者根本無法提供任何資源。即便是在同工人數眾多的機構中，領導者往往會因著忙於處理組織中的各種事物，無法再撥出時間訓練或發展機構的同工。

　　通常，這些機構也無法提供有意義的中階管理。在某些案例中，這樣的架構削減了管理者的角色，只著眼在基本的監管，而忽略培養員工或組織本身長期的活力。無論挑戰是來自於員工人數的不足或者是需要領導為數不少的員工，對於員工發展有適當的了解是必須的，因為這關係到組織的運作是否有長期的果效。

同工發展的聖經基礎

　　一般來說，事工團隊都是由各種不同背景的人所組成的。當我們要

開始探索這個主題之時，我們也不能忽略創造多元的造物主以及個人本身獨特的各種需求。聖經的經文提供基督徒領導者在發展上有許多的洞見和發展的方向，所提出的論點也能幫助我們去了解事工的異象、選擇團隊成員、溝通團隊目標、了解每一個人獨特的貢獻，並與團隊成員成為長久夥伴的關係，一起協助完成使命。這些都是同工發展的核心要素。我們也會花一些篇幅討論「聖經中與同工發展」這些重要主題相關的經文段落。

舊約中同工發展的典範

舊約中最明顯的例子就是約書亞，特別是當他和以色列人準備要進入應許之地。約書亞明白神所託付給他的目標是什麼，他被指示要通過約旦河，進入神應許要賜給他和先祖們的應許之地。除此之外，他被提醒要剛強壯膽，不要懼怕，並且要順服神的命令，打敗所有住在迦南地上的外邦國度（書 1:1-9）。

接著，約書亞得到更近一步的指示去組成他的團隊，因此他命令呂便人、迦得人和瑪拿西半支派的人，說和他們的兄弟越過約旦河，使他們可以參與「取得應許之地」的各個戰役。約書亞心中明白他的命令對這些人而言是關乎性命的，因此他提醒這些戰士「要將他們的妻子、小孩、牲畜都可以留在約旦河以東的農地上」，他知道這樣的命令要付出極大的代價，因為有些人可能因此就無法再回到家園（書 1:10-18）。

我們知道約書亞是個大有熱情的指揮官和領導者，他帶著子民從每天尋常的宗教形式和經驗進入各種不同的爭戰之中，他實施審判，並且在必要的時候告誡子民。除此之外，在眾人聚集的時候，他大聲地朗誦經文，在眾人面前活出順服的生命，讓眾人永遠不會忘記神是聖潔的和忌邪的神，因此神要求他的子民完全的順服。約書亞在 110 歲的時候離世，他的一生就如同他所領受的呼召，剛強、無所懼怕的帶領以色列的十二個支派。

在舊約聖經中，我們可以發現許多例子，領導者為了要完成任務，會仔細地挑選團隊的成員與他們一起同工。要完成這些目標，最重要的資源則是神自己的引導。神親自將「要達成目標所需要的一切」仔細、清楚地告訴他所揀選的領導者。在約書亞之後，還有大衛以及他身邊一群大能的勇士，勇敢地打敗當時最強大的軍隊；尼希米為了完成重建耶路撒冷聖殿的任務，也組成了多元、富有恩賜的團隊。在舊約中，許多領導者都可被視為「擅長協助同工發展」的好領導者。

新約中的典範

在新約聖經中，我們共同見證了歷史上一段史無前例的同工挑選過程。耶穌開始挑選門徒，同時也開啟了往後幾年調塑他們生命的任務，他們大部分的人都不知道當他們決定要跟隨耶穌時，所有的歷史都關注著整個揀選的過程。耶穌同時也是領導大師，我們可以從他的例子學到很多。首先，耶穌是刻意挑選他心中屬意的人加入他的團隊，經文中並沒有記載耶穌曾經刊登廣告，希望邀請人加入他的團隊，相反的，耶穌非常清楚知道他所要選擇的對象，因為他決定向他們發出個別的邀請。

第二，雖然有許多人被邀請要跟隨耶穌，同時生命也依著基督而改變，但是只有這十二個門徒接到耶穌的邀請，成為貼身跟隨耶穌的門徒。他們完成了耶穌將神的愛與救贖的福音傳給全世界的使命，耶穌也堅決地教導這些門徒「將福音信息傳給全世界」的獨特方法，也希望門徒能夠清楚明白為何天父要差派他來到世界。耶穌不止知道每一個門徒獨特的個性，也因為這些特性，他挑選他們，使得每個人可以貢獻所長，組成一個整全的群體。耶穌甚至選著了一位最終會出賣他的門徒，雖然耶穌能夠同理他們所犯下的錯誤和軟弱，但耶穌永遠不會允許門徒因著這些因素，而在個人信仰上停滯不前。耶穌所立下的典範也在他們的生命中留下難以抹滅的記號，除此之外，在耶穌回到父身邊之後，也賜下聖靈陪伴門徒，使他們的服事有著長遠的果效。

透過上述的例子以及聖經中其他未被提及的範式，我們可以歸納出以下五個原則來協助同工發展：

1. 培養明確的方向感。
2. 組成一個兼容並蓄的團隊。
3. 清楚傳遞團隊的目的和目標。
4. 了解團隊的複雜性以及事工的內容。
5. 委身在組織的目標以及團隊的個人當中。

這些超越時間的同工發展原則，提供我們在今日要如何發展事工團隊的各種洞見，張力往往也會發生在「試圖達成組織目標」以及「發展組織中的同工」這兩項工作之間，通常這兩者可以彼此相容，但是有時卻不然。

有明確的方向感

培養方向感是多面向的，當你明白事工存在的理由時就已經開始了。但是很顯然地沒有一個事工能夠滿足所有人的所有要求。舉例而言，一個事工中牽涉的對象可能包含教會、學校、救援組織、宣教單位或者營會等等，每一個組織都有其特定服務的對象，如果當中的任一位成員對於異象感到模糊不清，或者對自身在事工中的獨特性或對神國的貢獻也不確定時，危險其實也不遠了。舉例來說，教會能夠去服務社群中軟弱且需要幫助的人，然而如果教會把大部分的資源投入在這類型的事工中，那麼就要面對「教會之所以是教會的獨特性」漸漸消失。

根據甘吉爾的主張，教會或者基督教組織在設定目標時要遵行以下三個主張：

1. **組織有明確的目標。**可能會是不成文的規定，也可能被遺忘或者變得模糊不清，但只要組織持續存證，那麼就還是會是某種程度的目標導向。

2. **組織有協助完成目標的基本架構**。這樣的架構可以是由獨自一人來完成，也可以是一個龐大又負責的事工團隊將目標導入在各種不同層級的管理階層之中。

3. **要完成目標的話，組織需要有效能的領導**。目標不會莫名其妙的就被達成，要達成目標要經過特定的流程、可靠的架構。[1]

大部分的組織一開始都會有某種達成目標的架構，但是大部分的人都誤解為「這樣就足以引導同工」去達成這些目標。這樣的想法則是大錯特錯。要幫助同工了解組織的目標，除了說明目標的內容為何之外，也要幫助同工明白訂定這些目標的由來。

很多組織的成立都是由一個人或一群人所受的啟發或感動，組織的高階領導者會了解機構成立的原因以及機構發展的方向，因此需要仔細說明這些目標的成因（聖經上和邏輯上的），並且清楚地定義事工活動的各項目標。如果上述的動作沒有切實執行，那麼員工發展必然徒勞。這樣的真相往往被誤解，但是對於員工發展卻是非常重要的基礎。在接下來討論更多員工發展的細節時，先為每一個要素提供明確的說明也是必要的。有些要素非常重要，因此在本書已用整個章節的篇幅來加以討論，因此我在這裡再次做出簡要的說明。

使命：當一個人談到使命時，他所指的是某種未來會完成的先見之明。有異象的領導者有時候能夠將過往的阻礙、困難或者這種問題當成未來的各種機會或可能性。領導者們將異象傳給我們其餘的人，讓我們明白事工未來的可能性，同時也傳遞能夠達成異象的熱情。當他們把夢想勾勒出架構和形狀時，就開始一步一步慢慢地實現夢想。用來描述這個過程的語詞就叫作「使命宣言」。這樣的宣言是有聖經基礎的，而不是單憑個人的感動，同時也是為事工未來訂定各種目標提供了活水。

異象：異象和使命並不相同，因為異象特別指的是這個組織欲實現的夢想。通常異象讓我們明白要如何能到達成特定的使命，以及一切所

投入的努力未來所能成就的景象。異象要可以透過語言來傳遞，同時能夠為聽者帶來啟發。

核心價值：當一個機構的領導者確認了事工的使命和異象之後，就必須要開始落實當中的核心價值。這些價值位於機構的核心，同時也定義著機構的同工、事工內容以及完成使命的過程所呈現出來的各種特性。這些核心價值往往決定了組織的預算、人士、在相關事務上的衝突管理，也必須被機構主要的負責人所接受。

訂定目標：一旦組織的使命、異象和核心價值都決定了之後，短期和長期的目標也應該逐漸被形塑。不過，往往在設定目標時容易變得操之過急，因為我們總是想要盡早開始各樣的事工活動。不過這樣的急躁可能過於短視及危險，因為更大的異象化為實際的目標則需要一段形塑的過程。目標是整體策略規劃的一部分，在本書的第四堂課已有更詳盡的討論。

目標也應該是具有策略性的，同時能夠接受評估並且可以達成。目標並不是一份待辦清單，應該是能提供長時間足夠的挑戰，通常是一年，而且是在時間範圍內實際可達成的目標。舉例來說，舉辦「背經活動」可能是你想要完成的活動之一，但是這無法當成一個有效須達成的目標。除此之外，目標更像是：檢視接下來六個月的兒童主日學分組方式，好發展接下來更適合的兒童主日學課程，並且在六至十歲的組別舉行兒童背經比賽。後面的目標所闡述的方式更有策略，因為這樣的目標連結了目前的課程以提供評量的方式，因為它提供了六個月的檢視時間，接下來還有實際執行的活動，同時目標也是可達成，因為透過分組來評估也是合理的。

評量（Assessment）：甘吉爾建議一步一步地達成目標，而且達成目標的過程也必須受到監督。同時他也主張要使用「評估（evaluation）、補強（reinforcement）和獎勵（reward）」的架構。[2] 評估必須由整個團隊定期地來執行，同時這也可以當成是一種補強的時機，提醒團隊成員

整體的目標，同時對於達成目標的進程有所瞭解。補強的措施也可透過一個月一次的員工個人面談來進行，在過程中審視當月的進展評估對於達成目標的貢獻。獎勵則是團隊成員慶祝其實現目標進展的時機，無論是有形或無形的進展都不可忽視。[3]

一個同工若是能對於組織做出重要的貢獻，他們必須要先對於組織整體的方向有清楚的了解，這包含能夠清楚地解釋使命、異象以及展現其核心價值的各種行為，同時也具備達成事工短期、長期目標的專業知識，將上述種種明白地說明清楚也是組織領導階層的責任。一旦領導者能夠將異象等等說明清楚，他們也準備好可以挑選事工中合適的成員一起參與，協助將事工中的種種夢想落實。

挑選同工

暢銷書籍《從 A 到 A+》的作者柯林斯認為「為組織團隊選擇適合的成員」是一件非常重要的事情。他用了「讓對的人上車，坐在對的位置上」這樣的比喻來描述挑選團隊成員的重要性。為了向領導者們強調這件事情的重要性，他主張：「先找到人，才能談要做什麼事。」柯林斯研究了許多優秀的企業，了解這些企業從好的企業邁向卓越的過程，這些企業都是持續超過十五年優異成果的長青企業。經由這項研究，他發現這些公司在挑選員工的事上也有其一致性。

推動機構從優秀邁向卓越的領導人，必須明白三個簡單的事實：首先，如果你能夠先找到正確的人（who），而不是先思考該做什麼（what），這樣你會比較容易因應瞬息萬變的世界。如果你因為車子要往哪裡去而上車，開了十哩後，你想要改變方向，你該怎麼辦？這就會產生一個很大的問題。但如果人們上車是因為車上已經有了對的人，要改變方向就容易多了。第二，如果你找對了人上車，就不大需要煩惱要如何激勵

與管理員工，他們總是會被內在的動機驅動自己，產生最好的結果，並能成為大有果效的事工團隊的一分子。第三，如果你找錯了人，就算你找對了正確的方向，也不可能發展出一個卓越的機構。空有偉大的願景（異象）卻沒有找到正確的人，也是枉然。[4]

教會或機構的領導者所要做出的重大決定之一就是「他如何挑選同工」。我們往往會面對這樣的試探，傾向選擇第一個願意在有限的薪資下，接受這份工作的人。我們天真的幻想，只要我們盡快地彌補人力的缺口，那麼我們就可以將心思轉向那些更重要的議題上。但是有智慧的領導者內心非常明白，身為管理教會或是機構的人，人事問題就是他所要面對的眾多問題中最重要的一個。

當組織聘請了不適任的同工，領導者就必須花非常不對等的時間處理衍生出的種種問題，例如衝突的管理、如何激發熱情、如何改正錯誤以及能力不足等等麻煩的問題，這些都會削弱組織的生產力，同時也阻礙了領導者去從事只有領導者才能處理的事務。柯林斯也警告挑選適合的同工並不只是在於組成一個對的團隊，而是在你想清楚要去哪裡之前，就要先找到對的人上車（同時也要讓不適合的人下車）。[5]

同時最重要的不只是找到適合的人，還需要辨明有哪些人目前正處在不適合的工作中？教會或者其他基督教組織在「結束聘僱」（請不適合的人下車）這件事情上可說是惡名昭彰，他們往往只是把在某個職位表現不好的人轉換到另一個位置罷了，這使得管理者可以避免記錄績效評估、向這位同工提出證據，同時如何中止此位同工的聘僱等種種棘手的問題。

對於教會和基督教組織而言，這或許是道德和靈性上兩難的問題。教會應該是要充滿愛與恩典的地方，教會是個家。然而，今日的教會也成為要向各種事工目標、預算或者董事會／長執會負責的一種組織。要如何在家庭（你永遠不會被踢出家庭）與組織的現實（你隨時有可能會

被移除職位）這兩者當中找到平衡呢？也就是因為這些張力，使得牧師和管理階層等發現自己在面對類似的問題時，就只能將工作績效不良的同工轉換職位（有可能這職位也是他們不擅長的），又或者塑造一個不專業的工作團隊，缺乏升遷制度、激勵員工、獎勵工作的不良環境。這兩條路所通往的結果並不誠實，對於組織和信徒整體的誠信也毫無幫助。簡短來說，這是對於上帝所賜的資源缺乏適當的治理。

坦白說，有時只要調整某些人的職位，就能對於事工短期或長期的目標做出正面的貢獻。有時候，一個人的能力適合與否一開始並不會太明顯，等到他有機會在組織中成長時，就能清楚地分辨了。所以在終止聘僱之前，總是要經過深思熟慮才行。但是柯林斯也敦促讀者，當需要同工做出改變時，就直接採取行動吧！[6] 以弗所書 4:25 提醒我們要在愛心中說誠實話，同時也要讓我們所說的話能夠讓聽者有益處，感受到恩典（弗 4:29）。最重要的是神也掌管在事工中人們的抉擇，因此神或許也會要求某個人從事工中的某個單位移到另一個單位。有時候，神指派我們成為屬靈的領導者或管理者，成為上述信息的傳遞者。當要選擇同工來協助完成神的大使命時，我們也不能忽視禱告的重要性，因為神賦予我們所做的每一個決定都是重要的決定。

適合的同工對於他們所要前往的方向有清楚的認知。事實上，他們往往能夠幫助團隊找到抵達目的地的正確路徑。一個優秀團隊的領導者也會訂出基本的目標、提升想法，同時允許成員將這種資源、恩賜和創意整合在一起，並且提出實現異象或目標的方法。這樣的模式需要有效能卻謙卑的領導者，願意讓同工一起參與形塑事工前往的方向。和僵化並且固守刻板印象的領導者相比，這樣的模式能夠有更長遠的成功，因為要達成事工目標的熱情已經存在於每一個團隊成員的 DNA 之中。愈典型的領導者也可能會成功，同時在領導過程中創造一種「志在成功」的氛圍，但是這樣團隊成員的角色會像辛勤工作的蜜蜂，只是完成這個領導者所訂下的目標，一旦這樣的領導者離開組織或是退休，成員就會

失去異象。[7]

　　在事工中，我們無法寄望我們短暫的貢獻能有長遠的影響力和得到完全的回報。如果我們想要為基督改變一整個世代，那麼我們必須願意選擇有堅忍的品格和恩賜，同時願意全心投入教會使命中的成員中，我們也必須有眼光能夠超越目前的景況，建立長遠的團隊，並且確認這樣的團隊無論是否有我們的領導，都能夠明白所承接的使命，並且願意委身於完成使命。

了解團隊事奉（Team Ministry）的獨特性

　　接下來的段落會處理團隊中個人生命的議題。往往我們面對試探，覺得發展同工的目的是為了能夠更有效地達成我們的目標，而領導者所面對的挑戰則必須是退後一步，看看每一個成員生命的狀態，從不同的面向去看一個人的生命，而不只是「把同工當成達成目標的工具」。人的生命在聖經中是高度被重視的，耶穌本身也是如此。人往往比事情本身更為重要。耶穌看重人，同時這也成為祂事工的標記。當我們忽略關顧團隊成員的需要時，某種程度就損害了事工，最終也虧欠了神。因為當我們這麼做時，我們只是在利用人（using people），而不是在發展他們的生命（developing them），而這當中也隱含了「如何有效發展同工的秘訣？」因為當你發展團隊同時也關顧成員的生命時，你也建立了有效團隊運作的根基。本質上，一個健康的團隊是由健康的個人所組成的。當團隊的成員經歷了高度的個人工作滿意度時，這樣的滿意度也會轉化在團隊運作當中。

　　表面上來看，這樣的作法似乎很容易，但是實際執行則有很多困難之處，過程涉及許多的面向：（1）需要不斷地覺察何為激勵同工的要素（2）對於人性的認識（3）處理不合實際的期待（4）評估個別同工的強項與弱點（5）管理改變和衝突（6）協助形塑工作場域的態度和行

為。

　　這些因素都是組織達成目標的重要議題，我們如何對待我們的同工將會決定這些目標是否能夠達到長遠的成功。很多資深的領導者大部分都著眼在機構目標的達成，而協助達成目標的同工往往不在事工的焦點上，而且過程中也常常被忽略與錯待。對於一個擅長建立團隊的領導者而言，綜觀評估這些要素則是不可或缺。

動　機

　　我們可以慢慢地拼湊那些增強動機的理論，好幫助我們了解如何激勵個別的同工能夠採取積極的行動，然後或許最直接能夠應用在事工的方法則是由弗雷德里克·赫茲伯格（Frederick Herzberg）所發展的出來的。他所發展的模式又被稱為雙因素理論（Two Factor Theory）或是激勵保健理論（Motivator-Hygiene Theory）。在他的理論中，赫茲伯格提出兩套分別可以在工作情境中產生工作滿足感或挫敗感的要素，這些導

圖表 15.1

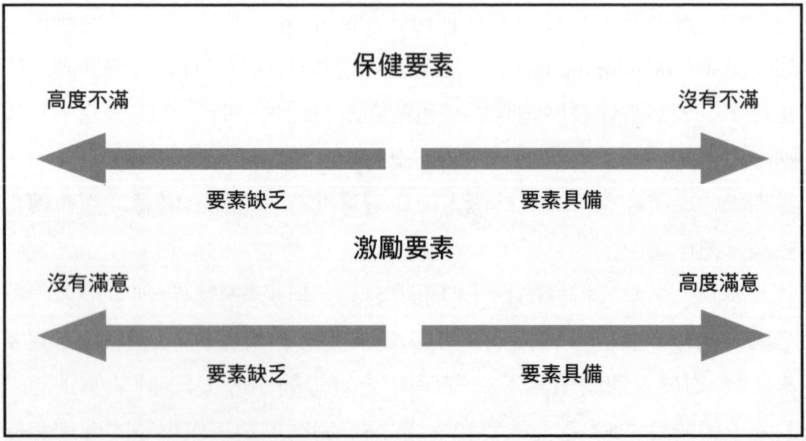

保健要素

高度不滿　　　　　　　　　　　　　　　　　　沒有不滿

要素缺乏　　　　　　　　要素具備

激勵要素

沒有滿意　　　　　　　　　　　　　　　　　　高度滿意

要素缺乏　　　　　　　　要素具備

致工作挫敗感的要素被稱為保健要素，而能夠產生滿足感的要素則被稱為激勵要素。

保健要素（Hygiene factors）：保健要素是工作情境中引發不悅感的主要因素，同時與工作本身的情境有關，而不是工作本身每天要執行的內容。當這些要素沒有被提供時，員工將會覺得不滿足，但若是適當地在情境中提供，也不見得提升滿意度。這些保健要素包含：薪水、就業保障、工作情境、位置、公司政策、有品質的技術監督或者人際互動。

激勵要素（Motivational factors）：激勵要素主要是指那些能夠產生工作滿意度的要素。主要與工作內容直接相關，同時這份工作本身的產出或表現相關。當僱主沒有提供這些要素，員工就不會有工作上的滿意度。然而，若是僱主確實提供足夠充分的要素，那麼員工必然會有高度的工作滿意度以及生產力。這些激勵要素包含：成就感、認同感、責任感、能力提升、工作本身帶來的挑戰和自我展現、個人和專業上成長的機會。[8]

在思考過赫茲伯格的保健要素之後，組織內同工的發展，其落實主要是組織內管理階層的職責。在檢視過影響工作滿意度的要素清單之後，你會發現改善這些要素的職權主要是落在擔任監督者（supervisory）的角色上。身為基督徒，在各種相近的組織中，我們要提供最佳的工作條件，要能使我們同工的工作有更大的報酬，依據他們的表現賦予更多的責任，稱讚他們所完成的工作等等都能增加工作的滿意度，除此之外，因為我們是基督的使者，也要以愛（love）和尊重（self-worth）對待他們。

人的本質在建立社群的情境中

任何工作環境，對於人的本質的理解都要有準確的聖經依據。聖經

告訴我們，人是照著神的形像所造（創 1:27），目的是為了榮耀神（林前 6:20），為了討神的喜悅（腓 2:13），但因為亞當的墮落而承襲了罪性（羅 5:12-21）。因著罪進入人類，因為我們註定要面對死亡，同時也與神隔絕。但因著從耶穌領受新的生命，我們不斷地在罪性和被救贖的新生命中拉扯，持續地爭戰。我們的心被拉扯，一方面我們立志行善，一方面我們又犯下我們所憎惡的邪惡。（羅 7:14-20）

當我們在思考教會或組織中同工的發展時，也必須謹記我們是在與墮落和帶著罪性的人互動，即便人都想能夠一次性的就成聖。面對這些掙扎，我們必須提供真實且充滿恩典的環境。創造一個環境，使得當中的同工認知到生命中的屬靈爭戰，讓他們也能與其他的信徒有所連結。不幸的是，大部分的基督徒領導者都假裝他們早已勝過這些掙扎，再也不需要在這些屬靈爭戰中奮戰了。這會製造出一種假象，彷彿這些領導者已經有了某種屬靈上的成熟度，再也不需要在罪性和被救贖的靈魂中擺盪。若是分享個人的掙扎，對於團隊成員會在個人和專業上都會帶來深遠的影響。在我們的同工面前，我們必須展現真實的生命，因此他們才會敬佩我們，視我們為真誠的基督徒領導者。

不切實際的期待

另一個了解同工複雜性的面向，就是要明白事工中可能對於同工有著不切實際的期待（unrealistic expectations）。當一個新的同工開始一份新的工作時，往往會有粉紅泡泡或者新工作的蜜月期。他們對於工作情況、事工的目標、升遷的機會和良好的人際關係都會有高度的期待。然而，真正的現實是事工有時候是艱困和有著極高要求的，這些期待會逐漸落空，最終同工的心會對於主管或者組織整體產生苦毒。

在聘僱同工之前，花時間確實面對這份工作各種不同的面向，無論是正面或者是負面的，都能在日後得到回饋。我們總是會想要向我們所

要聘僱的員工誇大組織或這份工作的種種好處，試著想要說服他，「我們團隊值得你委身和投入心血。」我們很難遇到一個主管願意坐下來，好好跟面試的人說：「嘿，這真的是一個好地方，但是我也得誠實跟你說幾件事情。」如果有主管願意這麼做的話，對於當今世代可說是一個令人耳目一新的創舉。因為只說好話的習慣可能讓新的同工一開始就有不切實際的期待，長久下來，終究會對整個團隊有害。

對於首次加入事工的人來說，上述的現象更是屢見不鮮。剛剛從大學或神學院畢業，很多來我們事工中實習的人都會有這樣的期待：生命會充滿一次又一次的得勝（victory）。但是他們並不明白，所謂的得勝往往來自於一次又一次漫長的爭戰。所有的事工都有各自不同的痛處、政治角力和壓力。長期下來伴隨著某些誤會，很多年輕的實習生最終會發現自己在星期一搜尋報紙的分類廣告，希望可以找到比較輕鬆、壓力較小的另一種職涯選項。

評量同工

每一個團隊成員都會帶著參差不齊的專長或弱點進入一個團隊。不像之前的段落討論的是僱主可能缺乏誠信。接下來這個部分要處理的是同工如何在面試的過程展現自己。很多基督教組織在面試過程中花很多時間問屬靈問題，有些甚至會調查參與面試的人有什麼樣的屬靈恩賜？但是這些機構往往都沒有花時間深入地了解一個人的專長和弱點。神造我們每一個人都是獨一無二的，因此管理階層一定要花時間了解每一個人的多元性，尋找最適合他們的事奉項目。

舉例來說，我們往往都是先開出一個職缺，接著我們了解這個職缺所需要的工作能力，接著就開始尋找那個「符合這個職缺的人」。另一方面，我們也許能夠找到有屬靈恩賜的人加入團隊，但是他本身卻缺乏一項需要完成這個工作的能力。這樣的弱點可能剛好是另一個團隊成

員的強項，但是這個成員卻無法運用自己這個強項，因為這不是他原本工作的職掌。因此，有智慧的領導者會定期評量團隊中新加入的和現有的同工本身的優缺點，適時的調整他們所負責的工作職掌，在有效的管理下，允許工作上的成就感、升遷、績效以及最終的目標——工作滿意度。

面對改變和衝突

所有事工的人員聘僱必然會面對的兩個問題，就是「改變和衝突」。我們處於一個高速變動的社會，所有的新點子和風潮很少能持續一年，相較於二十、三十年前，你可以相信某件事情至少可以超過十年，也不會面對任何變動。我們祖父母那一代在成年之後，幾乎不用在社會上、屬靈事務或者敬拜模式上面對什麼改變。在這樣的潮流中，下一個世代所面對的又會是什麼呢？

雖然改變可以有正面的效能，同時也能對組織做出貢獻，但是如果改變沒有被有效地處理，改變也有可能會對於組織內部或外部支持帶來破壞。在面對改變的時候，首先最需要注意的部分是溝通（communication）。很少有人經歷教會或是學校有劇烈變動之後，會做出以下的反應：「沒問題的，只是我覺得這過程溝通太多了。」我們的目標的確是要與會眾或利害關係人盡量地過度溝通（overcommunicate），甚至最好到一種狀態，他們的反應是：「好了！我們明白了！你可以不用再繼續告訴我們了！」

我們往往會認為自己已經過度溝通了，因為對於某個特定的議題，我們心知肚明已經做過多少對話、會議、資訊分享，到了一種程度連自己都覺得疲乏了。[9] 因此我們會假設對方也會有相同的感受。但這樣錯誤的假設最終會導致衝突。

成功的同工發展會需要領導者能夠明白所要做出的改變將會如何影

響同工。當領導者發覺會有負面的影響時，就應該在公開訊息之前，先花費心力與該同工努力溝通。應該要明確地讓同工了解他們的感受和工作內容都被審慎地理解，同時改變所帶來的結果是為了達成國度的使命，儘管這勢必會面對困難，儘管這是為了達到目標而不得不採取的手段，同工也需要知道他們的感受被看重，而且管理者會努力讓改變可能帶來的損害降到最低。

當員工彼此發生衝突，事實上也必然會發生衝突。有智慧的事工領導者會花時間搜集所有必要的資訊來介入衝突之中。這些方法在第十三堂和第十八堂有詳細的討論，我在此就不贅述，也可以說同工發展在處理同工內部衝突時，需要刻意並且主動地去進行，永遠也不要低估正面能量的價值。要建立正面的團隊精神可能要花上好幾個月的時間，但是這樣的精神瞬間也可以失去——一旦信任被破壞之後，就很難修復了。

形塑態度和行為

談到形塑基督教組織同工的態度和行為，有兩個關鍵的要素，那就是「禱告」和「不計算別人的惡」。身為信徒，為我們所關心的人禱告是我們的恩典和責任，有時候我們會認為只有教會中的平信徒、學校裡的孩童或者我們所牧養的人才是我們所需要關注的「羊群（sheep）」。但是身為主管，組織裡的同工就等於我們所牧養的人。聖經也明白地告訴我們「應該要認真對待我們所牧養的人」，因此我們要經常、持續不斷地為事奉神的人禱告，祈求他們有力量、勇敢、生命成長，同時對於邪惡能夠奮力抵抗。不像我們其他所耗費的精力，聖靈能透過禱告在我們同工的生命中實行奇事。

第二，在同工中樹立一種「不計算人家的惡」的文化。如果在組織中，一年只會與同工進行一次年度評估的會面，那麼應該不難發現部門的使命和組織整體的使命將會有很大的分歧。當行為或態度開始偏

離時，其實「立即表達」才是明智之舉，往往這樣的舉動可以透過喝咖啡或者聊天時順便帶到。若是可以在定期舉行的事工會議中採取行動的話，則會顯得更自然。大部分的時候，這些問題可在對個人或組織還沒造成持續的損害時就獲得修正。

然而如果放任問題存在或變得更嚴重，這些負面的態度或行為在被發現之前，可以說已經持續了好幾個月甚至是好幾年了。在這種情況下（除了神的介入之外），要排除負面情緒或者苦毒對僱主和員工的滿意所造成的影響幾乎是不可能的。更不幸的是，很多工作上的關係因此而變得嚴峻。明確的說，這是一種聖靈、管理者和同工三者相互影響的關係，當中的每一個人都應該在各自的部分負起責任。

保持委身

我們仰望聖經中偉大的領導者，我們可以發現摩西、約書亞、以賽亞、耶利米、尼希米、耶穌、彼得、保羅等，都長期委身（committed）在他們自身的事工以及他們所牧養的對象。每一個人都有很多「面對挫折而離開事奉」的機會，但是每一個人都認定這是他們生命所領受，有神而來的特別呼召──只有神才可以解除他們領導者的職分。

身為二十一世紀面對多元同工的基督徒領導者，若是神呼召我們在特定的事工中事奉，我們同樣也持續地委身在領導職分上，然而，最好的同工發展則是透過終身學習的情境來執行。有趣的是，那些對我們的生命和事工有著最深刻和最有意義的影響的人，往往不是那些因著他們的恩賜或洞見吸引我們的人，而是那些在我們生命經歷高低起伏時，仍然陪伴在我們身邊的人。他們一直在那裡，在困難時鼓勵、安慰我們；在我們成功時為我們喝采。他們認識我們的原貌，接受我們生命中屬神的榮耀特質，同時也接受我們生命中不堪入目的部分，無論如何，他們就是愛我們。

　　希望「發展同工」的領導者需要在工作中也有這樣的態度。想要成為一個「影響生命」的領導者需要一種長期的眼光，試著把每一個機會都看成無論今日或未來都能帶來益處的轉機，抱持這樣的想法會使你必須直接面對一些你想擱置在一邊不理的議題。然而，如果你用更長遠的時間來看，你會發現「問題不會自己解決」，唯有「當問題還不大時，才更容易處理」這樣的認知，會促使你盡快地處理問題。

　　你也必須牢記在心的，還有神賦予你發展同工個人生命的責任。這個年輕人是神交託在你手中的人，預備他們並且訓練他們。或許，他們只會成為你的同工幾年的時間，接著就會轉到其他的領域，但是你所提供的訓練和員工發展，可以對於他們有著終身的影響力，影響著他們的價值觀、信仰和服事的態度。如果你是信實地認真執行你的工作，或許你會幸運的在幾年後，得到這些同工的感謝，感謝你在過去那段充滿挑戰的職涯發展歲月中，持續地提供訓練和給予關愛——還有什麼比這樣的報酬更好的呢？

結　論

　　「同工發展」或許是很繁複的工作，但是卻是任何有效能的基督教組織的核心，它始於專注在大圖像上（明白你的事工為何存在以及所要完成的使命）。在達成目的之外，你還需要堅定的態度選擇對的人來擔任適合的職務。當你發現將人放錯位置時，你必須要採取行動，做出必要的調整，若是不採取行動，同工發展將會因著你無法掌控的因素而受到損壞。然而，一旦採取必要的行動，就可以進入下一個重要的步驟：清楚地表達你對事工發展的方向，這會激發興奮感以及強化團隊精神。

　　相反地，大部分的人都不是單純地為了組織的好處加入事工團隊。利他，在這裡就顯得不切實際。團隊成員同時也在尋找工作中可以帶得走的價值：有可能是額外的訓練、對神國做出貢獻的感受、個人的

自我實現、獲得某種工作技能、或者和組織中的某人發展某種指導者（mentoring）關係。有智慧和明辨力（discerning）的領導者會花時間探索這些原因，尋求在實現組織目標的過程中也符合上述同工的期待，促進一種雙贏的管理策略，也可以提供同工個人事奉的動機。當達成這樣的期待時，就會發展出成功和有意義的事奉關係。

　　若是這種雙面的期待落空，無可避免的就是造成幻滅和失望的感受。衝突管理的技巧就會成為首先要運用的關注點，同時也要實施各種介入的措施，這時候時間和精力都會被榨乾，事工就會演變成繁瑣的工作。

　　或許當事工領導者在牧養他的同工時，要採取不止一種同工發展的方法：成為一個關心、造就人的領導者，並且在同工面前活出真實的生活，對於健康的同工發展是非常重要的。要同時排出時間與個別的同工見面並帶領事工，實現組織的目標，的確是充滿挑戰並彼此衝突的。然而，對於發展能夠經歷終身服事滿意的健康同工卻是必要的，之後的成果值得之前所有的努力！

第十六堂
事工中的法律與倫理考量
Legal and Ethical Considerations in Ministry

馬克·漢茲

在今日的事工中，基督教教育的管理和治理至少需要對現今法律環境相關的知識和理解。法律並非一成不變的。當有些人認為基督教事工應該法律上獨立運作，但這樣的想法既不切實際也不符合聖經的教導。[1] 大部分的事工在法律對其有助益的時候就擁抱它，但是在法律帶來負擔時，就會開始抱怨法條的不適用性。這樣的態度，加上文化中將法律和宗教一分為二，認定兩者完全不相關的風潮，往往使得事工在遭遇危險時，因為忽略法律，無法有效地使用法律來保護自己。

認為基督教事工可以從法律中豁免的想法完全不符合聖經。除此之外，認為基督教事工的經營應該從法律的保護中獨立出來的想法也是。在舊約聖經中的以色列，民法和律法是相近的。[2] 民法的構成也符合上帝對於人性的啟示。在耶穌的時代，很多的律法都已經不再被遵行或者也背離法律原本設立的宗旨。雖然耶穌強調要尊敬和順服法律，而他也毫不遲疑地違背那些扭曲的律法，[3] 但是他從來不認為自己和他的門徒在完成使命的過程中，有從適當的律法中豁免的權力。[4] 同樣的，保羅也從來不認為自己可以不遵守律法。事實上，他不只強調要遵守和順服

律法，也認為應該要接受律法可能提供的保護，也因此這一堂課將討論倫理和法律相關的議題。儘管現今世代試圖把法律從倫理中分離出來，但似乎兩者卻有時無法分割的。雖然有時某部分的民法似乎有違倫理，但對於事工以此而忽略法律或認為可以有豁免權的想法卻不合理。沒有一種基督教倫理支持一個事工公然地操控或利用神所賦予的自由。而且基本上，道德上的規矩大部分都和法律所規定的相容，因此觸犯法律某種程度也違背了倫理，認為「無法以道德成為法律制定的標準」的想法，是認為「法律無法改變一個人的心」，但即便如此，道德標準仍舊是法律制定主要的參考依據，用來限制和定義眾人所能接受的行為。[5]

　　事工不能一方面享受法律帶來的益處，又同時聲稱自己享有法律豁免權。我很清楚地記得一個案例：有個教會非常憤怒地來找我諮商，因為另一個慈善組織在沒有取得教會授權的情況下，就使用該教會所設計的教材。儘管這個教會想要提出訴訟，但我得到內部消息發現，這個教會同時也面對法律上的爭議，因為他們的教材拒絕取得美國作曲家、作家與出版商協會（ASCAP）和基督教國際版權協會的授權，他們認為所有的音樂是來自於神。另一方面，教會不能規避自己的管家責任，只因為認定自己不應該打一場合適和公義的戰役。

　　舉一個過去發生的例子，曾經有一個教會被破產法庭宣判，要將破產的會友之前的十一奉獻歸還給法庭。不管這樣的議題所牽涉的法律爭議，同時還有一個全國性的基督教組織願意負擔所有的訴訟費用幫教會打官司，這個教會的執事會還是決定教會不涉及法律爭訟，同時願意歸還所有的奉獻，還簽署不再抗辯的同意書。不到一個月的時間，國會通過了一個新的法案對解決教會所面對的爭議有利。教會其實是獲勝的一方，但是這個教會卻已經在稍早前放棄了追訴的權利。

基本的法律概念

基督教事工管理和治理的所有過程都與法律和道德層面的考量脫離不了關係。這一堂課放在「人事」這個主題之下，主要是因為法律程序牽涉到僱主和所有參與的志工。事實上，法律和道德議題在涉及在事工的計畫、組織、領導和評估每一個程序當中。因為這一堂課所討論的議題其牽涉的事項太過廣泛，因此這一堂課的內容經過刻意的刪減──畢竟試圖要列出所有法律所涉及的特定議題甚至是案例，其實可能並不明智，同時也沒有幫助。相反地，這一堂課主要的目標是在喚醒對於法律問題所涉及的各個項目和概念的理解。有了適當理解和發展，一個事工或組織在爭議可能產生之前就能判斷出來，同時也能預測可能涉及的爭議。

在這之前，需要先了解一些先備知識。首先，我們要了解法律來自各種不同的層面。根據一個人的世界觀，這些構成法律的層面可以被描述為不可剝奪的、憲法上的、基本法、上帝賦予的法律和自然法。即便今天基督教的法律來源不是像在〈申命記〉中所傳的那些律法般普及，但是這些基督教律法的確是其他法律來源的基礎。從這些律法根源出發，法律本身是由過往的接受度和使用所發展而成的，特別是一般法或特定的判例法更是如此。最終，特定的行政命令或規範的制定是用來擴充一般法情境和管理上的各種不同面向，這樣的法律形成所謂的成文法（statutory law）。

第二，某些領域的法條可以適用每一個人，而某些領域的法條只能應用在特定的一些人身上。舉例來說，與合約和債權有關的法條可以應用在每個人身上，但是特定領域如海商法、銀行法、健保、信貸、學校或教會法則不適用於每個人。然而，教會中或宗教性的心理諮商機構，一個法條的應用可能會跨越一般法和特殊法。同樣的，當這些特殊領域的組織聘僱員工時，自然也會觸及一般的勞工法和稅法。

第三，某些特別的法律本體（bodies of law）會包含各種法律資源的混合。舉例來說，教育法往往多仰賴特定的法定指令，但是教會法多仰賴的是政教分離法案的修正案和其他憲制性法律的條文。圖表 16.1 顯示了四種主要的法律象限：行政法、組織法、責任法和憲制法。[6] 組織法和行政法大多應用在公共議題上，而責任法和憲制法則比較多關注

圖表 16.1

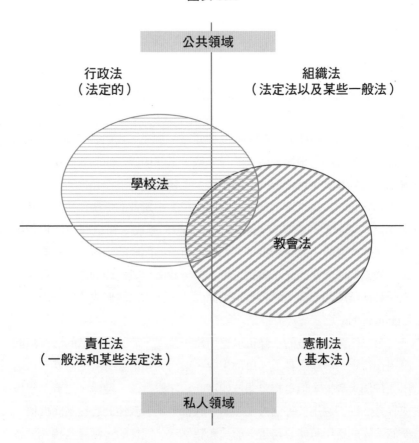

公共領域

行政法
（法定的）

組織法
（法定法以及某些一般法）

學校法

教會法

責任法
（一般法和某些法定法）

憲制法
（基本法）

私人領域

私人領域。

　　這張圖顯示出兩種特別法——學校法（school law）與教會法（church law）彼此重覆和個別強調的部分。基本上，法律有很大的一部分重覆，而且直接影響兩個法律的主體。然而，很明顯的是學校法專注在學校管理層面和大眾所關心的部分，而教會法則是憲法和更私人的焦點。

　　法律可以分成四個象限：憲制法處理的是以法律和道德為基礎而建制的法律，其餘的法律則以此為基礎而制定。在今日，這些法律包含個人和經濟上的自由，以及各種不可被剝奪的權利，包含言論自由、新聞自由、集會自由、宗教自由、政府扣押、宗教箝制以及有正當法律程序的權利（包含享有不被歧視的自由）以及有爭議的隱私權。因著憲法所保障的自由以及各種政教分離的條款，教會法往往更多與憲法的權益相關，而不偏重其治理和規定的面向。事實上，在教會法的法律主體大多是關注在法條和普通法的應用，同時也包含與憲法有關的議題。

　　在組織法的說明中，我們可以發現一些關於商業組織、公司、非營利狀態和稅法的相關議題，這些本質上都是成文法的應用，但是有些部分可能也存在普通法的範疇。成文法的其中一個特徵為其變動性。法規的訂定主要仰賴立法的程序，而這程序又能根據多數人意向的改變而輕易地修改或取消。這些法律有一些灰色地帶，但是要求要嚴格地遵守。舉例來說，如果沒有在正確的時間提出 501(c)(3) 的慈善減稅申請，那麼整個權益將會完全被剝奪。[7]

　　在行政法的選項中，我們找到特別產業和特定專業的法條，當中也包含很多勞動和監管的法律，這些法條的內容比起組織法顯得更明確和嚴格。他們大量的仰賴定義和分類，然後隨著時間和文化的變化也會隨之調整。在這項法律中，我們可以發現諸如專業執政的核發、證券法、薪資法和工作時間歸法、環境和職業場所法、衛生法、退休福利法、建築與區域發展法、設備檢查法以及與教育相關的法律，如曠課、公共財政和課程發展法條。我們也發現學校法中，往往會有充分的各種規定和

要求，並且在學校 8 開始營運之前，有許多的法規要遵守。同時教會法也有許多觸及憲制性法律和監制性法律的部分。

責任法（Liability law）的規範包含信託義務（fiduciary duties）、信託法（trust law）、侵權法（tort law）以及刑法（criminal law）。責任法的概念是區分在我們意圖或非意圖的行為所造成個人的責任和義務。關於責任法有以下兩個分類：刑法處理的是在尋求社會安定的目標下透過嚇阻、處罰、刑罰、行為修正和矯正等來處理犯罪行為，而不是著眼在行為所造成的影響。另一方面，從教化的觀點來看責任法，如果有人因此受傷或是權益受損，則應該合理地得到補償。這個分類大量地仰賴普通法，雖然有些法規的定義強調在錯誤的行為或已經存在的責任。

在這個領域中，法律規範了虐待兒童、好撒馬利亞人或志工法、過失法、刻意侵害如攻擊、毀謗或詐欺。憲制性的概念在於規定受到侵犯時的權利，這樣的法律使得因為一些刻意行為如歧視、侵犯智慧財產權或其他的財產法而受侵害的人可以得到補償。

更進一步了解各種法律型態

接下來是更進一步檢驗各種法律的內容：

憲制法（*Constitutional Law*）

憲制法可以說是美國社會的房角石，對某些人而言，它代表著公共和主張博愛的信徒很大的一項成就，對其他人來說，這是分配義務和權力的實際方法，制約與平衡、公共與私有、宗教與世俗。然而，對於基督徒而言，這項法律只是反應出上帝放諸四海皆準的事實以及關於祂所創造的人性尊嚴。根據美國的獨立宣言：「人人生而平等，造物者賦予他們若干不可剝奪的權利，其中包括生命權、自由權和追求幸福的權利。」

　　第一項美國憲法修正案與第十四條修正案結合，[9] 提供關於宗教自由兩個重要的範圍。首先，第十號條款「政教分離條款」[10] 規定國會或者任何立法機構都不得訂定法律制定國教，也不能強加任何一種形式的宗教信念或崇拜方法、為宗教背書或提供協助，也不得強制公民信奉任何另一種宗教。第二，「宗教活動自由條款」[11] 保證無論是州政府或聯邦政府都不能通過法律妨礙或禁止任何宗教信仰的形式。很顯然的，這些條款的內容都非常明確，並且頒布這些法律之後的一百五十年，政府和宗教信仰之間的衝突並不多，在 1900 年中期，只有少數案例使用上述的法律條款。

　　政教分離的條款並不是在政府和宗教之間充滿張力時才需要被頒布，但是，政府也的確需要採取行動以避免任何不公平。因此，透過政府所支持的宗教活動、在學校或公眾場合脅迫性的宗教行為或者因為宗教緣故而給予的支持和協助，應該被明文禁止。根據 1949 大法官雨果・布雷克（Hugo Black）在「艾佛森與地方教育委員會訴訟案中」的案例，[12]「根據傑弗遜的主張，這項條款違反了政教分離的主張，同時是因為要在教會和政府之間築起分隔的高牆才設置的。」

　　從此之後，政教分離的法律就延伸到建議聯邦和州政府的法律（1）必須有世俗立法的目的（2）法律主要的果效不在於促進、強化或禁止任何宗教行為（3）法令應該不能促進政府涉及過多的宗教事務。[13] 根據這項主張，在公立學校的聯合禱告會 [14] 和聖經閱讀 [15] 應該要明令禁止，同時也不能以宗教目的為由禁止某些科目（演化論）的教授，這樣的作法違法法律。[16] 政府對學校和機構的補助不能用在宗教目的事務中。[17] 另一方面，即便政府管轄基督教相關的事務，也禁止涉入神職人員的聘僱和解聘 [18] 等相關事宜。

　　引用政教分離的法條案例，多是由個人向政府機構提出，試圖要阻止政府的行動，而宗教自由活動條款也多用於個人在現存法律的尋求法律豁免權。在宗教自由活動的條款中，法院必須確認個人的信仰以及基

於信仰而做出的行動。當然，一個人的信仰情況是不可侵犯的，但是個人的信仰應該不能損害其他人的利益，在這樣的情況下，可以採取什麼行動來維護另一方的權益呢？

為了做出兩者的區隔，謝爾伯特（Sherbert）[19] 和尤達（Yoder）[20] 的法院建立了一個含有三個部分的檢測。首先，這個人是否因為虔誠的信仰而導致引發這項爭議？[21] 第二，法律是否對於這個人宗教信仰的行動自由有過度地詮釋？最後，政府是否有意願保證這個人行使宗教自由活動的權益？最後兩項測試主要在於分析是否有現存的方法可以幫助政府減少侵害個人宗教信仰的權益。

根據這項檢驗，法院允許天主教和基督教學校的存在，[22] 同時也可以公開作個人見證或家戶探訪的權利，[23] 並且可以與非宗教性的組織或機構接觸。除此之外，法律也禁止在聘僱神職人員時有任何形式的歧視。[24] 但是法院仍然拒絕某些宗教上多配偶制的主張，也禁止不合法的宗教行為 [25] 以及危害他人健康的任何宗教行動。[26]

簡而言之，憲制法不止提供了美國法律系統的基礎，也提供許多的例外和保護避免法律行動會侵害個人信仰的權利。即便合乎法律的宗教行為被允許存在（例如在家中舉辦讀經小組或者致力於某些事工），我們也需要在維護自己的權益上採取主動，而無論是否與基督教關心的事務相關（例如憲制法對於聘僱神職人員時反對種族歧視），我們也要盡力守法。

組織法（*Organizational Law*）

組織法間接地周旋在擁有權和控制（外部和內部）、債權以及政府性實體的架構（有些很明顯的與憲制性法規相關）和稅法等概念之間。事工有可能是由個人的努力所建構，但也有可能是集結了許多人的努力而成。如果只是涉及個人的話，那麼關於控制權的議題就顯得簡單。由個人主要對社群負責（獲得信賴），同時在事工的各項決議中也都由

個人完全主導。但是，集結各方努力而成的事工在談到內部控制或外部控制時，就需要更複雜的規範。公司和企業的法規（包含合夥和基金會等）也同樣可以應用在私人企業上，無論這企業是在市場上運作或者是以事工為導向。為了要鼓勵組織聚焦在提供社區服務而不是獲取利益，法律針對這些非營利組織提供了一些特別的福利。然而，所謂的非營利指的是該組織並沒有明列的目標是在於追求擁有者的利益，而不一定要是慈善或稅務豁免的。在寫這堂課內容時，大部分的航空公司都是非營利型的，但是這並非是刻意的，也不是這些航空公司就是非營利的企業。除此之外，慈善機構和教會也是不同的組織。舉例來說，公寓大廈管理委員會主要也是非營利的組織，但是它在本質上既沒有宗教目的，也不是以慈善為目標。[27] 另一方面，世界展望會是一個非營利的慈善組織，但是他並不是教會。最適當的稱呼是會對於組織能夠獲得的福利、獲得福利的根據以及過程帶來影響。

　　非營利組織最常見的福利包含以下：（a）所得稅、財產稅和營業稅的豁免（b）允許支持者能夠從他們的贈與和奉獻中獲得稅務減免（c）對於員工和志工能夠從合約或侵權行為中獲得額外的保護。要注意的是如果所行使的業務行為不符合非營利組織的目的，那麼所謂的稅務豁免狀態並不是給予組織取得退稅或免逐所得稅的藉口。所得稅的豁免或減免是屬於聯邦法規範的範圍，而不動產的稅務豁免、營業和使用稅則是州政府的法律。[28] 很多州政府都有規定州稅豁免的資格認定程序，無論該組織是否符合聯邦法律與否。

　　美國國家稅務法案 §501 中規定稅務豁免的情況：一般而言，501(c)(3) 的法條決定奉獻者是否能夠獲得稅務豁免的資格，當中明列欲獲得稅務豁免的組織二十七項可接受的目的或項目，最常見的是（a）慈善的（b）宗教的（c）科學的（d）教育的目的。總之，一個組織能否獲得許可在於（a）組織本身（b）組織運作的方式（c）組織的目標。這樣的企業單位必須有組織性的架構（同時是非營利的公司或有債權限制的

公司），能夠明確地限制組織的運作活動好符合組織所創設的目的；禁止把金錢的收益轉給組織的所有者或者成員；要求在公司解散或是運作停止時，必須要資產轉給其他符合 501(c)(3) 的機構。除此之外，這樣的組織也必須明確地追求它設立的目的，避免參與任何公開的政治活動；同時只能花微薄的時間或資源來影響與立法和政治有關的目的。[29]

稅務豁免的狀態並不是一種權利，也不會自動地取得這樣的狀態。[30] 申請的過程要遵守美國國家稅務局各種嚴格的期限和規定。在這種情況下，唯一的意外是教會因為政教分立的原則，自然而然地獲得稅務豁免的權利，因此就不需要向美國國家稅務局申請。雖然美國國家稅務局的法案對於「教會」這個機構沒有明確的定義，但是法院可以依據其他相關的資源來定義，也因此美國國家稅務局針對教會提出了十四個認定的標準，好協助判斷哪些組織符合教會的定義：[31]

1. 一個明確合法的存在。
2. 有明確的信條和敬拜的形式。
3. 有明確清楚的教會治理方式。
4. 有正式的教條和行為規範。
5. 有明確的宗教歷史。
6. 沒有和其他教會或宗派有關連的資格。
7. 有公開按立神職人員的組織。
8. 所按立的神職人員已經完成指定的相關學業。
9. 有屬於自己的文獻。
10. 有敬拜的固定場所。
11. 有固定的會眾。
12. 固定規律地舉辦禮拜儀式。
13. 有教導幼童宗教知識的主日學。
14. 有預備神職人員的學校。

雖然並沒有規範要符合這十四條規定，但是有一些法案會採取上述的條件或類似的要素來定義「教會」。很多人認為這些要素提供非常狹隘的定義，需要調整因此並不具備參考價值，而且並不是所有的宗教組織都能各符合這裡對於教會的定義。[32] 不過，即便是不符合美國國家稅務局對於教會的定義，但是在審視機構某些狀態時，參考這些定義仍舊是相當重要的。因此，由於定義上的不明確，很多的教會仍舊向美國國家稅務局提出稅務豁免的申請，好取得合法的資格。[33]

大部分的事工都希望可以成為公司（corporation）或者是有限公司（limited corporation）的型態。這樣的型態對於債權有提供相當程度的保障，當一個由個人獨立負責的事工或者合夥型態的事工，事工領導人或合夥人個人有履約的義務或者債權的情事發生時，其他公司的負責人、成員或者經營者對於公司運作所產生的債權有直接的權責。除此之外，很多對於債權免責的法規限制只可以應用在非營利的組織。

行政法（*Administrative Law*）

非營利組織有稅務豁免的權利，但是卻仍然接受勞動法（labor law）和聘僱法（employment law）的管轄。總而言之，僱主仍然要負擔所得稅、社會保險費和其他必要的稅負，唯一的例外是聯邦失業保險。[34] 預收的失業稅負每一州實際應用的情況都不相同，[35] 此外，領有證照或者被按立的神職人員的所得稅可以先扣除「住房津貼」之後再計算。唯一的限制是這筆費用必須符合以下的規定：

（a）必須合乎常理（b）費用必須與住居、裝潢和居住設備產生的成本有關（包含租屋、付貸款、房屋稅、保險、修繕、以及庭院維護）（c）再做出必要的補償之前，必須先由所聘僱的教會申報。[36]

這是非常有益的稅務豁免，如果神職人員有貸款必須清償，那麼就可能會有雙重的優惠（所得稅的減免以及貸款利息和房屋稅的減免）。最近由美國國家稅務局所興起的訴訟，主要在於釐清某些稅務豁免的

特殊情況，結果演變成聯邦法院的訴願，指出這樣的稅務豁免違反了美國政教分離的法案條例。然而，為了回覆這樣的訴願，美國的國會介入其中，並且通過「2002 神職人員住所補償法案」（the Clergy Housing Allowance Clarification Act of 2002），當中規定稅務豁免的金額必須是「合理的租金額度，當中包含建物及附屬物如車庫的裝修、以及相關家用設備的費用」。[37]

然而，對於牧師或教會的社會保險費用的豁免仍舊存在著爭議。當合格的牧師申請豁免的收入來自世俗或公共的計畫，而神職人員並不適合收受來自參與世俗或公共計劃的收入時，這樣的申請程序在時間有限的情況下，也顯得窒礙難行。[38] 一旦曾經獲得稅務豁免的牧師之後選擇參與世俗的計畫，那麼他可能會永遠失去申請稅務豁免的機會。除此之外，他所屬的教會或者組織可能會把這位牧師的工作狀態轉為「自我聘僱」，然後失去教會提供的聘僱福利，教會也不再需要為他負擔社會保險的費用。然而，這項動作或許對於教會有利，但是對於牧師而言則失去某些福利，變成必須自身負擔社會保險費，並且負擔由「自我聘僱法案」（the Self- Employed Contributions Act）所規定的稅率。

最安全的作法是確保遵行所有規定的勞工法，然而，很多這些法律豁免的機構只聘用了非常少數的員工，而這些人的收入也很微薄，低於一般標準（人數多寡則根據情況有所不同）。[39] 因此，小型組織和教會可能會需要諮詢每一個特定法律的依循標準。「員工災害補償費用」一般而言都是必要的；[40] 基本的薪資和限定的工作時數和在以營利為主的公司應該要相同；[41] 移民法的規定也需要遵守；職業安全和維護健康的法規也要符合其規定，雖然有些人會質疑教會和一些慈善機構應該要被歸類在美國職業安全健康局（OSHA）和其他法律所列出「參與商業運作的營業活動」項目中。

如果一個組織實際上是慈善機構或者教會，最主要的不同會發生在當我們考量到與歧視有關的法律時。舉例來說，根據美國公民權利法

案標題七（Title VII of the Civil Rights Act）和美國身心障礙法案（the Americans with Disabilities Act）的規定，聘僱人員超過十五人的僱主都要遵守其規定，但是這些不包含特定的宗教組織和宗教組織所運作的教育機構。[42] 這些組織可能會因為只聘僱和他們有相同宗教理念的人而有違反「反歧視法」的規範。除了受歡迎的信仰之外，他們無法免除於其他歧視他人的歧視，這包含根據種族、國籍、身心障礙程度、性別、婚姻狀態來聘僱牧師，這樣的要求可能在他們的信仰運作中是整體考量且合理的規範。[43]

其他的行政範圍包含對於「牧師」的明確定義（為了可以履行婚姻的目的和觸及監獄、醫院和其他非公開的地點）[44]、非牧職的專業證照（例如心理醫師的執照）、安全法規、智慧財產權和著作權法、慈善遊說法和破產法。除了一些微小的例外之後，上述的法律對於盈利和非營利機構的規定都是相同的，舉例來說，雖然教會對於來參加禮拜或課程的人並沒有收費，但這不表示教會就可以枉顧著作權法，任意使用材料觸犯著作權法。[45] 除此之外，雖然政教分離法案允許教會可以籌款來因應事工的需要，但是州政府和聯邦政府的詐欺法仍舊適用。[46] 即便是美國破產法案也有納入適用於教會和慈善機構的法條。

因此，授與接受信託者權力來要求教會或者慈善機構要回報法院過去一年來，債務人所有的奉獻。[47] 除此之外，如果破產人有定期還款的計畫，則在還款期間不可向慈善機構做出奉獻。[48] 然後，因為有很多人試圖要修改這條法律，所以國會最終通過「1998 年宗教自由和慈善捐贈保護法」。這條法律保護債權人之前對於慈善機構所做的奉獻可以基於他年度總收入的百分之十五，如果有超過的部分，只要債權人證明過去幾年的奉獻數目一向如此，即可接受。此外，破產法第十三堂規定債權人可以在他還款的期間，仍舊可以繼續這些定期的奉獻。

責任法（*Liability Law*）

　　生活的一部分其實就是在處理員工（同工）、志工、一般大眾、意外、發生的錯誤或者受傷的人中度過了。此外，還要面對人代表組織簽下合約和金錢債務（debt），但是之後就無法償還或履行合約的情況。合約義務或金錢負債和個人性的傷害相比則比較容易處理。如果組織的架構和公司相同，個別的員工、主管或辦公人員就不會有個人的意願。[49]當組織無法償還其負債時，債權人可以取得公司所有的資產，但是不能要求組織的成員幫忙清償債務。另一方面，如果組織並不是註冊為「股份有限公司」，那組織的債權則會變成管理組織的人要承擔的債權。

　　而個人性的傷害所涉及的議題則更複雜。美國的普通法認定，當有人受傷的話，造成傷害的人必須要負責，可以採取修正傷害的方式或者彌補受傷一方的損失。債務有可能是因為他人惡意或刻意的行為而產生，也可能是因為大意或意外造成的。當債務發生的時候，法律上的關注在於「是誰應該負責？」並且要負責到何種程度？如果受傷的人（或第三方）也有部分的責任，那麼這部分的責任也要一併納入考量。

　　如果所發生的情事屬於員工的工作職掌範圍，通常是組織和做出行為的僱員要一起為了所造成的結果負責。這是基於普通法「僱主責任」（respondeat superior）的原則，代表著僱主對於行動所產生的結果有最終的控制權，因為也需要做出必要的回應。因此，僱員的責任則歸於組織，[50]然而，我們也必須要了解員工的職責所涉及的責任和行為內容。一般來說，這包含員工執掌的業務範圍當中的責任，但是往往不包含對於直接或刻意的觸法行為，同時也要對於是出於疏忽或者是刻意犯罪的動機做出明確的區分，組織並不需要對於僱員刻意觸法的行為負責。同時論及合約時，非營利性公司的員工若不是個人涉及合約規範的行為，[51]也可以免除其債務的責任。

　　在教會和非營利組織機構中一般的想法都是他們可以從「慈善免責」（charitable immunity）的原則中得到益處。這項原則可以確保慈善

組織不會被控告，也不用因自身疏忽的行動而背負債務。這個原則的理論基礎在於預防慈善機構因其偶然發生的疏失，造成整個慈善工作受到損害。這個原則一直運用到 1940 年後，所有司法地區已經拒絕接受應用這項原則了。現在當慈善服務的受益人做出聲明時，偶爾還是有一些少數的機會可以應用這個原則。[52] 但是在一般的情況下，除非債務受到法規的限制，教會和非營利組織基本上和其他企業在面對債務時，都受到同等的規範。

除了上述的限制，今日法律的氣氛也在於認定無論誠實的程度與傷害規模的大小與否，所有的傷害都應該得到某種程度的補償。因此，害怕可能會因他人的錯誤或忽略而損害自身的權益，這樣的恐懼造成一些人不願意參與慈善工作或志工的活動。另一方面，組織也會更小心於其成員可能帶來的損失，受訓不夠、不夠委身或不受監督的志工都可能對組織帶來危害，但是社會大眾也關注非營利機構和志工組織的生存，因此也會提倡立法保護志工，當志工在慈善組織中提供無償的服務時，個人所需承擔的債務也應該受到法律保護。

此外，國會也通過聯邦的「志工保護法案」，[53] 本質上限制了債權。這個法案適用於全國，[54] 並且納入所有非營利組織以及政府組織。但是如果個人的行為是蓄意或觸犯法律，或者志工的行為並不是工作範圍的一部分，又或者志工並沒有專業的證照來執行適當的業務，那麼這樣的法規就不適用了。此外，使用有責任保險的車輛也不在志工保護法案的保護範圍，並且這個法案主要保護的人是志工。當志工無法被起訴時，組織仍然要對那個志工的行為負起責任。

大部分的州所定的「志工免責法案」和聯邦的「志工保護法」都包含誠實無欺的行為，也保護非營利組織中無償的員工和主管。因此，當組織中的員工和主管對於組織內其他人的債務（因其並沒有合謀的疑慮）可以免責時，如果身為董事會／理事會成員所做的決定也沒有連帶責任，除非他的行為有明顯的失職或者刻意的觸法行動，或者本身的行

為超過身為主管的職權或業務範圍。主管的工作範圍和權責是由組織所授與或因為職位本身所賦予的，但同時也接受許多州所訂定的「非營利組織模式修訂法案」的規定，當中明白列出非營利企業主管的行為準則。[55]

除了這些保護，組織本身還是存在風險，而大部分的情況下，這些風險可以因為適當的保險而得到保障。這些保障包含組織整體的責任保險、組織運作車輛的保險、董監事及高級管理人員責任保險（Directors and Officers Liability Insurance，簡稱 D&O 保險）以及個人責任保護傘保險來保護個別的志工。然而，即便是保險也無法保障任意妄為的行徑、粗心大意、觸犯法律的行動、假公濟私或者知法犯法行為。[56] 最終，冒然地申請保險理賠可能導致保險費用大幅度的調升，同時也可能在某些項目被保險公司拒保。其於風險管理的方法必須補足保險無法提供保障的部分。

風險管理技巧（Risk management techniques）包含提供志工或員工有品質的訓練和監督，發展公司政策的手冊在當中名列每一個員工的職掌範圍。除此之外，也請員工完成揭露醫療紀錄的表格以及特定業務免除責任的聲明，除此之外，教會的主日學或兒童照護中心需要註冊和報導也會有所幫助，並且禁止沒有牧職的人或者沒有專業證照的人主動提供諮商的服務；也建議要定期地重新評估事工的內容和職責，審視可能有的法律責任。有些容易觸法的領域包含以下幾種：

1. 過失性僱用（Negligent Hiring）。當僱者對於員工刻意或觸法的行為不向第三方負起責任時，僱主往往愈會因為自身的疏失而無法卸責。這樣的情況往往是僱主因為疏失而聘用了不適任的人。組織在僱用員工或選擇志工指派他們工作時，是否有關注到應該要關注的重點？員工或志工是否有接受接受監督或者對於之前不適當行動展開調查？組織是否有了解該名員工或志工在態度上是否與他的職責或他所面對的客戶或同工有衝突？對於過去所產生的爭議是否有了解？該名員工或志工

（以及組織本身）是否採取任何行動確保這些爭議不會再次發生？該名員工之前所受的訓練是否提供他面對工作所需的能力？以及該名員工是否能在問題發生時，主動覺察出任何不適當的行為？

總而言之，僱主有義務要合理地進行調查，評估員工是否適任於該職位，[57] 這些調查也要遵行合理的程序和標準。同時當員工或志工所服務的是特定脆弱的對象時如小孩、老人或身障人士時，這些評估的標準也需要因著需要而增加。

2. 過失性監督（Negligent Supervision）。 員工一旦被僱用，組織就有責任要合理且適當地監督員工的行為。很多過失性監督的案例都與騷擾孩童或者性侵有關。當業務內容涉及兒童時，好幾個法院都認定孩童照護的標準以父母照護的平均標準為參考，但是組織並無法承擔孩童安全的保障。[58] 對於疏失的改善方法是合理性監督的平衡、成本考量以及提供預防性的措施，同時融合社區普遍運用的孩童照護方法。在今天，在大部分的群體中都會有孩童出席紀錄的調查表，也不會讓小孩下課後隨意讓陌生人帶走，同時對於孩童使用的廁所也有嚴格的監管，並且進行孩童諮商時，要有見證人在場，並且不可在密閉的空間進行；如果是外部的活動，也一定要有好幾位監護人陪同才可。在一些小型的社區，如果無法符合上述所有的規範尚在可接受的範圍，但是如果是在大都會區的話，就必須要嚴格採用上述的措施才合理。

3. 過失性留用（Negligent Retention）。 一個組織可能在僱用的過程和監督的程序都合乎標準，但是卻有「無法避免過失性留用」的問題。如果有機會藉由適當的方法協助員工不再犯錯，並且合宜的監督，隔絕員工可能讓他犯錯的情境，[59] 這樣的話員工繼續留任就不算是過失性留用。但是另一方法，如果無法採取事先並合理的預防性措施，那麼讓員工去職就算是合理的作法。總之，組織必須要在不適當解聘員工的作法上取得平衡。如果對於解聘員工並沒有足夠的證據，那麼建立適當的預防措施和監督的方法則是較慎重的作法。

4. 業務過失（Malpractice）。業務過失指的是一個人的專業表現脫離了該專業應該要呈現的合理標準。神職人員的業務過失在定義上附加條件是該行為是刻意的（例如觸法的行為或身體上的侵犯）或者是在諮商過程中有瀆職（Malpractice）的部分。大部分的法院都拒絕這樣的聲明，[60] 一部分的原因是因為在描述神職人員專業的特定職責時會有困難，另一部分的原因是因為建立可以應用在所有宗教的遊說標準有其憲法上分歧的看法，另外也有涉及觸法行為的業務過失的標準可以應用在所有人身上，而不是只鎖定特定的人士。

然而，對於心理學家或者心理健康的諮商師在執行業務的規定，仍舊有一套明確的標準。實際上所有的州都立法規定所有的心理諮商師都需要領有執照，而神職人員所執行的諮商卻則有豁免權。即便不是法令上的豁免，也可能是因為憲制性宗教自由活動條款所提供的豁免保障。但這樣的豁免權往往只能應用在神職人員或牧者在進行靈性諮商時才符合其規範。

靈性諮商和心理諮商兩者之間有必然的重疊，加上訂定靈性諮商師的職業標準上有其困難（無論是世俗的標準或者是聖經的標準），這樣的情況使得神職人員在執行諮商的業務時很難用專業諮商師的標準來規範。因著上述的議題考量，很多教會現今會將這樣的工作轉介給專業的諮商師或者是鼓勵神職人員去取得心理諮商專業的訓練和證照，同時也會提供適當的業務過失型保險來保護神職人員。策略上，很多人會質疑教會因為提供心理健康方面的服務，而必須面對額外的義務和負擔，因為這樣一來就必須確保教會的諮商要接受世俗的標準，並且按著這些標準執行諮商的服務。

5. 溝通保密條款和神職人員的特權（Confidentiality of Communications and Clergy Privilege）。保密條款和特權是兩個不同的概念。基本上，法律上並沒有規定牧者和會友之間的對話要符合保密的原則，事實上，除非這個對話是在私下沒有其他人存在的情況下產生，同時有保

密的需要，不然大部分的對話都不需要考慮到保密的原則。在大部分的案例中，保密的職責都是道德性的，而不是法律性的。然而，由於雙方基於信用的緣故，大部分都會期待「對於對話要遵守保密」的原則，好維持對話的果效和彼此的互信。

　　不過，有時候這些對話的本質可能暗指「一種約定」或者「有遵守保密協定」的期待，因此，牧者在進行諮商時，首先要確認的對方在諮商的過程中對於隱私得到保障的期待。為了避免困擾，更重要的是教會和宗派都要明文規定，並且建立明確的政策來規範神職人員進行會談時的保密需要，[61] 此外這樣的政策在建立神職人員的特權聲明時也非常的重要。

　　和保密條款不同的是，特權的概念應用在當法律要求神職人員在法庭上要揭露具備保密條款的對話內容時，神職人員的特權就可以提供保障。這樣的作法是根據神職人員的特權就可以保護個人在進行宗教式認罪（懺悔）的權利，並且也保護了這類型式的溝通所提供的信任和有益於健康的價值。一般來說，所有神職人員的對話都想有這樣的特權，但是現今，這樣的特權也受到政府法律的規範。特權要在以下幾種情況下才可以運用：（a）神職人員是按立的牧師或者領有證照的諮商師[62]（b）私人的對話形式，並且原先的設定就是不公開的[63]（c）對話的發生是出於牧師或者諮商師以專業的角色提供靈性的諮商或者心理健康的諮商。接受諮商的人不需要是諮商師固定的客戶或牧者教會的會友。[64]

　　神職人員的特權也可以應用在進行婚姻輔導的情況下，當另一個配偶也在現場時。然而，這項法令在各州都有不同的規範。每個州對於哪個人擁有權力來主張或放棄這項特權有不同的法律規範。牧師有可能並沒有放棄特權的權力，同時必須被迫要在違背個人意願的情況下作證，除非告解者也要放棄這項特權。[65] 但是當告解者主動將內容告訴其他人時，這項特權也就被迫放棄了，同時也會破壞保密的約定。這項特權也可以由告解者自己放棄，但是前提是法院必須相信放棄的一方對於自己

將被揭露的內容事先知情,同時也知道這些內容會在法庭上用何種方式對抗放棄特權的一方。

　　儘管有各種保密條款和特權提供保障,但是在某些特定的情況下,神職人員必須依法揭露會談的內容。在可能的情況下,這些職責應該要事先向告解者進行告解之前或開啟對話之前揭露。舉例來說,保密條款和神職人員特權都無法排除他們揭露在對話過程中所發現的觸法行徑,無論是過去已經發生的事件或者是未來刻意要做的觸法行為。然而,牧師對於有關當局的揭露只能被當成辦案的線索,同時也不代表這樣做就放棄了未來在法庭上行使特權不做證的權利。

　　有關當局必須要在牧者的證詞之外尋找其他的犯罪事蹟,最近迅速發展的法律關注焦點在於「兒童侵害的通報」。所有的州政府都立法規定某些專業人士在可疑的兒童侵害案件中成為受託的通報者。在很多州內,牧者(或者有執照的老師和諮商師)都屬於「受託的通報者」成員。[66] 為了維護他們通報的職責,一位信用良好的通報者就可以免除其通報所需承擔的代價。另一方面,如果受託的通報者沒有通報「確定或可合理懷疑的犯罪侵害行為(往往是小罪)」,但這樣的誤失可能為影響到通報者專業執照的有效性。除此之外,很多的法律都允許孩童或父母可以控告沒有合理通報的專業人士,並且向他們求償。

　　這樣的要求可能也會造成牧者道德上的兩難。他們是否要在遵守保密的協定,繼續提供這些勉強的告解者諮商?如果通報的話,是否就破壞了保密的協定?如果揭露之後,他們是否就破壞了對方更近一步的信任?很多的牧者和諮商師都會選擇在諮商建立更多互信的關係之前,先說明自己的職責所在以及個人的決定。但也因此很多侵害兒童的人和受害者就可能選擇避免靈性和心理的諮商,而失去了對他們和社會可能帶來的益處。在這樣的情況下,非營利組織和教會需要全面地檢視他們的通報須知,並且發展出明文規定的明確政策。

結 論

與法律相關的議題最好在可能觸法之前就先妥善處置，這樣的情況下，他們不只在運作的階段（員工和主管）就接受調查，同時會在一開始計劃和組織的階段就開始調查的行動。弔詭的是，法律是透過他人的困境提出自己的評估。案例法（case law）和立法提案（legislative proposals）往往都是其他評估之下的結果，同時對於關注的人提供明確的指示。

因此，教會或非營利機構所面對的法律問題就不像其他人所面對的一般令人覺得氣餒。然而，由於時間和資源的有限，再加上我們自認為對於與上帝有關的事物可以得到一些豁免權，這樣的想法在過去為很多組織帶來許多的麻煩。另一方面，對於法律條文的認識並不是要讓我們在法律上站不住腳的情況下行使宗教自由，也不是合乎道德行動的替代品。在這個世界上，我們以基督徒或基督教組織的身分作見證，我們就應該要有在實際運作的情況下維持義務和帶出效益之間保持平衡，這些努力都是為了能夠落實神的計畫。

線上的資訊

www.ChurchLawToday.com. 這個網站是由位在北卡羅萊納州的「基督教事工資源」（Christian Ministry Resources）和理查·翰墨（Richard R. Hammar）所管理的。網站中提供許多很棒的資源，包含了資訊中心（書店）、最新的案例法、與法律專業理論和應用有關的文章、法條、各州在特定議題的立法對照表以及許多的通訊群組。資訊中心的電話為1-800-222-1840。他們也出版許多刊物，其中包含每兩個月發行一次的《教會法與報稅》期刊。其餘的材料與資源也可以透過線上訂閱電子報的方式取得。

www.Christian Law.org 這個網站是由基督教法律協會（Christian

Law Association）來經營。他們出版了許多的書籍文章和與教會法律
事務相關的小冊子，同時也提供法律諮詢以及免費的法律辯護。除
此之外，他們還規劃了一個每日的廣播節目「法律警鐘」（The Legal
Alert）。這個網站也提供許多文章、更新的案例和法條的摘要。他們的
聯絡電話為 727-399-8300。

第五部：指導
DIRECTING

　　如果你曾經嘗試過領導或指揮管弦樂團，你必然很了解「指導一個組織」是怎麼一回事。想要取得和諧的樂音，則必須確認每一位樂手都正在讀著同一頁樂譜，同時也願意彼此合作，適切地與人分享他們的才能，直到樂曲的最終章。缺乏相互的合作和支持，指揮所能發揮的功能也必然受限。事實上，幾乎不可能成功。

　　「指導」發揮在管理上的功能很像是交響樂團指揮所扮演的角色。他或者她的工作是要同步整個團隊所付出的努力。擔任領導者的牧者必須要明白如何有智慧地分配責任，激發團隊成員能夠專注在任務上，整合（coordinate）不同部門所花費的力氣以達成特定的目標，然後在團隊成員表現出個人差異時介入，做出適合的調整，好讓整個組織工作可以有所進展，以完成它的使命和異象。這是一項無法懈怠的工作，然而往往也是很多基督徒管理者感到挫敗的部分，因為在整合的過程中，衝突會不斷地發生。雖然每一項工作內容都會很明確的說明「誰應該要做些什麼」，但是面對不同的人帶著相異的個性和特質一同執行工作時，則又是另外一回事了。

　　「指導」是當有人開始一項職位時，所需要執行的人力管理工作。在這個時間點之前，大部分的管理工作都是著重於規劃事務的優先次序，而且也多是書面工作。但是開始指導工作的這個時間點，組織的使命和異象已經確定，短期和長期的目標也有明確的定義，所有預算和資

源也分配好了，同時每一個人也分配到需要執行的任務；管理和協調的責任也劃分清楚，人力也完成召募、預備等工作，接受訓練好承擔某些責任，而這時則要開始面對真正的挑戰，因為管理者要應對的是實際的工作現場，所有的人也已經各就各位。

「指導」這項工作和其他的管理工作相比，會面對一連串的挑戰。「在管理者發揮指導功能時，管理者要開始面對擔任領導者的挑戰，努力營造一個環境，讓團隊中的人可以有效能地執行他們的職責。除此之外，還要協調業務執行的成果和期望，並且適時地對於結果做出回饋。這些指導員工所涉及的各種要素高度，挑戰著管理者與人同工的能力與智慧。[1]

有時候，每一位事工管理者都不可避免要面對一個現實，那就是「管理人」是非常困難的工作。然而，聖經經文教導我們唯有透過志工（volunteers），才能完成神所託付的大使命（弗 2:11-16）。上帝的救贖計劃要透過志工來完成祂的短期和長期目標。身為事工領導者，我們要訓練和裝備志工，好使他們事奉有果效。第十八堂課的內容希望能夠幫助事工領導者，使他們能有培訓事工團隊成員的眼光。每一位志工都是獨一無二的，現職的事工領導者必須要先了解這項重要的事實。此外，每一個組織的目標應該要包含「如何了解每一位團隊同工的需要」，並且「提供同工在職訓練和專業發展的機會」。

指導者型輔導（personal mentoring）則是愈來愈受歡迎的同工發展策略。在第十八堂課中提供非常多的方法幫助領導者成為指導者，內容也有很多細節的討論。指導者型輔導對於機構本身和當中的同工都會帶出正面的影響。當人們奉獻自己在事工中深受看重也獲得尊敬時，他們對於組織本身的好感會增加，對於工作的滿意度也會大幅提升。這一堂課的內容也在幫助我們了解如何執行指導者型的輔導來達到上述的目標。

第十九堂課則在討論另一個重要的主題：將一群人轉化成一個團

隊。我們都明白團隊工作所帶來的果效遠遠大於一群人聚在一起各自獨立地工作。然而，對於許多基督徒管理者而言，如何將一群人轉化成一個團隊似乎是很抽象的觀念，而耶穌在世上的生活就為我們做出很好的示範。他召募一群沒有技能、教育程度相對低落的人，卻在最後把這群人轉化成有能力、恩賜的事工團隊，進而翻轉整個世界。當我們將第十九堂課所彙整的觀點應用在事奉上時，我們也能有同樣的經歷。

　　基督徒管理者對於如何激勵和影響他人抱持著各自不同的觀點，這些不同的方法我們稱之為不同的領導風格（leadership styles）。沒有一個方法或策略可以適用於所有的情境。有時候，當組織面對某個內部或外來的威脅或機會時，可能會適用某種特定的領導策略來解決問題。而當一個組織面對危機時，或許領導者需要採取更強勢或直接的領導風格，直到危機受到控制為止。在情況穩定之後，採取更民主或開放的方法則會更合適，特別是在團隊成員都有豐富的經驗和受過良好訓練的情況下。領導策略也有許多分類，在第二十堂課將會討論「在何種情境下適合採取哪一個策略」？

　　這一部分的最後一堂課則是教我們「如何與董事會／理事會或執事會同工？」在美國有明確的立法規定，非營利機構需要有監督管理的董事會／理事會。董事會／理事會成員的標準，其實是有一顆願作的心，很多基督教組織都因為沒有適當的方法訓練董事會／理事會成員而深受其苦。多數其實是由事工領導者來提供訓練，但是也有一些是因為本身所學就具備事奉所需的專業，因此不需額外的訓練。此外，很多事工領導者會發現和董事會／理事會或執事會同工往往會遭遇許多挫敗和痛苦。大部分的案例所需要的都是對於擔任職位和責任有適當的認識和區分，當一方假設另一方當負的責任時，衝突就會發生。應該要設立在董事會／理事會和事工執行者之間設立健康的界線，如此一來可以使所有的工作都有生產力和發揮果效。有句俗語說：「有好籬笆才有快樂的鄰居」（Fences make for happy neighbors.），可以應用在這些情境之中。

　　指導人的過程要面對許多的挑戰和衝突，一個錯誤的選擇和決定可能帶出更多錯誤的選擇和決定；一個不經思索的回應或者一句不該說出口的話也會對團隊氣氛造成巨大的傷害。小小的錯誤可能最後需要更多的精神才可能修復或彌補。如果基督徒管理者不夠謹慎，他或她最終還可能要面對法律的訴訟。神希望他的子民和事工都能接受有果效的領導，因此必然會提供管理者所需的工具，同時聖靈也會在管理和指導工作中提供所需的支援。對於尋求神的人，聖靈能提供有用的勸勉和智慧，幫助他面對所有的麻煩與衝突。將一群志工或同工調教成一個合一運作的團隊並不是一場意外，當然也不會順其自然就發生。這過程需要做出一連串有智慧的決定，同時訓練所有人往同一個方向前進。我們希望這一堂課可能提供事工領導者所需的各種工具，好使他們能夠完成神在各個事工中所託付的使命。

第十七堂
培養領導人
Developing Leaders

理查·雷塔

　　基督教事工的領導者栽培著重於新的領導者的成長和養成，同時在聖靈的引導之下，使得未來領導者可以接受裝備，帶出有果效的僕人式領導（servant leadership）。因此，基督教領導者最主要的任務在於「培養未來的領導者承接事工中的各項工作」。任何基督教組織若期盼能持續存在且發揮果效，同時有新興的領導者起來事奉，使神國的工作可以倍增發展，那麼領導者的養成是不可或缺的。基督教和非基督教的研究者注意到在政府、企業、學校、宗教組織和社會中，往往都存在著同樣的問題——缺乏適合的領導者。缺乏領導的危機也可以被視為**領導者培養**（leadership development）的危機，因為有非常多的領導者無法充分地完成自己的職責，因為他們無法興起他人來接替自己的工作。[1]

　　培養（development）這個字代表著未來的領導者在各種面向上都需要長時間的成長。另一方面，領導者訓練則是一個更聚焦的詞彙，指的是對於現在的領導者提供各種技能的傳授。在這樣的情境下，領導者培養包含不單只有訓練（training）而已。[2]我們或許能夠辨識出培養和訓練這兩個詞彙的差異，但往往培養和訓練兩個詞也被互相交替使用。

如果你對全職的基督教事工概念相對陌生或者只是剛剛接觸，那麼必然要面對一些掙扎，才能認定自己也是一個領導者，更別說也是一個培養領導者的人。這一堂課的目的是要幫助你當你開始在事工中訓練和裝備其他人成為領導者的過程中，看見上帝能夠透過你所成就的異象。如果你已經是個經驗老道的事工領導者，這一堂課可能會挑戰你的思想，給你全新的架構發展一連串重要的任務來造就現在或未來事工中所需要的忠心領導者。

為何我們必須訓練他人？

聖經中的明示與訓練模式

第一個和最明顯的原因是：這是聖經的指示，要事工的領導者負責裝備其他人來服事。聖經經文告訴我們訓練未來領導者，好面對神在世界上各樣工作的重要性。這樣的命令和馬太福音 28:18-20 的大使命也有緊密的關聯，耶穌要我們去使萬民作主門徒，而這樣的命令也包括發展領導者來完成這樣工作。耶穌的工作也包含預備領導者來完成未來的事工，而他在世上三年訓練十二個門徒的經驗也塑造一個模式，讓跟隨他的人知道接下來要怎麼做。

領導力永遠與養成領導者和培養領導者的責任息息相關。保羅在提摩太後書的指示也如此說明：「你在許多見證人面前聽見我所教訓的，也要交託那忠心能教導別人的人。」（提後 2:2）領導力的培養更是這整個過程的核心，因為藉此信心可以擴散，而且一代傳給一代。

而耶穌在馬可福音 10:45 所表達的僕人心態，更是整本聖經對於領導力最主要的詮釋。在天國（God's kingdom）中，偉大（greatness）就表示著要服事眾人。這樣僕人式的領導也是在培養其他領導者時最好的範示：在這個角色中，成功代表著也幫助其他的人成功。[3] 只是很可惜的是有些領導者並沒有承擔這樣的使命，因為他們深怕別人的成功會威

脅到自己的利益，因此他們非但不幫助其他人成長，反而會阻礙其他人成長，好使別人無法成為領導者。這樣的情況在教會或其他基督教組織中十分常見，而且也在年輕的同工心中造成傷害。

領導所能發揮的重要和策略性功能

培養其他的領導者是身為領導人的重要任務之一，比爾·海波斯（Bill Hybels）則提出第二個理由：「身為一個領導者最好的貢獻就是興起身旁其他的領導者。領導者不只是著重在發揮自己或他人的潛力，更是在幫助身旁的其他人能夠發揮潛力，因此他的生命在國度中所產生的影響力是倍增的，培養領導者能比任何領導的成就結出更多的果子。一個領導者的生命能夠影響往後的好幾個世代。」[4]

羅伯·柯林頓（Robert Clinton）七個領導力課程的其中一項如此主張：「有果效的領導者會知道領導中選擇和培養這兩項是優先要發揮的功能。」[5] 在我個人在大學的實習課程中擔任領導者的經驗中，當我的學生要尋找事奉的實習機構時，我給學生的優先建議是：「優先找一個認定『培養領導者是組織主要目標』這樣的主管去實習。」有些領導者有敏銳的觸覺尋找可能接班的領導者，期盼自己在國度事工中能夠發揮最廣和最長期的影響力。這樣的事工往往面對的是緊湊的時程和額外耗費的精力，但是長期下來所得到的回報也是顯著可見的。

領導者往往面對更多即時性的任務，以及培養領導者往往非常消耗精力，因此除非領導者明白這項工作有多麼重要，多半不願意介入這項工作。短期來說，訓練他人去完成一個任務是非常沒有效能的。大部分的領導者都能用更快的速度完成任務，而且還做得更好。然而，長期來看，訓練工作所產生的果效會加乘，這時領導者可以專注要一些只有領導者才能完成的領導工作。

唯有領導者能培養領導者

根據非正式的研究，約翰·麥斯威爾主張五個成為領導者的人當中，有四個人能成為培養領導者的領導者，是因為曾經也有領導者在過程中培養他們。一般而言，「唯有領導者能夠培養領導者（It takes a leader to raise up a leader.）。」[6] 海波斯也認同領導者藉由培養更多的領導者來發揮更多的影響力。他認為領導者可以從其他的領導者身上學到最多。[7]

確保一個組織中持續能有合適的領導者，應該是所有事工的執事會主席或主管的職責。一個事工領導者最重要的工作是在於他自己接任者的養成計畫。雖然不容易，但是適任的領導者會明白這個重要任務的本質。帝普雷（Max De Pree）認為：「領導者也應該對發展未來的領導者負起責任。他們需要分辨、培養、發展未來的領導者。」[8] 麥斯威爾則認為領導者要成為典範，關鍵在於當他不在其位的時候，他所屬的組織仍然能夠做成偉大的事。」[9]

耶穌花了至少三年在培養接班人，同時也為了自己在教會中的使命培養領導者。根據管理大師布蘭查的見解，耶穌之所以被認定為一位偉大的領導者是因為他的領導所造成的深遠影響。當你還在管理位置上的時候，要別人照著你的要求去做事情並不難，但是你的領導是否有果效的關鍵在於你的跟隨者在你缺席時，是否能繼續完成你的工作？[10] 一個有安全感和智慧的領導者會有異象對未來做長期的計畫。

好幾年前，我其中一個學生在一個當地教會的青年事工中實習，他和我分享那個教會負責青年事工的牧師的一套獨特的哲學。這個牧師的其中一個目標是要好好裝備那些為他工作的人，這樣一來他才可以隨時離開他的位置，而且事工也會不偏不倚地繼續下去。最終他也真的離開了，但是這個事工也繼續在這個學生的事奉中繼續成長。

這個年輕人所收到是一份非常珍貴的禮物，同時也為了這個事工留下了永恆的資產。今日，我這位學生已經成為那個區域中最成功的青年

牧師，而這是他的牧師留下的關於領導最棒的見證。

對於領導是項有益的任務

　　領導者一定要參與培養領導者培訓的工作，如此一來對領導者本身的靈命也有幫助，培訓領導者是基督徒生活中最值得付出的一項工作，不只是針對今生更有永恆的價值。這樣的說法看起來自私，然而聖經經文的確應許那些忠心事奉神的人必然得到獎賞。只要詢問任何一個事工領導者「關於服事所帶來最大的回饋和喜悅」時，他必然會告訴你，那就是當他看見自己投注生命培育的人成為領導者的時刻。即便需要不斷地投注心力，但是它所產生的喜樂也是別處所探尋不著的。除了訓練他人所得到的長期回饋，與一個熱情和充滿精力的年輕未來領導者建立可靠的關係，對於培育的人而言，也能再度被挑旺以及得到令人興奮的經驗。

培育事工領導者的責任

　　關於培養領導者的理論，存在著一個持續不斷的辯論：「領導者是天生的或者是後天培養的？」很多人認為培育的過程是天生性格、早期生活經驗、後天教育、工作及輔導經驗等所有要素的融合。有一個專家說：「領導者的養成其實是兩種主張的整合，領導者既是天生，也是後天養成的。很可能有許多人天生具備一些領導特質，但是當中卻只有少數人能夠成為領導者。」[11]

　　從基督徒的觀點而言，可能會用稍微不同的方式問以下的問題：「一個事工的開展是否完全是基於一個人特別的恩賜？或者人可以經由訓練而成為領導者嗎？」一個人如何回答這個問題則在於他是否致力於培養領導者。最實際的方式在於是否有平衡地認知到這件事情的重要性。馬法斯（Malphurs）指出：「這表示在對的情境中，無論領導者是

天生的或者是後天培養的，都可以為神完成許多工作。當然，經驗也顯示出優秀或非常傑出的領導者，往往都是因著天賦再加上後天的訓練和發展而出。」[12] 從基督徒的領導培育觀來看，決定何者要負責在事工中訓練及培訓領導者，以下四點扮演著重要的角色：

神是領導者的培育者

在神的主權下，祂自己主動地參與整個培養領導者的過程。神所造的每一個人都獨一無二，在出生之前，神就賜予不同的能力和恩賜，當然也包含與領導力相關的（詩 139:13-16）。祂感動人的心用信心來回應，同時差派聖靈內住在他們當中，同時賜下如領導力和管理等各種屬靈的恩賜（羅 12:7；林前 12:28）。祂是環境的主宰，按著祂的心意工作，將各種挑戰和情境放在即將被興起的領導者生命中，毫無誤差，即便犯錯也是神工作的一部分。藉此，上帝塑造人逐漸成熟，同時也預備領導者來承接祂的計畫。羅勃特·柯林頓（Robert Clinton）指出，對於整個過程保持覺察能力的人能夠明白是神親自為他們的生命安排了各種課程。「神自己是課程的設計者，為我們每一個人量身定作獨一無二的領導者培訓課程。」[13]

新興領導者要負起責任，尋找培育自己成為事工領導者的各種方式

一個人回應神工作的程度在領導者培育的過程中也扮演很重要的角色。他有可能在過程中拒絕成長的機會。當所有的人對於「是否能定義何為領導特質」有所爭議時，至少所有的人都會同意「有擔任領導者的意願」這樣的態度是必要條件之一。願意學習的態度和願意受教的心，也是成為敬虔的領導者不可或缺的特質。[14]

優秀的資質，有發展的機會和各種工作經歷，若是沒有自身動機的引導則毫無意義。需要承擔分險、責任帶來的重擔以及個人所需付出的成本等等因素會讓人拒絕承擔領導者的職分[15]。未來的領導者若是有敏

銳的感受力，則有機會認識神所掌管的工作，用神所給予的恩賜事奉，也能預備自己事奉的心。因著信任願意承擔一切，同時與團隊合作成為忠心的管家，這些都是領導者邁向成熟的過程中不可或缺的重要部分。隨著生命漸趨成熟，領導者自身也會培養出更強的動機及更多的委身在過程之中。用更寬廣的標準來看，領導者的養成其實是一種自身發起的過程，所以自我覺察（self-awareness）也是成功成為領導者很重要的一項特質。[16]

培養領導者的人有獨特的角色

　　培養領導者的指導者（leader-mentor）所扮演的角色有三個面向：
第一、為未來領導者在事工和與人互動中，確認神主權的工作。
第二、幫助未來領導者確認自己的恩賜和能力。
第三、刻意地協助未來領導者發展這些天賦。

　　成熟的領導者會提供受訓的人「屬靈的各種觀點」。他們最重要的任務是活出依靠上帝的生活，同時鼓勵在所帶領的人面前展現順服的心和成為模範。桑德斯（Oswald Sanders）在他所著作的《屬靈領袖》（*Spiritual Leadership*）一書中列出許多領導者特質，當中被聖靈充滿和倚靠聖靈的特質則是他認為領導者必須要具備的。[17] 成熟的領導者應該要幫助未來的領導者檢視自己的生命，同時明白「何為憑信心不憑眼見」來行事。一個領導者對自己的弱點、失敗以及事工所帶來的挑戰保持透明和誠實，會給受訓的領導者關於事奉真實的景況，同時也讓受訓的領導者明白，自己不需要表現完美才能成為一個好的領導者。

　　最後，一個領導者無法幫助另一個人超越自己在某些領域所表現出來的領導能力，這樣的認知也是培養領導者過程中「必須要認真」的基本原則。就如同主耶穌的教導：「學生不能高過先生；凡學成了的不過和先生一樣。」（路6:40）我們只能複製我們自己本身所具備的。在第

二十堂課，我們將會更詳細的討論一個事工領導者的指導者應該要具備的功能和實際所參與的活動。

教會或事工組織也扮演著重要的角色

教會和事工組織對於領導者成長具有關鍵的影響力，但是這樣的影響卻經常被忽略或者低估。傳統的領導者發展策略主要是個人的預備和技能的培養，但是近年來，組織在培養價值觀和異象的重要性也逐日加增。[18] 家庭、教會和人際關係對於一個年輕人構築自己信念、價值觀以及對於領導的理解上，提供了一個形塑整體概念和支持的環境。對於領導者恩賜的發掘和確認，最好能在群體中進行，因為群體能夠提供環境讓未來的領導者來事奉並且實際運用恩賜。

同儕輔導（peer mentoring）和群體輔導（mentoring group）的概念在過去十年來也愈發受到重視。耶穌把十二個門徒組成一種有計畫性的學習社群。新興的領導者因著共同學習來補足傳統訓練領導者的架構。[19]

幾年前，我因那強調個人屬性的門訓模式的風行，向霍華德‧亨德里克斯（Howard Hendrick）表達過些許失望。他表達過相似的擔憂，他對於親眼所見的那些在群體中個人的靈性成長所產生的影響發表看法。與過去那些一對一的領導者培養過程中可能產生的受限觀點，訓練中的領導者在群體中可以有更多與人互動的經驗，從中得到多元的眼光和各種恩賜的協助。這樣的環境對於未來領導者的發展提供一片沃土。領導者的團隊也非常有潛力能夠產出更多的領導者。

培養領導者的要素

馬福斯（Malphurs）在未來領導者的恩賜和後天培養的能力兩者之間做出了界定。[20] 神所賜給領導者的能力是「有屬靈的恩賜、天賦、對

於事工的熱情和天生的氣質」所組成。

事實上，這些特質可以藉由華理克牧師所提出 SHAPE 架構來評估。[21] 一個人可能藉由自身屬靈恩賜、熱情、能力、個性和經驗等等評估的方法和檢視，幫助自己明白在事工中的方向和自身的領導者特質。有很多的方法和工具可以幫助每一個人評估自己上述的每一項特質。馬福斯和其餘的人在他們的工作中納入許多自我評估的工具。[22]

除了神所賜的能力之外，還有一些是後天培養的能力。這些領導能力可以隨著時間逐漸養成並且精進。有了神的幫助，新興的領導者持續的成長和進步，將成為一個更好的領導者。培養領導者的人因著不同的原因，在領導者成長的過程也會發揮不同程度的影響力。雖然神所賜的特質和後天培養的特質也有彼此重疊的部分，馬福斯把後天培養的能力分成以下四個項目：品格（或靈魂）、知識（或頭腦）、技能（或工作）、情緒（或心靈）。這四個部分的發展有各自不同的重點。[23] 又因著這些要素的重要性，以下提供每一個項目簡要的說明。

1. 品格（*Character*）

一個人的品格就是他各種特質的總和，反映出這個人的核心價值和真實的內在。品格是基督徒領導中最重要的根基，同時也是另外三個項目的基石。聖經指出在選擇教會領導者時，品格扮演著重要的角色，就如同在提摩太前書 3:1-7 所描述的。「訓練」這個詞可以應用到各個領導力的面向上，因為領導力的本質就是一個人必須要培養自身的品格。當要為教會或其他事工聘僱領導者時，要非常看重「品格」這個要素。各種工作上需要的技能都可能在工作中或各種與服事相關的訓練中學到，但是應徵者的品格則是深深地根植在每一個人的生命中。品格無法經由短時間的工作方或研討會中培養，因為如忠心、誠實、智慧等特質需要用一生的時間來養成。

2. 知識（*Knowledge*）

　　一個領導者必須有能力取得各種資訊，並且有能力理解、使用這些訊息好讓自己的工作更有效能。我們要常常複習從課堂或者各種研討會中習得的知識。很多與領導有關的知識都可以經由課堂、訓練研討會、書籍或者研讀聖經本身中習得。

　　除了知識，還要有實際應用的經驗。這些需要實際參與領導工作或者生命的經歷中獲得。在事工中或相關的職位上實習並且融合應用與領導有關的知識，則是獲得與維持這方面技能最好的一種方式。

　　直覺，則是另一種更難定義的能力。是一種領導者明白，卻又無法清楚表達的一種知識。一個領導者可能會說做出某項決定是基於一種直覺，或者就是覺得這樣做是對的。這樣的直覺本身可能來自於長期身處於一種有領導力的文化當中，或者有時候是基於聖靈對於領導者本身的引導。

3. 技能（*Skills*）

　　領導者的行為，也就是「領導者都做些什麼」構成的這個項目。受過訓練的特質，指的是能夠適切的和有用的應用在事工情境的相關知識。一位作者把技能又分成以下三種：技術性的（technical）、人際的（human）和概念的（conceptual）三種。[24]

- **技術性的技能**，指的是處理事務的能力，通常是指領導者被呼召去處理的特定事物，這項技能往往是任務性以及實作導向。草擬組織的預算、訂定計畫和教導訓練的課程都是屬於技術性的技能。

- **人際的技能**，也就是與人相處的能力，能夠幫助領導者和其他人一起更有果效的同工，好達成組織的目標。建立互信、強化動機、解決衝突、傾聽、獎勵和肯定他人的貢獻，都是領導者必須要培養的重要特質。

- **概念式的技能**，就是應用想法的能力，包含將抽象的知識轉化，好符合組織的需要。這些往往與使命有關，包含落實異象、訂定策略和解決問題。

　　不同層級的領導者都需要人際的技能，在管理層級較低的領導者往往都需要更多技術性技能的訓練。在更高層級的領導者則需要發展更多概念性的技能。在本堂課後半段提到的訓練過程更多偏重在教導的技能，但是因為技能本身就牽涉到很多實際行動，因為受訓者必須要有機會可以實際地在類似或實際的情境中應用。有些技能相對的簡單，可以在領導者發展的早期就培養，但是有些技能相對複雜，需要輔以大量的經驗。

4. 情緒（*Emotions*）

　　情緒來自於神（God-given），但往往也在培養領導者的各項要素中被忽略。一個領導者的情緒和態度對於他所領導的群體有重大的影響力，無論是正面或負面的。不適切的情緒反應會阻礙一個領導者的領導工作，同時也凸顯領導者的生命需要更深的調整。一個領導者必須對於自己的情緒（包含需要和動機）有清楚的認識，否則領導者可能會只是藉由事工，透過不當的方式，如控制或尋求認可來滿足個人情感上的需要。領導者適切的情緒反應如同理心和關懷，對於被領導的群體而言，可以說是最好的禮物。

　　培養領導者的人更需要觀察未來領導者在與人互動時的情緒反應。他們可以協助新的領導者關於管理自己情緒的自身經驗與聖經教導。在情緒的領域，一顆願意受教和渴望成長的心，勢必能夠帶來生命的改變。一個領導者在某種程度上可以提供協助，但是如果有需要的話，也要隨時準備好幫助受訓者接受專業的諮商。

　　這些要素每一樣都各自獨立卻又彼此相關。因此，一個有果效的

「領導者培訓課程」應該要包含這四個要素中的各樣內容，[25] 同時也要盡量排除那些可能造成領導者無法發揮功效的任何原因。一個健康和平衡的事工領導者，應該在這些領域都接受完整的訓練。

領導者發展的過程

領導者發展的過程是複雜的，無論是從聖經中所提供的觀點或者是從世界上培訓領導者的方法而言。最大的試探來自於對於培養領導者提供一些簡易的步驟，然而帶領教會或事工機構的職分卻一點也不簡單。這並不是說訓練的結果（我們稍後也會討論）在教導領導的某些面向並沒有幫助，而是說雖然領導力的訓練會幫助我們對於過程的了解，但是並不能變成某種公式化或機械式的活動。一個人參加了「培養領導力的研討會」之後，並不代表他就已經裝備好自己成為下一個基督徒的領導者。

終身的發展過程

羅勃特·柯林頓在廣泛地研究聖經、歷史上和現代的各種領導者之後，做出了以下的摘要。他認為培養基督徒的領導者就像是「神使用一生的時間來栽培領導者。培養的過程中，各樣的事務和人員都是用來幫助領導者了解過程、時間和領導者的回應等等在培訓過程的重要性。過程其實是最重要的核心，所有的領導者都可以在生命的某些經歷中明白，神使用這些經歷來教導他們非常重要的真理。[26]

一個期盼培養未來領導者的人，應該能從這樣的洞見中得到啟迪和鼓勵。首先，如同我們稍早所談到的，神自己介入整個培養領導者的過程，而不是留給機運（chance）來決定。第二，神非常看重培育領導者的過程中所帶來的生命轉化。我們往往都只著重短期的效益，而不是聚焦在關乎一生的較大圖像。即使是世界上的其他研究，對於培養領導

者這件事也認同短時間的培訓有其限制，目前大部分的培訓都鼓勵發展長期的策略。除此之外，早期的生活經驗對於培養領導品格和能力也很有幫助，也能在日後的學習過程中協助提高覺察力（awareness-building function）。[27]

第三，領導力的培養是一個過程，主要在於從生活中各種的事件和人交織的互動中，帶出領導者生命的成長。在過程中有高低起伏也是很自然的現象。如果留心的話，過程中的每一個情境、事件和遭遇對於預備領導者都能帶來助益。除此之外，神可以也的確使用人（use people），特別是培養領導者的人在關鍵的時刻，有策略性的影響個人。最終，如同之前所述，某種程度而言，成長的責任是在於未來領導者本身的回應和接受度。

柯林頓也彙整了合乎聖經真理的領導者培育策略的六個階段，說明內在生命成長的本質、事工和生命成熟的指標。[28] 雖然在此無法一一詳述，但是這樣的模式提供了一個完整的架構，可用來培育領導者並且在自身的生命成長上與神同工。

耶穌培育領導者的模式

深究耶穌培育領導者的方式，可以發現在馬可福音 3:14 找到有相關的歸納：「他就設立十二個人，要他們常和自己同在，也要差他們去傳道，並給他們權柄趕鬼。」這個過程包含三個步驟，同時海波斯在他的領導者培養策略中，也由此節經文發展了三個對應重點。當事工領導者面對「你如何預備自己成為領導者？」這樣的問題時，必然會包含下列三個原因。[29]

1. 耶穌指定人（Appointed）。基督挑選成為關鍵領導者的人選，這些人的出現並不是出於偶然。能夠成為領導者的第一個原因是：有人發現了我的潛力。所以對於培訓領導者的人，主要的重點在於找出上帝所預備的未來領導者，同時必須要能認出品格、恩賜和才幹中符合神所

揀選的特質。培育領導者的人也必須常常禱告，祈求有潛力的領導者能
夠被興起，同時對於擔任同工的人，也能敏銳地覺察神的引導。教會和
基督教機構在尋找有潛力成為領導者人選的這件事情上，必須要採取主
動，確認他們的恩賜和能力，同時在非正式的訓練中更近一步的預備他
們，並且在正式的情境中提供符合聖經的教導和神學裝備。有洞見的領
導者會認同最有策略性的作法會是「著眼於提供目前的領導者更多裝備
的機會和訓練」，同時把時間精力花在願意受教、但需要花更多時間培
育的未來領導者身上。[30]

2. 必須與神同行（Be with Him）。耶穌與門徒同在的三年，他提
供門徒機會去沈浸在領導者發展的環境中。他所做的每件事情、所說
的話和思考，都帶著教導和訓練的觀點。神渴望轉化那些帶領教會門徒
的生命，使他們更像基督，同時也效法基督領導的樣式。「生命影響生
命（life-on-life）」的模式就是生命轉化和學習領導力最佳的途徑。領
導者們思考何謂領導角色時，第二個理由就是：有人投資在我生命中。
要影響他人信念和價值觀最好的機會就是要先建立親密的人際關係（a
close personal relationship）。相處的時間愈多，就愈能帶出影響力。當
論到領導者要投注更多在他人的生命中時，保羅提醒他的讀者：「我們
既是這樣愛你們，不但願意將神的福音給你們，連自己的性命也願意給
你們，因你們是我們所疼愛的。」（帖前 2:8）保羅為門徒造就和培訓領
導者訂下了行為的模範。在保羅的好幾封書信中，他都鼓勵收信者要效
法他或者照著他所留下的模式而活。柴克（Zuck）提供更深的思考，他
說：「保羅這種仿效的想法立基於他個人生命的翻轉，同時這樣的囑咐
只出現在五封書信中，收信人都是他所親自建立的教會。因為這些人親
眼見證過他的生命，因為他可以挑戰那些信徒記住他的所行，並且效法
他。」[31]

3. 神會差派（Send）他們出去。領導力最終的目標就是為了完成事
工中的各項工作，將人差派出去，分散在各地。耶穌首先差派十二個使

徒（路 9:1-2），接下來又差派七十個人，讓他們能夠獲取其他的經驗。海波斯對於「自己之所以能成為領導者」的理由就是：有人信任我，賦予我責任。因此，透過授權，就代表現任的領導者認可未來的領導者，並且在培育領導者的過程中展現信心。羅根（Logan）和喬治（George）認為授權（delegation）的主要目的在於培育人才。他們主張：「適當的授權是門徒造就過程中最有力的工具，藉此得以完成工作，並且幫助人在過程中有所成長。」[32]

很多人在企業中或其他領域的在職訓練經驗，往往都在削弱他們本身的能力，而無法更有效能地執行工作。我們也常常看到年輕人第一次事奉經驗是非常負面的，因此他們感到挫敗而決定離開事奉的崗位。我們發現，要有成功的實習經驗必須包含一個主要要素，就是實習者能夠面對逐漸加增的挑戰和責任，同時幫助他們獲得成功，並且由專業知識豐富的現場督導或訓練者提供支持。透過實踐操練領導的嘗試，未來的領導者可以試著去承擔風險、面對失敗、成功以及隨著責任而來的重擔。藉由這樣的方式，預備領導者的生命被擴展，同時也學到各種關於認識自己、他人、管理等重要的經驗。[33] 如同桑德斯所說：「一個強勢的領導者離開之後，就會留下空間讓其他人有機會被興起同時發展自身的領導者性格。當責任的重擔突然落在肩頭上時，代理的領導者才會被激發出一些令自身訝異的能力和特質。約書亞如果繼續擔任摩西的副手，永遠也就不會發現自己可以成為優秀的領導者。」[34]

因著這樣的經歷，年輕的基督徒領導者被激發出之前未被好好使用的資源或能力，同時操練在未知的領域中全心信靠神。聖經很清楚地說明試煉和困難可以鍛鍊出一個人的品格和成熟度，使他預備帶領教會的能力。（雅 1:2-4；羅 5:3-5）

當企業的領導者們被問到如何培養領導能力時，大部分的人都會認為是來自工作上的經歷和主管的影響。很少人會答覆與所受的正規教育有關。[35] 對於企業中新進員工和主管最新的培訓方式已經轉為「行動學

習」（Action Learning），在這樣的模式中，工作任務是由一群新興領導者來主導。這樣的方法是基於組織所面對的實際挑戰。在過去十年，相對於過去傳統上以課堂教授或在職訓練工作坊的模式，行動學習已經成為企業訓練員工最主要的方法。

這樣的風潮也呼應著有許多大型的教會會在教會內部進行牧養領導者訓練，而不是將人送往神學院接受培訓。行動學習的模式處理學習者的動機，了解他們應用現有知識的渴望，並不是把理論和實作分開，而是將所學的各樣原則，立即的應用在實際生活的經驗。[36] 如果預備承接責任是行動學習的目標，那麼採用能夠協助發展的各種練習則是最好的方法。過往在課堂裡只有單單靠口語傳播的資訊則無法像行動學習一般，可以讓人在學習的過程中完全地投入其中。[37]

培養領導者的模式

開始任何訓練工作之前，要根據各種特質、經驗、個人意願以及組織的需要，確認出有領導潛能的人選，同時召募他成為預備領導者。一個領導者也必須要評估有潛力的領導者是否能夠符合團隊的需要？有潛力的領導者面對某項職位所帶出的各種任務和需要發揮的功能時，必須進行早期的評估，好協助確認整個領導者培訓過程的學習內容和目標。

培訓者和接受訓練的人在開始訓練過程，針對以下這些目標的期待和理解雙方要有一定的共識：目標應該是（1）對於受訓者的能力而言是適切的，（2）可達成的，因此受訓者不會覺得挫敗（3）可評量的，好使所有人知道目標已經達成（4）可以明確地用來描述實際所採取的行動（5）有挑戰性的，所以受訓者的生命可被擴張（6）可以用文字表達的，因此受訓者有所依循。[38]

如此一來，當目標特別是由訓練者和受訓者因著共同的異象而產生時，可以用來當作基本評估的標準，也可以用來當作訓練的重要內容。同時也要對整個過程進行整體的評估，也要包含持續不斷的反饋機制。

因為反饋機制可以用來當成鼓勵受訓者的方法，也可以用來衡量進展，同時對於最終所達成的結果進行評估。史密斯（Smith）列出訓練者可以用來評估進展的五個標準：（1）任務的要求與受訓者的才能彼此相稱（2）受訓者願意帶著熱情參與工作（3）受訓者願意持續不斷地投入心力（4）有實際的結果和產能（5）受訓者願意有開放的態度接受評估。[39]

　　羅根和喬治列出了教會相關工作的有效訓練過程，而這樣的架構也廣泛地被應用在其他領域的培訓工作中。[40] 在這樣的架構下，領導者會進行三個階段的訓練過程：受訓者定向（orient trainees）、在事工中納入受訓者、裝備（equip）受訓者。典型的課堂訓練模式（typical schooling model）會把受訓者的裝備工作放在實際參與事工之前，但是經驗學習理論（experiential learning theory）卻主張人往往在實際參與工作的情境中開始有效的學習，同時當他們發現自身所面對的挑戰，而自知需要接受更多裝備之後，受訓者的學習動機會增強，同時也更容易接受教導。而訓練者的訓練行動則可歸納成五個連續的步驟。

　　麥斯威爾也依循相似的培訓過程，同時接下來的段落也包含每個步驟的重點以及說明。[41]

　　步驟一、模範（Model）：我做，你看。領導者不只是在口頭上指導受訓者，同時也給受訓者在實際的過程中觀察的機會，了解要如何從起初到最後都確實地完成工作。

　　步驟二、指導者（Mentor）：我做，你幫忙。領導者開始有限度的參與事工的工作，給予受訓者機會實際執行任務，之後再由領導者給予受訓者回饋和鼓勵。訓練者繼續解釋如何執行每一個工作，同時也說明緣由。

　　步驟三、監督（Monitor）：你做，我協助。在這步驟，受訓者主導所有的工作，而領導者只在有需要的時候協助和修正。確認受訓者能一慣地適切執行事工中相關的任務是這步驟

主要的目標。要求受訓者說明執行工作的過程也對受訓者有幫助，並且能強化學習的過程。

步驟四、引起動機（Motivate）：你做，我看。這個階段說明訓練工作已經完成了，領導者在這時會從受訓者負責的事工中退出，但卻仍然從旁提供支持和鼓勵。受訓者的成就感也可以提高受訓者的把工作執行得更精確的動機，同時也能刺激受訓者學習新的技能。

步驟五、倍增（Multiply）：你做，而我去做其他的事工。這樣的循環完成之後，可以使原本的受訓者最後也成為該項任務的培訓者，同時領導者也可以開始執行其他例如培養更多領導者的工作。

最後的步驟非常正常，同時領導者要努力培養其他的領導者，並且給予他人空間發揮創意。魯疏（Rush）將授權定義為：「將個人或群體的主權、責任以及職責轉移到另一個個人或群體的過程。」[42] 藉由授權，新的領導者被賦予權力，並且隨著成長，也逐漸被允許執行這些權力、根據職責做出決定，同時根據他們達成目標的程度接受評估。

情境式領導者發展（Situational Leadership Development）：上述的過程和已經被基督教組織或企業等用來訓練和培訓領導者的情境式領導模式有許多相似之處。在第二十堂課的內容中，將對情境式領導者的領導模式有更詳細的討論。

發展領導的共享觀點（Developing a Shared View of Leadership）：領導並不是單指一個職位所發揮的功能，而是涉及必須透過領導團隊而學到的各種技能和執行方法。一個領導者可以塑造一種「人人都能成為領導者」的環境，協助每個人可以在組織中採取行動，承擔領導責任，並且成為某種程度能夠自我主導的單一個體。可以透過以下幾種方法培養每個人自我主導的能力。

鼓勵團隊成員主動承接組織的主權（ownership）和異象，同時對於團隊方向也能有更多選擇的自由。對於自身情況的掌握和能自己做決定的感受逐漸增加的話也能幫助建立領導信心。當新興的領導者身處在「犯錯也是學習過程的一部分」這樣自在的氛圍中，同時溝通和回饋也能自在地傳達時，能力也會隨之成長。當每一個團隊成員都願意委身於組織的異象和價值時，對於組織未來發展也變成一種雙方共享的責任，每一個人都願意採取主動。想要塑造上述同工氛圍的領導者可以採取以下的作法：

1. **停止做決定。**讓實際執行的人來做決定，但是一開始要先教導他們如何做決定。

2. **停止在同工會議中發言。**在同工會中多傾聽，同時鼓勵團隊溝通。

3. **創造指導的機會。**把成員放在領導者可以支持和協助的學習環境中，好幫助他們能成功地承接領導的角色。

4. **分享大圖像。**協助成員看見整體的計畫，並且讓他們明白各自負責的領域能夠如何協助完成整體的計畫。

5. **教學相長。**讓有經驗的、專業知識豐富的團隊成員在教導的過程中有機會教學相長。[43]

結　論

在基督教事工中，培養領導者可說是現任領導者最重大的責任。因著下列的原因，領導者一定要參與在培育下一代領導者的過程之中。首先，這是聖經經文的命令，這是倍增事工最具策略性的任務，只有領導者能夠執行，同時也會帶出巨大的回報。在培養領導者的過程中，由多方共同參與並一起承擔責任：上帝、被培養的領導者，培養領導者的人以及整個發展中的群體（developing community）。發展事工的能力可以

歸類成神所賜的天賦和後天發展而得的兩種類型。新興領導者需要發展的能力則有下列四方面：品格、知識、技能和情緒。

　　神培育領導者的過程是終身的，祂透過環境、事件和人來教導和訓練領導者。基督培育門徒的過程包含挑選門徒、投注生命在門徒身上、差派祂們進入事工當中。在採取一連串的訓練和發展領導者的行動之前，首先要先挑選出有潛能的領導者，並且制定各種目標來延續整個過程，並在最後評估目標達成的程度。整個過程包含教導、塑造、回饋和受訓者主動的學習，最後再授權。當受訓者完成整個發展的循環之後，就成為這個職分的訓練者，訓練下一代的領導者。

第十八堂
事工中的指導型輔導
Mentoring in Ministry

珍・卡爾

　　指導者（Mentor）這個詞起源於希臘詩人荷馬的作品《奧德賽》（*Odyssey*）。這部作品的故事主要訴說著希臘戰士奧德修斯（Odysseus）參與特洛伊戰爭，將兒子鐵拉馬庫斯（Telemachus）留給一個名為曼托爾（Mentor）的守護神照顧。特洛伊戰爭打了將近十年，奧德修斯又花了好幾年才順利歸鄉。他回到家鄉之後，發現兒子鐵拉馬庫斯在曼托爾充滿智慧的教導下，已經長大成人了。[1]

　　基於這個故事，我們現在所稱的指導者，指的是可以在一段重要的關係中，能根本上改變另一個人並且在成長過程中發揮影響力的某個人。或許能夠定義指導者的最佳人選就是接受過指導者輔導的人。霍華德和威廉・亨德里克斯（Howard and William Hendricks）這樣描述指導者：「在這個角色中，不在於你如何看待自己，乃在於別人是如何看待你。」[2]當別人給我們或指導者這個頭銜時，無論是否認知到這個事實，也無論我們是否刻意造成這個事實，可以確定的是我們對他人的生命有一定的影響力。

　　史丹利（Stanley）和柯林頓則是把指導關係（mentoring relationship）

描述成指導者與他人之間的一種交換。「指導型輔導（mentoring）是
一段關係，在關係中，有經驗或知識的人，使用合適的時間和方法，
把資源（例如智慧、資訊、經驗、自信、洞見、關係、地位等等）傳
授給接受指導者輔導的對象，藉此幫助他成長或擁有某些能力。[3]

這類型的指導關係在歷史上可以找到很明確的例子。想到名人，我
們可以舉出許多例子。例如湯瑪斯·傑弗遜（Thomas Jefferson）、沃爾夫
岡·阿馬迪斯·莫札特（Wolfgang Amadeus Mozart）、蘇珊·安東尼（Susan
B. Anthony）、馬丁·路德·金，他們在歷史上做出諸多貢獻而引起人們
的關注。但是我們知道喬治·威勒（George Wythe）這個人嗎？他其實
是湯瑪斯·傑弗遜的法律教授，引導他閱讀以及認識許多政治哲學的專
業知識；威勒也是審閱獨立宣言起草文獻的人，當傑弗遜離開法學院之
後，仍常常向威勒請益政治上的相關決策。[4] 或者你認識伊麗莎白·斯坦
頓（Elizabeth Stanton）嗎？她與蘇珊·安東尼建立了深刻的友誼，引導
蘇珊成為女權運動的代表人物，協助爭取女性在財產、工作、教育和選
舉的各種權益。[5] 還有奧地利作曲家約瑟夫·海頓（Joseph Haydn），他
是莫札特非常仰慕同時效仿的對象。[6] 班傑明·梅斯（Benjamin E. Mays）
在金恩博士就讀摩爾豪斯學院時擔任牧師，就經常透過講道的信息灌溉
金恩的心靈，而金恩也非常仰慕梅斯的事工，定期拜訪梅斯，和他一起
討論關於教會事工和社會運動的種種想法。[7]

指導型輔導的阻礙

指導者機制顯然有非常多的優點，但是若是假設指導過程不費吹灰
之力的話就未免太不切實際了。對於指導者和接受指導的門生而言，雙
方都需要付出相當程度的努力才能讓指導的過程產生果效。對於想要建
立這樣關係的人而言，了解過程中必然會面臨的困難也會有所幫助。以
下就列出可能會面對的困難：

1. 覺得不適任：擔任指導者的人會問自己一些問題：有什麼是我真的可以做出貢獻的？我們無法成為指導者最主要的原因是因為自認為沒有可以貢獻給他人的才能或知識。或許是因為我們自己也起步，還有許多需要學習的。然而事實上，指導者其實也只是在過程中領先一步的人，自己也還在學習過程中。有句俗話說：「後見之明（Himdsight is always 20/20.）」，指導者需要做的是分享自己的事後之見，也就是隨著時間的推移而對某個領域的認識與了解。

2. 個人沒有接受過被指導者輔導的經驗：一個沒有接受過指導者輔導經驗的個人，在考量是否要參與指導他人時，就會顯得遲疑不前。他們會問：「如果我沒有接受過指導，要如何能成為別人的指導者呢？」然而，事實上，大部分的人其實都沒有接受過正式的指導者輔導機制。指導者這個詞看起來就令人覺得不安，我們要如何能夠成為自己從未見過或經歷過的角色呢？對於未知的恐懼會使得我們在生命中避免去做許多的事情，而指導他人也是其中一項。正式的指導者輔導關係其實很少見，但是在我們的生命中，我們都有某些人曾經對我們的生命發揮過重要的影響，所以其實我們的周圍處處都有指導的關係正在進行中，只是我們往往無法將其辨識出來。

3. 錯把監督與指導劃上等號：有這樣錯誤認知的人對自己說：「我已經在執行監督工作了，監督和指導不是一樣的嗎？我們往往認為監督者（supervisor）和指導者是同義詞，但事實上並不是。很多人認為因著自己指派工作，監督過程，並且評估同工，所以他們已經在擔任指導者了。不過，雖然在監督過程中所進行的工作和指導者所做的有非常多相似之處，但這並不表示所有從事監督工作的人也同時是指導者。奇普·貝爾（Chip Bell）在《指導者型管理者》（*Managers as Mentors*）一書中提到：「並不是所有的指導者都是管理者，但是有果效的管理者應該也發揮指導者的功效。」[8]

4. 害怕冒險的領導者變得脆弱易感：很多的領導者和管理者發現自

己在人面前無法卸下偽裝，他們自問：「如果我無法符合他們的期待該如何是好？」害怕別人發現我們真實景況以及無法符合期待的恐懼使得我們裹足不前，無法擔任指導者的工作。這時候，我們要搞定的對象其實是自己。人們所期待的並不是完美無瑕的模範，而是某位他們在生命與事工中可以真實連結的人。他們需要的是和自己一樣，正在生命中的各樣議題中掙扎的人，也需要有人不時地願意坦承分享自身經驗。

5. 對於指導者型輔導和門徒訓練之間的誤解：有些人問道：「如果我不是屬靈領導者的話，我要如何門訓他人呢？」這樣發問的人把指導者型輔導的過程和門徒訓練搞混了，這兩者之間有著本質上的不同，有不同的目的、目標和方法。造就門徒的工作主要是教導聖經、諮商、並且在另一個人的眼前活出與基督同行的生命；而成為一個指導者則是在一個人職業和專業的發展上去訓練和幫助接受教導的人。因為兩者都需要建立親近的人際關係，所以門訓和指導型輔導往往被視為相同的工作也是可理解的情況，然而，他們最終會有不同的結果。

指導型輔導的兩種模型

指導型輔導的形式可以經由很多方式來達成。這一堂課的目的主要在討論事工情境中的指導型輔導，並且提出兩種最佳的模式。然而在論及導生之間的關係和欲達成的目的，要分辨出哪一種才是最好的模式卻不是最重要的問題。這兩種分別是同儕指導模式以及羅盤型指導模式（compass mentoring）。

同儕指導模式（*Peer Mentoring Model*）

同儕指導模式又被視為一種相互指導模式（comentoring model），這個模式主要在於建立同儕關係。同儕指導模式所建立的關係也是指導模式中獨特的一種。在同儕指導模式的關係中，雙方要處於相同的發

展階段，年紀相仿（差距在五至六歲之內），面對相似的壓力，在屬靈成熟度和事工經驗上也很相近。這些相似的現況可以幫助雙方在關係的一開始就相對地彼此敞開，也能增加雙方對彼此的信賴感。同儕指導模式和其餘的指導者輔導模式不同，因為它更專注在兩者之間所建立的關係而不是以滿足一方的需求為中心。羅伯特·柯林頓和理查·柯林頓（Richard W. Clinton）描述這樣的「友誼維繫」（Friendship Continuum）[9]可以分成不同的階段，從一開始雙方的接觸一直發展到相互指導的關係，每一個階段都是彼此相連且持續的。下表中的斜體字代表的是要從一個階段接續到下一個階段當中的界線。

第一階段	第二階段	第三階段	第四階段	第五階段
接觸	熟識	彼此信任的弟兄或姐妹	摯友	相互指導
接受	*愉快的時光*	*敞開*	*保密*	
問責	*一起*	*信任*		

聖經中也能找到同儕指導模式關係的範式，那就是大衛與約拿單之間的關係。他們兩人的年紀相仿，也都是戰士和年輕的領導者。他們跟隨神的心智也是相通的，也願意遵循神的旨意。（撒上 14:6; 17:45-47）他們委身於彼此最大的利益、未來的發展和家庭。（撒上 18:3; 20:12-17, 42）除此之外，他們還照顧彼此，對彼此坦誠，支持並且鼓勵對方，也願意為了對方冒險（撒上 20:3, 42; 23:16-17）。在撒母耳記上 18:1 中描述兩人之間關係的深厚：「約拿單的心與大衛的心深相契合。約拿單愛大衛，如同愛自己的性命。」

但並不是每一段友誼都可以成為一種同儕指導模式的關係。若是在這樣的一段關係中，雙方要能對彼此完全敞開、信任、委身、同時也有一種相互負責的默契。要有這樣相互指導的關係，有三個重要的特質，

那就是要合適（fit）、有趣（fun）並且享有自由（freedom）。[10]

第一，同儕必須彼此合得來。有的人互動起來絲毫不用花費任何力氣，我們往往也會被這樣的人吸引，同時會想要更深地認識他們。這樣的人相處起來的相似之處會大於相異之處，這是一種自然而生的自在感。第二，同儕指導模式的關係要有趣。如果你喜歡和共同指導的對象相處，你們會想要花時間在一起，花時間相處並且分享經驗有助於增進關係的親近感。隨意地一起吃頓飯，或者有共同的興趣，例如購物、打高爾夫球或者甚至只是聚在一起打混，都提供了建立關係所需要的機會。

最後的一個要素是自由。這裡的自由指的是雙方能對彼此敞開並且坦誠的自由。同儕的指導，雙方必須願意向對方敞開，對於所分享的事物感到自在，同時也願意鼓勵雙方對彼此有更多的信任，而這個要素比其餘兩者需要更多的時間來培養。當然關係中的透明有很多種層次，然而彼此敞開的深度乃是相互指導關係是否有果效的重要指標。

對於今日的領導者，建立同儕指導型的指導關係是必須的，而研究指出只有少數的領導者能夠擁有這樣的關係。史丹利和柯林頓認為有五個關鍵因素會造成領導者走向偏差，而這些關鍵要素包含性關係、權力、驕傲、家庭和財務。[11] 領導者向外尋求幫助，把自己交在一段相互指導的關係之中則可以避免掉入這些問題帶出的陷阱。

一般而言，基督徒領導者都缺乏親密的同儕情誼。向上以及向下的指導關係在很多層面可以幫助我們發展，但是也有其限制。在監督的關係中（向上的輔導），我們往往無法分享太深入的問題，因為擔心這樣會影響我們成效評估的結果，或者更糟糕的是，我們擔心會失去我們的工作。在向下的指導關係中，接受指導的對象往往沒有權力或勇氣指出我們生命中的問題。而同儕指導的關係就沒有上述的兩種關係所衍生的顧慮。史丹利和柯林頓建議：「當一個領導者的位置爬得愈高，所面對的陷阱就愈大，也因此就更需要發展可靠的同儕情誼。」[12]

那你如何開始一段相互指導的關係呢？以下有幾個步驟可以協助你：

1. 向外尋求：求神幫助能帶人進入你的生活中，能夠在你所負責的事工範圍之外，遇見一個可以對你說實話的人。主動尋找機會與人對話，並且探索可能的改變。

2. 分享你的渴望：當你逐漸發展同儕指導的關係時，邀請他們進入你的生命中，允許他們自由的發問，並且也願意憑著愛心對你說誠實話。讓對方明白你希望在這樣的情誼中獲得什麼協助。

3. 挪出時間：把維繫這段關係排入行程表中優先處理的事項。在發展緊密的相互指導關係時，雙方要經常且持續不斷地互動。當你愈往前踏出一步，就愈容易建立深度且有意義的連結。同時，定期的定下雙方見面的時間對於忙碌的領導者也是必須的。

羅盤型指導模式（*Compass Mentoring Model*）

身為領導者，我們要刻意地讓自己身處在指導者的關係之中。最簡單的方法是參考羅盤指針的方向來定義三種指導的關係。第一種指導的指針方向是朝上（向北），指的是和成熟的門徒建立關係，而這類型的門徒有著我們尚未經歷的生命經驗。然而，很重要的是我們也需要指針朝下（向南）的指導關係，在這樣的關係中，我們成為他人生命的引導。最後，我們需要橫向的（東／西方）指導關係，與能夠對我們生命說話的同儕建立關係，並且幫助我們能夠維持最高的道德和屬靈的責任感。每一種指針式的指導都提供其他類型無法替代的貢獻。

在事工發展的初期，向上式指導模式的需求是最明確的。有許多事務我們無法從教科書或者是課堂情境中學到。一位走在你之前的指導者可以給予你前進的方向，同時從生命的經驗中提供不同的觀點，在你啟程的時候，這樣的經驗是無可比擬的。向上式的指導同時也提供大量的啟發和鼓勵，透過自身忍耐和忠心擺上的模範，幫助剛起步的領導者克服事工中那些令人打退堂鼓的挫敗。即使已經在事工中有良好發展的領導者若是採取終身學習的態度，也仍舊能從向上式的指導者制度從中受

益。在我們生命的歷程中，總是會有人已經比我們前進一步的。特別是當你覺得你看遍一切或者什麼都嘗試過的時候，總是會再度被迫面對某些新的現實。領導者必須是持續不斷的學習者，因為也能從終身的向上式指導關係中獲益。

不論我們的年紀、經驗、或者是否覺得已經做好準備，向下式的（向南）的指導也是事工倍增重要的部分。當我們學到某個知識時，我們必須立刻傳授給另一個人當作是一種回報。有句俗話說：「後繼無人的成功並不算數。（There is no success without a successor.）」[13] 在生命的歷程中，總是會有人落後我們一步。即使我們自認為稱不上專家，但是我們所知道的可能超過我們對自己的認識。即便是才剛剛在事工中起步的人，還是有很多的機會可以指導大學的實習生、年少的同工或者是平信徒的志工。跨出第一步就是去將我們所學的或者是學習的過程與某人分享。這些可以使得領導者能與那些對事工有高度興趣或者確認為終身呼召的人建立正式的指導關係，甚至也能幫助領導者與一些相處自在的人建立這樣的關係。

橫向（東／西）的指導關係指的是在同儕中建立關係，與年紀、興趣、經驗、職業等有共通性的人有橫向的輔導關係。因著所擁有的共通性，使得同儕能夠更多瞭解彼此並且同理彼此的處境。在這樣的關係中，也會生出大量互信和對彼此的鼓勵。

在羅盤式指導的模式中，各種不同方向的指導關係將確保領導者能從不同的模式中得到助益，同時也創造互信和彼此保障的循環。

向上式的指導	⟶	指出方向
向下式的指導	⟶	明白方向
橫向的指導	⟶	前往指定的方向

向上式的指導允許那些已經走在我們前方的人指出方向；而向下式的指導在挑戰你要指出旁人可能前往的方向。最後，橫向的指導讓你與同儕建立關係，使你有同行的夥伴，並且在路程中彼此鼓勵、支持和委身。

正式和非正式的指導

我們往往認為指導型輔導是一種正式、規劃完整的課程，儘管我們也經歷過某些「非常態的互動或經驗」，形塑我們的思考模式並且啟發我們成為更好的人，但是我們卻無法將這些關係定義為一種指導關係，因為這些關係看起來似乎不具備關鍵性的影響力。然而，我們必須了解指導型輔導的關係存在著正式和非正式兩種形式。[14]

	短期	長期
正式	1. 高度結構，短期 這樣的正式建立的關係主要在於引導或是短期的模式。往往是為了達成特定的組織目標而建立的。包含新進員工訓練或者在組織或職涯發展中起初的階段。	2. 高度結構，長期 往往是為了尋找繼位的人員而建立的關係。這樣的關係包含裝備某人好接替另一個人的工作或者發揮某種功能以及熟練某個技術。
非正式	3. 非正式，短期 這樣的指導關係包含從一次性的幫助到隨機性的協助或諮詢。這樣的關係或許並不是一段正在發展中的關係，而可能是偶發性的介入。	4. 非正式，長期 同儕指導就在這個象限當中。它包含隨時可以提供協助討論問題、傾聽或者分享某項專業知識。

正式與非正式的指導者輔導關係之區別在於指導者和門生間建立關係的方式不同。正式的指導關係有完整的架構，並且由組織主導；非正式的指導關係在於是典型自然而然發展的關係，並沒有經過任何機構的認可。起初，我們可能會認為正式與非正式的指導關係是在天秤的兩端，但是漢崔克斯（Hendricks）指出：「正式的關係往往也包含很多非正式的活動，而非正式的指導關係有可能也會在發展過程使用正式的策略。」[15]

正式的指導者輔導課程在企業、政府和教育界中很普遍，而教會或基督教組織雖然也採取這樣的模式多年，但卻使用其他的術語來描述它。在平信徒之中，教會和基督教組織強調一對一的門徒造就課程和事工，例如在提多書 2 章所說的，由年長的婦人來指導年輕的婦人。正式的指導關係在教會或機構的支薪或義務性實習課程也很常見。實習也提供機會讓那些有專業呼召參與教會或機構事工的人能夠接受從牧養事工而來的督導。

最常見的指導方式是非正式的。雖然這些互動很少被貼上「指導」的標籤，但是這些互動每天都在我們的生活中發生。這裡有非正式指導的兩個例子：

> 兩個同工相約一起去喝杯咖啡，新來的同工詢問資深同工是否會因為志工人數不足而感到挫敗？資深的同工分享了自身的經驗，向新進的同工說明哪些作法是行得通的？而另外哪些作法又是行不通的？同時還分享了今日教會志工參與事奉的觀點。這就是非正式的指導。

> 一個剛剛加入事工的年輕人參與牧者研討會，在會中他遇見了來自其他教會的長輩。他們從起初的對話一直到最後交換了電話號碼和電子郵件帳號。每一次這位年輕人遇見不太有把握的事情時，他就會聯絡這個新朋友，與他聊一聊。偶爾他們會一起吃午餐，分享彼此的掙扎，而年輕人總是被這位長輩的故事激勵。這也是非正式指導的一種。

主動、偶然、被動的指導

指導型輔導因其本質也分成主動、偶然和被動三種。主動指導的定義為直接、引導、強化、增強動機、鼓勵和命令，也涉及一個經過刻意設計的發展計畫，來回應組織的需要或者指導者的個人偏好。偶然指導則是方向較不明確，同時把接受指導對象的需要也考量在內，定義上而言就是諮商、引導、支持和建議，在當中有更多雙向的互動和參與。被動指導的定義則是閱讀、研究、觀察、欣賞、仿效。指導連續體（The Mentoring Continuum）[16] 說明這些類別基本的差異。

指導連續體包含這一個概念，就是指導本身涉及不同程度的參與，同時因應關係的本質，有不同程度的強度。不同的指導類型會面對因著關係演進的過程，而有隨之而增的意向性和關係強度。

被動式的指導（Passive Mentoring）包含現代和傳統的指導風格。這些指的是我們現今生活中的英雄或英雌，他們因著所行或所是而成為我們所景仰的對象。這些人可能是我們從未見過面或者從未對過話的人，但是藉由觀察他們的生活或者閱讀有關他們的故事，我們得到啟發。

偶然指導（Occasional Mentoring）則包含諮商、教導和支助，隨著個人的需求而有所調整，在關鍵的時刻，提供諮商的指導者傾聽、提供觀點、同時給予盼望。此外，指導者還能提供其他的選擇和提出可能的結果，同時又讓接受指導的人做最後的決定。教師型指導（Teacher-mentors）者則是在某些事工領域有經驗以及專業。在想要學習有關領導、教學、溝通或其他的技能時，他們是你尋求幫助的對象。教師型指導者提供知識，同時幫助受指導的對象找到有用的資源來幫助他們增加對特定議題的理解。支持型的指導者（Sponsor-mentors）則在接受指導對象面前擔任擁護者的角色，他相信接受指導對象的能力，幫助他建立信心，同時協助他維繫關係，使得他的能力能為組織做出貢獻。

指導連續體		
更刻意 ◀━━━━━━━━━━━━━━━━▶ 較不刻意		
主動指導	**偶然指導**	**被動指導**
1. 門徒	4. 諮商師	7. 現代模範
2. 屬靈引導	5. 教師	8. 歷史模範
3. 教練	6. 支持者	

指導者 的類型	指導的焦點
1. 門徒	了解跟隨基督的意義
2. 屬靈引導	在確認上帝在一個人生命中的工作中提供屬靈的引導
3. 教練	培養特定的技能和動機
4. 諮商師	提供即時的建議、修正對自身、他人以及事工的觀點
5. 教師	傳授知識並在特定的主題上教導
6. 支持者	提供引導的擁護者，並且在領導者在組織內晉升時保護領導者
7. 現代模範	身為可以提供仿效的現代模範
8. 歷史模範	雖然已經不在世上，但是在特定的問題上仍能提供原則、價值和洞見。有委身的心志並且對於靈命發展有助益（內在生命動機）以及展現成熟度（對於生命維持真誠的態度）

主動指導（Active Mentoring）包含的內容則有門徒造就、屬靈事務的引導和訓練。門徒式指導者（Discipler-mentors）負責教導如何成為耶穌基督的跟隨者，同時以身作則。他們鼓勵接受指導的對象要有一個持

續的屬靈成長計畫，將門徒造就融入每天的生活當中。另一方面，屬靈引導式指導者（Spiritual guide-mentors）則幫助接受指導的對象察覺上帝在他們生命中的工作。史丹利和柯林頓說：「當思考的各種影響靈命的問題、委身、方向（內在生命動機）以及成熟度（將真理運用在生命中）等面向時，屬靈指導者的主要貢獻則幫助我們釐清責任、做出決定並回應上述的問題。」[17]

　　和屬靈指導者之間的關係是高度反思型的。在我們生命中有許多的時刻，我們必須願意接受重要的人引導，好「檢視自己的一生，尋求當中的意義」。[18] 大部分的人在尋求這樣的關係時，都是因為他們在屬靈生命或事奉中遇到瓶頸。當接受指導的對象面對一項新的挑戰，卻自覺還未做好準備時，這時候他們需要的是教練型的指導者。教練能夠幫助接受指導的對象鍛鍊出完成任務所需要的策略和技能，同時也會鼓勵接受指導的對象要常常練習這些技能，教練在行動中觀察、評估他們的作法，並且做出回饋。

有果效的指導者特質

　　過去這幾年，有許多作者提出能夠成為好指導者的各種特質，在這些特質清單中，有五個共通的特色，也是身為指導者難以抹滅的標記。好的指導者往往是真實（real）、受人尊敬（repectable）、可信賴（reliable）、強調關係（relational），並且可以成為榜樣（role model）。

　　1. 真實：你是否曾經遇過朋友將你拉到一邊，然後在你耳邊呢喃說：「嘿，你的臉頰上沾到芥末醬了！」然後你陷入尷尬之中。一想到你今天參與過的會議、在大廳上遇到的人以及和各種不同的人在影印機前聊天，但卻沒有人能及早告訴你？好指導者的其中一個標誌就是他願意與你真實相待。他願意指出你臉頰上沾到的芥末醬，也願意指出你生命中那些眾所皆知，卻沒有人願意告訴你的灰色地帶。除此之外，指導

者對於自身的生命也很敞開，他們願意與你分享生命中各樣好的、壞的甚至是醜陋的。他們允許你看見他們的掙扎或所面對的壓力。他們沒有時時都勝券在握，同時也不會假裝自己可以。在他們的生命中，很少偽裝。你所見的就是一切，他們的事工或生命非常敞開、誠實和透明。

2. 贏得尊重：好指導者的另一個特徵是他們贏得許多人的尊重。在提摩太前書 3:2 中提到教會領導者兩種特質：「做監督的人必須樂於接待人、受人尊敬。」（NASB，北美標準聖經）受人尊敬則不局限在教會中，也包含社區。提摩太前書 3:7 說：「監督也必須在教外有好名聲。」在基督教的圈子裏或圈子外，其他的人都說些什麼？他是否言行一致呢？他的品格是否令人無可指謫呢？

3. 值得信任：好指導者的第三個特質是值得信任。值得信任的指導者就是你可以信靠的人，這樣的人願意向你信守承諾，同時也關注你個人和專業上的發展。值得信任的指導者也會像家人一樣接納你的一切。他們明白即使因為面對不同的生命階段，你們的關係會有所轉化，但是就像家人一般，會是持久的關係。使徒保羅將年輕門生提摩太視為「因信仰而生的兒子」（提前 1:2）以及他「所親愛的孩子」（提後 1:2）。所以這也是好指導者的特質之一。

4. 他們看重關係：另外一個好指導者的特質是他們就像磁鐵一樣會吸引人靠近。當他們走進房裡時，你一定會知道，因為每一個人都想要跟他們在一起。他們或許不是一個空間中說話最大聲的人，但必然是最受關注的。他們生命中渴望與人在一起，也喜歡與人交談並且善於傾聽。他們與人建立深刻的關係，不只是流於表面的說：「嗨，最近過得如何？」他們會問問題更勝於談論自己，也很樂於協助人擴張自己的生命。他們是天生的啦啦隊隊長，因此在其他社交的場合或派對上，他們吸引人親近。

同樣地，好的指導者也會維持很好的人際網絡資源。也是因著巨大的人際網絡，因此大家都認同：「重點不是你知道什麼，而是你認識

誰。」善於在機構之外建立好關係的指導者，也能夠幫助接受指導的人建立更寬廣的學習社群。

5. 願意成為模範：好指導者的最後一個標記是他們願意向人展現方法，同時自己親身示範如何領導。好指導者就是你可以仰望、需要、並且能夠成為模範讓你跟隨的人。保羅向腓立比教會宣告：「弟兄們，你們要一同效法我，也當留意看那些照我們榜樣行的人。」（腓 3:17）在書信中，保羅也多次呼籲當時的弟兄姊妹要「效法他，如同他效法基督一樣」。因此，好指導者會活出有影響力的生命，而別人也會想要仿效他。

指導者會在他們的專業領域展現能力。他們具備需要的技能、知識、經驗，使得他們成為專家，指導者也會具備你在生命中想要培養或需要的特質，並且願意讓你在一旁見證他們如何運用。他們邀請你與他們同行，觀察他們如何處理棘手的情況，或者示範如何在人數眾多的團體中教導。他們也像保羅一般，說著：「你們在我身上所學習的，所領受的，所聽見的，所看見的，這些事你們都要去行。」（腓 4:9）他們不只具備老師的專業，還有老師的本質。

指導者都做些什麼？

或許你看了之前列出的清單，在內心納悶著：「哇！這樣的人真的存在嗎？」答案是肯定的。他們對他人的生命做出極有價值的貢獻，因為他們願意跨越友誼的範疇，而在關係中做出更多必要的投資。他們對於指導的過程有所計畫，並且有意識地朝向一個目標，期盼在他人的生命中也能複製自己的經驗。因為是刻意的，所以為了要完成任務，在指導的過程中他們會留意許多核心的要素。以下有更多的說明：

指導者分享自身的生命

指導者會撥出固定的時間與接受指導的對象在一起，一起面對生活各樣事務，這過程的種種改變則會根據門生所處的生命階段而有所調整。在過程中，指導者必須穿戴上不同的身分好符合需要。這些身分包含提供資訊、分享智慧、給予回饋、接受徵詢、在面對需要或個人危機時傾聽、滿足好奇心甚至是教授特定的技能。不論所面對的需要為何？指導者和門生在生命的旅途中一起同行。

指導者願意提出困難的問題

在指導的過程中，我們往往以為協助他們最好的方式就是給出答案、分享洞見或者提出建言。我們試圖解決困難的方式往往會驅使我們去說更勝於詢問。我們需要不斷地鞭策自己去問更多探測性的問題，而不是立刻給予答案。透過提出問題，指導者也能引導對方思考，探索自身的感受，並且幫助自己釐清問題好為自己做出決定。

賴瑞・安博思（Larry Ambrose）建議指導者可以提出三種類型的問題，分別是調查式問題（investigative question）、探索式問題（discovery question）、授權式問題（empowering question）。每一種問題都針對一個特定的目的。調查式的問題為的是要找出事實，為了要搜尋資訊、背景和歷史沿革。這些問題也是善於調查真相的新聞記者會問出的問題，也是所謂 5W 的問題，包含 who（誰）、what（內容）、when（何時）、where（何處）、why（為何）。調查式問題提供指導者基本資訊，幫助他們在未來能夠提出更多探測性的問題。

探索式問題使得接受指導的對象能夠去探索經驗所帶來更深一層的意義，也能對自己有新的看法，同時練習從不同的觀點來看待問題。授權式提問挑戰對方思考自己想要得到的結果，擬出行動計畫，同時制定朝目標前進的起始點。然而，在事工的情境中，調查式、探索式和授權式的問題可能會有不同的呈現方式。[19]

調查式問題：

- 告訴我你至今已經完成的部分。
- 你在這項工作上已經花了多少時間？
- 有誰和你一起參與其中？
- 你認為這項工作在哪些部分已經偏離原本的方向？
- 偏離方向的原因為何？

探索式問題

- 你從這個經驗中學到什麼？
- 什麼能讓你明白你所採取的方法？
- 所能發生最好的事情是什麼？什麼又是最糟的？
- 你的替代方案是什麼？
- 你如何面對這個問題？

授權式問題

- 你想達成什麼目標？
- 為了要達成目標，你需要做些什麼？
- 你應該採取的第一步什麼？
- 你目前有什麼資源？你還需要什麼資源？

　　好的問題會帶出資訊的交換，並且引導思考，創造想法。提出問題最終極的目標不只是要人開始對話，而是要幫助人成長並且對於自身景況有所覺察。美國《財富》雜誌 500 大公司的執行長曾經被問及：「身為領導者，他們做出最大的貢獻為何？」很多人都把「成為有果效的指導者」當作是他們主要的貢獻。在被問到是哪些因素使得身為指導者發揮果效時，他們大部分的人都回答：「因為我們提出最好的問題。」[20]提出好問題並不會自然而然發生，領導者所提出的問題，必須要刻意並且考量周全。

指導者提供人際網絡資源

指導者擁有廣大的人際網絡和資源。對於一個剛開始或者卡在某個情況的人而言，他們無法看到下一步的方向時，指導者能夠提供珍貴的資源。指導者其實就是會走路的知識百科全書。選定任何一個重要的主題，指導者往往就能推薦需要閱讀的文章和書籍、有聲書或者網站去取得相關資訊，還可以推薦你可以去會面的某個人。只要一通電話，他們就能幫助你取得與重要人士的連結，而這些重要人士如果是你自己聯繫的話，就只能在語音信箱留言或者和他們的助理談話罷了。

當然你也可以透過自己閱讀、研究和與人連結，但是必然需要花上更多的時間和更多的精力。這很像騎腳踏車時的「破風」原理。破風讓你可以跟著其他腳踏車手製造出來的風流，讓你騎得更省力。只要有人領頭，那麼他在風頭上努力地騎著可以幫你擋風，讓你能夠騎得更久。接受指導的對象跟隨指導者時，也是用同樣的方式來節省需要額外付出的力氣，而指導者也願意用自己的人際網絡和各種資源拉他人一把。

指導他人要避免的陷阱

成為指導者並不容易，不然會有更多的領導者願意擔任指導者，而且也會有更多在事工中實習的人能夠找到他們自己的指導者。事實上，成為指導者並不容易，而且需要雙方非常多的努力，接下來的建議要提供給願意在事工中應用指導型輔導的領導者及其指導對象。

避免提供建議

指導者不就是要負責提供建議嗎？嗯，並不見得。給出建議的部分只適合一個場景，就是英雄或女英雄挽救世界的這一天，同時還搭配無助的受害者站在路旁，急迫地需要被拯救。大部分接受指導的對象都不需要建議，雖然他們重視指導者處事的經驗、想法、知識，也需要處理

問題的特別洞見，但是要避免直接告訴接受指導的對象該做些什麼，而是告訴他們你的看法之後，讓他們自己做出決定。

練習「避免提供建議」最好的方式就是讓接受指導的對象多說話，「只聽不說」在我們今日的社會是已經消失的藝術。只要觀察你周圍的對話就好，人往往一直和對方說話，在對方說到一半的時候打斷對方，幫別人匆促地完成句子，好開始談論自己的事情或無止盡的漫談。傾聽允許接受指導的人有時間反思，並且釐清自己的想法。

除此之外，對於你所感受的情緒給予回饋也會有幫助，可以表明他們所分享的內容如何感動他們。只有在「被詢問之後」才提出自己的看法，或者要提出看法之前要先尋求對方的許可。你可以這樣說：「你會介意我從自己的經驗分享一些個人看法嗎？」或者是「我能夠跟你分享一些過去也曾幫助過我的想法嗎？」當你被要求要分享，或者是對方允許你分享時，接受指導的人會更感謝你所說的一切。[21]

太多個人的操控

高登·F·舒（Gordon F. Shea）曾說：「有果效的指導者要專注在協助，而不是干預。」他們分享、示範、教導，但是他們不介入別人的問題，除非情況危急到需要立刻採取行動。[22] 身為指導者，本質上就是個有影響力的人，而影響力也會帶來權力。權力本身並不是一件壞事，但是我們如何使用它則有可能變成壞事一件。為了要避免掉入這樣的陷阱，指導者需要尊重每一個接受指導的人他的獨立性，並且時時察看他們自身的動機。要達到上述目的最好的方式就是專注於自己的靈命成長（spiritual pilgrimage）。使徒保羅曾經對哥林多教會說：「你們該效法我，像我效法基督一樣。」（林前 1:11）身為指導者，我們並不是在製造我們自己的小模型。當我們主要的目標是專注於跟隨基督時，我們不再想要操控或模塑別人成為我們想要的模樣。

創造一個充滿鼓勵和支持的環境，讓接受指導的對象在當中學習掌

握新的想法、概念和技能。有時候，指導者會因為不想看到對方重覆犯錯或感到尷尬和挫敗，陷入試探而試圖出手搭救。但是指導者必須很清楚自己介入的動機，而且給予對方空間嘗試失敗。

有不切實際或無法達到的期待

　　常常我們都會對周圍的人事物有著過高的期待，在指導的關係中，也可能有兩種方向的錯誤期待。當我們的期待超過現實時，我們變得沮喪或幻滅。諷刺的是我們往往要等到期待無法被滿足時，才意識到自己的期待過高。我們的期待可能也包含把指導者放在完美的寶座上。但是當我們發現我們的指導者一點也不完美時該如何是好？他們可能錯過一場會議、可能對某個形式反應錯誤或者更糟糕的是他們可能有道德上的瑕疵，使他們自己無法達到事工的標準。但是漢崔克斯和漢崔克斯（Hendricks and Hendricks）指出：「指導的美好在於有對象可以仿效，但是無法避免的真相和危機也在於令人如此景仰的對象也可能讓人失望。」[23]

　　處理過高期待最好的方法，就是從一開始就要不斷地釐清：

- 指導者的工作是什麼？
- 你希望從這樣的關係當中得到什麼收穫？
- 你希望付出什麼？
- 如果你有一位指導者，你覺得他可以幫助你最多的部分是什麼？
- 你們多久會見面一次？而這樣的關係會持續多久？

　　這些問題是很好的起始點。第二，時時提醒自己世上所有的關係都無法完全滿足我們。在新約聖經中，我們不斷地看到「彼此」出現在經文中。我們知道「與他人連結」是基督徒生活中重要的一部分，但是我們也要記得唯一能夠滿足我們的關係是與耶穌基督建立關係。

指導型輔導的優點

指導的好處有很多，而且對於雙方都有各種不同的幫助，對於組織整體也有貢獻。接下來的內容會列出不同對象所能得到的益處。

對組織的益處

實際執行指導關係的組織必然會從增加的生產力中獲益。當員工愈來愈認同組織，同時獲得必要的技能和知識，他們對組織的貢獻自然會增加。「指導者－受指導者」[24] 這樣的關係可以藉由計畫和更多的團隊合作來促進產能，受指導者若在旁一起同工，要把自身工作做好的動機會增加，因此也會有更好的表現和更大的產能。

「指導關係增加組織成長的比例，減少週轉率並且維持組織的穩定。」[25] 很多組織都發現指導者制度能帶來益處，因為它支持有果效的同工發展時所需的一切。藉由減少花在栽培新同工的成本並且縮短學習曲線，新的同工在組織中能夠得到快速的晉升，而同工的留職率也會增加。這種刻意的同工發展也協助組織中領導者做出有系統且連續的計畫。往往組織都在假設最完美的人會出現來填補空缺的情況下運作，一個組織若有刻意的指導者指導過程，將提供系統化的方法幫助人能夠往更高的職位晉升。

除此之外，指導者制度也能夠增加組織內的溝通和彼此理解。組織發現這是傳遞組織價值最好的方法之一，而制度上的操作和設定優先秩序也是透過指導者制度所建立的關係。人可以從關係中學到最多。在指導者制度的關係中，受指導者可以見證到組織的價值被落實在指導者的生命中，也因此理解對於組織真正重要的價值為何。

對指導者的益處

指導者往往是因為自己能夠對於幫助他人的發展做出貢獻而成為指

導者，而他們很快就會發現成為指導者是雙向的，不只是付出，也會有收穫：和接受指導的對象一起閱讀、討論、探索想法及概念，對於指導者自身也有廣泛的影響。除此之外，許多指導者發現以往他們往往只是著眼於把事情做好，很少去思考作法後的「如何」及「為甚麼」。藉由指導他人，指導者自己也可以更多地了解行為背後的原因以及驅使他們如此做的價值。

其他的益處還包含增強自尊心、重新燃起的對於事工熱情、擁有親近的人際關係、發揮更大、更久遠的影響力。成為他人的指導者其實是很大的尊榮。這樣的邀請代表你是某人敬佩和欣賞的對象。我們往往不會用他人的眼光看待自己。當我們查看自己的時候，我們會將焦點放在自己犯過的錯或是缺點，而成為他人的指導者可以增加我們的自我價值，同時幫助對自己維持相對平衡的看法。

指導者制的輔導過程也可以幫助指導者重燃對事工的熱情。年輕、充滿朝氣和滿富理想的門生可以帶來更新的氣氛，由於事工的種種現實所帶來的打擊，指導者的異象可能會愈來愈模糊，同時事奉也愈來愈形式化。漢崔克斯和漢崔克斯指出：「當指導者幫助受指導者詮釋整個所處的環境時，受指導者則可以幫助指導者了解眼前的發展。」[26] 受指導者可以帶來新的想法、挑戰舊思維，同時也成為快速變動時代的訊息來源管道。

指導者也可以從指導者輔導關係中所衍生的親近人際關係中獲得益處。我們受造，並不是要過著如同個人主義盛行的現代社會所習慣的孤獨生活。在創世記 2:18，上帝告訴亞當一個人獨居不好。能夠認識一個人並且也被認識其實有非常多的益處。在哥林多前書 9:27，保羅說：「恐怕我傳福音給別人，自己反被棄絕了。」若是指導者告訴別人某件事情，但自己卻背道而馳的話，就可能陷入這樣的景況之中。指導者指導過程可以為指導者帶出負責任的人際關係。

最後，指導者也會從「影響力擴大」這件事情得到益處。大部分的

人想要的都不是稍縱即逝的虛名，當指導者協助別人仿效他們自己時，他們的影響力遠遠超過他們自己所能觸及的。指導者的事工不會因為他轉換職位、服事的工場或者退休而結束，指導者的事工事實上可能比他自己的生命更長遠。透過下一個世代以及指導者所輔導過的生命，他的一切仍然持續不斷地帶出影響力。

接受指導的益處

在專業領域中，接受指導的對象比起沒有機會被指導的人來說，擁有很多的好處。開創一個事工有點像是被丟到游泳池的深處。你要不下沉，要不就開始游泳。「嘗試－犯錯」的過程也是學習新事物的方法，但卻不是最好的方法。如果學習是建立在他人的經驗上，那麼接受指導者的進步會更快速。害怕失敗的恐懼會大量減少，而接受指導者也願意多嘗試冒險。而如此一來，接受指導者的自信會增加，同時也會發展出他們所需要的能力。

不只是接受指導者的進步會更快速，他們也會經驗到更多的工作滿意度。很多研究指出，比起那些沒有受到指導者指導的人，在組織中有被指導者指導過的人也會有較多的升遷機會、更高的報酬以及更高的工作滿意度，這樣的例子非關性別或層級。

輔導制度也幫助接受指導者可以連結組織內外的訊息。這對於新進員工來說更顯得重要。組織內部的連結可以幫助接受指導者學習組織內部的工作重點，例如組織的文化、歷史以及許多不成文的規定。指導者制度也可以幫助接受指導者整理組織外部的資訊網絡。這類型的連結可以提供外部的觀點、新的想法，甚至在時機來臨時，成為職業生涯晉升的管道。

指導型輔導的生命週期

　　雖然理想的指導者關係會延續一生，但是卻會因應環境的改變而有許多調整。衝突、職位轉換、工場的轉變、生命的不同階段以及不斷改變的需求，這些都只是一些會影響指導關係的要素之一。

　　史丹利和柯林頓則建議我們應該要避免無時間限制的指導者輔導制度。他們建議要在過程中建立「分手」的時間點。藉由建立特定的時間點（三個月、六個月、或一年）來重新評估指導關係，這樣做可以同時讓指導者以及接受指導者一旦發現不如預期時有機會可以喊停。相反的，如果過程進展順利，也可以持續下去然後建立新的評估時間點。透過這樣的方式，我們建立機制可以在過程定期的評估關係。而且這樣也可以免於流於維持表面的評估關係，使最後關係中的每個人都得到負面的感受。[27]

　　漢崔克斯和漢崔克斯指出指導者輔導制度的生命週期有三個階段。[28] 第一個階段是定義階段（definition stage），在初始的階段雙方開始定義這段關係，同時瞭解雙方的期待並且開始建立承諾的關係。柴克瑞（Zachary）指出在這個階段是預備和協商的階段，[29] 指導者和對方要討論出一些共識，例如何時可以見面、見面的頻率以及更深入的話題，例如界線、保密和相互負責的程度。第二個階段是發展階段（development stage）。這個階段會是最長的階段，並且會有定期的會面、密集的互動以及接受指導者明確的進步和發展。柴克瑞認為這個階段是多重功能的階段。「即使訂定明確的目標和過程，也訂出每一個里程碑，但是每一段關係仍舊要找到自己的步調。」[30] 這個階段也彷彿一段旅程，隨著時間一天天推移而有明顯的進程，有一段段走過的路程，但前方也有許多未知的領域可供探尋。

　　而最終階段（final stage）就表示在指導關係一開始所訂下的目標（單一方或雙方）已經達成。或許一開始並沒有明確的目標，或者也可

能是關係中的進展已經停滯下來，如此一來關係就來到最終的階段，也是離開的起點。

　　雖然指導型輔導的生命週期並沒有一個明確的時間表，但是有一件事是確定的：所有的指導關係都會有結束的一天。「有些專家估計平均的指導關係會持續二至六年。[31] 雖然正式的指導關係會有結束的一天，但是關係仍舊會發展下去，可能轉化為友誼或者不定期的諮詢。當受指導對象已經學到原本欲學習的技能或知識時，甚至已經超越指導者，這樣就來到了最後階段。

　　在指導關係的最終階段，慶祝和結業是必要的程序。在這個時刻，雙方都認同這是一段有意義的關係，也對於指導者的貢獻做出感謝，並且也慶祝生命的成長和改變。結束的程序可能透過簡單的一張卡片、一封信甚至是一對一的談話來完成，或者也可以是更正式的形式：例如結業典禮、實習階段的結束、職位的升遷。透過儀式來表達一個階段的結束，也是很合適的方法。

結　論

　　指導是一種關係，當中涉及連結、溝通和委身。在現在這個時代，訊息傳遞快速，加上網路銀行和送貨到府的各種網購，基本上，人可以不用離開房子也能過生活。而且關係也是虛擬的，螢幕上的名字可以隨心所欲地自訂，而只要按幾下滑鼠，人與人之間的連結就可以消失。指導這件事情挑戰著我們現今對關係的看法。它促使我們從電腦螢幕離開，重新回到人群的生活之中。

　　指導關係可以有很深遠、深刻並且持續不斷的影響力。雖然我們往往不覺得自己像指導者，也沒有想要成為指導者，但是在我們意識到之前，我們已經在擔任指導者的職分了。在我們影響他們生命的時候，我們就成為他人的指導者。指導是關乎影響力。一個指導者的影響力遠遠

超過他個人所能觸及的範疇。在教會，我們必須理解對於指導者的需要，特別是我們想要在社會中站穩腳步，因為整個世界都與我們所持守的道德和真理相違背。指導的關係是重要的方式，好確保現任的領導者能夠確實地完成工作，而下一代的領導者也預備好要接受他們要接手的職位。

第十九堂
轉化群體成團隊
Tranforming Groups into Teams

詹姆斯·伊斯泰普

　　關於團隊的價值和團隊建造，耶穌提供了我們一個非常好的榜樣。他與每一個階層的人見面，同時他也很了解城市裡的群眾，他教導跟隨他的眾人。他召募一群門徒和他一起生活、旅行和認識神的話語整整三年之久，並且刻意地將這群門徒建造成為一個團隊。他也遇過團隊裡的結黨紛爭，當雅各和約翰（可 10:35-45）表達出他們對於地位的渴望，希望自己的地位可以高於其他的門徒。耶穌還是從這群「看似不成材的跟隨者中」建立了一個團隊。

　　耶穌甚至示範了當群體轉化成團隊時，領導者所要扮演的角色，從下指導棋的領導方式轉化成合作型的領導方式。馬可福音中描繪了耶穌和門徒的關係。在前幾章的篇幅中，主要是由耶穌傳道，其他的門徒則是觀察者，觀察耶穌如何工作（可 1:14-3:12）。之後，門徒開始協助耶穌，開始參與在耶穌的事工之中（可 3:13-6:6）。最後，這些門徒開始可以獨立完成傳道的工作，但是仍然需要耶穌的監督和引導（可 6:7-13, 30）。最終，這些門徒委身在事工之中，並且獨立完成所有的工作，雖然耶穌與他們同在，但卻不是肉身的陪伴了（可 16:15-16, 20）。耶穌已

經建立了一個團隊。在耶穌的事工又過了兩千多年的今天，祂的門徒依然在各地建造團隊來強化他們的事工，並且幫助團隊成員更趨於成熟。這一堂課的內容要提供建造事工團隊實際的觀念，同時引導讀者明白如何將一群人轉化成充滿活力的事工團隊。

並不是在事工中服事的人才會關心這個議題，在美國的企業也非常看重團隊建造的工作。《Fish!》這本書用現代寓言來敘述在商業界建立社群的故事，[1] 它傳遞關於一個領導者試圖藉由改變群體中的每一個人以及工作關係的動力，因此而改變整個機構的故事。高度有果效和生產力的團隊一開始也是缺乏指導、失去動力、同時毫無組織的一群人，只不過是霸占著辦公室的位子罷了。而那些在事工事奉的領導者也面對類似的挑戰，不論是群體、執事會、任務編組、董事會／長執會或團隊在質量上都會有顯著的區別。若是無法提供有品質的工作成效，那麼這樣的一群人並沒有呈現出理想的團隊精神。[2]

認識團隊動能（Team Dynamics）

群體和團隊兩者之間在質量上顯著的差異為何呢？用一個詞來表示就是：綜效（synergy），這也是所羅門王在傳道書 4:9-12 所提到的。綜效促使一個團隊能夠完成比一個人或一群人所組成的群體更多的工作，團隊合作的果效會更加乘。要達成綜效必須透過各種不同的方式，例如團隊對於目標都有共同的看法和方向，除此之外還有團隊成員的品格、恩賜和自我認識以及團隊成員在團隊中帶出來的相關動能。當一個團隊為信仰群體的教育事工效力時，最終會發展出團隊的集體認同感。簡言之，一個團隊的多元性也會增強團隊的實力。波曼和迪爾認為團隊有六個特質（反映出個別認同的品質和恩賜、高度相關動能並且目標導向），這六項特質分別是：[3]

1. 團隊以形塑目的回應某個需要或機會。

2. 團隊將共同目的轉譯為特定、可衡量的績效目標。

3. 團隊的大小適宜。

4. 團隊發展出正確的專業組合。

5. 團隊成員委身於彼此的關係。

6. 團隊成員認為團隊整體是可信任的。

在事工的情境下建立團隊有許多的益處。團隊會透過一些重要的方法來完成事工的目標，方法包含以下幾種：

1. 團隊會幫助個別成員在個人的恩賜和潛力上建立信心。

2. 團隊協助與會眾建立有意義和忠實的關係。

3. 團隊協助新成員融入信仰群體和教育事工。

4. 團隊強化，成功達成事工目標的潛力。

5. 團隊在面對改變或事工中的衝突時，增加更多支持的根基。

6. 團隊會培育會眾中有潛能的領導者並且協助他們靈性上的操練。

然而，團隊並無法面對事工中的每一種情況，也無法回應會眾的每一個需求。當事工團隊對事工領導者有助益時，過度的依賴或強調團隊有時對於個人和群體也會帶來危害。肯尼斯・甘格爾指出團隊工作也有其缺點和限制，他認為：「團隊建造並不是組織問題的萬靈丹」，其「本身並不是目的」，團隊更不是「參與機構的替代方案」，也不是「與人互動的代替品」，[4] 因此事工領導者並不用限制自己只允許團隊或團隊工作回應會眾的事務。

關係複雜度

我們很容易就低估團隊成員的複雜性，雖然團隊可以將個別成員帶入一種正面、合作、有動能的狀況，但團隊也有可能讓關係變得更複

雜。即使在理想的情況下，團隊中的人際關係也會有顯著地增加。下圖的公式說明一個團隊中有可能產生的各種關係：

（組合成員）×（組合成員 –1）÷ 2 = 整體組合關係聯繫

舉例來說，假設某個基督徒教育事工團隊有八位成員，當八位成員似乎看來人數不多，而且也尚且在可管理的規模之下，然而當我們理解這樣的團隊可能產生二十八種關係時（8×7÷2 = 28），我們就可以了解組成和維持團隊運作的複雜度了。（參見圖表 19.1）

然而，並不是所有組合成員都會有理想的關係連結，因此這樣就不算是團隊。除此之外，組合的目標導向可能因為缺乏關係動能而受挫，或者是個人的恩賜無法補足其它的成員或目標，因此這樣的組合並無法達到成為團隊的目標。

圖表 19.1　團隊互動

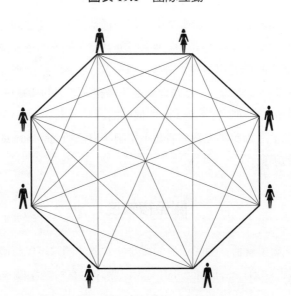

組合的種類

　　任一組合的動能決定它的狀態，可被視為團隊、群體或只是一群人的集合。圖表 19.2 描述一些組合動能（unit dynamics）的可能性。

　　透過這個表格，可以發現所有的組合都有其區別。大部分都缺乏要組成團隊的必要特質，例如在團隊認同、關係和目標導向這些特性上都是成為團隊不可或缺的條件。有些組合缺乏這些要素，因此不合乎理想，而也有其他的組合在關係動能上凌駕了任務導向，破壞了團隊的目的。通常會眾中這樣的組合往往不是群體（groups）或是團隊（teams）也可能是派系（cliques）。要將這些群體轉化成團隊的確是個挑戰，過程很艱難，但覺得值得一試。

轉化群體成團隊

　　一群人組成的群體和團隊之間最主要的差異是其目標導向。雖然這不是團隊唯一的要素，但是卻是團隊關鍵的品質要素，同時也會對於個人認同的特質和關係動能產生影響。歐蘭‧亨德里斯（Olan Hendrix）曾經指出兩種組合（群體）：[5]

1. 向心狀的群體（Centric Group）：個人所關注的事務大於群體所
   關注的事務。
2. 完全式的群體（Radic Group）：群體所關注的事務遠遠大過個人
   所關注的事務。

　　根據定義，團隊必須是完全式的群體。圖表 19.3 說明了五個之前所提到的組合個別的目標導向，「大眾」和「群眾」並沒有具備明確的共同目標，雖然他們很巧合地各自有著一樣的目標。「群體」有達到某種程度的目標導向，但是並沒有和團隊成員有很強的連結，也不是由團隊成員共同訂定的。「團隊」對於目標導向有一致性的認同，同時也呼

圖表 19.2　組合動能

大眾 **masses**	由個人聚集而成，但並不被視為一個共同的群體，每一個體都各自獨自運作。（例如：在繁忙的人行道上行走的人群） • 個人被視為個別的單位，而不是群體的成員 • 彼此沒有關聯性 • 目標是由個人各自決定
群眾 **crowd**	一群個人因著共同的理由而形成的群體，每一個體都各自獨自運作。（例如：觀賞運動賽事的人群） • 個人被視為個別的單位，偶爾是群體 • 關聯性很低 • 目標是由個人各自決定，但是會和周圍的人共享共通性
群體 **group**	一群人因著明確的目的而組成，但是不盡然是共同的任務。（例如：毫無相關的辦公人員被指派一項任務） • 在所指配的群體中仍為獨立個體 • 關聯性適中，溝通低於理想值 • 目標是共有的，但是有各自獨立的特性，沒有聯合共識
團隊 **team**	一群人因著共同的任務而形成的群體，並且負有達成任務的責任。（例如：要贏得獎牌的體育競賽隊伍） • 個人願意參與在團隊之中 • 關聯性很高，也合乎理想 • 目標很集中也是首要的
派系 **clique**	一群人因著在群體的關係所組成的小團體，具有排他性並且沒有特定的任務。（例如：一個主日學的班級，一點也不渴望有新成員加入） • 群體就是個人，個別性消失 • 關係具有排他性 • 目標就是關係本身

圖表 19.3　不同組合的目標導向

大眾	群眾	群體	團隊	派系
完全沒有目標導向	低程度目標導向	中等程度目標導向	高度目標導向	沒有任何目標導向
沒有群體黏著性	群體黏著性來自於對於共同目標的基本興趣	群體黏著性來自於建立群體本身	群體黏著性來自於目標本身	群體黏著性來自於關係本身

應團隊成果。最後,「派系」存在著被拋棄的組合目標,或者說為了某種關係而用別的內容來取代原有的目標。

　　有很多種方法可以辨別群體和團隊的差異,而這些差異都在圖表19.4中明列出來。[6]

　　每個團隊成員都會用先入為主的觀點來詮釋自己的責任和任務,個人也會帶著個人的渴望、技能、偏見、個性等包袱,再加上在事工或利益群體中偏向自我保護的本能。然而,要成為一個成功的團隊,其團隊成員必須要有超乎個人感受的眼光,著眼於能夠為了教會的事工完成更多成果的潛力。

　　同時無論是群體或團隊的一員,仍舊是獨一的個體。因此,在組合中,也要關心組合中個人的需要。如此一來,參與在團隊中也是牧養的一部分。梅朗・魯殊(Myron Rush)提出在團隊事奉中,往往很快會遇見的基本個人需要:[7]

圖表 19.4　群體 vs 團隊

群體動態（Group Dynamics）		團隊動態（Team Dynamics）
成員認為自己因著行政上的目的而集合在一起。	←→	成員明白彼此相依，也了解個人和團隊的目標要透過彼此的支持才能達成。
成員傾向聚焦在自己本身，他們多以接受聘僱的態度完成工作。	←→	成員對於團隊有擁有感，並且團結一心來完成團隊目標。
成員被告知要完成工作，而不是要用最好的方式來完成工作。	←→	成員願意效力於組織的成功，投入個人的才幹和支持來完成團隊目標。
成員不信任其他成員的動機，表達意見被視為不合群。	←→	成員在彼此信任的環境中工作，並且被鼓勵要公開表達意見。
成員對於所說的話小心翼翼，認為有溝通上的陷阱	←→	成員練習誠實和敞開的溝通。他們努力了解其他人的觀點。
成員接受好的訓練，但是卻無法自由地應用。	←→	成員被鼓勵要培養技能，並且盡可能的應用在工作上。
成員發現自己置身在無法處理的矛盾之中。	←→	成員認為衝突是人類互動的一部分，他們會致力於化解矛盾。
成員或許會也或許不會參與在影響群體的決策。	←→	成員會參與在影響團隊的決策中。

1. 需要使用我的技能、恩賜和創意來協助團隊；
2. 需要被其他團隊成員接納；
3. 我個人的目標需要與團隊的目標相容；
4. 需要能被允許代表不在團隊裡的人。

　　要滿足上述這些需要的先決條件是一個相互合作的環境。賀塞與布蘭查認為：「相互合作的目標能促進人們彼此合作，來確保每個人的成功。研究顯示，當有共同合作的目標出現時，個人和群體的表現會更好。」[8] 競爭是可接受的，但是彼此合作是更好的選項。當一個團隊與另一個團隊或組織形成一種競爭關係時，團隊裡成員會互相合作。麥達克斯（Maddux）認為彼此合作的團隊會得到以下四個明顯的益處：[9]

1. 彼此合作能夠提高互相依賴的自我覺察。
2. 當人一起合作達成共同目標時，他們會互相激勵以達到更高的成就。
3. 相互合作建立和加強團隊裡的認同和相互支持。
4. 相互合作能夠帶出委身，支持並完成組織的目標。

　　團隊中相互合作是不可或缺的，因為如此一來，它支持團隊成員感受到個人的重要性，並且在成員之間維持高度的關係動態，將重心放在共同的目標上。

每個團隊都不一樣

　　團隊並不是同質性的群體。在團隊的組成上必然多元，但是團隊的種類卻不盡然。不過每個團隊都有所不同。商業管理的書籍往往將團隊分成各種種類，例如執行團隊、跨功能團隊、正式支持團隊、專案團隊和任務團隊。[10] 團隊所事奉的本質和在會眾中所扮演的角色模糊不清可能造成目標的混淆、關係失能以及個人的挫敗。然而，團隊基本上還是

圖表 19.5　團隊的類型

		持續期間	
		短暫的	永久的
功能	諮詢的	研究／報導　團隊 例如：為了新方案而組成的腦力激盪團隊，建堂委員會、對於新的基督教學校進行可行性研究	教會理事會、同工會、常設事工 例如：評估團隊進行間並且提出建議
	行政的	短期的計畫 同工聘僱委員會 例如：假期主日學委員會	董事會／長執會、常務委員會 例如：聘僱委員會負責尋找擔任教育課程的同工

可以分成四類：圖表 19.5 提供篩選的元素，幫助我們確認，在會眾中存在的是哪一種團隊？[11]

　　因為這個原因，顯而易見的是團隊並不是同等地被建立。雖然團隊可以有同樣的基本特質，但是他們的功能和存在時間的長短使他們本身有所區別。

領導者和團隊

　　每一個團隊都有一個領導者，也需要一個領導者。試圖將一個高度自我激勵和自我引導的人放進一個互相合作的環境是不夠的，團隊一直都需要領導。團隊領導者會預估在組合內執行團隊合作的責任，同時開始創造、維持和強化團隊朝向目標實現的努力和過程，並且確保團隊遠離那些妨礙團隊發揮功能的要素。羅伯特·歐文（Robert Owens）評估：

「在一般宣稱有果效的群體中，往往可以發現團結和自豪，或許會被稱為士氣，但是這些和領導者帶出的特質有關。」[12]

團隊領導者的特質

首先，領導者必須具備屬靈成熟度（spiritual maturity）。要維持團隊聚焦在事工、目標和神學世界觀是必要的，藉此團隊可以站在會眾的觀點來檢視自己的使命。基督徒的領導者也必須關注「如何維持團隊在屬靈事務上的焦點？」凱倫‧耶斯特（Karen Yust）評論：「教會的執事會主要的目的是去發現神在教會生活上的旨意。」[13] 她建議團隊要委身於敬拜的行動（例如在每次聚會前先有敬拜的儀式）、禱告、閱讀聖經、個人的反思以及委身在尋求公義上。（提醒團隊成員，他的工作也代表著團隊其他的成員），藉由這些方法在團隊的目標和任務上維持屬靈的關注和焦點。[14]

第二，領導者必須擁有思考能力。領導者要能有批判性思考的能力和創意，好適當的領導團隊。舉例來說，他們必須有能力思考凌駕在與個人有關的議題和個人興趣的各種事務。領導者對於新的處境能有推理、評估和提供創新回應的能力，這也是團隊成功的關鍵。

第三，領導者必須看重過程。獨裁者無法建立團隊，一個團隊的領導者必須要真正地接受並且欣賞每一個團隊成員的貢獻以及成員之間的關係。若失去這些接納與欣賞，團隊成員和他們所說的話都會被當作只是在傳達領導者的意願和決定，而且過程也沒有團隊成員的參與。總之，一個團隊的領導者要看重團隊，也看重團隊在做決定、解決問題和完成任務時所扮演的角色。

第四，領導者也必須操練史蒂芬‧科維（Steven Covey）所闡述的「第二象限生活」（Quadrant 2 Living）。[15] 根據科維的想法，我們生活在一個由「緊急／不緊急」對應「重要／不重要」的矩陣中（參圖

圖表 19.6

	緊急	非緊急
重要	象限一 • 危機 • 緊迫的問題 • 有限期的計畫、會議和預備	象限二 • 預備 • 預防 • 釐清價值 • 計畫 • 建立關係 • 真實的再創造 • 授權
不重要	象限三 • 被打擾，電話 • 一些電子郵件及報告 • 一些會議 • 很多即時、緊迫的事項 • 很多受歡迎的活動	象限四 • 瑣事、忙碌的工作 • 垃圾郵件 • 一些電話 • 浪費時間的事物 • 逃避式的活動

表 19.6）。[16] 第二象限指的是那些重要但是卻不緊急的工作。要完成這樣的工作要事先預備、釐清價值觀、計畫、建立關係、授權或者個人的發展。成功的領導者傾向於花 65% 至 80% 的時間處理第二象限的事務；而有 15% 表現不佳的個人會喜歡將時間花在第三象限的事務（緊急但不重要的事務，例如被打擾、會議、郵件、電子遊戲、報告或者深受歡迎的活動）。[17] 一個團隊的領導者必須聚焦在第二象限的事務，同時要防範第三象限的事務介入，這樣就可以確保團隊工作一直有很好的表現。

在群體和團隊中領導者的角色

領導者展現出對團隊成員的影響力，同時也要小心地在個人和團隊

成員之間的參與感和互動上取得平衡。甘吉爾指出，領導者在團隊中可能扮演的十種角色：管理者（administrator）、策劃者（organizer）、做出決定的人（decision maker）、群體協調者（group facilitator）、主席（chair）、管理衝突的人（conflict manager）、激發動機的人（motivator）、複製者（reproducer）和指導者（mentor）。[18] 圖表 19.7 說明原本由領導者指揮的群體如何轉變成為自我管理的團隊，同時指出領導者也從「提供所有的方向」的角色轉化成「和團隊成員互相合作」的角色。

這些領導風格或許能藉由領導者和團隊成員的關係來說明，請參照圖表 19.8。領導者的角色一開始從一個群體的指揮官給予方向，轉化

圖表 19.7　領導風格對於團隊的影響

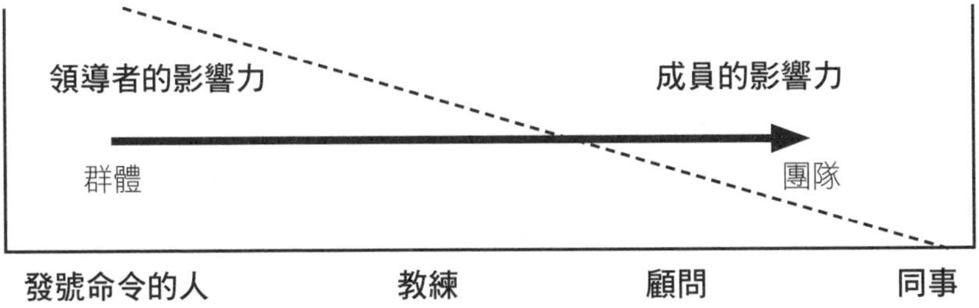

圖表 19.8

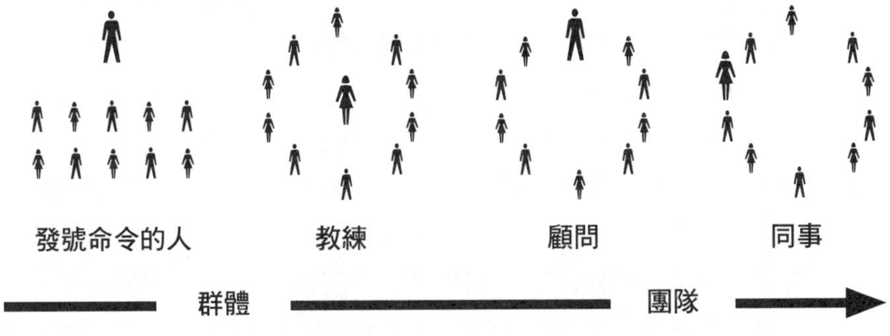

成像教練般指導群體或團隊。接下來，領導者又從教練的位子轉化成團隊的成員（但是仍然在商議和做決定的過程中扮演顯著的角色），最後演變成團隊合作，領導者在團隊中用同工的身分和團隊成員共同合作。

團隊發展定理（Axiom）

建造一個團隊包含在目標上達成共識、分享團隊的潛力、增加團隊成員的動機以及連結會眾的資源來支持團隊，[19] 團隊建造也有幾種模式，但是這幾種模式都有相似的原則。接下來是在會眾中建造團隊的核心準則：

1. 建造和發展團隊最終的責任歸屬於領導者。特別是在建造團隊初期的階段，無論團隊發展的進度為何？領導者都需要扮演指揮官、教練、顧問和同工的角色。

2. 團隊的建造和維繫是透過成員之間的互相接納。更高階的管理者可以對群體下指導棋來訂定目的，但是當團隊成員發展出有共識的目的之後，群體就轉化成團隊了了，這時再也不需要依靠更高權威者的命令或刺激。

3. 團隊要發展得好，則需要有必然可以達成目標的盼望，同時在分配任務時有共同領導的態度，並且敞開、鼓勵創新和發揮創意。團隊發展勢必受阻——如果領導者並沒有隨著團隊適切地轉化所扮演的角色，而試圖要提供比團隊所需更多的指導。

4. 當團隊成員了解並接受討論和做決定的過程和基本規範時，團隊必然發展。在任何個人的組合中，所有的參與者在開始工作之前，必須明白團隊在決策時會有明確的過程和程序，同時做出最後決策時也有客觀的方法和期限。

5. 當每個成員的期待被明確的說明、定義和確認時，團隊必然發展。團隊成員要面對五種期待，分別是參與、保密、肯定、預備

會議以及有能力完成共同設定的目標。

6. 團隊在達成目標時會舉行慶祝活動，那麼團隊也會發展。團隊不只是一起工作罷了，或許最後一次慶祝活動會是慶祝團隊已經完成所有任務，功成身退。

人成就團隊

目標導向以及團隊的動能，來自於組成團隊的每一個人所具備的性格。因此，選擇團隊成員是非常重要的，關乎到未來可能面臨的是成功或失敗。以下是在選擇團隊成員時必須要問到的各項問題：

1. **團隊需要什麼樣的成員？**這個問題的答案假設領導者或者是團隊對於團隊的目的和議題有很明確的了解。

2. **這個團隊的屬靈特質要求為何？**這會決定團隊所呈現出來的屬靈成熟度或是屬靈恩賜和個人的呼召。

3. **在會眾中（或之外）有人擁有這些特質？**團隊不能依靠特定某一個人，因此如果有多位成員都有類似的強項，可以在團隊中扮演同一個角色。

4. **這些未來的團隊成員如何符合這些標準？**團隊的強項在於團隊成員之間互享的關係動態。強項和弱項分析是否可行呢？就像環環相扣的一片片拼圖，這些團隊成員的強項和弱項就形成了團隊所需的特質。

5. **這些新成員是否被現有團隊或領導者所接納？**因為「關係」在團隊動態中是隱性的，因此必須要考量到引進新團員對於現存團隊動能或者是新的團隊所可能造成的影響。

6. **在何種基礎下，團隊會採取行動回應呼召？**這並不只是關乎團隊的本質例如提供建議或做決策，還有個別團隊成員的期待，以及這項工作是終生的職位、暫時的或者只是回應偶發的需要？

評量團隊功能

當團隊有明確的目標，那麼工作就不僅限於完成單一目標而已。團隊工作會不只在一種情況下產生。事實上，根據克楚姆和特利斯特（Ketchum and Trist）所主張的，團隊工作會有三種參考的架構：行動中的團隊（team in action）、會議中的團隊（team in meeting）、評估中的團隊（team in evaluation）。[20] 圖表 19.9 第一個架構說明行動中的團隊，也就是團隊實際朝著完成團隊目標而前進。第二個架構是會議中的團隊，在會議中討論與下一個行動有關的工作和決策。最後一個架構是評估，當團隊評估自身的行動和決議，置身於前兩個架構之外，好得到更多的了解和客觀的觀點。

圖表 19.9

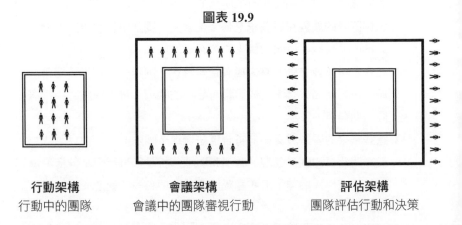

行動架構	會議架構	評估架構
行動中的團隊	會議中的團隊審視行動	團隊評估行動和決策

團隊成員的角色

成員無法單獨完成團隊的任何一個角色，同時也沒有任何成員可以單打獨鬥。每一個團隊的個人都會在四種不同的角色中發揮功能，而這

四個角色必須是和諧共處的，否則將會對個人或團隊帶來挫敗和困惑。大部分群體動態的理論學者都同意每個角色至少有四個內涵，如下所示：[21]

1. 被期待的角色：團隊對個別成員的角色期待。

2. 投射的角色：團隊對於其個別成員所表達或經過溝通的期待。

3. 所接受的角色：個別團隊成員對於所被投射角色的詮釋。

4. 發揮功能的角色：個別團隊成員實際在團隊中採取的行動或所發揮的功能。

假使無法確認這四個角色，也無法確保這四項是相容且相符的，將會導致對於團隊成員的角色有不適當且不完整的概念，也無法了解他們在團隊中所扮演的功能，最終會造成團隊失能。海勒和辛德爾提供一個圖表，說明團隊的表現。（圖表 19.10）[22]

圖表 19.10　團隊、任務和個人

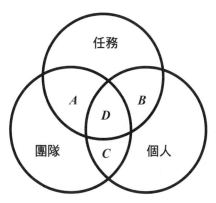

根據海勒和辛德爾的歸納，A 部分表示當「團隊工作向完成任務的方向前進」，同時他也說明了團隊和任務兩者的重疊。B 則是「有挑戰性的任務維持個人的興趣」，確認個人對於目標的委身。C 是當「個

人的需要透過團隊表達」，也就是個人參與在團隊的關係動態之中。最後，D 指的是當「每一個成員都貢獻所長來完成手上的任務」，說明團隊的核心本質。因此，團隊工作可以透過個人的參與來完成，同時也是對會眾的回饋。

具生產力或破壞性的行為

每一個團隊成員的行為都可以幫助或阻礙團隊的關係動態和目標導向。圖表 19.11 試著要名列這些行為的類型並提供範式說明。[23]

群體思維⋯⋯失能的團隊

在論到團隊工作時，有一個主要且常見的困境需要克服，那就是群體思維（group think），指的是團隊思考的局限和決策的過程。相較於其他類型的阻礙或失能是顯而易見的，群體思維則是很細微的一種阻礙，以至於團隊成員往往會認為團隊正如預期的運作著，只是不可避免地愈來愈沒有效能和生產力。群體思維的徵兆為何？要如何辨識出來呢？以下有幾種可供辨識的記號：

- 團隊對於想法和提案採取不加批判的態度，認為自身絕對可靠。
- 假使大多數成員有不同的意見或保持反對意見時，團隊會對個別成員施加壓力，使他們保持沈默或放棄立場，以此強制達到共識或操控輿論。
- 團隊成員認為團隊有共識且意見完全相同，但事實上只是反對意見被壓制而造成的假象。
- 團隊無法考量更大的群體，而專注在自身的想法上，於是無法看見自己的缺點，只看到別人的缺點。
- 團隊對於聖經或神學的想法和行動採用意譯（將自身解釋放入經文）而不是註釋法解經（從經文中找到意義）。

圖表 19.11　有建設性的行為與破壞性的行為

建設性的行為 （ productive behaviors ）	破壞性的行為 （ disruptive behaviors ）
• 激發相關且明確的溝通 • 發展公平和公開的決策過程 • 支持另類的想法和腦力激盪 • 加入刻意的神學性反思 • 願意承擔任務的責任 • 願意參與團隊的過程 • 增強並保護團隊中的關係 • 建立安全的環境 • 可以評估並接納建議，而不是個人或團隊 • 對於另類的想法鼓勵包容，並且管理團隊中可能發生的衝突 • 鎖定時程，維持完成目標的進程 • 在團隊中多使用「我們」而不是單數的人稱 • 設定符合實際並可以達成的時程 • 對於團隊成員的委身和能力保持公平和體貼的態度	• 在團隊決策過程中心裡和實際的抽離 • 把個人的需要和想法置於團隊之上 • 暴力的行為，例如表達怒氣、攻擊個人、語氣苛薄 • 不一致的定罪標準 • 令人分心的行為，例如搖頭、發出噪音、塗鴉 • 聚焦在少數意見，無法取得較大的圖像，花力氣在處理微不足道的事情 • 透過個人的決策或者違背互信逾越團隊的決策 • 看重個人的時程更勝於團隊的時程 • 說話多使用「我」，而不是「我們」 • 操控團隊議題和關係動能 • 誤傳消息或傳遞選擇性的訊息 • 使用「我們－他們」來分化團隊

- 團隊不接納或排除和他們意見看法相左的資訊，例如不願意接受自己的提案有聖經或神學上的衝突。

要如何預防群體思維或改變它？答案是保護團隊運作的過程和動能。有四種防範措施可以確實阻止群體思維。首先，藉由保護有產能的行為，並將之前所提到的破壞性行為減到最低。第二，保護每一個團隊成員的聲音都如實傳達。舉例來說，傾聽每個成員的心聲，在他們表達之後做出摘要，提供更多機會讓團隊成員分享想法，並且拒絕打擾和情緒化的反應。只要提供機會讓團隊成員在團隊開始討論之前，寫下各自對於議題的看法，確保每一個人的聲音都被聽見。第三，在公開表達團隊進展的同時又兼顧保密。這使得團隊成員可以與會眾或它所服事的對象有真實的互動。

最後，為決策和職位進行重大的檢視。「如果領導者能夠事先覺察問題，並且採取行動，增加其他選項的評估，那麼群體思維的負面效能是可以避免的。」[24] 領導者只要詢問並且促使每個提案都接受嚴格的檢驗，並且在團隊之外聘請專人依職權來擔任團隊的傳聲筒，就可以降低群體思維的負面影響。

結　論

團隊可說是任何機構想要邁向成功的重要關鍵，無法發展團隊將會造成認同的混淆、缺乏共同的目標導向以及在組織中缺乏果效的關係動態。基督徒的管理者必須要示範能夠建造團隊的領導風格，因此能強化使命感和打造健康的組織。

第二十堂
領導策略
Leadership Strategies

詹姆斯・伊斯泰普

　　一個人的領導風格為何呢？論到領導，我們很容易就能找到各種定義、理論架構、領導過程或程序等相關資訊，走進任何一家書店，無論是基督教書店或是其他的書店，很輕易地能找到一整個書架上頭陳列了各種與領導有關的書籍。領導已經成為二十世紀或二十一世紀流行的術語之一，但卻缺乏一致的定義。除此之外，與領導有關的要領或者實用的領導的方法也很缺乏。

　　這一堂課的重點會從五個面向討論領導者在會眾或基督教組織中該如何領導？這五個面向分別是：（1）訂出基督徒領導的原則（2）強調領導和管理之間的差異（3）概略地了解組織中的領導風格（4）實行領導並維持的六個策略（5）提供在會眾或基督教機構中領導形塑的模式。藉由以上的討論，這一堂課會綜述基督徒領導的本質、過程以及討論如何形塑領導風格。

基督徒領導原則

近年來，教會內熱門的討論議題一直在於探討「基督徒的領導和世界中流行的領導方法」兩者之間的差異。要探討這個議題，首先要問的基本問題是：「有哪些要素使得基督徒領導合乎所信的真理？」而我們的主張是基於聖經真理的領導模式，在形式上會和世界上的方法有諸多明確的區分。這些形式包含強調四項要素：品格（character）、能力（competency）、情境（context）和呼召。每一個要素都和企業中所強調的領導有所區別。圖表 20.1 試圖要呈現這些要素之間的關係，幫助我們了解基督徒領導的本質。

圖表 20.1

基督徒領導的要素

任何一種基督徒領導方式的基本要素都是**品格**，這也是聖經中挑選會眾領導者時最明確的標準。在新約聖經中挑選長老等位分時，最看重的特質也是品格。如同在使徒行傳 6:3、提摩太前書 3:1-7、提多書 1:5-9、彼得前書 5:1-4 中列出的特質，這些特質要確保基督徒領導者是「無可指責」的。（多 1:7；提前 3:2）然而，單單看品格卻是不夠的，因為「成為一個好人」無法確保他或她可以成為一個好的領導者。然而，品格卻是基本並且無法妥協的一項要素。保羅將這樣的生命特質當作是我們認識基督徒領導的根基。

第二個要素是**能力**。領導者無法被動、置身事外，更無法孤立於關係之外。領導者必須擁有品格和能力，來處理事工中的事務以及成為某個領域的專家。你必須要能從領導者的身上學習，因為我們無法從能力不足的人身上有所學習。一個人若是無法執行領導活動或展現領導能力，那麼這樣的人會成為怎樣的一位領導者呢？能力這項特質所強調的是領導的功能。保羅在教牧書信中特別提到一種能力，那就是教導的恩賜（提前 3:2；多 1:9）。此外，基督徒領導者的另一個基本能力是溝通能力。若指派一個人擔任領導的角色，卻不要求他有處理工作所需的能力，這樣的作法等於助長他的無能。誰想要跟隨一個無所適從的領導者呢？因此，簡短地說，在教會或基督教組織中的領導者必須要有品格和事工能力。

第三個要素是**情境**（context），它提供個人得以發聲的職分，同時也提供能夠彼此溝通的平臺。若沒有合適的職分以及在適當的情境中執行領導力，那麼品格和能力也會受到損害。情境同時也包含能夠取得有關資源和接洽相關權威的能力，藉此引導或指導一起同工的人。情境有時候可能也會是一項受限的要素，抑制或削弱了個人的聲音，也可能使得領導能力的潛能無法完全的發揮。因此，使徒保羅在小亞細亞傳道

時，也特別指出指派職分的必要性。

使徒行傳 14:23 說：「二人在各教會中選立了長老，又禁食禱告，就把他們交託所信的主。」這些都顯出在領導時，確認職分的重要性。

同樣的，在早期教會中賦予領導者的頭銜（如執事、主教、長老、牧者）並不只是指出他們所要發揮的功能（能力），還有因著職分而衍生的責任和對於事工的監督（情境）。情境無法提供真正的領導，還必須仰賴一個人的品格和能力，才能有所果效。

圖表 20.2 顯示出在會眾的情境中領導的內涵。這個圖顯示出在會眾中的領導有四個基本的事實，但卻因為太常見而往往被忽略。這四個事實分別是（1）領導者來自會眾。即使是新上任的牧師，也必須要成為教會會眾的其中一員，同時在賦予領導者的位分之前，要先成為會眾（2）領導並不局限在辦公室同工身上，會眾中包含了正式被賦予職分的領導者（辦公室同工），也有非正式的領導者（被會眾接受卻沒有頭銜

圖表 20.2

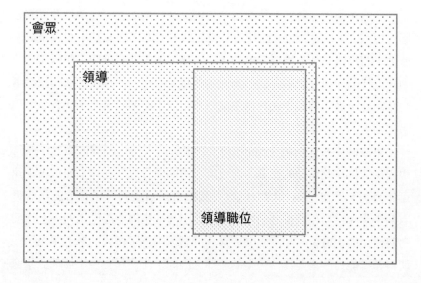

或辦公室的領導者）（3）辦公室的同工不一定要成為領導者。有時候，全職的同工並不適合當領導者，也不具備能力能夠實際帶領會眾（4）最好的領導者是被會眾認可有領導能力的全職同工。在這樣的情況下，那些在會眾中被認為有領導者特質的人，也需要有合適的職分提供職權來擔任領導者。在領導的情境要素中，領導者要能發揮最大的影響力和潛能，就必須先被賦予領導者的職位。否則，情境只會削弱一個領導者的領導潛能。

　　最後一個要素是**呼召**（calling）。當保羅對提摩太說明選擇長老的標準時，首要的條件是願意順服神的吩咐。（提前 3:1）這表達出在合適的情境中被指派了神聖職分之外，接受指派的人也願意委身在事工中。領受呼召的人對於事工會有持續的委身，同時也會有源源不絕的熱情超越自我，成就更大的事工。領導者必須要走在人群之前，同時前往某個方向，後面也要有跟隨的人。也就是說，沒有方向的領導就不是領導。領導的另一個定義就是改變。「領導本身就是不斷地掙扎……因為這包含著改變、帶領人從一個點到另一個點、從舊的思維到新的思維、從過往所構築的安全感邁向未來的未知。在我們生命中，會自然而然地抗拒種種改變，因為改變會威脅我們習以為常的穩定，也可能改變我們的權力。因此，即便我們往往對於目前的處境感到不適，仍舊只會選擇裹足不前，而無法向前邁進一步。」[1]

　　領導者所領受的神聖呼召能夠驗證他是否與神的旨意相通。同時，呼召也是領導最終極的要素，立基於一個人的品格、能力和所屬的情境之上。「有果效的領導能夠協助建立異象，訂定執行工作的標準，並且在努力的過程中協助確立焦點和方向」。[2]因著這樣的定義，呼召是關乎方向和異象的，同時也包括創造一個情境和培養能力來完成神在事工中所有的託付。

將基督徒領導者分別出來

　　哪些特質使得基督徒領導者和一般企業中的領導者有所區別呢？在第二堂課的內容中有過的討論，我們在此就不再贅述。而我們上一段所討論的四個要素（品格、能力、情境和呼召）在神學的架構下，確認了所謂基督徒領導的本質。舉例而言，在 1987 年的賣座電影《華爾街》（Wall Street）中有句知名的臺詞。在某一幕中，演員麥克·道格拉斯（Michael Douglas）飾演一位知名大企業的 CEO，他在向股東說明公司政策時，說了這樣的一句話：「貪婪是好的。」這樣的論點其實指出美國企業背後的價值觀，所有的商業運作也呼應著這樣的價值觀，但是這是否應該是基督徒領導者所應該依循的價值呢？顯然不是！

　　世界上所鼓吹的領導特質有些來自企業文化，有些則被大眾媒體理想化，這些特質如激進、政治操弄、享樂主義、實用主義等都強調為了達到目的，不擇手段。而實際上，上述的特質卻不是基督徒領導者應該追求的。基督徒的領導者在提供各種方法的汪洋遨遊，希望可以找到更好的方法來處理他所管理的人事物，而我們該如何描繪基督徒領導者所應具備的特質呢？上帝將祂所屬意的特質都撰寫在聖經經文中，由耶穌基督親身示範，聖靈的同在與大能也幫助領導者們展現這些品格，也就是說，領導的四個要素必須融合於一個神學的架構下，提供神學組織、教會或機構中的領導者一種一致性的領導模式。

　　關於這個領導模式的觀察詳述如下。首先，領導的四個要素彼此融合且相關，無法獨立存在。而在某些情境之下，某些要素會比其他的要素來得重要。理想的情況是出現金字塔的排序，有些要素會在底層，而某項要素會在金字塔的上層，這樣一來品格和能力就不會受到情境和呼召的影響，減低其重要性。一位領受呼召卻缺乏品格或情境的領導者，對於組織而言反而是危險而不見得有助益的。

　　第二，立基於第一項觀察，領導力的形塑在本質上應該是循序漸進

的。一位年輕的基督徒渴望成為有果效的領導者，那麼就應該要先把重點放在培養個人的品格，而不是致力於想要在事工上有職分或盡快地領受上帝的呼召。培養品格和基本的能力應該優先於情境和呼召。摩西在領受呼召以及開始事奉之前，花了八十年的時間培養個人的品格以及接受各種訓練。同樣的，大衛在領受呼召及職分之前，也當了好幾年的牧羊人。聖經中還有許多的例子都支持這樣的觀點。上帝不會在領導者培養品格的事情上走捷徑，好讓某個人領受呼召，開始事奉。最後的觀察是在教會的成員中，能夠具備四項特質的人想必是非常少的，有些人可能具有敬虔的特質，但是可能不具備必要的能力。而更少數的人會有某些職分，甚至領受上帝的呼召，全職地事奉神。因此，只有在會眾或機構中只會有非常少數的人能夠具有領導者的特質，發揮領導能力。

摩西這位領導者

聖經中有非常多傑出領導者的例子，而其中一位廣為人知的領導者就是摩西。在出埃及記 3-4 章中包含了他生平的簡介，還有關於燃燒荊棘的描述。在當中，我們可以看到領導的四項特質（品格、能力、情境和呼召），特別是當摩西質疑神的呼召時，他所產生的各種考量或者藉口。圖表 20.3 從四個特質來分析。

摩西最後成為傑出的領導者，而他的領導力立基在品格、能力、獨特的歷史情境以及上帝對他明確的呼召。同樣的矩陣也可以用來分析尼希米、大衛和新約聖經中所記載的那些屬靈的領導者。

領導與管理

治理（administration）是個包含領導（leadership）和管理（management）的概念，也是兩者匯集而成的專業知識，但是這並不表示領導和

圖表 20.3　摩西這位領導者

特質	摩西這位領導者
品格	• 3:1-7 摩西展現對神的敬畏，並且在神面前藉由把臉轉向來表現出謙卑和敬畏的態度
能力	• 3:8-10 摩西在法老家接受了 40 年的訓練，又在曠野接受了 40 年的訓練。 • 3:12, 4:1-9, 17, 21-23 神應允在摩西的事奉中賜下神蹟來翻轉他認為自己的能力不足。 • 4:14-17 上帝差派亞倫成為摩西的助手
情境	• 3:10 摩西被指派成為神子民的領導者 • 3:18 摩西被應許在以色列長老中成為領導者，並且最終神的子民也認定摩西是他們和神之間的橋梁。
呼召	• 3:10, 12 神命令摩西要抵抗法老，從法老手中救出以色列人 • 3:13 摩西明白神是那位差遣他的獨一真神。

管理是兩個同義詞。事實上，因為有太多的現代作者無法在他們的作品中明確的區分這兩個詞語，以至於我們現今對於這兩個詞彙有許多的誤解。或許首先將這兩個詞彙分別定義的作者是約瑟夫·羅斯特（Joseph Rost），在他的著作《21 世紀的領導》（*Leadership for the 21st Century*）做了明確的說明。在內容中，他指出長期存在的爭議，同時明確地區分這兩個詞語，給予它們個別的定義：「領導的定義指的是存在領導者和跟隨者之間有影響力的關係，在這段關係中，跟隨者期盼帶出呼應雙方共同目的的真實改變。」[3]

他接著給予管理一個定義，管理是：「一段存在於管理者和至少一個部屬的權威關係，這位部屬主要負責統整他們的活動來製造和販售某種商品或提供某種服務。」[4]

或許用以下的表格能夠更清楚的說明兩者的定義。[5]

領導	管理
有影響力的關係	權威關係
領導者和跟隨者	管理者和部屬
期盼真實的改變	製作和販賣商品或提供服務
帶出呼應雙方共同目的的改變	透過統整的活動產出商品或提供服務

　　庫茲斯（Kouzes）和波斯納（Posner）也著手分別定義這兩個術語，他們認為：「如果在管理和領導的過程中有明確的區分的話，那這兩者的差別就是一種是要別人做某件事情，而另一種讓別人想要做某件事情。我們認為管理者會指派他人工作，而領導者會啟發他人想要去做某件事情。領導者能夠發揮這樣的功能是因為他本身是值得信賴的人，這是所有領導力的根基。他們透過如挑戰、啟發、賦予能力、提供模範和鼓勵等行動來建立自身的可信度。」6

　　班尼斯（Bennis）和蘭尼斯（Nannis）用更簡潔的方式定義這兩個詞語。他們認為：「管理者在於把事情做對，而領導者專注在做對的事情。」7 管理更多專注在實際操作的層面，在組織的使命、異象、架構、政策和程序等領域中運作，同時，管理也和組織的限制不可分割。領導者看重的是策略性的內容，重新調整或改變組織的使命、異象、架構、政策和程序，領導者也能夠重新形塑組織的限制。簡而言之，管理者在所謂機構的框架中發揮功能，而領導者則需要跳出固有的思維。教會和基督教的組織若是對於兩者的定義混淆則是一件危險的事情。

　　一個有完全領導特質的治理者就像是把頭伸進雲端中，腳踏著石頭前行。另一方面，一位百分之百管理特質的治理者可能是個錙銖必較的人，但是卻無法看見更大、更全面的圖像。所以維持兩者的平衡非常重要。

　　治理需要包含領導與管理；缺乏了領導，治理就被限縮成經營、平衡收支和維持日常營運的角色罷了。

　　治理無法與領導和管理分割，但它們確實又有所區分。史蒂芬·科維也試圖在兩個概念在行動的展現上做出明確的區分。他提出兩者在基督教事工中實際運用時有一個簡單的區別，圖表 20.4 說明了他的領導（人）範例與管理（事務）範例：[8]

圖表 20.4

領導（人）範式		管理（事務）範式	
• 果效	• 轉化	• 效率	• 交易
• 自發性	• 投資	• 結構性	• 費用
• 辨別力	• 客戶服務	• 評估力	• 管理效能
• 原因	• 原則	• 結果	• 技能
• 授權	• 綜效	• 控制	• 折衷
• 計畫者	• 豐富	• 計畫	• 短缺

　　如果把管理和領導的內涵混淆了，那麼就無法提供教會或基督教組織適合的治理。組織的治理需要管理者和領導者一起投入。如果無法事前認知到這樣的需求，那麼組織將無可避免地面對事工上的失敗。基督教事工的執行需要築夢的人，但同時也需要錙銖必較的人。

領導風格

　　策略和我們的領導風格有緊密的關聯，領導的風格展展現出領導者如何解讀他們自身與機構和同工之間的關係。從聖經新舊約中對於羊群的譬喻衍伸，在教會和基督教機構中不難發現領導的兩個基本的風格：牧羊式（shepherding）和放牧式（ranching）。圖表 20.5 分析了這兩者之間的差別。[9]

圖表 20.5　牧羊人與放牧者

牧羊人傾向：	放牧者傾向：
• 個人化地試著要滿足每個人的需要	• 努力要照顧羊群整體，而不是個別羊群的需要
• 認定事工如果少了他們的投入會自毀	• 因應目標而運作，同時對於所有能夠完成目標的想法保持開放的態度
• 展現驅策力	
• 對於被需要感到感激	• 用成熟的態度處理改變和衝突
• 有困難授權	• 鼓勵一般信徒的投入
• 邊執行邊訂計畫	• 把有恩賜的人放在適當的位置上
• 活在當下的慌忙而忽略未來的趨勢	• 有效地授權並且適時的監督
• 無法掌握群體的概念，因為他們如此專注在個別的關係	• 在團隊中運作
	• 歡慶那些自己沒有參與其中的成功

　　牧羊人或放牧者領導風格的成功與否和他們跟隨者的成熟程度也高度相關。同時也有許多的問題應該要提出：他們準備好要承擔責任了嗎？他們是否能夠在團隊中工作？在有限的監督之下，他們是否發展了足夠的能力？有兩位學者針對牧羊人和放牧人的兩種領導方格提出更進一步的觀點。賀塞和布蘭查分別提出情境領導的理論以及機構領導的四個框架模式。

賀賽和布蘭查的情境領導理論（Situational Leadership Theory）

　　賀塞和布蘭查《組織行為學的管理》（*Management of Organization Behaviors*）一書已經被視為治理文獻的經典。這個理論主要立基在有效領導的原則，當中包含了四種風格（告知、銷售、參與、授權），他們也應用在分析跟隨者準備就緒的程度。準備就緒的程度（The level of readiness）指的是跟隨者的能力（完成工作的能力，如知識、經驗或技能等）以及／或者他們本身的意願（心理上準備就緒的程度，如自信、委身或是動機）。[10] 從這樣的論述可以歸納出跟隨者兩種回應領導者的軸線：以任務為導向的回應方式或者以關係為導向的回應方式。

以任務為導向的回應方式是單向的溝通，在這樣的過程中，領導者負責制定目標、組織和設定時間軸及相關的議題，並且指揮和控制跟隨者。以關係為導向的回應方式則是雙向的溝通，在當中，領導者提供跟隨者所需的支持、促進互動（建造團隊），並且主動地傾聽，提供跟隨者有效的回饋（衡量與評估）。[11] 圖表 20.6 整理出賀塞與布蘭查主張的四種領導方法：

圖表 20.6

跟隨者準備就緒的程度	適合的領導風格	描述
1	告知	• 高度任務導向、低度關係導向 • 單向溝同模式、主要是領導者向跟隨者傳遞訊息 • 領導者需要仔細地指導及緊密地監督跟隨者
2	銷售	• 中高型任務及關係導向 • 雙向溝通，主要由領導者向跟隨者傳遞訊息，但是強調跟隨者的參與 • 領導者會針對決策說明，並且提供機會釐清疑慮
3	參與	• 中高型關係導向，中低型任務導向 • 雙向溝通，主要由跟隨者和領導者一起參與討論 • 領導者應該分享意見，並請加強討論和團隊決策
4	授權	• 低關係導向、低任務導向 • 單向溝通模式，主要來自領導者 • 領導者放鬆控管、授權適合的跟隨者做出決策和執行

促進型領導（Facilitative leadership）

　　賀塞與布蘭查如何將「牧羊人－放牧者」的方法應用在領導的實踐上呢？在領導中，將重心試圖從牧養轉移到放牧的嘗試往往被定義為「促進型領導」。因為這方法呼籲所有的領導者能夠促進他人的領導能力，把它當作達成事工的潛能及目標的方法。圖表 20.7 指出這兩種領導方式的不同：

圖表 20.7

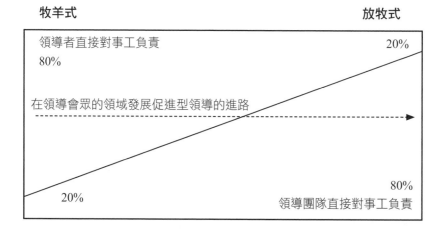

　　如果有人試著要用賀塞與布蘭查的觀點來解釋這張圖表，那麼「告知」和「銷售」的方法就會是和圖表左方高度相關，這表示牧羊式在這裡表示強調領導者的控制和實際治理的行動。同樣地，在圖表的右邊所表示的在領導過程中的「參與」和「授權」，強調由群體或團隊實際控制和執行管理的相關工作。這幾種領導風格的主要差異在於牧羊人使用權力來促使事情完成，而放牧者會授權給他人，藉由領導群體或成為領導團隊的一份子一起把事情完成。有些領導者一開始可能採取牧羊人的方法，但是當所領導的群體或機構逐漸邁向成熟之後，無可避免地就會

慢慢轉移到放牧者的模式中。基督教事工的領導者如果了解這些過程，就更能了解培養領導力的本質為何，同時也能明白情境的議題會影響一個人所展現的領導風格。

四個框架的領導模式

但是一個牧羊人或放牧者要如何能夠真正地了解自己的羊群或牧場呢？用精確表達的話，領導者必須展現哪些必要的團體特質呢？四個框架的領導模式提供獨特的洞見，幫助我們了解領導應該要納入教會或基督教組織的特質。一種適當的領導模式不只是因應跟隨者的準備就緒程度，還有需要考量服事機構的自我身分認同。圖表 20.8 列出四個基本的框架來協助釐清團體的特質：結構、人力資源、政治和象徵。

圖表 20.8　四個框架的領導模式 [12]

	結構	人力資源	政治	象徵
組織性的比喻	工廠或機器	家庭	叢林	嘉年華、寺廟、劇院
中心概念	規範、角色、目標、政策、科技、環境	需要、技能、關係	權力、衝突、競爭、組織中的政治	文化、意義、象徵、儀式、慶典、故事、英雄
領導的意像	社會建築師	授權	倡議	啟發
領導的挑戰	隨任務、科技和環境調和架構	使組織與人們的需求相互配合	發展議題和權力中心	建立信心、優美和意義

當基督徒可能會因為偏好而立即回應象徵框架時，因為它提供明確的屬靈意涵和應用，但是忽略許多的會眾和基督教組織也涵括的其他三個框架，就會顯得因而天真與不切實際。總之，每個組織都會對於這四個框架所表現出的文化有不同的偏好，但是仍舊會有其中一項占據較顯著的地位（或者會有兩種框架彼此競爭，占據優勢）。當一位牧羊人或者放牧者進入教會或者是基督教組織中，他必須率先確定團體特質為何。有些人把這個過程稱為詮釋組織的文化。舉例來說，當一個牧羊人身處政治特質時，我要如何提供領導？當放牧者進入一個象徵組織時，這又會如何影響我提供領導？因此，比較占優勢的團體特質會形塑一個人在該情境之下的領導風格。

促進型領導（Facilitating Leadership）的迷思

在促進教會和基督教組織領導的過程，有幾個迷思會導致領導策略無法發揮。這些迷思往往藉由對於領導潛能執行貶低式的評估，限制了放牧者領導方法的執行。以下的段落列出這些迷思以及實際的對照：[13]

- 迷思 1：促進型領導對管理而言是一種非常鬆散的方法，只會帶來失序和混亂。

  事實：促進型領導創造了以團隊為導向的管理方法，藉此創造出和諧的氛圍和方向感。

- 迷思 2：一位促進型領導的領導者基本上會同意團隊想要的每個需求。

  事實：促進型領導的領導者會提供方向感，但是也會很珍惜團隊成員的洞見和觀點。

- 迷思 3：促進型領導的領導者會放棄自己的控制權和權力。

  事實：促進型領導的領導者會分享他們的權力和控制權。

- 迷思 4：在這樣的文化當中不會有果效。

事實：當群體逐漸形成一個團隊時，促進型領導的方法會有非常好的果效。

- 迷思 5：促進型領導的方法占用太多時間了，我們什麼事也不會完成。

實際：促進型領導會花很多時間，但是它所產生的綜效（synergy）可以讓團隊更有生產力，比起個別的工作果效加總還要好。

- 迷思 6：促進型領導會造成無政府狀態的混亂場面。

事實：促進型領導會促進使命的執行並且認同機構的價值。

- 迷思 7：促進型領導的民主程序會沖淡做決定的品質。

事實：民主的過程或尋求共識的作法會幫助做決定能不偏向單方的意見，同時也更能夠帶來成功。

- 迷思 8：一旦我們開始促進型領導的進路，所有的事情也必須應用這個作法。

事實：我們無法在每件事情上都應用促進領導的方法，只有當跟隨者的預備指數夠高時，才能夠轉化成放牧式的領導風格。

促進型領導會使得原本是孤獨的牧羊人式領導模式，漸漸轉換成放牧式的共享領導模式，而這樣的模式應該也是所有的教會或基督教機構領導者都渴望的模式。

領導的原則

領導者要如何在教會或者基督教機構中創始、執行或是維持一種樂於改變和進步的文化呢？即便每個機構或者個別的領導者具體的作法有所不同，但是針對這個問題，其實可以做出幾種廣泛的回應。[14] 若是無法參與下述的運作，可能會造成從機構領導（institutional leadership）轉變成機構管理（institutional management），而達成和擴展教會或基督教

組織使命的進展也會受到損害。

第一號原則：成功的事工領導者總是會在他們的事工或教會、組織中納入神學的反思。如果領導者無法持續地進行神學性的反思，將會在他們的治理過程中逐漸失去基督教的觀點。教會的事工不能因為某些更進步或更現代的教育行政管理模式，而忽略了當中的神學基礎。我們在教會或基督教組織中做的每件事情必須要能夠符合教會傳統的神學框架，因此我們必須持續地納入神學主張和傳統，成為忠心的管理者，每一位管理者都至少要成為業餘的神學家。

第二號原則：成功的事工領導者永遠不會停止個人（以及專業上）的發展。封閉的系統必然會造成能量的退化（entropy），而電池也會有電力耗盡的一天。管理者若是無法有刻意和規律的個人發展及專業發展計畫，那麼就容易因為有限並逐漸減少個人和專業資源失去動能和耗盡精力。然而，那些參與在個人和專業發展的領導者，這當中也包含真正的再創造以及「在開放的系統中服事，就等於把插頭插進插座」一般，他們會有持續充沛的資源、觀點和個人的網絡，而這些都會帶來個人的綜效。委身於個人發展的計畫則反映出一個人認知到自己需要成長的謙卑，知道自己還不完美，還有許多需要學習的事物。

簡而言之，當你停止成長的那一刻就是你開始死亡的那一刻；當你開始死亡的那一刻，你的治理也就無法持久。個人和專業的發展是一項投資，而不是一項花費，這樣的投資是為了事工和你個人未來的福祉。

第三號原則：成功的事工領導者胸懷大志如同之前所討論的，領導者的思考會跳脫框架。他們的思考不會被機構的各種限制局限，而且他們會勇於挑戰現狀。當領導者的想法被現今機構的現實所限制的時候，他們就會從領導者變成了管理者。成功的教會則會努力去完成不可能的

任務，即使錯過他們原本設定的目標，他們還是會得到助益。每一個領導者所面對的問題應該是：「下一個是什麼？」以及「有什麼新的創見嗎？」教會和基督教組織的領導者要一直思考機構的未來，對於眼前的機會，要定睛在更高並且更積極的目標上。

第四號原則：成功的事工領導者在第一線領導。或許有人可以在後方管理，但是領導者一定要在前方領導。領導者無法置身於後方，你或許可以駕馭牲畜，但是你無法駕馭羊群，因為羊群需要被領導。領導無法從遠端執行，當然也無法與被領導的群體之間隔著一段距離。基督徒的領導者會主動地參與在事工當中，也必須成為榜樣，並且為那些跟隨者提高期待。領導者不能要求跟隨者去做一些自己不情願做的事情。走動式管理的原則顧名思義就是藉由四處走動來達成管理的目的（management by walking around），這樣的作法也適用在領導。領導者無法只是每天待在辦公室裡，然後希望遠距離地參與教會和機構的現狀。當一位治理者願意與人接觸，並且隨時走在人群的前頭，這樣一來才能提供真正的領導。

第五號原則：成功的事工領導者會投資在他人的發展中。成功的領導者會知道神的呼召是無法靠一個人獨立完成的，因此也需要讓其他人能夠有機會參與，完成神在教會或基督教組織中的事工。這些需要領導者願意投入在其他人的個人和專業發展上。這也是促進型領導的指標。基督徒的治理者不該只是被視為資源的一種，也不該被當作事工機器或者無生命的供應者。舉例來說，要是筆沒了墨水或者是影印機沒紙了，只需要打開櫃子就能找到一支全新的筆或者是一疊紙。但是若是在事工中，人被消耗殆盡，那麼就不是再找一個人來代替這麼簡單罷了。這樣的作法是不道德的，也不合乎基督教的精神。

基督徒的領導者必須要為那些與他一同服事的人提供牧養和專業上

的建議，同時也必須委身於他人的發展。牧羊人式的獨行俠症狀可能會造成提早耗盡心神，而放牧式的領導模式則要求委身，為教會或基督教組織帶來持續性、更新的服事。

第六號原則：成功的事工領導者看重問責（accountability）。進行定期的評估與評量，對於基督徒領導者是非常關鍵的。假設理論就能夠完滿地變成實際的執行，就犯下了悲劇性的錯誤。領導者的表現必須被問責，同時也問責別人。領導者更不能假設之前的成果就等於現在的成果，總之，對於一個人工作效率與果效的問責，必須有回收到準確、具目標的反饋。績效不好的人不只是自己的工作受到虧損，同時也會影響教會或整個組織，造成不良示範、降低期待，或者影響他人逃避自身的責任。因此，領導者缺乏問責將會導致機構的危機和失敗。

第七號原則：成功的事工領導者關注使命和核心價值。不論教會或基督教組織如何發展，都不能失去自身的使命和價值。

這些對於機構是基本的，一個人必須先學會字母，然後知道如何發音、拼音，接著才能閱讀、拼字，最終能夠建立句子、段落或者寫一篇文章。無論在學術的階梯上爬得多高，都不能忘記基本的字母，並且努力維持現在的成果。在匆促的治理議題或者愈來愈多的責任下，領導者很容易忘記機構的定位、方向和存在的緣由，這些都是機構不可或缺的基本。傳遞機構的異象，確認價值，並且不斷地建立認同感，這些都是長時間不間斷地進行著，而不是一次性的活動可以達成的。

結 論

領導其實是很弔詭的一種概念，當我們遇見好的領導者時，我們能

立即察覺，但是另一方面，領導卻又缺乏精確的定義和分類。這是不言而喻的，但卻又很難用一個理論完整敘述。身為在教會或基督教組織的基督徒治理者，我們被呼召成為領導者，因為我們要在過程中帶出我們的品格，包含我們的個性、能力和各種缺點。我們會被賦予一個情境、職位或職稱來執行領導的工作。這需要我們能夠詮釋機構的團體特質，以及同工或跟隨者個人準備就緒的程度。最終，我們不會將信任放在自己身上，也不會放在機構身上，而是如同路加所記錄的：「二人在各教會中選立了長老，又禁食禱告，就把他們交託所信的主。」（徒 14:23）

第二十一堂
董事會／長執會與委員會
Working with Boards and Committees

邁可・安東尼

　　某個人曾經說過：事工中最大的挑戰是要與人同工。「你無法和他們同工，但是又不能不和他們同工。」在完成事情的過程中還要加上與人合作的確會加添相當的挑戰性。然而，聖經中的教導很明確也很合乎常情。因為當我們訓練和裝備他人來完成事工中的各項任務時，我們就擴大工作的果效。上帝在以弗所書 4:11-16 告訴我們，神賜下信徒各樣的恩賜，主要是為了能夠讓他們參與在各樣的事工中，無論是傳福音、教導、關顧或者治理。因著個人所得的恩賜不同，他們可以共享完成事工的責任。

　　為了協調不同單位，為了完成工作所付出的努力，就創了長執同工會（董事會／長執會與委員會）。多年來，長執同工會常常是令人挫敗的焦點，也受到不少人的輕視，我們會在這一堂稍後的內容討論與董事會／長執會同工的益處和缺點。目前，和長執同工會同工是符合聖經的教導，同時也是最好的權宜之計。我們在這一堂內容中想討論的是「要如何能夠有效的管理」這個過程，並且分享一些訣竅，幫助身為事工領導者的人以及在長執同工會中與領導者同工的人，都能從這樣的經驗中受益。

長執同工會／委員會的聖經基礎

舊約聖經帶我們一窺最早的事工團隊是如何運作的。以色列的長老組成一個群體，負責提供會眾屬神的智慧和建議，因為摩西發現自己無法滿足所有會眾的需要，所以他指派成熟的人來聽取會眾之間的紛爭，同時適切地管理眾人（出 18:13-27）。這些長老也成為這個民族的領導者，繼續在各樣的責任中事奉族人，從排解法律上的紛爭到在重要的宗教節期中代表會眾來到上帝面前。

而在新約聖經中，耶穌自己親身示範與團隊同工的典範。他選召十二個人組成門徒，指派責任給這些門徒並且預備他們加入事奉的工作。這個「由十二個人所組成的委員會」其實也是事工執行團隊的縮影。而在這個群體之上，耶穌還選了三個門徒組成專職同工小組，成為耶穌進行事工時更核心的群體。

在耶穌升天之後，這些門徒也將任務委派給其他靈命成熟的基督徒，他們在生活中接受聖靈的引導，與神同工。在教會的初期就已經有類似今日事工委員會的組織存在，當時非猶太人的信徒覺得他們在教會中是二等公民，因為他們群體中的寡婦並沒有得到照顧，連每天被分配的食物都短缺。於是這十二個使徒聚集在一起，討論要如何面對這樣的問題。他們最後了解一項事實，他們必須要在自己的服事中設立優先次序，好避免自己落入這類次等、與福音事工無關的爭議中。他們指派七個屬靈生命成熟的信徒來管理每日的飯食，而這些人就被視為教會歷史中的第一個長執同工會或委員會（徒 6:1-7）。而保羅在他頻繁的宣教之旅中，也持續地採用同樣的方法，在各地的教會中設立長執同工會或委員會，而我們可以說，從此之後，長執同工會與委員會就在教會中扮演了重要的角色。

聖經中與長執同工會或委員會合作的例證提供了教會和基督教的非營利組織一個範式，從中瞭解「如何有效地治理教會」以及「管理各種

事工的資源」。無論是基督教學校或者是慈善機構的董事會／長執會，還是流浪者照護之家的財務監督委員會，這些由關心事工運作的人所組成的群體在事工中扮演著重要的角色，他們確保事工能夠在軌道上運作，完成機構所承擔的使命。在北美，宗教性的非營利組織也需要建立董事會／理事會（由至少三名成員組成）來監督組織中各樣事務的發展。

　而在教會，這樣的組織可能有其他的稱謂（理事、長老、執事等等），但是無論這個名稱是什麼，他們所發揮的功能大致是相同的。這樣的組織在政府的規定（例如信託辦法和法律規範）以及創辦成員之間提供彼此連結的管道。在教會，資深的牧師可能是長執同工會或委員會中正式的成員，但在其他的運作中，他則不一定是成員之一。在大部分的運作中，根據所擬定的組織規章，牧師應該是團隊成員中必然的一員。長執同工會（或者在政府單位眼中應該要稱作的董事會／理事會）中必然的成員的是主席、副主席以及財務秘書長，在這一堂課的內容中，我們會有繼續討論教會長執同工會的組成架構。

負責治理的長執同工會／委員會的角色與責任

　這一堂課的內容會跳脫教會的限制，採用更廣的觀點來討論長執同工會或委員會的角色與職責。因此，討論時也會用採用其他非營利性組織的董事會／理事會範例。在許多的個案中，教會的長執同工會或委員會所依循的原則也可以應用到基督教其他非營利性的組織中，例如基督教學校、營會或者其他基督教組織。為了要與更廣的讀者對話，會提供來自教會和其他非營利組織的相關範式，例如關於教會長執同工會或是機構董事會／理事會領導者的職稱。有些機構會稱領導者為主席，使用的是英文 chairman 這個詞（譯註：chairman 這個詞有偏向男性的用法），其他機構的主席職稱則是會採用 chairperson 這個詞。在這個講究語言包容性的年代，沒有性別指稱的詞如 chair（仍舊是表達主席的意

思）也經常被使用。讀者則需要自由地將這些詞彙應用在他們個別的情境之中。

而負責治理的董事會／長執會或同工的角色和責任取決於該組織的本質。長老領導教會的方法可能某種程度不同於基督教學校董事會／長執會的作法，同樣地，營會的治理同工會的職掌也會和其宣教使命的同工會有所差異。然而這樣的差異並不是說他們之間就不會有相同的責任，其實他們的職掌及所做的事務以及所提供服務的方式仍具有相當大的重疊性，它們所包含的範圍如下：[1]

1. 本於組織創建的原因以及歷史和傳統，董事會／理事會負責詮釋和支持該組織的使命，確保組織中的每一個部門的工作都和組織的使命呼應。

2. 董事會／理事會代表所屬成員的興趣和關注，願意貢獻自己的資源為組織所用，來完成組織的使命。

3. 董事會／理事會主責選出的領導者或選派專業的理事長，同時提供他所需的指引、支持和問責。

4. 董事會／理事會將該機構的信心、傳統、信念、使命以及核心的價值轉化成策略和規定，藉此引導理事長和他的資深同工所做的各樣工作。

5. 董事會／理事會成員與主責的理事長一起發展長期的計畫，訂定組織目標，然後監管整個過程，直到達成目標為止。

6. 董事會／理事會要負責確保組織有足夠的財務資源來完成它的使命和目標。

7. 董事會／理事會負責確保所有的決定和行動都能符合倫理準則和法律的規定，包含公民和宗教法兩者所適用的範疇。

8. 董事會／理事會確保組織會盡其所能有效地使用財務和人力等各項資源。

董事會／理事會、執事會、任務小組、顧問團： 這些名稱的內涵為何？

　　在一個組織中所謂的董事會／理事會，其他的組織可能叫作長執同工會，而出現在組織架構表的任務小組在另一個組織中可能被稱為顧問團。就像是很多人試圖要區分目標和具體子目標的差異，在這個部分的詮釋也會因人而異。董事會／理事會和長執會／委員會的差別在主管事項範圍的差異。董事會／理事會比長執會／委員會有更大的管轄權，而通常長執同工會也隸屬於董事會／理事會之下。實際上，一個董事會／理事會會分成好幾個附屬的同工會，這些由不同的弟兄姊妹所組成的工作小組，基本上會在開董事會／理事會之前完成各項的交辦事項。舉例來說，在教會的情境中，長執同工會可能會進一步分成幾個事工小組，而每一個事工小組都會有一位長老擔任主席。這些事工小組分成財務、總務、人事和宣教等等小組。圖表 21.1 提供了這類型組織的架構表。

圖表 21.1

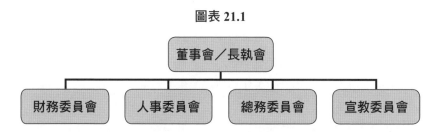

　　長執同工會的工作在一個月中，會透過幾個不同的事工小組運作，而每一個事工小組的主席會在下一次長執同工會時報告，說明過去這一個月他所負責事工的工作內容和進展。各個事工小組本身並沒有權力，但是他們負責實際執行董事會／理事會的各種政策。他們可以向董事會／理事會提出建議，包含需要採取的行動或者需要調整的政策或執行的程序，由各個事工小組直接向董事會／理事會報告。這使得董事會／理

事會和長執會／委員會可以善用各個成員個別專長，而董事會／理事會和長執會／委員會的成員當中如果有建築等相關的專長，那麼這個人適合成為維持教會設備的總務小組負責人，依此類推，有會計師執照的成員理所當然是財務事工小組的主席。

董事會／理事會可以帶著從董事會／理事會角度擁有更全面的眼光，某種程度的參與在各委員會的工作之中。或者如果有特定的議題，不容易透過董事會／理事會處理，那麼這時也可以適度地介入事工小組。財務委員會就是個很好的例子。董事會／理事會並不會設立了財務委員會就放棄其監督或規劃組織財務發展的責任。同時，藉由設立的委員會，董事會／理事會可以邀請具備專業的董事會／理事會成員仔細且深入地監督各項與財務相關的議題。財務委員會可以在召開董事會／理事會之前監督財務的情況，同時致力於讓複雜的財務往來能夠被其他成員理解，在董事會／理事會上提出令人信服的報告。[2]

在每一年的開始，董事會／理事會提供每一個委員會當年需要完成的各項工作。因著董事會／理事會是組織之中唯一有完整組織發展圖像的單位，所以就由董事會／理事會來指派各委員會所需承擔的工作。每一個委員會主席（同時也是董事會／理事會的成員）從董事會／理事會接受指派的工作，開始分配工作項目以及規劃時間表好完成開委員會所承接的各項任務。透過這樣的形式，委員會並無法發展出自己的議題，同時要投入無法計數的時間來完成任務，最後還可以發現董事會／理事會並不需要或欣賞這樣的投入。如果發生上述的情形，很大的原因是因為在委員會中缺乏適合的領導者，同時也會造成情感上的受挫以及在董事會／理事會和委員會之間產生張力。

委員會的工作需要持續不斷地進行，如果董事會／理事會有特定指派的工作，但是又有時間上的限制（例如建築的方案或者是需要處理的爭議等），這時可以選擇建立特殊的任務小組來處理。任務小組的成員

被指派來處理某個特殊的任務，當任務一完成之後，這樣的小組就可以解散。因此，任務小組在本質、工作執掌和時間上都會比委員會受到更大的限制。不過，如果任務小組仍舊是向董事會／理事會負責，並且任務小組的負責人往往也會是董事會／理事會的成員。

而摧毀一個組織前進動能最快速的方法就是「無限制的設立各種不同的委員會，然後將異象式的任務分配給他們」。事工委員會在本質上並不是建立異象的個體，大部分的委員會設立的目的都是在於控制和維持所負責的事工，而且在本質上對於改變的回應緩慢。大部分具權威的管理者都建議在一年的最後，所有的委員會都應該被解散。如果某個委員會需要繼續存在的話，則需要有一個令人信服的理由。

有些委員會很明顯的需要繼續存在運作下去（例如財務、總務、人事等等），但是其餘的委員會有可能因為人數的增加或者不具備功能，因此違背了該委員會當初所設立的宗旨。在這樣的情況下，這些委員會在每一年的年底就應該要被解散，這樣的作法能夠讓董事會／理事會有保全面子的作法來控制委員會不斷地繁殖增生下去。

引導（Orienting）新成員

無論是董事會／理事會、委員會、任務小組或其他由有共同關注的個人所組成的小組，任何的組織成功運作的關鍵在於其「引導新成員的方式」，如何幫助他們盡快地跟上團隊的腳步，承擔責任和工作。在許多的案例中，召募志工時唯一的條件是他們願意加入事奉的心志，然而除此之外，他們還需要受訓裝備自己來好好面對他們所承接的工作。「有一部分的問題出在任職培訓（orientation）這個詞，似乎指的是了解廁所、咖啡壺和辦公用品存放的位置。針對策略性領導做出適當的培訓，好幫助人得以承接責任的規劃應該要更實際。有些組織把這個程序稱為工作訓練，然而這聽起來對某些新成員來說顯得唐突，因為他們可

能在之前的工作或其他的事奉中就已經具備所需的各項能力。[3]

　　或許最適合為新進的員工做工作介紹的人選是董事會／理事會主席本人，因為他個人已經在董事會／理事會和委員會有相當長的工作時間，而且對於所有的工作過程和流程都非常熟悉，同時他也會對組織的歷史背景有完整的了解，同時對於組織的使命、核心價值和策略性目標以及營運計畫等等都有非常清楚的掌握。同時上述的各樣元素都有其神學的基礎，因為針對新加入成員的新進員工訓練則要確保他也了解該組織的神學觀點。這個過程再次確任他們了解基督教機構的概念。

　　除此之外，新進同工的訓練應該要擁抱三個目的：首先，這項訓練應該要提供新進同工該組織堅守的神學主張，同時幫助他了解這個組織運作的方式。第二，這樣的訓練也應該要提供新進的同工足夠的背景資訊，幫助他們對於組織的歷史發展有某種程度的瞭解，好助於他們日後的決定。最後，新進的同工應該要明白身為董事會／理事會的一員，對於過程和程序問題應該有所覺知。董事會／理事會扮演的制定決策角色，而同工則負責執行決策，這兩者之間必然存在一些張力，因此需要透過討論來處理這些張力。

　　新進員工訓練的第二個目的是在於提供新進員工一個能夠發問的平臺。沒有人喜歡在群體的情境中發問，特別是如果他覺得自己問的問題可能會被當成「愚蠢」的問題。然而，董事會／理事會成員所提出的任何問題都不愚蠢，他們的問題反應出個人的洞見和智慧。一般而言，新進的同工提出了一個問題，其他加入董事會／理事會中有相當時間的成員或許會用這樣的方式回應：「這真是一個好問題，我自己也常常在思考這個問題。」不過他們可能自己從來都沒有足夠的勇氣提出這個問題。

　　新進同工的研討會也應該要邀請該組織的主責者，這時董事會／理事會的主席和該組織的主責者能夠一起介紹組織使命的概要，了解組織的核心價值、年度的具體子目標、主要的政策，介紹與新同工職掌有關的工作程序，並且瞭解組織的預算運作模式。新進的同工應該有自由可

以提出以下的問題：

- 董事會／理事會多久一次會檢驗組織的使命宣言？
- 有哪些人參與制定組織的核心價值？
- 組織是否有發展長期的策略計劃文件？如果沒有的話，原因又是為何？
- 組織對於董事會／理事會籌款能力的期待為何？
- 上次工作績效的評估是何時舉行？董事會／理事會間隔多久會舉行績效評估？
- 從財務的觀點來看，組織現今的財務運作情形如何？未來會有什麼重大的改變發生嗎？
- 組織是否有未裁決的訴訟呢？或者最近是否有涉入訴訟的情事？如果有的話，方便討論嗎？

　　在這樣的過程中，新進的同工應該會收到該組織的員工手冊，新同工可以在參與任何會議之前先預習手冊的內容。他們應該也要了解組織的組織結構圖，同時對於主責同工的業務範圍有概略性的了解。論到新進同工的訓練方法，有些組織會採用夥伴配搭的方式，選擇一位有經驗的同工與新進同工組成一個小組，「這樣的方法很有幫助，因為這樣做使得有經驗的董事會／理事會成員能夠善加運用自身的知識，精準地教導新進的同工。」[4]

　　新進同工的訓練和預備對於董事會／理事會的新成員是非常重要的一環，但是整個訓練的過程應該不會在第一次會議之後停止，董事會／理事會成員的訓練應該至少每一年都要舉辦一次。就專業的董事會／理事會發展來看，任何組織如果願意確實執行每一年的董事會／理事會成員訓練，這就代表這個組織看重服事的品質，並且能夠獲得組織的同工以及相信組織的領導成員們的信任和欽佩。

帶著一個明確的目的召開會議

　　董事會／理事會或委員會往往是由機構各層級的領導者所組成的。他們渴望能夠事奉，並且因為他們委身於機構的使命，希望機構能夠成長和興旺。只有非常少數的人在董事會／理事會或委員會中服事是為了看見機構沒有顯著的成長，或者面對財務窘迫。因此，所有的會議應該都有召開的目的，並且討論不離題。在會議召開之前一週，會議的議題應該要確認並且傳遞給與會的人員，任何支持性的文件和報告也應該隨著開會主題發送出去，這會讓每一位參與會議的人有時間能夠事先閱讀資料，針對議題進行個別的研究。

　　會議中要討論的議題一旦在事先確認之後，在會議開始時就禁止加入其他與主題不相關的會議討論，除非在事先徵求所有與會人員的同意。這樣的作法可以防止突如其來的意外，同時也在成員之間增加互信的程度。如果會議中加入臨時的議題，而與會的成員事先沒有機會先整理自己的看法，他們會對於這個群體的領導階層失去信任，也會在過程很快地抽離，失去對群體的委身。

　　只有在「有合理的目的需要達成」之時才應該召開會議，並且會議所要討論的議題也要事先就做出確認與釐清。如果上述兩項原則都沒有符合時，主席應該毫不猶豫的取消會議或將會議延期到另一個合適的時間點。如果只是因為形式上所需而召開會議的話，這樣的作法必然會澆熄人們想事奉的心志與熱情。「鬆散、無效能的委員會感染，同時也會脫離整體董事會／理事會的工作績效。如果召開會議時的議題與事奉無關，而委員會對於所承接的工作只是做做樣子，那麼董事會／理事會的成員要如何相信自己的參與是有價值的付出呢？」[5] 如果董事會／理事會或委員會所指派的工作都大有果效，同時會議也依循會議通知所名列的議題，那麼這樣一來就能確保這樣的經歷對每個參與其中的人都是有意義的。

　　除了上述的會議準則之外，董事會／理事會或事工委員會的領導者
也需要遵循其他的會議規則，這當中最受歡迎的是「羅伯特議事規則」
（Robert's Rule of Order）。不過，雖然大部分的機構都是參考這個議事
規則，但是也有很多機構會依照自己的需要，建立適合自身的議事規
則。無論是哪一種方法，重要的是要事先籌劃整個會議進行的程序，訂
定合理的討論範疇，鼓勵會員在討論時保持禮貌，同時擬定眾人都同意
的表決方式。這些原則會幫助組織在會議討論的過程中成功地完成組織
的目標，但也不應該被用來操作，鑽技術上或法律上的漏洞好阻礙團隊
的成員表達意見。

　　董事會／理事會和委員會所召開的會議要有果效，必須在互相尊
重、誠實的情況下進行討論。如果董事會／理事會的成員覺得受到威脅
或者被禁止提出尖銳的問題，那麼董事會／理事會存在的功能就受到損
害。每一個成員都扮演重要的角色，而且他所做出的貢獻也應該得到尊
重，董事會／理事會也應該鼓勵每個成員都能參與在討論當中、提出相
關的問題並且能夠自由地分享意見和各種建議。每一個成員也可以依照
自己的意願進行表決，即使個人的意願得不到大多數成員的支持。如果
有異議，也應該在不冒犯人或是令人不快的情況下提出。董事會／理事
會成員應該要學習討論議題時不可涉及人身攻擊，學習在表達同意或反
對意見時依然維持謙卑、互相尊重和合作的態度。[6]

　　論到如何維持會議討論時在軌道上而不失焦，再多的討論也不為
過。董事會／理事會的主席需要採取堅定的立場來維持平衡，一方面
顧及每個人成員所需討論的時間，而另一方面又要防止某個成員占用太
多時間。當成員進行足夠的討論，在討論內容失焦之前，董事會／理事
會主席就需要中斷討論，開始進行表決。同時按照會議原本規劃的議事
程序進行，遵守每一個議題事先設定的討論時間限制。如果董事會／理
事會主席沒有掌握議事進行的程序，董事會／理事會成員必然會覺得挫
敗，漸漸失去委身的心志，他們可能會開始找藉口缺席未來的會議，參

與的意願也會漸漸消失。

最後，一個會議需要考量的要點是舉行會議的場所。很多的研究證明舉行會議的場所對於會議的果效和意義具有決定性的影響，但是很多非營利組織卻選擇忽略這樣的研究發現。許多的董事會／長執會可能會在教室召開會議，但是教室內的桌椅卻是設計給孩童使用的。以下的要點提供機構的主席執行同工在召開會議時選擇會議舉辦地點的參考，確保會議舉行地點能夠幫助會議能有更有果效的進展：[7]

1. 首先要尋找一個安靜、明亮、有空調的房間，同時有足夠的工作空間和舒適的椅子，這些對於有生產力的會議都是不可或缺的。很多的組織都不可避免地會想在自己所屬的建築物舉行董事會／理事會或委員會，但是卻沒有考量到這些地點是否交通方便或者是否有足夠的空間來舉辦會議。如果可以提供與會者更舒適的場所，不一定要堅持使用機構的空間。

2. 會議要準時開始與結束。如果會議習慣比預定的時間晚十到十五分鐘，與會的人就會開始也晚十到十五分鐘抵達，這樣會推延會議結束的時間或者有可能會導致重要的議題無法得到結論。

3. 遵循會議的時程表，但是也要保持部分的彈性。所有參與會議的人都有責任讓會議持續地進行，同儕的壓力有可能也會讓與會者心神無法集中。

建立界線：政策的形成和執行

董事會／長執會成員和機構的同工，雙方之間可能會產生最重要的分歧在於策略的形成和執行，訂定政策是董事會／理事會存在的目的和特權，這些政策會引導組織成功地完成當年的目標。但是很多的組織在訂定政策和執行時會遇到許多的問題，而機構同工的責任在於執行由董事會／理事會訂出的各項政策，政策並不是由同工決定的，他們的工作

在於執行這些政策，這看起來似乎有明確的界線，但是可能也是造成雙方衝突和張力的主因。

　　這裡有個關於違背董事會／理事會政策的範式。當董事會／理事會成員載著自己的孩子前往教會參加教會的青少年退修會時，這位董事會／理事會成員並不認識接待他們的輔導，於是就通知青少年牧區的牧師需要重新找新的輔導，因為他所召募的這幾位輔導同工顯然不是教會的成員。這是這位董事會／理事會成員的意見，他認為只有教會的成員才能擔任青少年輔導，因為只有教會成員的信仰背景是經過檢視和確認的。這樣的意見給了負責這項計畫的牧師一個燙手山芋，因為這是來自於董事會／理事會成員的意見，所以他必須考量是否要取消這次的行程，因為在當時的時間點要找到教會的成員來擔任輔導已經為時已晚。

　　主責的牧師立刻打電話給主任牧師尋求建議，經過更進一步的了解，發現教會並沒有哪一個政策主張「召募的輔導一定要是教會的成員」，這只是這位董事會／理事會成員個人的主張罷了。那麼主責的牧師應該要怎麼做呢？如果活動持續進行的話，是否會影響主責牧師和這位董事會／理事會成員之間的關係呢？誰有權做出最後的裁決呢？主任牧師是否應該要介入，告訴這位董事會／理事會成員在這件事情上他並沒有職權？你可以想像在下次董事會／理事會會議的時候可能會出現哪些衝突了？每一個星期在北美，幾乎都有類似的衝突在各教會或機構中上演。

　　但是如果事先對於各自的職權和教會的政策有清楚的認識，就可以避免這樣的情形上演。董事會／理事會成員只有在參與董事會／理事會會議時才行使他的職權，當他載著小孩參與青少年活動時，他並不是以董事會／理事會成員的身分行使任何職權。在這樣的情況下，他單純是父母的角色，沒有任何權利可以管轄牧養青少年牧師的作法。如果董事會／理事會成員看到某些問題，他的職責應該是聯絡董事會／理事會主席，和他討論所看到的問題。如果需要採取進一步的行動，那麼應該由

董事會／理事會主席聯絡主任牧師，告知主任牧師相關的事由。而主任牧師的責任在於確保教會的政策確實地被執行。

如果教會沒有規定「輔導一定要是教會的成員」，那麼討論就應該到此為止，除非董事會／理事會的成員要求在下次的會議中討論相關的議題。這時候，在會議開始之前就要提出相關的提案來討論教會是否要擬定相關的政策，討論這樣政策的時間點應該在於董事會／理事會會議進行的過程中，而不是在教會的停車場，更不是在活動開始前的幾分鐘。

在基督教的學校常常發生類似的事情，董事會／理事會成員（同時也是家長）進到小孩的教室，企圖指導老師如何執行他們的工作。濫用權力的學校董事會／理事會成員應該要被告誡，並且如果持續這樣的行為，董事會／理事會應該要解除他們的職位。再一次重申，董事會／理事會的職責是訂定政策，而同工則是負責執行這些政策。如果同工無法正確地執行政策，那麼董事會／理事會應該要告知執行同工的領導者（如主任牧師、學校校長、機構主席等）好追究相關責任。負責執行的同工必須要負責說明政策，同時也要確保會確實地執行董事會／理事會通過的每個政策。如果執行政策的工作被忽略，那麼資深的同工應該要收到警告，如果情況持續無法得到改善，那麼最終需要要求負責執行的人離開事奉團隊。

董事會／理事會和機構負責人的關係

接下來要討論的是董事會／理事會和機構領導者之間的關係。在教會的情境中，主任牧師是基督教組織的負責人，在學校的情境中，負責人則是校長，在營會或者其他非營利的組織中，負責人則是營會主席或者經理人。負責機構的個人通常被稱為執行長（chief executive officer, CEO）。雖然有很多人認為教會的主任牧師並不適合被稱為執行長，而

更適合被稱作牧者、僕人等等，但是為了以下內容討論的緣故，我還是會使用 CEO 這個詞來涵括所有機構最高的領導者。CEO 要能夠巧妙地維持董事會／理事會成員、同工、組織的成員（例如會眾、參加營會的人或者是校友等）彼此之間的平衡，而這不是一件簡單的工作，在這過程中要面對各種不同的風險和挑戰。

要維持董事會／理事會和機構負責人之間健康的關係，最重要的事情是溝通。就像是婚姻關係一樣，長期下來能夠維持好關係的伴侶是因為他們雙方都委身在敞開的對話中。有一句標語說：「沒有任何意外的起伏」，這一句話對於董事會／理事會和機構負責人之間的關係是很適切的描述。董事會／理事會不喜歡機構負責人突如其來的意外之舉，同時機構領導者也不會喜歡在董事會／理事會會議時突然出現沒有在會議議題上的臨時提案。用驚喜（或驚嚇）引起他人的關注容易導致失去信任、不忠實以及破壞委身的心志。董事會／理事會主席和機構負責人雙方應該要盡可能地維持持續和適切的溝通，透過一個禮拜一通電話、一封電子郵件或者很簡短的會面都可以達成。雙方都願意致力於健康的對話，對於和機構相關的事務進行討論。

當負責人察覺某個情況可能會引起董事會／理事會關注時，負責人應該要主動通知董事會／理事會主席，立刻說明相關的詳情。如果董事會／理事會主席能夠事先從機構領導者聽到事情的原委，而不是從其他憤怒的成員轉述，這是最好的情況。同樣的，如果董事會／理事會成員對於機構負責人或同工的某個舉動有可能觸及違背機構的政策時，董事會／理事會主席的責任是主動在董事會／理事會進行討論支籤，事先把這件事情告知機構負責人。

在長期規劃中，董事會／理事會的角色

每一個機構都需要仔細的籌劃未來，並且預備自身的各樣資源好符

合將來發展的需要。如果無法仔細的籌劃未來，將會危害組織整體的存在。因著這樣的顧慮，首先要提出的問題就是「組織是由誰做出實際的規劃」？而這個問題的答案在於資源是握在誰的手中？對於一些教會而言，善於勸誘的主任牧師提供了異象，而董事會／理事會則提供協助來落實異象，在其他非營利的組織中，董事會／理事會可能會更屬意聘僱外部的顧問來引導他們進行長期的規劃。第三個方法則是附屬於董事會／理事會的各個委員會提出初步的長期計劃，然後帶到董事會／理事會做更進一步的討論。無論是哪一種方法，董事會／理事會都必須整體參與在過程之中。長期而言，負責治理的董事會／理事會有職責要針對事工未來的發展做出最後的決定。

進行長期的策略規劃時有兩個必要的步驟，第一個步驟是評估社會、文化、人口數據以及環境的趨勢，以及他們對於組織可能帶來的影響，雖然這些動作看起來很像是凝視一顆水晶球希望可以預測未來，但是大部分的機構只要做一些研究，就能擁有正確的數據，而這個過程對於發展長期規劃是不可或缺的。[8]

第二個步驟是檢視組織本身，重新評估組織的使命、異象以及核心價值，藉由這樣做，董事會／理事會需要確認組織用來完成使命的各種方法依然切實可行，同時也需要透過定期的檢視來確保組織的運作和策略始終呼應一開始設立的緣由。如果使命需要做出調整，那麼經過事先審慎的思考和計畫之後，就可以刻意地做出調整，這樣一來會比組織因著固步自封而慢慢地脫離軌道來得更好。在這個步驟結束之後，同工要準備一份文件詳述每一個現行方案的進展，這份文件可以包含以下幾點：[9]

- 列出目的：這個方案基本的立意為何？
- 目前狀態：目前已經完成的工作為何？
- 需要採取的行動：需要做出哪些改變，何時要做出改變？
- 目標：已經達成的目標為何？接下來目標預計何時會達成？
- 管理：接下來是由何人進行哪些工作，以及可能增加的成本。這

份文件要提供給董事會／理事會，當中名列所需的資訊好用來評估目前工作的成果，好幫助董事會／理事會決議是否要在現行的方案中提供財務支持或者是否應該做出任何調整，同時也能幫助董事會／理事會針對是否要開始新的方案做出決議。

在長期規劃的程序結束時，應該也要產出一份文件，名列所因應事工目標進行中的方案以及特定的時程和實現目標的方法。除此之外，也需要確認負責能夠成功地執行這些方案的可靠人選。從董事會／理事會的觀點來看，只有機構的負責人對於最終的結果負有責任，但是藉由列出特定的人選（姓名或所屬的部門），這份期終文件可以更精確地呈現出事工各個階段的現況。

很多的組織發現，如果董事會／理事會成員透過參與長期規劃的退修會來完成機構的目標會帶來益處。因為長期規劃的過程無法藉由週間的一個晚上在教會召開會議就完成，這當中需要有長時間的討論和評估文件，好確保整個過程都能誠實無誤，同時這個過程也不可以被催促，很多教會或者基督教的非營利機構都會選擇離開所屬工作環境的干擾，租借當地旅館的會議室或者退修會營地，並且使用週末來舉行規劃的會議。在這種情況下，這樣的週末應該要包含幾項要素：

星期五晚上。大家一起聚集禱告，尋求神的引導和方向。同時大家可以好好一起享用晚餐，然後開始閱讀與當地社會、文化、人口、環境趨勢相關的文件。本質上，你正在提出這樣的問題：「我們所屬的區域正在發生哪些事情？」以及「我們如何在未來的改變發生之前能夠做好準備來回應？」

星期六早晨。開始複習機構的使命、異象、核心價值，同時做出所需的調整。除此之外，也可以回顧在過去這種時間已經完成的各項計畫和工作成果，你可能會問：「誰是我們？而在接下來的這一年我們還會想要繼續下去嗎？」「我們過去這一年在完成目標的事情上進行得如何呢？」

星期六下午。由機構的負責人或者是董事會／理事會各事工委員會報告關於未來的方向，在這段期間，董事會／理事會開始討論各種可行的提案和機會。很顯然的是資源很有限，所以在會議中需要做出決定，確認接下來要做的工作，以及在這一段時間內，董事會／理事會嘗試回答這個問題：「我們想要接受什麼樣的挑戰？我們想要停止、改變，或開始什麼計畫？」

星期六晚上。董事會／理事會成員開始討論與新事工有關的各個議題和細節。這包含討論負責的人選、預算和資源的分配，同時討論預期要達到的目標。最後這個階段，要討論的問題如下：「由誰負責接下這項新的任務？」「這個事工預計花多少錢？應該要提撥多少金額來支持？」「用來衡量這項新事工果效的方法為何？」

當這個「討論組織長期規劃的退修會」結束時，秘書應該要預備一份文件，上面名列所有做出決議的細節，這份文件要先讓所有與會的人員過目，確認每項討論都被精確地記錄下來，同時對於結論的表達也毫無錯誤。最後這份草案在經過確認之後，就會變成長期規劃的依循文件，每一年要在年度長期規劃退修會中再次討論、評估和更新。

有一些董事會／理事會成員對於參與長期規劃的過程似乎顯得意興闌珊，因為過程看來非常繁瑣、耗費時間，並且容易引發爭論。[10] 這樣的顧慮是正確的，因為年度計畫的確花時間，但是這樣卻可以規避缺少計畫而產生的失敗。在一開始召募董事會／理事會成員並且做新同工訓練時，就應該要提出董事會／理事會成員應該要參與長期規劃過程的這項期待。這項工作對於每個董事會／理事會成員都不該是突然出現的工作要求，他們對於每一年參加這樣的退修會早就做好準備了，因為對於董事會／理事會做出的各項決策都需要每一個董事會／理事會成員確實的參與。

董事會／理事會在評估時所扮演的角色

　　因為你最終可能會成為教會董事會／理事會或事工委員會的成員，因此這裡也要提出一項對於董事會／理事會成員最重要但也是最困難的工作。這項工作關於主持某項計畫或人事的工作績效評估，有幾個合理的理由支持董事會／理事會成員這麼做。首先，非營利的事工往往有好幾項績效標準，評估兒童事工的標準應該和評估宣教工作的標準有所不同，每一項事工應該要有其評估的標準。第二，在教會和其他非營利機構中還是缺乏某種相似處，在大教會的評估標準應該和其他社區型教會的標準有所不同，

　　第三，因為教會和非營利機構主要的工作在於提供服務，因此財務績效的評估就不是用來評估事工成敗時的參考。第四，在成本和可能的利益之間不一定存在直接的關連。舉例來說，一個教會聘僱了一位年輕的牧者目前牧養了五十位年輕人，但這並不表示只要再聘僱另一位牧者，就可以自動增加另外五十位新的年輕人加入教會。最後，不應該在評估這件事情上花太多的時間和精力，結果導致沒有足夠的心力面對事工上的各種責任。同工的資源有限，這是個不爭的事實。[11]

　　在教會或者其他非營利機構的董事會／理事會成員面對其中一個挑戰是要評估機構負責人的工作成果。評估事工中各項活動的成果是機構負責人的責任，而評估負責人工作成果的責任就落在董事會／理事會成員身上。這是他們工作職掌中非常重要的一個項目，這項評估應該公平、公正、易理解並且要定期的評估。

　　最好的狀況是能夠有一個委員會小組定期做評估，累積評估的報告。很多教會或非盈利機構三個月做一次評估，而不是等到年底才做一次性的工作成果評估。而評估委員會定期地和機構負責人會面，了解工作的進展，以及上一次評估之後所做的改善，用客觀的方法來進行事工的活動（參考第八堂課），評估委員會成員會從機構負責人手中收到

一份報告，說明目前工作的進度，各項年度目標達成的情況。收到這份報告之後，可以跟負責人開始進行討論，了解他工作的情況和事工的進展，而這個會議要包含以下的事項：

個人應該要花時間了解機構領導者的健康、狀況（身體的、情緒的、屬靈的、人際等等）。這是董事會／理事會向事工領導者表達真心關懷的時刻，關心領導者的狀況而不只是聚焦在工作領域。如果發生了需要評估委員會關注的情況，他們應該要盡力尋求各種資源，好幫助事工領導者能夠維持工作的成果。評估委員會可以提出以下的問題：

- 你最近還好嗎？
- 你有足夠的休息時間來維持個人的健康和快樂嗎？
- 你有時間和家人相處嗎？
- 你是否經歷任何事情造成你生活上的壓力呢？
- 你是否有足夠的時間進行個人的靈性操練？

這些問題的核心聚焦在提供幫助、表達支持和真誠的關係，並且建立一個安全的環境，讓領導者可以無礙的分享。誠實的評估和敞開必須要在安全和互信的環境中才能存在。

關係這個部分要討論的是工作上的各種關係，帶領一個事工並不容易，有時候領導者必須要做出一些決定，可能會和一些尊敬領導者的人們持相反的立場；有時候這些決定可能會孤立領導者，造成情感上的痛苦和心痛。當領導者必須介入處理爭議、進行同工績效評估或者參與教會各種必須的活動時（例如喪禮、突發的醫院探訪、婚禮等等），或者面對高壓的工作時（如建堂、特會、長期規劃的退修會等等）更容易面對上述的情景。此外，在擬定年度預算的時候，也容易面對爭議。有時候，必須要花時間來評估領導者的人際互動情況，因為對於以團隊為導向的事工，這是事工成功與否的關鍵要素。

成果第三個面向則與各種目標的達成和進度評估有關。當工作成果

值得歡慶時，應該要再次重申領導者的付出，並且向他道賀。當工作進展不如預期時，應該要詢問領導者是否要提供額外的資源和協助。一個有智慧的領導者在參與會議之前，心中應該就有一些計畫和選項，而董事會／理事會成員的工作就是盡可能地提供協助。

這段時間用來評估這種目標，並且確認是否有需要先略過的目標。我們必須要明白這些目標都是在預測的情況下發展出來的，所以這時候就需要檢視當時的預測是否已經發生（例如去年，我們預測軍事基地會關閉，但是事實上卻有更多的人員被調遣加入）。當目標因著無法預期的原因需要調整時，就應該要做出修改，提報到下次召開董事會／理事會時確認通過。但是評估時也要小心，不要因為機構領導者無法適切地使用組織的各項資源，就輕易地降低評估的標準。

在評估的最後，董事會／理事會的責任是要確保機構的領導者有實際地負起該付的各項職責。如果領導者的表現的確不適任，並且持續地無法達到該有的成果，那麼評估委員會應該要把整個決議帶到董事會／理事會中進行討論，思考可以採取的各項改善步驟。或許是提供領導者一段安息的時間，當然也可能是不再續聘或者建議領導者退休。這些都是困難而且引發各種情緒反應的決議，但是這樣做可以確保事工長期的發展和果效。

結　論

在組織中，個人很少有機會可以影響整個組織的運作，但是參與董事會／理事會成員的每一個人對於組織的發展都可以發揮關鍵性的影響力。身為教會的長老或執事，董事會／理事會成員應該在機構落實使命的長期果效上扮演關鍵性的角色。如果董事會／理事會要發揮良好的果效，那麼董事會／理事會的成員就必須要認知並且聚焦在各項的策略中，使用每一次會議的討論思考如何落實各項策略，建議架構來幫助成

員完成各種有益於發展的事務，同時取得資訊來協助進行長期的規劃。這些對於董事會／理事會而言都是重要的任務，這樣做能夠確保提供有價值且有意義的服務。[12] 總而言之，董事會／理事會成員都是帶職的事奉，面對有限的時間和知識。[13] 即便如此，董事會／理事會代表了組織未來可能發展的面向。聖經經文告訴我們，參與在董事會／理事會當中的人必須與機構的領導者和同工維持良好的互動，兩者互相合作並不是選項，而是必要條件。

第六部：評估
EVALUATING

　　針對個人的表現提供有建設性回饋，就像是在地雷區跳舞，一開始每件事情都進行得很順利，突然毫無預警的，地雷爆炸了，造成了一連串的損傷。成果評估和回顧可能會讓基督徒的管理者感到焦慮不堪，也不太情願再次進入這個場域。然而，我們的責任和使命卻是重覆地在這過程來來回回，我們的工作和事工是否成功和成果評估和回顧息息相關。當然有時候，我們需要小心謹慎地前進，找到何處埋了地雷，以防我們踩上它們而引爆。接下來的課程就是處理這個議題。要提供誠實的回饋以及成果評估是很困難的任務，但是仍舊要定期的完成這項程序。

　　在第六部的內容有兩堂課，聚焦在回顧的重點：個人的回顧和計畫的回顧。每一種在評估時都有各自困難之處。無論是個人的回顧或計劃的回顧，都和情感上認為事情應該要如何被完成高度相關。所以若是沒有照著這些期望發生，麻煩就會立刻出現。

　　「成果評估令所有人感到焦慮，無論是管理者或員工都是。有一部分的原因是因為這樣的討論沒有經常發生，就像是小孩子會害怕一年去醫院打一次預防針一樣，我們讓等待的過程把事情搞得更糟。」[1] 事實上，個人成果的評估可以不用這麼令人感到痛苦，只要你適時的把需要完成的事情做好，同時搜集你所需要的資訊。然而，如果你選擇在事前不做這些工作，那麼在評量之後，你仍舊需要付出代價。這代價包括失去員工或志工的士氣或者是別人不再尊敬你的領導，也可能導致員工的

不滿或離職，當然也可能讓你吃上官司。最後一個選項的案例在基督教機構中有快速成長的趨勢，除非管理者在進行個人績效評估之前能夠勤奮地蒐集必要的文件。

這些壓力和焦慮造成許多基督徒的管理者認為不值得去做這些工作，但是這樣的看法對於事工本身和牽涉在當中的人而言是短視近利的。有很多理由說明「為何執行工作表現評估是很有價值的事情」。[2] 第一個理由是工作表現評估可以激發我們去計劃和訂定目標。因為若是沒有事先訂下這一季或這一年期待完成的目標，是無法執行工作表現評估的。若是沒有長期或短期的目標，未來的工作表現評估也沒有基礎可依循。

第二個價值是工作表現評估與工作動機有關。知道工作表現評估即將發生，可以在短期內激發員工努力去達成某些期待。這些評估會議可以激發目標達成率高的員工繼續在接下來的幾個月維持傑出的表現。原則上，人們喜歡接收好消息甚於壞消息，因此定期的工作表現評估可以幫助人們在更長的週期願意有更好的表現，如此一來比什麼都不做來得更好。

第三，定期的工作表現評估也能讓管理者和員工對彼此有更多的認識。在工作表現評估討論的時間，管理者有機會了解員工對於工作內容的喜好。同時也明白工作內容的描述不只是針對員工所偏好的活動，也讓管理者有機會修訂工作的內容，好幫助員工能有更多機會成功，減少失敗。

說明個人工作表現評估很重要的最後一個理由，是在這些會議中，管理者有機會可以事先了解員工是否有任何的不滿，例如工作說明書不明確、期待太模糊、條件不足無法達成目標、資源需要重新分配或者需要提供訓練等等。

工作表現評估對於所有牽涉其中的個體是能否成功的關鍵。員工在參加完這樣的會議後，將毫無疑問地對於「自己如何進行工作」更為了

解。管理者已經和員工或志工接觸過，並且也花時間了解從他們的屬下了解工作情況和期待。事工會從這樣的互動所帶出的工作成果和生產力的增加而獲益。第二十二堂課延伸討論很多這類的議題，並且也會提供基督徒的管理者在進行工作表現評估時很多寶貴的觀點。

最後一堂課則是和計畫評估的主題有關。在北美，有數不清的教會和非營利組織每一年浪費許多珍貴的資源發展各種計劃，但是卻只滿足了很少數的需要，卻花了大把的時間、經歷和金錢。在我們的事工中停止發展這些計畫，是如此困難的原因為何呢？是因為我們無法花時間去建立可供衡量的標準，來判斷一個計畫是否成功。在事工的情境中，所謂成功的定義和商業世界衡量的標準大不相同。

舉例來說，在什麼時間點你決定每一年舉辦的「感謝軍職人員主日」已經沒有效益了，因為當地的軍事基地在一年多前已經關閉，而也沒有任何在軍中執勤的人參與教會了。什麼時候你會允許去年才開始的計畫，因為需要性已經不存在，而依法結束這個計畫？你可以為了發展小組，而停掉週間的禮拜（只有少數人參加）嗎？對於許多人來說，取消週間的禮拜就等同於離開信仰。傳統可能變成難以跨越跳欄，並且常常引發衝突。

很多事工的領導者心中期待的是這些帶來麻煩的個人和情況可以自己消失。「然而，大部分引發爭執的問題都不會自動消失。如果忽略它，它們就像發炎的部位一樣會變得更糟。過不了多久，那個腳趾頭的小傷口可能引發全身血液中毒。」[3]

我們所需要的是量身打造、有意義並且合乎聖經的計畫評量。「在組織中，大部分的人都接受如果你想要改善某件事情，那麼首先要開始評量它。評量也是持續不斷改進的一部分。」[4]這些標準必須以有共識的評量方法為基礎，但這些評量方法可能不容易建立。若沒有事先訂下一個計畫成功與否的評量標準，將會很難提出建議終止這個計畫。很多教會每一年都在面對這樣的難題和決議。

　　如果大部分的會眾都會外出度假好幾個星期，在什麼時間點我們會決定要暫停舉辦「假期主日學」呢？還是應該要把所有的精力和資源投入跟著學校行事曆進行的 AWANA 主日學課程呢？教會的福音車應該要賣掉嗎？然後每一次教會的年輕人在需要福音車的時候就必須租借。或者是我們應該要每一年繼續付高額的維修費用呢？青年詩班是否真的符合會眾的需求呢？或者這只是安排給退休音樂老師打發時間的活動罷了？有誰應該要做出決定？又是在何種情況下呢？進入這種情緒超載的討論可能會折損事工領導者。

　　第二十三堂課提供一些應該如何訂定標準的實用觀點。作者期盼事工領導者能有所需的工具來為計畫評估制定有意義的各項標準。透過這樣的評估，我們在上帝所賜與的各項資源行使祂所賦予的管家責任。我們無法做所有的事情，所以針對事工來決定哪些決定是合理的、被需要的和可行的。也不是每一個教會都有完整的事工計畫清單，在這些困難的決定中探索，可以讓事工領導者領先在與日俱增的需求和愈來愈少的資源之前。

　　評估非營利組織，如教會、營會、事工差會和學校，則需要不同的方法，因為有大量的志工參與其中。這些人有不同的動機，而且影響動機的要素也大不相同。「不斷在各項如召募同工、顯著的志工汰換、降低員工之間的對抗、取得雙方都滿意的人事安排等掙扎中，事工計畫設計的缺陷一定要被提及。藉由診斷這些困難，評估的過程可以強化達成目標的進度。」[5] 抓到計畫評估的核心則是在未來能否成功的關鍵。本書最後一堂課會提供你有用的引導來達成。

第二十二堂
檢討工作表現評估
Conduction Performance Reviews

詹姆斯·伊斯泰普

　　令人驚訝地，多數的牧者並非是因為關於教義爭議或神學爭論的議題而離職；對於人資（resources）的不當管理，才是牧者被罷免離開或被強制退出他們的事工位置最主要的理由。大多數事工領導者在講道及牧養上，接受了非常豐富的裝備，卻鮮少受到（如果有的話）對可能成為他們一天或一週中重要一部分的培訓。能夠去管理一個具有專業地位及具備管理倫理知識的職員，對膽怯的人而言是做不來的。去衡量一個人的工作表現評估，進而跟對方面談、檢討他的工作表現評估，這些都足以讓一個強力的領導者變得安靜。然而，儘管這麼進退兩難，許多的事工領導者仍然沒有付出必要的時間來把這件事做好。結果，他們發現這堂課的內容中所說的困難的路，竟然會是對他們整個事工生涯中來說最重要的。

　　所謂的評量（Assesement），特別是指對人員的評估（appraisal），也許是所有教育機構在管理方面最被忽略的，尤其是會眾（congregation）。「評量的結果通常會消失在人腦海的深處，或是被收納在管理者檔案櫃中無法觸及之處」。[1] 在基督教組織中，進行人事檢討（personeel review）常常是更複雜的。與商業世界不同的是，與教會相關的組織常常仰賴志工，因此，去評量他們的服事就成為更加敏感的議題。同樣的，即使是在教會附屬的機構中支薪的受僱者，常把他們的職位視為一個事工，因此，即使在有限的經濟供給下，他們也願意承擔愈來愈多的責任。再加上對基督徒關係與尊重個體的顧慮，以及評量主內弟兄姊妹這樣的觀念，這些因素甚至讓整體的複雜度，變得比任何商業經驗都來得高。麥可·伍德魯夫（Michael Woodruff）指出，若未妥善評量志工的績效，將付出「當一個好好人所需的高額代價」。同時，他指出了四個工作表現評估的優點：[2]

1. 因為團隊成員接受了他們應有的輔導，**團隊成員**變得更好。
2. 因為你的壓力指數降低 200 分，**你**變得更好。
3. 其他職員因為他們看到他們自己所做的事情是重要的，**職員**變得更好。
4. 因著工作逐漸完成、團隊氣勢高昂，**教會**變得更好。

對基督徒管理者來說，我們應該要把人員檢討（personal reviews）當作教牧關懷（pastoral care）的一環來看待。我們想要的是促進志工及受僱者的教育與發展，而不是批評或論斷。要達成這點，組織中的管理者、受僱者及志工必須委身於改善彼此的行列。這需要成為機構文化的一部分，而不是當抱怨或需要出現的時候才簡單地反應與處理。於是，每個個體都應該參與在建立準則、程序、評量方法，甚至可能是管理機制對評量有回應。

一個在群眾及基督教機構中的人員檢討的初步考量點，或許是受僱者和志工之間是有所區別的。雖然有些區別是必要的，像是對個體的期待，以及回應評量資訊的方法（例如：給受僱者財務上或職涯的獎勵，給志工更多為服事的利他性動機），但評量循環的基本次序仍是適用的。在本堂課中若有必要時，將會在支薪職員與志願工作人員之間做出區分。

人事評估的聖經基礎

「評量」（assessment）符合基督教觀點嗎？[3] 許多基督徒，不論是扮演管理或職員的角色，都有著「人員檢討是與耶穌的教導相牴觸」的概念：「你們不要論斷人，免得你們被論斷。」（太 7:1）然而，耶穌是在對法利賽人的跟隨者及同胞，指出法利賽人那**不義又單方面**的危險態度。「因為你們怎樣論斷人，也必怎樣被論斷；你們用甚麼量器量給人，也必用甚麼量器量給你們。」（太 7:2）在另一個例子中，他甚至要求門徒們在一個比喻中，針對兩個個體的品格議題，做出正確的判斷。（路 7:43）所以，耶穌質疑的是法利賽人所提出的論斷類型，而不是評量一個人的績效如何這樣的觀念。

我們也有從使徒保羅來的教導，特別是要去審判那些在教會裡的品格（character）：「我何必去審判教會以外的人呢？然而，教會裡面的人豈不是該由你們審判嗎？」（林前 5:12）同樣地，評量是隱含在建立教會領導者的準則之中（提前 3:1-13；多 1:5-9；彼前 5:1-4）。有些個體會符合選擇的準則，也有一些不會，因此需要透過一些檢討流程的形式，來確定誰是合格的候選人，基督徒管理者必須知道，如何不帶著論斷判斷，以及如何去提供評量作為一種評判，而非批判。簡言之，基督徒管理者**不應**對於檢討他們的人員有屬靈上的顧慮。

我們要如何確保工作表現評估具有基督教的品格呢？四個有關基督徒本質的準則可以在任何形式的組織的評量時引導我們：（一）它能榮耀神嗎？（二）它能團體地造就肢體嗎？（三）它是否符合被獨特表達出的基督信仰，聖經與神學？（四）它能針對並鼓勵個體的自我發展嗎？在前面每個描述中，評量所扮演的角色是在基督徒的組成、功能及產出之中。有四個神學的主題會影響我們運用績效評估的方法。

評量是神創造的一部分

　　在創世記第一章，對於上帝創造的描繪中，有重覆的評量描述：「神看著是好的」（創 1:10、12、18、21、25），而最後用「都甚好（It was good）」來描述（創 1:31）。人被賦予的責任是關顧受造物，這是基督徒管理的基礎。基督徒社群必須成為神一切供應的好管家。對人員工作表現（personnel's performance）的檢討，讓我們能夠評量那些受託成為神供應的管家的人。這讓我們可以有更好的理解、管理、指導，甚至改變與指出有問題的領域。人員的工作表現檢討是管理原則的一環。

評量是「神信仰群體的一部分」

　　在哥林多教會，保羅鼓勵信徒分辨他們的恩賜，作為一種在基督身體的成員中評量合一性（unity）與多樣性（diversity）的方法（林前 1:12-13）。評量必須區分出合一性與多樣性，因為兩者都有價值。保羅區分了恩賜、工作和事奉，這些要素共同組成了基督教事工。保羅在哥林多前書 12:1-11 所關心的是具備恩賜的個人在群體事工中所帶來的影響以及在事工中所扮演的角色。在群體中，一項恩賜的出現並不保證它對基督的身體有益，因此需要在功能及恩賜所結出的果子上進行評估。

　　保羅用肢體的比喻對會眾指出，肢體中包含軟弱與強壯的成員，而那些軟弱的成員應當得到特別的關注。「我們俊美的肢體，自然用不著裝飾；但　神配搭這身子，把加倍的體面給那有缺欠的肢體，…若一個肢體受苦，所有的肢體就一同受苦；若一個肢體得榮耀，所有的肢體就一同快樂。」（林前 12:24、26）許多聖經學者注意到，哥林多前書 12 章的肢體「是從很美麗的神學比喻中，處理了能力、績效、目標，以及綜效」[4]。哥林多前書也提醒我們評量不能量化一切！舉例來說，保羅在哥林多前書 13 章詳述了愛的元素，但即使是以第 4 至 8 節的這份清單的元素來評量，也無法等同於其所描述的愛的本質。

評量是「神對祂群體的託付」

　　馬太福音 13 章中撒種的比喻，讓我們看見一幅評量基督徒工作的豐收的畫面。這個比喻中包括了結出的果子以及對果子進行檢查的概念，並且就產量而言，提供了可衡量的結果。在哥林多後書 10 章，保羅鼓勵我們，持續事奉直到「我們要掠取每一個人的心思來歸順基督。」（第 5 節）在這幾節中，保羅提出一個群體評量的工具來評估「內容、才幹，以及誰教導／教導了什麼樣的品格。」[5] 因此，評量應成為信仰群體教牧事工中的一環。

評量是「為了個體的造就」

　　如保羅所寫的，他的權柄以及對哥林多會眾的評量是一個「造就人而非敗壞人」（林後 13:10c）的機會。雖然與神學無關，但波曼與迪爾對此下了註解：「評估的結果幫助人們重新定義舊有的作法，脫離例行的常規，並建造新的信念。」[6] 人員檢討應在面對不及理想的作法時，發揮教牧的影響，致使我們重新思考並反思我們對基督的事奉，以及擴展我們的神學理解與對祂事奉的委身。「靈性要成長，他人的回饋是必要的。我們常常怕被可能聽到的事嚇壞，而選擇避開這個過程。我們的焦慮再一次指出我們自我中心於某事或某人，而非專注在神。這個跡象顯示出我們把自己放在過濾正面聲音、放大負面聲音的位置上──把讚美當作細語，把負面評論當成雷鳴。」[7]

工作表現評估的先決條件

　　「要記得實施評估的中心目的──改進。」[8] 我們可能都經歷過我們認為不公平、對立的或批判性的工作表現評估，這樣的評估是為了維持自我改善與人員評估的發展目的，而這些被看作是必要、有益且合力完成的。為了設計一個適合基督教機構使用的工作表現評估的流程，對事

圖表 22.1　績效評估循環

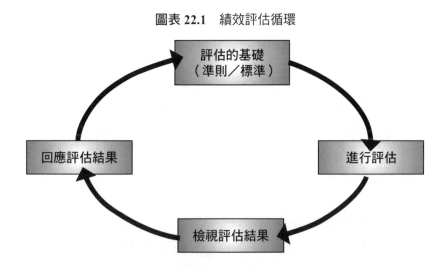

工領導者來說，若能先了解人員檢討的基本流程，會是有幫助的。如圖表 22.1 所示，基本的檢討循環有四個階段：（1）建立評估的基礎，如：準則（2）進行評估的方法（3）檢視評估的數據、檢視評估數據的詮釋及分析結果，並且（4）針對這些評估結果做出回應，或者做出如何採取行動以回應人員檢討的決定。照著這段簡單的過程，我們「呈現準確與誠實的評估」，作為將機構事工異象邁向實現的一環。9

這個循環形成進行工作表現評估的基本模式。然而，實際上在開始並進行對人員的評估是更複雜的。圖表 22.2 所描繪的人員檢討的過程，是本堂課將要描述的。10 該圖表示評估的基礎一定要跟個體的工作職掌相關。在這之後，當記錄了個體的實際工作表現，產生出評估的數據，就開始評估的階段。評量，是遵照評估資料與準則中所描述對於該職位的期待，進行對比。對評估的數據做出判定，也會從這個評量做出一連串的行動來因應。若是評估結果維持在一個令人滿意的等級，也合乎準則的要求，則進行讚揚；而工作表現不理想、未達到準則要求的人員，則接受糾正。

圖表 22.2　人員評估的過程

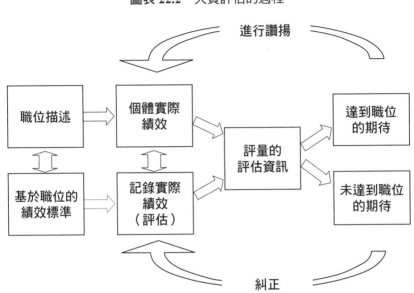

進行工作表現評估的理論基礎

　　若工作表現評估這麼困難以公平與客觀來進行，那進行工作表現評估的理論基礎究竟為何？工作表現評估的第一步是為了建立有果效的事奉，建立一套工作表現標準與準則。如先前提到的，這些準則必須與該個體所屬職位的描述相關。如果無關，評量實際上變得不可能，或者變得不合理，因為個體是基於與他所屬職位無關的標準（criteria）被評定。首先要先回答幾個關於建立一套基本工作表現標準的重要問題：

- **誰來建立標準**：是組織的領導者？直屬的上司？受委派的委員會？評量或人力資源／人事管理者？或在一些狀況下，是由例如宗派、教育協會、法定或政府機構的外部資源來建立？
- **如何建立標準**：由機構內部的領導或外部的權柄？人員之間的共

識？透過委員會內的投票？

- **要如何敘述標準**：準則被寫成結果？可衡量的或主觀的評量？準則是要用來評量工作表現或是動機？
- **標準如何傳達出去**：關於訓練與規範新進人員是準則的一部分，或是標準由機構負責？標準常常被提及或只有當狀況發生時才提出？對受僱者與志工來說，所應遵循的準則又是為何？

為了讓工作表現評估有果效，標準毋須鉅細靡遺，因為太過詳細可能會使評量者與被評量者，特別是被評量的志工，感到耗盡心神。評估的標準應該是四至六個經過妥善描述的期待。可能就只是一句普通的描述，然後附帶一些可衡量的標準。舉例來說：**普通的敘述**，例如志工要準備妥當在青年崇拜中服事。

準則一：志工要在週五前預備好材料。

準則二：志工最慢在崇拜開始前十五分鐘必須就位。

準則三：志工每週必須花時間為青年崇拜的學生們禱告。

準則四：志工每週必須參加一次成人崇拜。

但該要用什麼樣的敘述呢？什麼是我們試著要評估的呢？雖然**工作表現**當然是一個再明顯不過的答案，但基督徒管理者一定要關注除了受僱者或志工的工作表現之外的地方。在才幹的比喻中（太 25:14-30），那「又惡又懶的僕人（26 節）」不只被評量為不夠幹練，更嚴重的是他閒懶的態度與性格。哪些是一般基督教機構會進行人員檢討的領域呢？下列的清單並不詳盡，但它可以提供一個起始點，機構也可藉此產生自身的評估標準。

1. 神學：這個個體是否持守與這個機構一致的信仰及信念呢？對基督教機構而言，特別是那些參與在教導方面的，這項標準顯得十分重要。如果神學的完整性（integrity）沒有表現出來，我們只是在奉主的

名從事社會工作。這點也許不是一個單獨的準則敘述，也會出現在其他的準則敘述中。

2. 認知能力：這個個體是否展現出必要的思考技巧（thinking skills）來維持或提昇它的工作表現？決策、問題處理以及簡單的常識，常常是在確定同工及志工的工作表現時的重要議題。

3. 生命品格與特徵：在你的機構中，品格重要嗎？你期待你的同工及志工展現出什麼樣的生命品格呢？確認團隊成員的品格素質是很重要的，如此一來可以避免他們在機構中因為他們所帶出的影響而造成某種程度的困惑。

4. 人際能力：一個人的工作表現評估往往不是孤軍奮戰來的。團隊中受僱者與志願者維持人際互動關係的能力，是一個重要的評量的面向。這也可能會是管理能力的一項重要指標。

5. 工作表現：如前面提過的，工作表現仍然是重要的。評量一個受僱者或志願者的能力以及工作熟練程度是必要的。要達到這點，必須自職位描述中制定出具體且可衡量的標準，制定的過程中應該要避免混淆，以致檢討時可以盡可能的客觀。

遵照這個建立標準與標準的過程，機構必須決定「如何確實地評估個體的工作表現」。換句話說，「可以使用怎樣的評估方法？」或者，「應該使用什麼樣的評估方法？」

進行工作表現評估

評估（evaluation）與評量（assessment）像是銅板的兩面，但他們確實是位在**不同的兩面**。評估是指收集相關的資訊並了解可以進行哪種評量。評量則是實際做出決定、針對對評估的素材做出評價的一個過程。因此，在工作表現評估週期的這個階段，**評估**是關鍵詞，**評量**則是

緊接在下一個階段。

　　在設計給同工或志工的工作表現評估計畫中，很重要的一點是要決定誰的聲音需要被聽見。誰是評量的執行者？藉著發展一個多面向的方法來進行工作表現評估，我們提供一個較為準確且清楚的個體實際工作表現的描述，也就此避免在評量中片面的偏見。人員評估中可能出現的聲音包括被評估的人員本身、其同事、下屬及其領導者（圖表22.3）。

　　自我評估：個體如何評量自身的表現？自我評估常常在個體敏銳地認知自己的缺點及優點時很有幫助。在這樣的例子中，負責評量個體的人只需表達同意並計畫一個合適的介入。然而，在大多數的案例，自我評估會被視為是管理機制的要求，常常不被認真看待，被視為一椿徒勞的差事。要正確運用自我評估得「要在一剛開始的時候就讓同工參

圖表 22.3　評估中的聲音

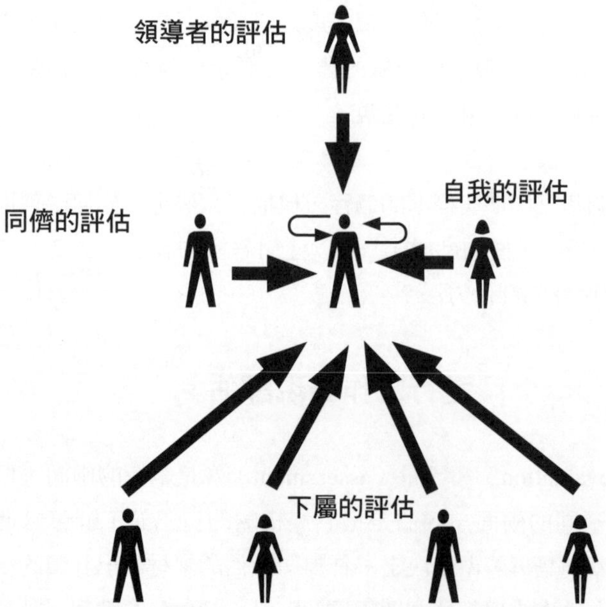

領導者的評估

同儕的評估　　　　　　　　　　　自我的評估

下屬的評估

與」。[11] 藉此，自我評估要被視為追蹤自我設定成長模式的一種方式。自我評估可以提供進行工作表現評估時的重要聲音。

同儕的評估：我的同儕如何評量我的服事呢？從同儕來的檢討是一種常見的評估形式，特別是針對在專業上。基督教學校的學院以及高等教育機構常常使用同儕的檢討作為評估的方法，並藉此增加對教學方法、課程組織以及教室管理的洞見。相同地，若評量是一個公開的活動，那它就該成為一個整體參與的事務，而非僅僅是被評量的個人與他／她的機構上司。同儕在評量時提出的聲音最寶貴的部分，就是他們是「觀察者」。誰還能比一起共事的人更適合作為評估一個與自己對機構有相同委身和信念的人呢？

下屬的評估：我負責管理的人如何看我呢？你領導一項計畫或事工的能力與那些在你底下接受你領導的人的看法是直接相關的。這種聲音對於評估那些在會眾中或基督教組織內擔任指導或領導的角色來說特別寶貴。傾聽這樣的聲音讓我們可以超越個體的能力和技能，以更深地觀察他／她與他人的互動能力及對計畫或事工的領導方向。對一個管理者而言，為了評估我們在關係、組織以及管理的技能，我們需要傾聽那些被我們領導與監督的人。

領導者的評估：評估中最普遍使用且被認出的聲音，大概是領導者的聲音。我的「老大」或監督者對我工作的看法如何呢？領導者需要評估那些以下屬身分與他們一起服事的人，但不是用命令的態度，而是對基於領導者本身的教牧責任。作為組織層面要發展機構使命與異象的責任，也是參與在決定與計畫的過程，領導者的聲音為了確保組織的成就而進行對人員的檢討，是十分重要的。

參與在評量中的聲音常常是和諧的，在個體工作表現相關的優缺點上一致表示同意。作為管理者，當所有的聲音都一致時，我們確信我們對個體的能力有一幅清楚和準確的圖畫。然而，有時候聲音是發散而非收斂的時候，就會創造出一幅與人員工作表現脫節的圖畫。在這樣的例

子中，為了澄清正確的樣貌，可能就需要更多的評估及調查，甚至是與個體一起討論。此外，這樣的評量也可以提供關於個體在組織架構中的位置更深的觀察。

舉例來說，如果個體自己和下屬評估出一幅正面的圖畫，但同儕的評估並非如此，領導者這時可能會很有智慧地去探究個體與同事互動的能力，或尋查出負面評量的來源。這樣也許就能夠避免個體從他／她的同儕間晉升。因此，一個全面的人員檢討過程可能會包括各種不同的觀點，而每一個觀點都是針對職員的事奉的評估。

工作表現評估的原則

實際上，你如何**進行**工作表現評估呢？哪些方法是有價值的？一個普遍被認可的工作表現評估原則是**簡潔**。關於工作表現評估的一個常見錯誤是超載，試圖評估關於同工及志工在組織中的每一項服事。當一個人去醫院進行年度健康檢查的時候，醫師會進行一些標準的檢驗（如詢問一般的健康問題、測量血壓、抽血分析、照胸部 X 光）。醫生不會要求進一步的檢驗，除非標準的檢驗顯示出可能的問題，才有進一步檢查的必要。初步的工作表現評估方法應盡量提供對於人事工作表現的基本觀察，而若有需要時，再進一步延伸。

另一個基本的原則是評估的**頻率**。有些人建議評估的頻率，是一個月或一季一次，當然，也有些人建議年度性的評估。關鍵是要建立起一個慣例，規律地排定的評估的週期（period）。若依賴非強迫性或偶發性的評估，會讓人有覺得他們對組織不重要的印象，甚至是狀況導向或問題導向的。無論選用了什麼樣的評估方法，都必須在規律排定的基礎上使用。

最後一個要納入考慮的基本原則，是在評估時區分出**量與質**的數據。評量時需要什麼樣的資料？評估方法是被設計來產生不同類型的數

據。兩個關於評估方法的基本分類，是產生**定量數據**（quantitative data）以及產生**定性數據**（qulitative data）。定量數據是指統計的數據，例如：數量。舉一個定量數據的例子，一個調查顯示 92% 的成人會眾中的成員選修了主日學的課程。定量數據的分析依賴於統計的分析，像是測定平均值、中位數以及標準誤差。簡言之，定量數據就是數值資料，需要經過統計分析。定性數據則更龐大了。它必須處理說法與意見，雖然定性數據可能是數字，但它未必需要透過統計來分析。詢問營會學生關於營會中食物的三大問題的口頭結果，就是一個定性數據的例子。這個案例中，產生出來的數據並非數值的，而是口語上的。

　　一個徹底的評估過程往往是依賴量與質這兩塊的評量方法。質的方法產生可能的回應清單，而量的方法可以用來確認回應的強度。舉例來說，質的方法會蒐集到大多數或所有關於營會食物的可能問題，而一個量的清單（inventory）可以產生定量數據去確定關於食物的單一的評論是否是由營會學生所提出的。一個營會學生可能會說拿到冷掉的食物，但經過調查，所有的營會學生中只有 24% 同意或強烈同意上述描述，顯示出這是一個小眾的意見，而卻有 94% 同意或強烈同意食物份量太少。

人事檢討的方法

　　一個基本的評估方法是透過**軼事性的**（anecdotal）評論。實際上，雖然所有的機構都以此作為評量的方法之一，但它往往不會被記錄下來，也因此不該有根據一個可能只是不經意的評論而做出官方的回應。這與聖經的教導是一致的，「控告長老的呈子，非有兩三個見證就不要收。」（提前 5:19）同樣地，管理者不應接受匿名的反饋，因為這會造成誤解，並且無法進行深入的評量，只能評估。[12] 在一些基督教的組織中，電子郵件可以作為一種對個體工作表現的書面軼事評論。軼事評論可以從先前所提過的四種聲音中的任何一種產生，也可以從任何其他的

評估方法中產生。

　　面談可以與個體或小團體進行，這通常稱為焦點小組。面談應當透過使用開放式的題目這樣一個單純的協議，來促進敞開的討論，並產生不帶偏見的反饋。舉例來說，「身為一位老師，琳達有哪些很棒的特質？」或者，「在教學上有哪些地方是你想要琳達改變的？」雖然這些題目提供一些可以回應的方向，但不表示這個題目是對於該個體的結論。協議，也就是在面談中所用的問題清單，應該包括五、六個問題，以致保持面談的簡要與對主題的專注。面談得到的數據，和從觀察得到的數據一樣，可被歸類或計算，作為定性分析（qualitative analysis）。

　　歸類（clustering）產生出回應的類別。舉例來說，對琳達的強項所做出的評論有三個常見的主題：她很聰明、有熱情、有愛心。計算（counting）就是簡單地列出回應，計算相同回應的數目，並且／或注意前三多的回應。舉例來說，三個最常提到的評論是琳達在教學上有時候沒準備好、太常缺席，而且有被問題牽著走的傾向。如先前提到的，協議會讓回應聚焦，並且避免在面談過程中改變了題目。

　　觀察與面談很相似，不同點是在於進行評估的人直接觀察該個體。管理者可以用一個協議來註記他們特別關注的行動或行為。不管是正面或負面的註記，都可以用來記錄個體的工作表現。這些註記構成關於職員工作表現的定性數據，可作為評估他或她的能力使用。

　　清單（inventories）可以產生定量數據或定性數據。清單，也可稱為調查（survey），是設計來產生與面談相似的定量數據，由開放式的問題組成，以產生專注的評論。與面談不同的是，面談是產生口頭數據，而這裡產生的是書面的數據；也不允許澄清所問的問題。然而，調查可以允許匿名。一個簡單且有效的清單會由準則的敘述組成。完成這些清單就會顯示出職員在相關工作上的表現。（圖表 22.4）。

　　舉例來說，一個給營會工作人員的標準可能與他或她與營會學生形成健康關係的能力有關。在這項清單上，會被列在左側欄，作答者會被

圖表 22.4　從簡單清單的圖表格取樣（Sample Simple Inventory Form）

很少 符合 期待	（1） 不滿意	（2） 尚可 （大致符 合期待）	（3） 普通 （符合 期待）	（4） 優良 （超出一 些期待）	（5） 卓越 （超過多 數期待）
標準 1					
標準 2					
標準 3					
標準 4					
標準 5					

詢問一個問題，並從「不滿意」到「非常好」來評量工作人員的工作表現。

　　表格需要針對 1 至 5 的級別提供簡短的描述，像是不滿意、尚可、好、優良、卓越，甚至是定義出這些層級怎麼被決定的。再一次地，這對營會工作人員的表現提供了定量數據。

　　類似的用來產生定量數據的清單，通常是倚仗李克特量表（Likert scales）。一般來說，這樣的表格包括一個描述（非問題）的清單，要作答者要針對這些描述指出他們同意或不同意的程度，通常是用 1 至 5 的級別。表格上也應該提供額外評論或解釋作答的空間。圖表 22.5 中包括一個簡單的李克特工具。工作表現的標準包括對評估的描述，以及作答者被詢問要用來評量一個個體工作表現的五分級別。

　　從這個工具中，可以產生關於一個人對該職位標準反映程度的定性

圖表 22.5　從李克特評定圖表格取樣（Sample Likert Assessment Form）

	（1） 很不同意	（2） 不同意	（3） 普通	（4） 同意	（5） 非常同意
標準 1					
標準 2					
標準 3					
標準 4					
標準 5					

數據。舉例來說，有一個標準可能是「老師應該事先妥善備課」。在李克特清單（inventory）中，這項標準的描述將寫成「老師事先有妥善備課」，對此有 4.6/5.0 的人同意或非常同意，代表這是一個強烈的回應。李克特清單也可以運用標準作為一組問題中的每個問題的基礎，因此這個工具仍然是專注在職位標準，但這比同等數量的描述來得更廣泛。和所有的清單一樣，應當提供一個讓作答者評論與解釋的地方，以致能讓他們對他們的回應提出一些質性的見解。

常見的評估難題

　　在使用一些評估的方法時，總伴隨著一些頻繁發生的問題，特別是用來產生定量數據的清單。下列是一些最普遍遇到的問題：

　　表格的明確性：評估工具對回答者來說是否明確呢？在評估工具上的問題或描述必須**單一**（singular），專注在一個議題上，而不是很多

個。所有的調查都該同樣解釋要如何作答，例如說，在李克特清單上塗黑數字，或者在空格內填寫。

不規則性：定期的反饋，無論是書面或口頭的，對支薪或不支薪的成員來說都很要緊。[13] 如先前提過的，問題是在於情境式的評估或即興的評估。不把評估擺在一個例行的排程，將顯示出這個行動上相對不被重視，亦無法讓工作表現評估保有一致性與習慣性。

月暈效應（Halo Effect）：這是指當李克特類型的清單上所有的描述都被給予相同的評分。[14] 舉例來說，學生在評估學校老師時通常給相同的評分，會這麼做通常是因為他們擔心會離開現在的班級。

集中趨勢（Central Tendency）：這和月暈效應很類似，差別是所有的評分都落在中間的欄位，比方說全部都是 3。[15] 這等於是沒有對人員的工作表現評分。

寬大：這與前面兩項評分傾向類似，差別是評分都會落在高的範圍，例如 4 至 5。當然我們有理由相信有些人員表現確實符合優秀或非常好的評分，但不見得所有在李克特清單上的項目都須給 4 至 5 的評分。

制度僵化：評估工具能準確地反映所屬的職位描述是非常重要的。但若沒有規律地檢視職位描述、評量的準則、評估工具或潛在的滿足職位期待的新方法，將導致不佳的果效。

使用不同的評量方法，特別是可以產生定性數據以及產生定量數據的方法，將有助於形成一個成功的評量計畫。

工作表現評估中的評量

評量和評估是不一樣的。如先前提過的，評量是指對評估數據的管理評量，以及對受僱者或志願者的工作表現，做出適當回應的判斷。對評估數據做出有果效的評量需要幾項原則。首先，指出評估數據的來

源，特別是那些負面的回應。這並不意味著必須放棄匿名的方式，而是要記得要在評估數據中表現出什麼「聲音」。「當要評估會眾對一個職員的回應時，結果幾乎是錯綜複雜的。身為管理者，我們必須分辨哪些評論是擊中目標？而哪些沒有？當我們專注在人所說的而不是誰說出來的，這樣的分辨將會很難做到。」[16]

第二，當要去評量評估的數據時，管理者應當將事實從意見分離出來。管理者是負責對同工及志工的工作表現給予意見的人，而不是去對那些提供評估數據的人的意見給意見。我們所評量的結果必須仰賴事實，而不是他人的意見，免得評量退化成一種人氣的比賽。評量也一定要基於沒有爭議的事實，而不是基於對事實的詮釋。

第三，允許情緒來表示所關注的領域，但不將它視為一種數據，或是情緒上的反應。就像管理者不能任憑情緒做出反應一樣，評量不能基於強烈的情緒。舉例來說，在一場面談中，一個回答者開始哭泣，這可能會讓我們的注意力轉向面談者的情緒，但它不能被當作評量資料的一部分，也不能造成我們也以情緒來反應。

第四，照你想要被對待的方式對待你所要評量的對象——要尊重。「你們願意人怎樣待你們，你們也要怎樣待人，這是律法和先知的總綱。」（太 7:12）從這樣的觀點來進行評量的時候，就能維持在評量時要發展人的目的，這樣就絕不會讓評量失去意義。

第五，當評估數據顯示出一個無法接受的等級的工作表現，找出失敗的原因，而非僅僅認為是失敗。是因為個性上的特點嗎？是缺乏訓練或教育的問題，因此能比較容易改正過來？可能是管理上的問題嗎？只是簡單地報告一個低評分的個體永遠是不夠的。真實與有價值的評量是要去尋求理解與對於評分的解釋。

最後，在真正評量一個志工或同工之前，評量你自己可能參與在個體工作表現中的程度，特別是那些與工作表現上的缺點有關的部分。底下有一些反思性的問題，有助於釐清評量管理者對職員工作表現不佳結

果之相關責任：[17]

- 我在溝通過程中有清楚表達我的期待嗎？志工知道什麼是被期待的嗎？
- 我在溝通過程中有準確地對志工表達時間方面的要求或時程嗎？
- 志工知道什麼時候要達到工作表現的目標嗎？
- 我是否提供足夠的協助幫助這個個體勝任呢？是否是因為缺少了權力、位階、設備、經費或有利的條件，以致無法滿足期待？
- 我是否提供足夠的訓練讓個體對這項工作有充分的準備？是訓練的問題，還是工作表現不佳是與其他和訓練無關的事較為相關？
- 志工是否被組織架構、政策或組織政治所限制？如果不是的話，志工能夠達到期待嗎？
- 我有將個體的個人或家庭納入考量嗎？工作表現不佳是否與本來就可預見的個人事務相關呢？

一旦完成評量的這個階段，並且一位管理者已經做出關於該個體的工作表現評估結果，就要展開行動，實際回應這個評量結果。你實際上要如何與該個體傳達評量的結果呢？

人事評估的決策

工作表現評估涉及達成有關個體工作表現等級的管理決定。管理者一般來說可能有四項對評量決定的回應：給予獎勵、調職、重新訓練、免職。

第一個選項，當評估顯示出一個可接受或高於平均的工作表現時，**給予獎勵**。雖然這大概是對管理者來說最容易給與卻也常常被忽略的回應。在很多時候，可接受的工作表現被期待或被視為不需要管理者做出回應的。在這樣的例子中，評估與評量變成只是為了找出不好的工作表

現，而不是找出職員可發展努力的方向。獎勵的特徵可以是內在及外在的。晉升、獎金或加薪、給受僱者更大的辦公空間，或者公開的表揚，像是獎章等都是對受僱者或志願者的外在獎勵。內在獎勵是指那些涉及個人滿足與工作好好完成的成就感，而這也常常是個體給他們自己的獎勵。

外在與內在的獎勵都會在心理與靈性上有所提昇。記得要在機構中公開地獎勵與確認優秀的事奉，這會建立一種願意去鼓勵與支持事奉的風氣。[18] 然而，該怎麼處理那些沒有達到期待的工作表現呢？在這樣的狀況下，必須注意這另外三種的回應方式：

將個體**調職**通常是「公認的有能力的個體」被擺在錯誤的位置上事奉的結果。自然的回應方式是重新安排他們在機構中的位置。調職不代表升遷，因為他們可能不適合一個更需要承擔責任的位置。在這樣的例子中，升遷可能會導致個體有更差的表現。此外，這可能會混淆機構內服事的其他人對工作表現期待的認知。

重新訓練是對於不佳的評估結果的最普遍的管理回應。管理者可能需要給予更長遠的投資策略來幫助該個體能力與技能的發展。「顧問性評估的精神是輔導，而非糾正。」[19] 這涉及了提供一位指導者來指導、雕琢、訓練並裝備，以致將工作表現提昇到可接受的等級。這樣的介入，目的是改善個體的工作表現等級，以保持該人員勝任其職位。當同工或志工被認為在他們所處的位置上有價值時，是對人員最好的運用，但需要對其能力進行改進和調整。如果個體的表現達到了可接受的等級，意味著已經透過有建設性的人員檢討方法解決了問題。

管理者最不喜歡的選項大概就是**免職**。做出免職的回應可能是暫時性的，像是留職停薪，也可能是有條件的，像是給予完成特定工作表現目標的時間[20]，或者是結束，代表永久性的從組織解職。包偉克（Paul Borthwick）提出一些當免職是必要選項時的觀察。下列問題是當要做這樣的決定時很有價值的框架工具：[21]

• 是會眾或組織讓這個人跟不上了嗎？

- 是這個人讓會眾或組織跟不上了嗎？
- 是這個人缺乏工作效力、領導力不佳或任何原因實際阻礙了組織事工的發展呢？
- 對組織或其他成員來說，真正造成了多少傷害？
- 這個位置若空缺一陣子會怎麼樣？會比目前的狀況好嗎？
- 我是以什麼標準或準則來衡量工作表現的果效？
- 有誰認為（believe）這個人需要被免職？
- 解職的根據是什麼？基於關係、神學、工作表現、缺乏能力？
- 該給他／她機會改善嗎？

在考慮這些問題的時候，做決定者可得到相當的保證已經對此事給予了充分的考慮。然而，一旦四個評量的決定之一已經送出，要如何通知個體他的評估結果？更重要的，要怎麼通知同工或志工他們的工作表現不佳？

對工作表現評估做出回應

「後續的行動才是真正讓這整個過程有效的關鍵。」[22] 若評估數據與對其詮釋只是輕易地被記錄與遺忘，這樣的人員檢討是不完整的。評量必須在管理者與受僱者或志願者間共享，以提出延續或修正工作表現的提議。「因為基督教機構本質上是培育性的機構，會傾向於忽略工作表現評估的差異，隨之而來的決定是該個體需要牧養關顧或支持小組。」[23] 那麼，人員實際上要如何回應評量上的決定？

進行工作表現評估會議

　　身為基督徒管理者，我們應該致力於「開創一個正面而非苦毒的過程。」[24] 一個管理者如何真正地與一個個體分享評量的結果呢？下列是一些有助於這個課題的一般性原則：[25]

1. **對評估的結果保持客觀，也同時保持機密性。**根據你評量的決定，給他們一幅清楚的圖畫。與個體分享**事實**。

2. **在一定的程度上，在你與個體的討論中賦予獨特性。**雖然用內容與目標的共同核心來進行評量很重要，但管理者也可以讓會議變得人性化。這可能包括要去處理個人的顧慮以及與個體特別相關的議題。

3. **將你們的對話記錄下來。**這不只是保存決定的公正性，也是保證個體明白評量的結果，同時，這也是對個體表明他或她個人對檢討所做出的回應是重要且值得被記錄下來的。這也是對隨後法律行動的事件來說絕對必要的，例如，有人指控歧視或非法的解僱。

4. **緩和在會議中的張力。**張力可能是行政上的（例如上司與下屬之間的關係）、個人性的（例如當評量的結果涉及一位朋友或家庭成員）或甚至牧養性的（例如為了給予協助而需要去批判）。管理者應預想會出現什麼樣的張力？並找出合適的方法來處理。

5. **讓批評保密。**尊重個體是與其他人只分享關於個體正面的消息，同時將有疑慮的部分保密。公開讚美個體他們的貢獻，以保持他們的完整以及檢討過程的完整性。

6. **在每個評量的例子給予鼓勵。**不管評量結果的決定如何，個體都需要肯定。一個同工及志工不可能沒有優點。事實上，對每一個負面的觀察提出幾個正面的特徵，是一種很健康的作法。

7. **即時地回應，不要耽延。**坐視著評量的決定，對機構、職員以及你自己，一點好處也沒有。一旦做出了決定，不管是正面或負面

的，要在適當的時間召集會議來討論結果。

8. **做好處理情緒性反應的準備。**不管職員如何接受或拒絕評量的決定，對評量決定的反應需要立即且不推翻原有的決定。

9. **在必要時懲戒職員。**有時候個體的表現遠低於所期待的等級，表現出刻意疏忽的態度或輕易地犯錯（甚至是非法的）。在這樣的情況下，處分或釋出的選項需要專注在懲戒－釋出某種形式或嚴格的工作表現目標。

10. **對同工或志工表示出協商與妥協的意願。**一般來說，檢討不是表現出強硬、單方面的論述。教牧的精神通常是最好的，帶著除了懲戒以外的可能的期待。同工及志工應該知道管理者對於傾聽他們對他們自己的檢討的意見是保持開放的。有時候，根據職員對此的回應，可能需要修改管理上的回應。

會議的安排

到目前為止，本堂課所描述的整個過程就成為了一場受到安排的會議的主題。在這場會議中，要與職員溝通評估、評量以及評量的決定。這是檢討過程中最高潮的一個項目。管理這個會議的發展對於決定人員工作表現評估是否有意義來說十分重要。在進行會議之前，需要執行幾個針對評量結果的面談的前置步驟。[26]

- 檢視個體的檔案或評估文件，甚至是在兩週之前就檢視，以致可以有深入思考的時間。
- 確保會議的舉行是私下進行。
- 規劃出足夠的會議時間。
- 防止任何中斷的情形。將電話與對講機靜音。
- 提供一個沒有威脅性、舒適的環境來進行一場對話。
- 向職員解釋這場會議的目的。

事奉有夠神
團隊服事的 23 堂課

當實際到了將要進行會議的時候，三個基本的元素應構成了議程。第一，對職員在組織中的貢獻表達稱讚與正面的反應。指出職員在事奉中的長處以及對組織的價值。第二，專注在主要有疑慮的領域，只要一或兩個項目就好，避免特定的例子或一些支微末節的小事讓個體難以承受。最後，在給個體的合適的發展計畫上達成協議，以致事奉的情況可以改善。即使是在獎勵的狀況下，運用有發展性的衡量方法可確保長久保持在優良等級的表現。

分享評估的負面結果

一個負面或低評分的評估並不會自動導致職員的免職或解職。事實上，解職是在長時間介入後，最終才會用來回應不佳工作表現的一個選項。下列是針對職員不佳的工作表現可能的長期回應程序：

- 根據職位描述及準則的評估與評量指出職員工作表現不佳之處。
- （再次）解釋並概述職位描述及標準，強調有疑慮的領域，必要時提供協助。
- 評估與評量要專注在被強調的有疑慮的領域。
- 如果問題持續存在，解釋先前的評估內容，並提供工作表現目標。
- 面會並討論職員的進度或撤除工作表現目標；提供緩衝的觀察期，作為最後一次達成工作表現目標的嘗試機會。
- 評估與評量要持續專注在工作表現目標。
- 做出最終的管理決定：免職、調職或處分。

長期程序反映出在基督教組織內所有職員背後的教牧關懷。在整個程序中，要牢記三個因子。第一，每個階段中的書面文件都很重要。這可能包括給職員的正式備忘錄、幾分鐘的會議或幾次會議的紀錄，以及

詳述與解釋最後管理決定的信件，也應包括與個體口頭交談的備忘錄，像是偶遇或即興的談話，還有任何從職員接收到的書面溝通。事實上，有必要讓個體在這些文件上簽名或草簽來代表他們在場，以致確認他或她有讀過這些文件。

第二，如果處分在先前所描述的過程之前發生——也就是說，如果職員無法達到期待的工作表現——那麼這個過程就在此停止。雖然管理者未來會想要繼續監督特定的工作表現疑慮，但這個過程只應在疑慮重新浮現之後才繼續。第三，幾乎在整個程序中的任何一個步驟中，職員會選擇辭職或請求調職。這可根據管理者對個體與狀況的評量來批准或拒絕。

與職員分享評量中的負面結果對管理者而言通常是一項困難的任務。職員可能會傾向接受管理者的評量，但他們會避免對話。相同地，職員可以用否認或憤怒來表示拒絕接受評量的結果。從這個角度就可以看出評量後的對話需要變得教牧性。羅森（Leroy Lawson）把這稱為「留一盞燈」，以致那些帶著憤怒離開的人可以回來，他們也知道可以回來。[27] 要怎麼制定一場討論有負面工作表現的評估結果的對話呢？圖表 22.6 包含了一張圖表，可看出在有負面結果的人員檢討時可能的對話流程。它絕對不是一個全面性的討論，但它確實提供一個輪廓，來處理三個對負面工作表現評估報告的可能回應。[28] 然而，對這樣的會議提供草稿是有一些好處的。它克服面對面會議的困難，並且因著感受或會議的共識，允許改變工作表現的評量。[29]

永久免職：解職（Termination）

我們已經提到過持續介入與評量的程序的必要性，以及在面對持續未達到可接受等級的工作表現的狀況中的可能選項。解職永遠不是對工作表現的疑慮出現時最先要做出的回應。下列是做出解職決定的根據。

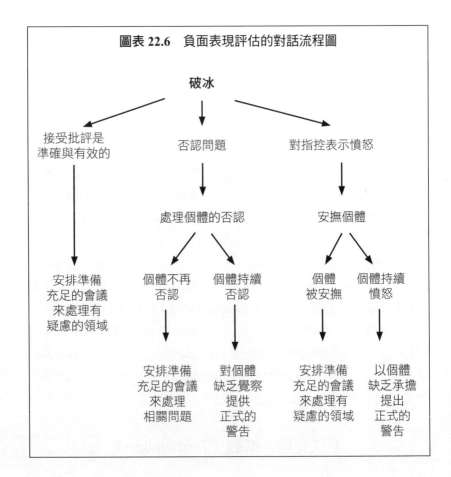

圖表 22.6　負面表現評估的對話流程圖

你如何**永久地讓一個人免職**？這裡有幾個基本的指南：

個人：解職應該要在面對面的情況下告知。即使解職通知是透過書面的形式，但這份通知應該由管理者來交付。職員應該在管理者在場的狀況下閱讀。

牧養：應該要溫和地完成解職，不帶論斷。事實已定，不需要再用批評或額外的說明來增添什麼。

快速：盡快地結束職員所負責的工作。他或她的逗留或持續不佳的工作表現只會妨礙機構運作，並且製造組織內的混亂。

一致：解職必須在公平的基礎上執行，避免任何不恰當的情況或個人意見（personal agendas）出現。

謹慎：這項解職的決定是一項由管理者所完成的機密性事務，不該有任何公開閱覽的機會，也沒有向公眾解釋的需要。

預想可能的報復：列出上面這些指南的理由是，將職員對解職有破壞性反應的可能降到最低。我們需要思考職員可能會做出的的負面反應，並加以預防——備份電腦硬碟中可能會因為職員一時憤怒與挫折以及可能的法律行動而被清除的檔案。

結　論

「殷勤，不可懶惰；要心裡火熱，常常服事主。」（羅 12:11）健康的組織規律地從事著評量職員的工作表現。組織的福音行動與事工的成就是倚賴於職員的工作表現。在一個教牧關顧與個人成長的氛圍中完成工作表現的評量，就確定了個體的價值、對群體的委身以及基督徒之間彼此尊重的關係。「每一個人都應該省察自己的行為；如果有好行為，他可以引以為榮，不需要跟別人的成就相較量。每一個人應該肩負自己的擔子。」（加 6:4-5）

課後附錄

本堂課作者建議參考書目：愛黛兒·瑪格雷夫（Adele Margrave）以及羅伯特·戈登（Robert Gorden）所著作的《如何表達讚美 101 引導》（*The Complete Idiot's Guide to Perfomance Appraisals* 中文書名為暫譯）[30]。

給予工作表現評估時的行為準則	接受工作表現評估時的行為準則
• 做好你的功課（準備妥當）。 • 安排足夠的時間，就不會匆忙。 • 在隱密、安全的場所會面。 • 透過簡短的聊天破冰。 • 從正面的表達開始。 • 記住你的目的是鼓勵。 • 要有眼神接觸。 • 鼓勵對方參與。 • 積極地聆聽。 • 要表現出誠實、鼓勵與真誠。 • 使用行為上的例子。	• 做好你的功課（準備妥當－檢視自己過去的表現）。 • 準時赴約。 • 表現出誠懇、誠實與專業。 • 使用行為例子來描述細節。 • 要參與－加入對話中。 • 要有眼神接觸。 • 積極地聆聽。 • 花時間去組織你要表達的內容。 • 參與在確定未來的目標的過程中。
• 對新的資訊保持開放的態度。 • 同意未來的目標 • 不要在評估報告會議時遲到。 • 不要在評估報告會議時接聽電話。 • 不要準備不周或分心。 • 不要只有自己在說話或自問自答。 • 不要在對方說話時打岔。 • 不要膽怯到無法說出事實。 • 不要過度專注在負面的部分。	• 用好好調整過的語調說話。 • 若你有需要，書面加入你自己的說法。 • 不要氣沖沖地進到會議現場。 • 不要瞪著人－也不要盯著地板或窗外看。 • 不要表現負面或抗拒。 • 不要讓你的情緒戰勝你自己。 • 不拒絕發言。 • 不消極抵抗。 • 不嘲諷。

第二十三堂
評估活動效果
Evaluating the Effectiveness of Programs

馬克·辛普森

選擇不準確的結論

　　信心團契的第一個年度家庭之夜，已經謹慎地計畫超過九個月的時間來啟動教會這個新的家庭事工。因為教育事工的團隊有充足的預算購買食物以及資源，相信這場活動一定會很成功。團隊也運用了大量的宣傳方法，邀請教會中不斷增長的年輕家庭來參與在食物、歡笑與團契當中。

　　家庭之夜那天的傍晚，因為冷鋒通過他們所在的區域，天氣從陰雨轉為冰冷。小路變得十分濕滑，主要的街道因為交通事故而變得混亂。最後，家庭之夜的出席狀況遠低於原先所預期的——許多家庭寧可選擇安全地待在家中，也不要在濕滑的馬路上冒險駕駛。

　　幾個月之後，教會的財政委員會向教育事工團隊提出，下一次家庭之夜的經費將縮減百分之七十。這樣的決議，是因為考量了在家庭之夜的出席狀況不佳的情況下，花費大量的金錢並不經濟。雖然這些委員會

所用來評估的數據是準確的（如：出席紀錄及帳務紀錄），但是結論卻對數據進行了錯誤的解讀，因為有一個關鍵的資訊被忽略——天氣對活動的衝擊。

當財政委員會為了預算用途進行評估的同時，執事會也正在為了事工果效進行計畫的評估。當檢視家庭之夜出席狀況的圖表時，執事們達成一個共識，認為當天的低出席率是家庭焦點事工中缺乏群體興趣的一個指標。執事會告訴教育事工團隊，家庭事工對教會的果效不彰，因此，應該發展其他較受會眾歡迎的類型的事工。雖然執事會用來評估的資訊是準確的（如：出席紀錄），但做成的結論是根據關於資訊涵義的未經證實的假設。

幸好財務委員會、執事會以及教育事工團隊彼此會面，討論了家庭之夜的未來。在更謹慎地查看數據之後，財務委員會同意恢復完整的預算，執事會同意調查會眾對教會家庭事工果效的看法，而教育事工團隊終於鬆了一口氣。十二個月後，他們發現教會成長最快的事工，是那些以家庭為重點的事工。

評估事工計畫的果效不是一件容易的事。數據蒐集會是費時的，而且，若是蒐集到的數據沒有被正確地詮釋，就可能會被誤用或誤解。然而，評估的價值遠勝過花費的心力以及潛在的風險。與評估過程本身所消耗的時間和精力相比，事工的評估可以節省更多的時間和精力。事工的評估也可以預防寶貴資源的浪費。讓評估有果效的關鍵是正確地蒐集數據，並且客觀地解釋所發現的結果。

理解事工評估的必要性

「評估是得到問題的答案的過程，『我們做得如何？』」[1]每次當我們對事工發表看法，每次我們表達我們多喜歡或多不喜歡事工的政策、程序、計畫、人員……等等，我們都在評估。

正式與非正式的評估過程形塑了我們進行事工的方式。正式的評估過程，是在「我們做得如何」這個問題上，提供教會或基督教組織客觀的數據。從調查以及組織的紀錄所得到的客觀衡量結果，可幫助事工領導者對事工的健康程度做出準確的評價，反過來說，這影響了未來事工的活動。[2] 非正式的評估過程，像是不經意的觀察與談話，也都可以產生對事工狀態客觀的衡量結果。然而，如果評估單單包括非正式的過程，會有一種危險，就是會有更多從流言、批判與未經證實的意見中所得到的主觀與可疑的數據，被包含在所發現的結果內，反而使事工健康度的評價結果變得扭曲。

因此，為了確保進行評估時是用合適與準確的方式來塑造事工，評估的過程必須常常去尋求盡可能客觀地收集數據，並盡可能準確地詮釋所收集的數據。像是不經意的觀察與談話這樣非正式的過程，也可以被包含在裡面，但必須非常小心地衡量收集到的數據。

事工評估的觀點

「有些人會說我們不應該去評估教會或教會內的人，因為教會是屬靈而非世俗的事業。只有上帝可以對教會這樣的屬靈事工進行評價。」[3] 確實，只有上帝可以衡量人心靈的靈性狀態，但也確實，「憑著他們的果子（作者註：這就是要我們進行評估性觀察的所在）就可以認出他們來。」（太 7:20）

但即使是不進行評估的教會，也讓評估發生在教會中。不管我們有沒有發現，每個禮拜天都上演著評估的情境。

人總是喜歡去評論。在從教會回家的路上，一個丈夫自然地問起他的妻子，「你覺得今天的講道怎麼樣？」或者「你喜歡新的主日學課程嗎？」有些愈討論就愈變成『因為中午的愛宴而紅燒牧師或教會了』。這個例子提醒我們，當失喪的人來

參加我們的主日聚會時，他們總是帶著批判的眼光。如果對事
工的評估總是在非正式的層次，為何不把它放在正式的層次，
以致我們可以從中得益，而非成為其受害者呢？[4]

不幸地，很多為了事工的評價所傳遞的更常是批判而非評估。當批
判伴隨著論斷的精神，通常是以破壞性的評論的形式，不僅無法幫助人
與事工，更是造成人與事工的傷害。破壞性的批評可能包含了在事工的
評價中的一個核心的事實，但批判中負面的性質與意圖通常遮蓋了事
實，使事實無法被認真地看待。另一方面，建設性的批評有它在事工中
的位置。當建設性的批評作為客觀的觀察並企圖幫助人與事工時，就有
助於修正事工活動的錯誤與誤解。

我曾聽過有事工領導者說，他們從來不去聽批評的聲音。為了公
平起見，這樣的描述通常表示「他們不在批評的聲音上加入自己的聲
音」，藉此就不會助長和延續破壞性的批評與批評的精神。參與在一直
都在批判的精神中確實是不合適的。然而，忽略並歸咎所有的批評都是
一種批判的精神，會在我們事工中造成巨大的盲點。即使是那些刻意要
用來造成傷害的批評，我們**可以**在不表示肯定或外加補充的原則中聽取
別人的評論。

有些時候，在聽了我們的會眾或事工成員對我們的評估後，就可以
減少批評，而我們這方不需採取任何動作；有些人只是想要他們的觀點
或疑慮被聽見。是的，總是有一些不管在任何時候都不會被任何事取悅
的人，而這樣的人興致高昂地想要每個人都知道這點。但基督徒領導者
並非全能；只有神是全能的。很多時候我們太靠近事工，而沒有看見那
些對與我們一起勞碌或為了他們所勞碌的對象而言明顯的問題領域。

我們大概都會好好遵照我們在事工中被給予關於跨越鐵軌的忠告：
停！看！聽！比起消除那些破壞性與從批評精神流出的批評，我們更需
要做的是**停下來**，並聽取其他人的疑慮，**觀看**並謹慎思考這些疑慮的合
理性與作為評量時的可靠性，並且**傾聽**所被陳述的事情的事實核心。如

果我們審慎評估建設性及破壞性的批評，我們就可以避免在不久的將來被滿載事工問題的高速列車撞擊。

當然，並非所有的批評或評估都可以被採納。我們永遠要把忠心與順服上帝的道，擺在我們的渴望與想望之先。舉例來說，使徒保羅許多的書信中對初代教會的教導，包括指正信徒那些與上帝對事工標準相違背的態度及行為模式。在那些教會中，需要立刻改變不合適的喜好與作法。但有些時候評估或批評無法被採納，是因為若接受改變的話就等於是證明目前的作法與事工的異象與目標不一致。

舉例來說，我在教授一門教育研究設計的博士班課程。我的使命是預備這些博士生撰寫他們的論文。多數的學生會告訴你，我的研究設計課是他們所修過最難的一門課。因此，有些學生會提出建議，希望未來課程可以輕鬆一些。我試著把這些與課程目標相符的學生評估結果合併到下一期的課程中。但如果我依循所有從學生得到的回饋，我最後會為了讓課程當下變得較為容易而取消所有的作業，但卻使得日後的論文研究變得更加困難。換句話說，如果我完全採納他們的評估結果，我就無法完成我要預備博士生撰寫論文的使命。

我們必須了解，抗拒評估是正常的；沒有人喜歡被評估。害怕失敗、害怕責罰以及害怕改變，迫使我們抗拒評估。即使如此，仍然也只有透過評估，我們才能在基督裡建立個人成長，也在我們服事的所在（無論教會或基督教機構）成長。下列是一些藉著評估可以帶給事工的寶貴結果：

1. 評估可以完成事工的調整。事工的努力要與教會或基督教機構的使命及價值對齊。

2. 評估可以提高事工完成的優先次序。被評估的事工較不會受到忽視或忽略，比較會被關注。

3. 評估會鼓勵去評價事工。同工及志工的表現被檢視的目的是增強事工的成果。

4. 評估與事工的肯定相關。士氣會隨著人員的付出被給予激勵與讚賞時提升。

5. 評估鼓勵事工的修正。事工的強項與弱項變得顯而易見，在必要之處鼓勵改變。

6. 評估帶動事工進步。事工的改善是根據客觀的回饋。[5]

績效衡量的指標

一旦做出要透過評估事工以提升果效的決定，就會出現一個邏輯性的問題，「我們要衡量什麼？」事工果效的特定指標在不同的事工中有所變化，因為它們與機構的使命及目的或目標有關。然而，對每間教會或基督教組織來說，有四個普遍的績效指標，而這四個指標都必須要去評估：

1. 人員：包括同工及志工的績效。[6]

2. 計畫：根據組織的使命來看活動的果效。[7]

3. 協議：政策與程序的效能及果效。[8]

4. 產出：事工在人或物方面的結果。[9]

對教會而言，這四個績效指標會分別從幾個方面來衡量：事工的教師、領導及工作人員；教會事工與資源；組織的架構以及靈性成熟度及學習成果。[10] 對基督教組織而言，這四個績效的指標會從這幾個方面來衡量：領導能力、管理能力與僱員表現；工作與資源及銷量或增長。需要注意的是這四個指標與不同的面向聯合的。舉例來說，人員表現與計畫的果效會被組織的協議大幅影響。

另一個看待績效指標的角度是從他們在組織中的功能來辨識，也就是說，以事工成果或事工過程來觀察。[11]「一般來說，績效的成果衡量指的是個人或團體在組織上有價值的成就……過程因子是指衡量對組織

程序、規章，或對完成組織目標來說重要方針的遵守度。」[12] 人員與產出是結果因子的例子；方案與協議是過程因子的例子。

衡量果效

無論績效指標分類得多好，每一個指標都需要蒐集一或多個型態的數據。許多教會與基督教組織會很驚訝地發現一些已經一直在蒐集的數據竟然可以用於探索績效指標。

舉例來說，會眾人數就經常產生會眾地理人口的統計趨勢（geo-demographic trends），平均出席率與去年度的出席率比較、財務模型、增長模型、職員與成員氣氛、專業工作者的平均任期、社會性事工的完成數及二次參與的新朋友比例。[13]

這樣的數據可以被用來評估那些與方案果效（出席率與增長模型）、人員表現（職位任期長度與出席率和增長模型的比較）等相關的績效指標。額外的衡量也是需要的，但重要的資訊可以從已知的數據中蒐集，「單藉著正在運作的（這個組織）事實。組織若未注意資訊，資訊通常會被拋棄或遺失。」[14] 有時候，衡量事工果效需要經過一段充足的時間來蒐集數據，通常是一年或更久的時間。這些縱向的研究，是多次從同樣的資源以同樣的方法收集數據。這些收集到的數據就接著受到檢驗，並確定它在事工果效中的模型與趨勢的改變。

舉例來說，如果一間教會希望去評估一門新開立、關於培育門徒的主日學課程，若只根據一個禮拜天所收集到的數據，是無法準確做出評價的。為了得到對這門課程較為準確的果效的評價，教會需要在這門新課程剛完成時，立刻衡量知識、態度、及／或技能，然後每季結束時重覆進行。在年末，就能用從每季得到的數據來比較，並決定這門課程對培育門徒有什麼樣的影響。縱向研究具有提供更準確的事工果效圖像的優點，因為數據代表了經過一段時間的變化，而非只是一段時間內某個

片刻的變化而已。

　　然而，有些事工的果效，可能需要立即進行衡量。教會與基督教機構中，有許多事工是一年只會進行一次，為了對這些事工的果效進行評價，必須在事工活動中或事工結束當下，從一或多個來源收集數據。然後，這些數據可以被分析，並確定在知識、態度，及／或技能上對這項事工的影響，作為這樣一次性活動的結果。

　　與主日學課程的縱向研究不同的是，數據蒐集只反映出「快照」。立即的回饋對未來事工的計畫與確定一項事工在改變知識、態度及技能上的立即的果效有極大的助益。然而，要確定一次性事工的長期果效，仍需要透過縱向研究來確定這些經過時間考驗的改變的本質。

進行評估時的協定

　　為了評估一項事工的果效，在評估開始之前，需要確定進行評估時的協定。下列五個參數對評估系統來說是很常見的：

1. 回饋的內容：需要衡量什麼因子，以及什麼樣的表現標準會被用在作此比較的目的？
2. 回饋的時間特性：多久進行一次評估，以及可以多快將發現結果報告出來？
3. 收集回饋的機制：會用什麼樣的工具來收集數據（例如面談、調查、測驗及測量、自我報告等）？
4. 回饋的來源：要評估誰或評估什麼事物，誰會進行這次的評估？
5. 回饋的對象：誰要接收發現結果（例如：這些發現結果會公開或保密；只讓個體知道或是公務性地公開？[15]

　　這近幾年，認證機構開始要求學院與大學來發展評估教育機構的每個層面的回饋系統。這個回饋系統的組成，必須要包括清楚顯示出

機構的使命與目標，及每個學術計畫與機構服務的目的與成果之間的關聯。[16] 在幫助兩間學術機構預備他們的十年認證審查時，我發展了一個**成功指標**的回饋系統，來幫助追蹤機構果效每個層面的評估過程。這個回饋系統對教會或基督教機構的發展來說是容易適應的。圖表 23.1 包含一些（並非全部）我為我的線上事工資源中心已經開始發展的成功指標。常見於大多數回饋系統的五個參數，表現在這些指標中，也就是刻意連結機構的使命、目標與結果。

在最初投入發展成功指標時，乍看是耗費時間。然而，許多機構手上已經有大量用來發展指標的資訊。舉例來說，一些機構有以出版的形式呈現使命宣言與對應的事工目標。在那些事工中，創造指標只需將出版的資訊轉換成在表格上的合適區域評量。尚未明確說出使命與目標的教會及基督教機構可能發現，使命與目標確實隱含地存在於他們的事工的描述當中。事工出版物、布告欄、報告、標語、服事操練等，常常是組織使命與目標的操作說明。相同地，如果事工與成果未針對組織的每個領域明確子目標說出，可能也已經隱含在公共關係的資料、操作手冊、促銷品及使用者見證中。

一旦定義出組織的使命、目標與成果的資訊被放在成功指標子目標的表格中，下一個動作就是去確認每個子目標與成果要如何被評量。需要被確認的評量協定包括：

1. 方法：什麼工具會被用來收集資料，如：表格、調查、報告、紀錄、測試等。
2. 時程：評量的方法要在哪裡發布、多久發布一次。
3. 評量者：誰負責蒐集、編譯並解釋數據（不同的數據可能會由不同的人負責）。

在成功指標的表格中，有兩個欄位在評估數據被編譯與解釋前，將維持空白。**發現欄**是用於說明從不同的評量中獲得的結果中所得到的簡短、客觀的總結。**影響欄**是用於說明採取了哪些具體和適當的行動去形

圖表 23.1 成功指標的術語

工作領域與時間範圍（Service Area and Time Frame）
去確認指標所評價的事工或工作，以及適用於發現結果的日程或預算期間。

使命／異象
逐字地引述組織使命與異象的宣言。

目標
描述工作區域的事工目標。

具體子目標
列出將會被布署（deployed）來達成所描述之目標的可衡量的子目標。

成果
針對每個子目標，確認將要指出子目標達成的可衡量的標準；該標準應指出誰會受影響，以及他們會如何被影響。

評量
針對每個要被評量的結果，確定會涉及的方法、時程以及評估者（evaluators）。

方法： 指出要被布署來衡量成果（表格、調查、報告、紀錄、測驗等）的工具。

時程： 指出評量方法被布署的所在以及被布署的頻率。

評估者： 指出誰負責收集、編譯並解釋數據。

發現
一旦數據經過編譯，記錄從結果中獲得的結果摘要。

影響
描述塑造或重塑事工目的與成果所要採取的具體且適當的行動作為發現的結果。

EDCOT® INDICATORS OF SUCCESS
透過數位教材與線上技術的教育

服務領域	網站服務
時間範圍	2004 年第一季

使命

提供教育會事工領導者關於電子（數位）教室軟體的資源，像是 PowerPoint 及其他多媒體的表格，以及關於線上課程科技的資訊，像是網頁及討論群組。

目標

提供線上教室教學設計的資源。
提供布署給事工研究的表單處理服務。
提供線上教學與設計線上課程的原則與運作上的訓練。
舉行形成事工網路的線上討論群組及網站。
以電子方式出版選定的資源，如網絡版書籍與研究論文（monographs）。
編輯與以電子方式出版數位學習誌。

子目標	成果	評量	發現	影響
開發與維護一個能實現組織使命與目標的網站（www.edcot.com）。	提供易於使用者在目前使用且在提供使命相關資源方面保有吸引力與最新狀態的網路環境。	方法：徵求使用者對網頁設計的回饋。時程：每月一次 評量者：網站管理員	網站在這一季上線了；徵求到的回饋對網頁設計表示十分正面；網站指出最小網站的使用率的統計結果指出最小點擊次數為 234 次。	完成正在開發中的頁面；持續監控網站使用率；將網址提交到搜尋引擎以提昇曝光度；考慮是否進一步推廣網站
作為跨越網絡（Web Crossing）的討論群組軟體的系統經營運商	為同步和非同步的通信線路提供易於使用的平臺，使主辦組織內部和部門之間的事工領導者之間建立聯繫。	方法：包含論來往次數統計的軟體計費說明 時程：每月一次 評量者：系統經營運商；營運主管	軟體在這一季發布了；有為了 iComm、KidZatHeart、Ministers2Military 與 Psalm One Ministries 開設的非同步的線性討論；網站有 135 次的線性討論；網站貼了 57 封訊息；12 位使用者註冊。	持續監控討論群組的使用情況；加入主題式非同步討論與同步聊天室的選項；評估讓參與者使用開放式註冊、無須透過系統管理員
編輯與出版線上數位學習誌	擴展一般線上學習領域的知識、特別是擴展數基督教育事工線上教學理論與實踐的相關議題的理解。	方法：學習誌與網站的使用率統計的電子出版品 時程：一年出版三次 評量者：學習誌編輯；網站管理員	學習誌尚未在線上發行了；第一個議題的目標發行日：2004 夏末；網站設計與國際標準期刊號（ISSN）的申請正在進行中	完成學習誌網站的設計；徵求和諮詢小組就位；徵求學習誌文章

EDCOT® INDICATORS OF SUCCESS
透過數位教材與線上技術的教育

網站服務報告：2004 第一季

下列報告總結了 EDCOT® 網站服務的目標和結果所取得的成果和影響。這些修改是基於成功指標中特定一段時間內評量的發現與影響。

目標：開發 EDCOT 網站

EDCOT 網站這一季上線了。徵求到的回饋對網站設計表示十分正面。網站設計顯示只有 234 個訪客；因為網站還在開發中，低訪問率是可預期的。每個服務段落的其他同事在第二季完成。建議將網址提交到搜尋引擎。透過 e-mail 將網站推廣給廣給朋友或同事。在 2004 的 NAPCE 會議（譯註：應為一國家級的教育牧養關懷協會）時用推廣禮物來推廣網站。

目標：管理跨越網路的線上討論

這款網路交叉軟體為 iComm, KidZatHeart, Ministers2Military 與 Psalm One Ministries 開設了非同步線性討論的方式。網站流量中，57 則的訊息共有 135 次點擊。主題式非同步討論與同步聊天室的討論將在第二季加入。系統管理員核准了 12 位需要存取受限討論的參與者的註冊，並將他們加入到適當的存取列表中。可考慮向任何訪客開放註冊，並將存取列表的管理移交給合適的討論主機。

目標：以電子方式出版數位學習誌

第一則學習誌的議題，計畫在 2004 夏末出版。此網站設計將會在 2004 春末時完成，以利為此學習誌申請國際準則刊號。目前僅有一位副編輯（associate editor）被選中；其他副編輯以及諮詢小組春末時需要就位。也需要從編輯與副編輯徵求關於第一則議題的學習誌文章，並為未來的議題制定提交指南。

報告結束

成新的事工或重塑現有事工的目標及成果，作為在**發現**欄以下數據的結果。

　　一旦成功指標的表格完成，應該產生一份**總結報告**，描述所進行的評量結果的每個目標與結果的狀態。這份報告基本上是**發現**與**影響**數據的摘要。

進行評估的工具

　　如先前提過的，教會與基督教組織已經發布一些可以幫助衡量事工果效的數據收集工具。這些工具包括收集預算報告、出席圖表、趨勢分析、銷量報告等。任何以一致的基礎收集的數據都可能是在事工果效上很寶貴的資料來源。其他工具，如職業或工作描述以及計畫規劃表格，也都包含可以用來確定什麼樣的成功指標需要由其他方法衡量的資訊。[17] 除了這些現有的數據收集工具，事工果效也可以直接由調查或表格的方式來衡量。當正確地開發與實作時，調查及表格可以對事工果效產生非常準確的看法。

紙本調查與線上表格

　　紙本調查與線上表格是以架構性的方法來衡量事工果效的資料收集工具。雖然紙本調查的內容與線上調查的內容可能一模一樣，但這些工具各自在收集數據上有不同的優缺點。

　　紙本調查是可以發給任何人的，而且可以是在事工活動之前、之中、之後的任何時間發出紙本調查。在事工的活動中，調查的副本需要發給每一個人，而且在某些情況下，也需要提供原子筆或鉛筆。一旦紙本調查完成，數據必須編譯到資料庫或電子表格中——常常是手動的——藉此將每個問題的回應製表（tabulated）。

　　紙本調查的缺點是問題會被跳過，或只需一種回應的地方被重覆勾

選了。當這樣的狀況發生時，如果是缺少了必要的資訊，這份調查可能就無法使用，或者，這些數據因為多重的回應而無法被妥善分類。此外，一旦考慮到紙張、影印、原子筆或鉛筆的成本以及數據編譯，使用紙本調查的價格可能會很高。

線上表格需要人員透過電腦及網路來完成表格。線上表格幾乎總是必須在事工活動結束後，在家中或辦公室中完成（編注：目前無線網路或可攜式電腦已改變這點）。**線上表格只應在所有參與事工活動的人都很方便存取網際網路的情況下使用**。線上表格的網址是唯一需要發給受邀完成表格的參與者的東西。當提交了線上表格，數據可以自動地加入資料庫，而無須透過手動輸入。一旦預定的時間截止，線上表格就會從線上撤下，而資料庫的紀錄也已製表完成。

線上表格的優點是可設定必須填答的問題，並且，一個問題可以有幾個回應是可以限制的。這些表格處理的規則確保重要資訊會被填寫，並適當地避免多重的回應。因為不需用紙、影印及書寫工具，故線上調查的價格較紙本調查便宜。然而，網路服務供應商的費用、主機架設的費用、線上表格設計的費用及資料庫管理的費用，對尚未建設這些服務的組織來說，成本將會提高。

紙本調查與線上表格在衡量果效方面與它們所包含的問題一樣好。雖然調查和表格設計超過了本堂課的範圍，但在建立調查或表格的時候，下列的設計原則應該列入考慮。

1. 問題與敘述「應該用簡潔的語句表達，必須包含一個單一的概念，不應模稜兩可」。[18]

2. 應該適當地納入像是性別、年齡範圍、出席頻率、到達活動現場的移動距離等與事工活動相符的的人口統計的問題。這樣的資訊會幫助你在分類你的發現並在回應中尋找模型。請記得，指定年齡範圍會降低某些對於給予實際年齡較為敏感的參與者的威脅感——年齡範圍也讓數據在心理上更容易處理。（如 18-24；25-29，而不是 18, 19, 20, 21，依此

類推）

　　3. 不應該問侵犯參與者個人隱私的問題，也不要問與所調查事工領域無關的問題。舉例來說：去詢問參與者他們收入的水平，對衡量主日學課程的果效來說沒有關聯。

　　4. 針對態度相關的項目，考慮使用五分制的李克特回應量表。[19] 使用李克特量表時，每個項目會用直述句來描述，後面接著不同程度的同意，或認可該描述的回應選項。[20] 與前面選項分開的第六個選項是「不適用」，只應在必須的時候加入。舉例來說：

　　演講來賓增強了我「對如何為基督而活」的了解：
　　A＝非常同意；B＝有點同意；C＝同意／不同意；D＝不太同意；E＝非常不同意

　　我對整個會議的整體滿意度：
　　5＝非常高；4＝高；3＝普通；2＝低；1＝非常低

　　服務臺的人員在引導來賓到教室及回答教會計畫的問題方面很有幫助：
　　5＝是；4；3；2；1＝否；6＝不適用

　　請注意，李克特回應量表應該從正面開始連續，而非負面，例如，非常同意到非常不同意，反之亦然。如果數值量表有潛在誤導的可能，使用字母（A, B, C, D, E）或用縮寫來代表可能的回應（SA, A, N, D, SD，譯註：SA 為 Strongly Agree），而非數字（5, 4, 3, 2, 1）。

　　當將字母或縮寫轉換成數值的時候，將負面的一端設為低數值比較不會造成混淆──把小的數字當作正面回應在心理上較沒有吸引力。此外，千萬不要在連續的數值量表的一端使用零當作最小的值，也不要用零當作「不適用」。參與者的答案很可能不是絕對的，而統計上值為零是無法計算的，特別是你只是需要計算出有幾個人回應「不適用」的時候。[21]

5. 調查與表格應該被設計得易讀與易填，且可以很容易地編譯數據。

留存、放棄與增加調查法

「KDA 保留、放棄、增加調查法」（keep, drop, and add surverys）是收集事工果效數據中最快的方法之一。用此方法所收集到的數據會比紙本調查與線上表格的結構要少，因為這三個方面的調查涉及開放式的回饋，而不是是非題、選擇題或量表的回應。KDA 保放增調查法可以被串聯式的布署在紙本調查或線上表格中。使用 KDA 保放增調查法所收集到的數據，常常會比透過較有結構性的工具所收集到的數據更清楚、更寬廣。KDA 保放增調查法可以在事工活動前、中、後的任何時間發布給任何人。

這個調查透過給每個人一張白紙或一張空白的筆記卡的方式來進行；在某些情況，一定要提供原子筆或鉛筆。參與者會被要求將紙張或筆記卡分成三個區塊，並在一個區塊標注「保留」、一個區域標注「放棄」，一個區塊標注「增加」。參與者接著在對應的區域，寫下他們對事工的回饋。一旦調查完成，數據必須手動編譯到資料庫或電子表格，然後將每個區塊的回應製表。

KDA 保放增調查法的缺點是，可以幫助解釋回應的重要資訊沒有被收集到。舉例來說，如果能知道「保留」的重覆是從男性或女性來的，或從特定的年紀來的，會很有幫助。此外，開放性問題所存在的彈性，會讓數據的編譯更加困難。去排序數據、重覆關鍵字或回應主題的重覆回答必須從調查本身確定，而非預先決定。在整個數據編譯的過程中，解讀調查中參與者的字跡也是一種挑戰。

關於 KDA 保放增調查法的一個超越紙本調查與線上表格的顯著優點是，即使是在書面回應編譯之前，參與者就可以聽取關於他們的回應。口頭的回饋常常讓記錄在紙張或筆記卡上的內容更為突出，提供事工領導者在必要時探討回應的機會，以澄清參與者的回饋意見。參與者

在 KDA 保放增調查法的方法中也能在事工活動的任何方面自由評論，而不限於在紙本調查或線上表格上問題與描述的範圍。KDA 保放增調查法的開放式回應，常常可以產生對事工果效的深入觀察，而這些觀察是當使用較有架構性的工具時所容易忽略的。

得到準確的結論

一旦評量的數據收集完成，無論什麼方法，一定要謹慎評估你的發現，以避免得到錯誤的結論。在評估數據的過程中「一定要包括這些元素：（1）仔細檢查資訊以確定其有效性（validity）（2）確定過去成功和失敗的原因及（3）將資訊回饋到未來事工規劃的過程中。[22] 使用成功協定的指標作為例子，發現的數據會被謹慎地研究，而新數據與先前評估的結果進行比較後，適當的建議將構成塑造或重塑事工的目標和成果的框架。這些建議會形成具有影響的描述。

解釋評量的數據的試探會是，去選擇所呈現的數據以外的結論，有時候，當數據顯示出我們在事工中的果效欠佳，我們會變得有防衛性與變得忽略，或者忽視客觀的發現。若是如此，主觀的意見就會傾向成為維持或取消現狀的「數據」「未能使用評估的結果，對與你同工的人來說是不利的，如果是故意的話，則是不誠實的。」[23]

我們必須牢記「評估最重要的結果是，在參與的人員中發生了什麼事。教會是從事使人恢復與使人成熟的地方，因此，評估應該對這樣的過程有貢獻。」[24] 如果我們願意客觀地觀察我們的事工，並且願意從我們所收集的數據建議中，做出合適的調整，我們一定會提昇建造基督身體的果效，也因此，朝向滿足大使命的方向，做出有價值的貢獻。

註　釋

第一部

1. 約翰‧杜威，選自 *Theology of Administration: A Biblical Basis for Organizing the Congregation* 引言第 4 頁，作者為 Harris W. Lee。

2. 以下清單來自於 Harris W. Lee 所著 *Theology of Administration: A Biblical Basis for Organizing the Congregation* (Minneapolis: Augsburg Publishing House, 1981) 第 6-7 頁的改寫。

3. 同上 7。

4. Gerhard Kittel and Gerhard Friedrich 所編輯的 *Theological Dictionary of the New Testament, s.v. "Kubern EQ kubernesis"* (Grand Rapids: Wm. B. Eerdmans Publishing Co.), 1036.

第一堂

1. 我想要向我的幾位博士生對於這一堂文獻參考的內容及所提供的協助致謝。他們是 Joyce Brooks, Mark Henze, Seung Lee, and Myeong-Shin Nam。

第二堂

1. Cf. Patrick J. Montana and Bruce H. *Charnov, Management* (Hauppauge, New York: Barron's Educational Series, 2000), 11–35.

2. Cf. Lyman Lundeen, "Theology and the Management Mystique," *The Lutheran Quarterly* 25 (1973): 339–50.

3. James N. Poling and Donald E. Miller, *Foundations for a Practical Theology of Ministry* (Nashville: Abingdon Press, 1985), 94.

4. William A. Johnson, "Process Management: Bad Theology in the Service of the Church," *The Christian Century* (1976): 625.

5. Myron Rush, *Management: A Biblical Approach* (Wheaton, Ill.: Victor Books, 1983), 11.

6. Loren Broadus, "What in the World Does Theology Have to Do with Leadership," *Lexington Theological Quarterly* 2 (1976): 75.

7. Poling and Miller, 108.

8. Kenneth O. Gangel, *Competent to Lead* (Chicago: Moody Press, 1977), 18.

9. Cf. Ray S. Anderson, "A Theology of Ministry," in *Theological Foundations for Ministry,* ed. Ray S. Anderson (Grand Rapids: Eerdmans Publishing Company, 1979), 9.

10. Cf. James Riley Estep Jr., "Biblical-Theological Foundations of Christian Education," in *Foundations for Christian Education,* Eleanor A. Daniel and John W. Wade, eds. (Joplin, Mo.: College Press, 1999), 13–33.

11. Lawrence O. Richards, *A Theology of Church Leadership* (Grand Rapids: Zondervan Publishing House, 1980), 199.

12. Cf. Lewis Sperry Chafer, *He That Is Spiritual* (Grand Rapids: Zondervan Publishing House, 1967), 17–21.

13. Ronald T. Habermas, "Practical dimensions of the *imago dei,*" *Christian Education Journal* 13 (1993): 90–91.

14. Cf. Lawrence O. Richards and Gib Martin, *A Theology of Personal Ministry* (Grand Rapids: Zondervan Publishing House, 1987), 130–132，文中對於管理中的恩賜有完整的討論。

15. Kenneth Gangel, *Competent to Lead* (Chicago: Moody Press, 1974), 21. Gangel 使用的是希臘文的七十士譯本，而不是希伯來文舊約聖經來作為他字義研究的讀本。

16. Fritz Rienecker and Cleon Rogers, *Linguistic Key to the Greek New Testament* (Grand Rapids: Regency/Zondervan Publishing House, 1980), 430.

17. 同上，395.

18. Warren S. Benson, "Jesus Christ and Paul as Christian Education Specialists," in *Directing Christian Education,* Michael S. Lawson and Robert J. Choun Jr. (Chicago: Moody Press, 1992), 33.

19. 這張圖表更早的版本是在 James Riley Estep Jr., "Can a Christian be a Dean? Toward a Theology of Academic Administration in Christian Higher Education,"

Christian Education Journal 6NS (2002): 35–54.

20. Gareth Morgan, *Images of Organization,* 2nd ed. (London: Sage Publishers, 1997), 347.

第二部

1. M. Peterson, "Analyzing alternative approaches to planning," in P. Jedamus M. Peterson, & Associates (eds.), *Improving Academic Management* (San Francisco: Jossey-Bass, 1980), 113–163.

2. A. MacKinney, "Planning in Academic Institutions," in *Professional Psychology: Research and Practice,* Vol. 15, No. 5 (1984): 637–44.

3. H. Koontz and H. Weihrich, *Essentials of Management* (San Francisco: McGraw-Hill Publishing, 1990), 49.

4. 同上，49.

5. 這個圖表改寫自 *Essentials of Management* 第 47 頁中的「計畫金字塔」概念。

6. MacKinney, 640.

第三堂

1. George Barna, *Without a Vision the People Perish* (Glendale, Calif.: Barna Research Group, 1991), 145.

2. William G. Caldwell, "Mission," in *Evangelical Dictionary of Christian Education,* ed. Michael D. Anthony (Grand Rapids: Baker Academics, 2001), 475.

3. Barna, 38.

4. Barna, 38–39.

5. Barna, 40–41.

6. Rick Warren, *The Purpose-Driven Church* (Grand Rapids: Zondervan, 1995), 81.

7. George Barna, *Turning Vision into Action: Defining and Putting into Practice the Unique Vision God Has for Your Ministry* (Ventura, Calif.: Regal, 1996), 145.

8. Barna, *Without a Vision,* 28.

9. Joel Hunter, "Clearing," *Leadership Journal* (Spring 1999): 120–124.

10. Josh McDowell, Dave Hannah, and Rick Warren, "Influential Things Come in

Small Packages," *Christianity Today,* October 2003, 52–53.

11. 同上，52–53.

12. 比爾·海波斯，*Courageous Leadership* (Grand Rapids: Zondervan, 2002), 29. 中譯為《教會需要勇者》（基石出版）。

13. 海波斯, *Courageous Leadership,* 29–30. 中譯為《教會需要勇者》（基石出版）。

14. 約翰福音 1:14，畢德生, *The Message: A Paraphrase of the New Testament with Psalms and Proverbs* (Colorado Springs, Colo.: NavPress), 2000.

15. Vision Statement. Neighborhood Christian Fellowship. Covina, California, 1996.

16. Terry Wardle, "Keys to Communicating Vision," *Ministry Advantage* 4 (1993), 2.

17. C. E. Larson and M. J. La Fasto, *Teamwork: What Must Go Right/What Can Go Wrong* (Newbury Park, Calif., 1989), 24–26.

18. 同上，27。

19. W. Bennis and B. Nanus, *Leaders: The Strategies for Taking Charge* (New York: Harper and Row, 1985), 28. Quoted in Larson and LaFasto, *Teamwork,* 27–28.

20. Kevin Lawson, *How to Thrive in Associate Staff Ministry* (Bethesda, Md.: Alban Institute, 2000), 55.

21. 同上，59。

22. 同上，66。

23. Barna, *Turning Vision into Action,* 154–160.

24. 海波斯, *Courageous Leadership,* 32. 中譯為《教會需要勇者》（基石出版）。

25. 同上，32–37。

第四堂

1. Edward R. Dayton and Ted W. Engstrom, *Strategy for Living* (Ventura, Calif.: Revel Books, 1976), 41.

2. Robert Kreitner, *Management,* 8th ed. (Chicago: Houghton and Mifflin, 2001), 6.

3. Lee G. Bolman and Terrence E. Deal, *Reframing Organizations* (San Francisco: Jossey-Bass, 1997), 165.

4. Kreitner, 174.

5. Bolman and Deal, 268.

6. 選自 Kenneth Gangel, *Feeding and Leading* (Wheaton, Ill.: Victor Books, 1989),

93.

7. 根據 Andrew Seidel, *Charting a Bold Course: Training Leaders for 21st Century Ministry* (Chicago: Moody Press, 2003), 229–230.

8. Bolman and Deal, 53.

9. 路易斯・卡爾,《愛麗絲夢遊仙境》(http://www.textlibrary. com/ download/ alice-national security. Full text of the message is available from The John F Kennedy Library and wo.txt).

10. Dayton and Engstrom, 50. 他們在文中多使用 *goals* 這個詞來代替 *objectives* 這個詞。

11. 摘錄自甘迺迪總統 1961 年 5 月 25 日的對國會所發表的演說內容。這個演講內容主要是針對冷戰期間與蘇聯之間的張力、古巴豬玀灣事件的失敗以及國家博物館等議題提出說明。資訊來源 http://www.cs.umb. edu/jfklibrary/ index.htm

12. Michael Kay, "Achieving that Everest Feeling," *Management Review* 88 (April 1999): 13.

13. Paul Hersey, Kenneth Blanchard, Dewey Johnson, *Managing of Organizational Behavior: Leading Human Resources* (Upper Saddle River, N.J.: Prentice Hall, 2001), 31.

14. Edwin Locke and Gary Latham, *Goal-Setting: A Motivational Technique That Works!* (Upper Saddle River, N.J.: Prentice Hall, 1984), 120–193.

15. Ivan Scheier, *When Everyone Is a Volunteer* (Philadelphia: Energize, 1992), 9–16.

16. Kreitner, 175.

17. Gene Greeson, *Goal Setting: Turning Your Mountains into Molehills* (St. Louis: Potential Unlimited, 1994), 79.

第五堂

1. Peter Blackerby, "History of Strategic Planning," *Armed Forces Comptroller* 39 (1): 23–24.

2. A. Lumpkin, "Strategic Planning in Health, Physical Education, Recreation, and Dance," *The Journal of Physical Education, Recreation and Dance,* 68 (5), 38–41.

3. 同上,38–39。

4. Aubrey Malphurs, *Advanced Strategic Planning: A New Model for Church and Ministry Leaders* (Grand Rapids: Baker Book House, 1999), 61.

5. 同上，104。

6. 同上，139, 140。

7. 同上，79。

8. Christine D. Keen, "Tips for Effective Strategic Planning," *Human Resources Magazine* 39 (8): 84.

9. Roger Kaufman and Jerry Herman, "Strategic Planning for a Better Society," *Educational Leadership* (April 1991): 7.

10. Keen, 84.

11. Keith Orndoff, "Developing Strategic Competencies: A Starting Point," *The Information Management Journal* (July/Aug. 2002): 60.

12. Paul Hersey and Ken Blanchard, *Management of Organizations: Utilizing Human Resources* (New Jersey: Prentice Hall Publishers, 1969), 382, 383.

13. Gene Mims, "Using Kingdom Principles in Church Planning," *Church Administration,* 38 (8): 10.

14. John Bryson, *Strategic Planning for Public and Non-Profit Organizations* (San Francisco: Jossey Bass Publishers, 1995), 188.

15. Henry Klopp, *The Ministry Playbook: Strategic Planning for Effective Churches* (Grand Rapids: Baker Book House, 2002), 31–34.

16. 同上，28、29。

17. Kaufman and Herman, 8.

第六堂

1. Fritz Rienecker and Cleon Rogers, *Linguistic Key to the Greek New Testament* (Grand Rapids: Zondervan Publishing House, 1980), 430.

2. Larry J. Michael, *Spurgeon on Leadership: Key Insights for Christian Leaders from the Prince of Preachers* (Grand Rapids: Kregel, 2003), 101.

3. 同上。

4. Aubrey Malphurs, *Advanced Strategic Planning: A New Model for Church and Ministry Leaders* (Grand Rapids: Baker Books, 1999), 194.

5. Kenneth O. Gangel, *Team Leadership in Christian Ministry,* revised (Chicago:

Moody Press, 1997), 170.

6. Bobb Biehl, *Stop Setting Goals If You Would Rather Solve Problems* (Nashville: Moorings, 1995), 189.

7. Bruce Powers, ed., *Church Administration Handbook,* rev. ed., ed. Bruce P. Powers (Nashville: Broadman & Holman, 1997).

8. Bruce Powers, *Christian Education Handbook,* Rev. ed. (Nashville: Broadman & Holman, 1996).

9. James Riley Estep Jr. "Policy/Procedure Formation Template" (CE240/ CE601 course handout, Lincoln Christian College and Seminary, 2003).

10. Powers, *Church Administration Handbook* (1997), 174.

第七堂

1. Robert N. Gray, *Managing the Church: Business Administration* (Enid, Okla.: NCC Publication, 1979), 75.

2. James Estep, "Basic Budgeting Design," Handout in CE601 Educational Leadership and Administration (Lincoln Christian Seminary, Lincoln, Illinois), Fall 2003.

3. Margaret J. Barr, *Academic Administrator's Guide to Budgets and Financial Management* (San Francisco: John Wiley & Sons, 2002), 37–42.

4. 同上，37。

5. 同上，39。

6. 同上，40。

7. 同上，41。

8. Gray, 75.

第八堂

1. P. F. Drucker, *The Practice of Management* (New York: Harper & Row Publishers, 1954), 135–136.

2. G. S. Odiorne, *Management by Objectives: A System of Managerial Leadership* (Belmont: Pitman Publishing Company, 1965), 55–56.

3. F. Luthans, and Jerry Selentin, "MBO in Hospitals: A Step Toward Accountability" *Personnel Administrator* 21, no. 7 (October 1976): 42–45.

4. F. V. Malek, "Managing for Results in the Federal Government," *Business Horizons* 17, no. 2 (April 1974): 23–28.

5. 教育一直都是目標管理（MBO）整合的主要焦點。威斯康辛大學的管理學院是許多領導型教育機構的其中一員，致力於整合的先驅工作。我建議各位可以參考該大學商業與管理學系的系主任 Norman C. Allhiser 所選取的第一手參考資訊。請參閱在 Dale McConkey 的書中其中一章標題為「在管理機構中的目標管理」（MBO in the Management Institute）的文章。另外一份優秀的來源則是 Steven Knezevich 所寫的 *Management by Objectives and Results* 一書。(Arlington: American Association of School Administrators, 1973)

6. Michael J. Anthony, "Management by Objectives for Camp Administration," *Journal of Christian Camping* 17, no. 1 (Jan.-Feb. 1985): 12–13.

7. D. McConke., See chapter 5 "MBO in Church Organizations" in *MBO for Nonprofit Organizations* (New York: The American Management Association, 1975). See also Daniel L. Mead and Darrell J. Allen, *Ministry by Objectives* (The Evangelical Training Association, 1978).

8. Sister Rosemary Miller, "Living by Objectives," *Management by Objectives Journal* 1, no. 2 (October 1971).

9. Odiorne, op cit.

10. G. I. Morrisey, *Management by Objectives and Results* (Reading: Addison-Wesley Publishing, 1970).

11. John W. Humble, *Management by Objectives in Action* (New York: McGraw Hill, 1970).

12. Arthur D. Beck and Ellis D. Hillmar, *Practical Approach to Organizational Development* (Reading: Addisoon-Wesley Publishers, 1972).

13. McConkey, 172.

14. George Odiorne, *MBO II: A System of Managerial Leadership for the 80's* (Belmont: Fearon Pitman Publishers, 1979), 74.

15. 柯林斯（Jim Collins），《從 A 到 A＋》（*Good to Great*，New York: HarperCollins Publishers, 2001, 13）

16. Knezevich, op cit., 37.

17. Anthony Raia, *Managing by Objectives* (Glenview: Scott, Foresman and Company, 1974), 149.

18. 這份清單經過大量的改寫，主要依據的文本是在 Richard Babcock and Peter F. Sorensen 所寫的書 An MBO Checklist: Are the Conditions Right for Implementation?" *Management Review 68* (June 1979): 59–62

19. Harold Koontz and Heinz Weihrich, *Essentials of Management,* 5th ed. (New York: McGraw Hill Publishing Company, 1986), 71.

第三部

1. Harold Koontz and Heinz Weihrich, *The Essentials of Management* (San Francisco: McGraw Hill Publishers, 1990), 134.

2. Arthur J. Lynch, "Modification to the Management Processes: A Proposal for Combination and Addition in Elements of Management," *Training and Development Journal* (July 1967): 51.

第九堂

1. 有部分的內容是摘錄自 Michael Anthony 的著作 "Organizational Structures in the Church," chapter 8 in *The Effective Church Board* (Grand Rapids: Baker Books, 1993).

2. "Session Manual," Faith Presbyterian Church, Indianapolis, Indiana, p. 3.

3. James A. F. Stoner, *Management* (Englewood, N.J.: Prentice-Hall, Inc.), 225.

4. Bruce W. Jones, *Ministerial Leadership in a Managerial World* (Wheaton, Ill.: Tyndale Press, 1988), 120.

5. Session Manual, 8

6. Jones, 123.

7. Wayman D. Miller, *The Role of Elders in the New Testament Church* (Tulsa: Plaza, 1980), 79.

8. Ken Gangel, *Leadership for Church Education* (Chicago: Moody Press, 1970), 56–57.

第十堂

1. Harold J. Westing, *Church Staff Handbook: How to Build an Effective Ministry Team,* revised and updated (Grand Rapids: Kregel Publications, 1997), 93.

2. Kenneth O. Gangel, *Team Leadership in Christian Ministry,* revised (Chicago: Moody Press, 1997), 239.

3. Chris W. Tornquist, "Reading Between the Lines: The Problem of Unwritten Expectations," *Christian Education Journal,* Vol. 10, No. 2 (1990): 17.

4. Michael J. Anthony, *The Effective Church Board: A Handbook for Mentoring and Training Servant Leaders* (Grand Rapids: Baker Books, 1993), 78.

5. Westing, 94.

6. 同上，95。

7. Anthony, 78.

8. Westing, 95.

9. Gangel, *Team Ministry,* 329.

10. Judy J. Stamey, "Equipping the Saints to Serve," in *Church Administration Handbook,* rev. ed., ed. Bruce P. Powers (Nashville: Broadman & Holman, 1997), 239.

11. Michael A. Bechtle, "The Roles and Responsibilities of Christian Education Personnel," in *Foundations of Ministry: An Introduction to Christian Education for a New Generation,* ed. Michael J. Anthony (Wheaton, Ill.: Victor Books, 1992), 239–240.

12. 同上, 240。

13. Westing, 98.

14. 同上，97。

15. 同上, 93。

16. William G. Caldwell, "Administering Personnel," in *Church Administration Handbook,* rev. ed., Bruce P. Powers (Nashville: Broadman & Holman, 1997), 73.

17. Anthony, 80.

18. Caldwell, 73.

19. 同上。

20. Robert K. Greenleaf, *On Becoming a Servant Leader,* ed. Don M. Frick and Larry C. Spears (San Francisco: Jossey-Bass, 1996), 182.

21. Westing, 93.

22. Gangel, 329.

23. Westing, 93.

24. 同上 97。

25. Gangel, 329–330.

26. Anthony, 80.

27. 同上，78。

28. Westing, 96.

29. Bechtle, 239.

30. Anthony, 80.

31. Bechtle, 239

32. Anthony, 79.

33. Gangel, 329–330.

第十二堂

1. Spencer Johnson, *Who Moved My Cheese?* (New York: G. P. Putnam Sons, 1999).

2. Mike Nappa, *Who Moved My Church?* (Tulsa, Okla.: River Oak Publishing, 2001).

3. Cf. Robert D. Dale, *To Dream Again* (Nashville: Broadman Publishing, 1981).

4. Cf. Nadya Labi, "The New Funday School," *Time* (December 16, 2002): 60–62.

5. John Maxwell, *Developing the Leader Within You* (Nashville: Thomas Nelson, 1992), 65.

6. Jim Herrington, Mike Bonem, and James H. Furr, *Leading Congregational Change* (San Francisco: Jossey-Bass, 2000), 100–157.

7. Adapted and based on David A Nadler *et al., Discontinuous Change* (San Francisco: Jossey-Bass Publishers, 1995), 64.

8. Robert Heller and Tim Hindle, *Essential Manager's Manual* (New York: D. K. Publishing, 1998), 715.

9. Cf. Heller and Hindle, 730.

10. Cf. Phillip V. Lewis, *Transformational Leadership* (Nashville: Broadman & Holman, 1996), 130–131; Aubrey Malphurs, *Values-Driven Leadership* (Grand Rapids: Baker Book House, 1996), 130; Kenneth K. Kilinski and Jerry C. Wofferd, *Organization and Leadership in the Local Church* (Grand Rapids: Zondervan Publishing, 1973), 112–114.

11. Speed Leas, "The Varieties of Religious Strife," *Mastering Conflict and*

Controversy (Portland, Ore.: Multnomah Press), 83–94.

12. 同上，88–90。

13. 同上，90–92。

14. "The Peacemaker: Responding to Conflict Biblically," promotional pamphlet (Billings, Mont.: Peacemaker Ministries, 1996).

15. Ron Susek, *Firestorm: Preventing and Overcoming Church Conflict* (Grand Rapids: Baker Book House, 1999), 136.

第十三堂

1. Paul Hersey and Kenneth Blanchard, *Management of Organizational Behavior,* 6th ed. (Englewood Cliffs, N.J.: Prentice-Hall, 1993), 364.

2. Robert Heller and Tim Hindle, *Essential Manager's Manual* (New York: D. K. Publishing, 1998), 165.

3. Wayne Jacobsen, "A Board's Guide to Praying Together," *Leadership,* 6 (1985): 31.

4. Karen Marie Yust, *Attentive to God* (St. Louis: Chalice Press, 2001), 7.

5. Hersey and Blanchard, 456–458

6. James E. Means, *Leadership in Christian Ministry* (Grand Rapids: Baker Book House, 1989), 159–164.

7. Cf. James Champy, *Reengeneering Management* (New York: Harper Business, 1995), 75–95.

8. Cf. Bill Creech, *The Five Pillars of TQM* (New York: Truman Talley Books, 1994), 321; Kenneth Gangel, *Team Leadership* (Chicago: Moody Press, 1994), 410–412.

9. 改編自 Richard M. Hodgetts, *Modern Human Relations at Work* (Chicago: Dryden Press, 1980), 359.

10. Trista Yarbrough, "Put It in Writing!" *Church Administration* 31 (1989): 24–25.

11. Robert Heller and Tim Hindle, *Essential Manager's Manual* (New York: D. K. Publishing, 1998), 25.

12. *Leadership* 6 (1985): 46.

13. Based on Judy J. Stamey, "Does Your Staff Know What's Going On?" *Church Administration* 39 (1997): 8–9.

第四部

1. Kenneth O. Gangel, *Building Leaders for Church Education* (Chicago: Moody Press, 1981), 227–228.
2. Robert D. Herman, *The Jossey-Bass Handbook of Nonprofit Leadership and Management* (San Francisco: Jossey-Bass Publishers, 1994), 536.
3. H. Koontz, and H. Weihrich. *Essential of Management* (San Francisco: McGraw-Hill Publishing, 1990), 218.
4. Robert D. Herman, 515.

第十四堂

1. Dennis E. Williams and Kenneth O. Gangel, *Volunteers for Today's Church: How to Recruit and Retain Volunteers* (Grand Rapids: Baker Books, 1993), 27–45.
2. Thom S. Rainer, *High Expectation: The Remarkable Secret for Keeping People in Your Church* (Nashville, TN: Broadman and Holman, 1999), 59.
3. Williams and Gangel, 38.
4. Dennis E. Williams, "Recruiting, Training, and Motivating Volunteers," in *Introducing Christian Education: Foundations for the Twenty-first Century,* ed. Michael J. Anthony (Grand Rapids: Baker Books, 2001), 175.
5. 1993 年國家兒童保護法 (National Child Protection Act 1993, http://www. casanet.org/ library/ juvenile-justice/ncpa93.htm)
6. J. W. "Bill" Phillips, *Sexual Abuse: Protecting Your Education Ministries* (2 of 3), LifeWay Christian Resources, http://www.lifeway. com/lwc/ lwc_cda_ article.

第十五堂

1. Kenneth O. Gangel, *Team Leadership in Christian Ministry* (Chicago: Moody Press), 276.
2. 同上，281.
3. 同上，281.
4. Jim Collins, *Good to Great* (New York: HarperCollins, 2001), 42.
5. 同上，44.
6. 同上，56

7. 同上，46–48

8. Warren R. Plunkett and Raymond F. Attner, *Introduction to Management* (Boston: PWS-Kent Publishing Co.), 348–350.

9. Paul Hershey and Kenneth H. Blanchard, *Management of Organizational Behavior,* 3rd ed. (Englewood Cliffs, N.J.: Prentice-Hill,), 288–289.

第十六堂

1. 法律是不斷在變動的。因此任何法律文件的聲明都需要一份合適的權益放棄書。本堂主要希望可以提供那些影響教會和事工的法律總括性的概覽。本堂的內容不應該取代法律相關的諮詢和意見。在本書後面所附的參考書目提供了各種不同領域的額外補充資訊，包含網路上的資源以及相關的服務，幫助讀者了解最新的發展與變化。

2. 在出埃及記 21:1，神對摩西說：「你在百姓面前所要立的典章是這樣。」接著「摩西下山，將耶和華的命令典章都述說與百姓聽。眾百姓齊聲說：耶和華所吩咐的，我們都必遵行。」（出埃及記 24:3）

3. 耶穌掐了麥穗和在安息日醫治人（路加福音 6:10-11），並且把做生意的人趕出聖殿（路加福音 19:45-46），他沒有在吃飯前洗手而犯了潔淨的律法（馬太福音 15:1-9），並且與罪人和不潔淨的人一同坐席（馬太福音 9:10-11）。雖然耶穌並不是進行所謂的公民不服從運動，耶穌的確是站在因為犯姦淫要被處罰的婦人那一邊。（約翰福音 8:1-8）

4. 我們要注意到耶穌自己付了聖殿稅，同時也教他的門徒要繳稅（馬太福音 17:24-27），耶穌也出席了每一場在耶路撒冷的宴席，甚至是建議要繳交適當的稅金給凱撒。（馬太福音 22:15-22）

5. 舉例來說，保羅使用了他身為羅馬公民的特權，在凱撒面前取得上訴的機會。

6. 要規劃法律相關的討論有許多的方式。這個分成四個象限的方法是簡單的，但是對於本堂要達成的目的是有效的。

7. See Brannon v. Commissioner, T.C. Memo. 1999-370 (U.S. Tax Court).

8. 由於篇幅的緣故，我們不會處理任何特定的學校或教育法規。牧者應該要調查官方的教育課程，並且也建議能夠進一步的探討這些特定的主題。

9. 1868 年採用第十四項修正案來確保人權法案和其它憲法的保護都能應用在

剛剛獲得自由的奴隸身上。稍後，這項修正案所提供的人權保證在全國及聯邦政府都有效地運作。參考 Cantwell v. Connecticut, 310 U.S. 296 (1940).

10. 這個法條簡要地列出「國會不應該對於一個宗教的創設制定任何法律」。

11. 談到宗教，宗教豁免條款則列出「國會不應該針對禁止使用宗教豁免權制定下任何條款……。」

12. 330 U.S. 1 (1947).

13. 這項研究指向「雷蒙測試」（Lemon Test）and 出自 Lemon v. Kurtzman, 403 U.S. 602 (1971) at 614.

14. Engle v. Vitale, 370 U.S. 421 (1962).

15. Abington v. Schemp, 374 U.S. 203 (1963).

16. Epperson v. Arkansas, 393 U.S. 97 (1968). (A 1929 Arkansas statute prohibiting the teaching of evolution was struck down.)

17. Roemer v. Maryland Board of Public Works, 425 U.S. 736 (1976).

18. 法院依循著不會介入神職人員徵聘的規範之下，這並不只是因為第一項修正案中的政府介入議題，還有教會組織和會眾對於教會專屬管轄權的默許。然而，最近法院已經傾向要重新審制這些內容，如果能從世俗的法律來檢視（例如合約或公民法），同時又不會侵犯宗教的教義。參考 Jones v. Wolf, 443 U.S. 595 (1979).

19. Sherbert v. Verner, 374 U.S. 398 (1963) 的案子處理一位基督復臨安息日信徒的問題。他因拒絕接受需要星期六工作的工作而無法領取失業救濟，而法院判決他可以領取失業救濟金。

20. 在威斯康辛州 v. Yoder, 406 U.S. 205 (1972)，一位阿米許教派信徒把他的八年級女兒從公立學校退學，轉而加入未經政府許可和認證的阿米許人職業課程。法院認為由國家或州政府來提供合適教育的主張並無強制性，因為阿米許人的課程或許也可以達成某些教育目的。

21. 法院裁定它不得調查自己所主張的宗教信仰的合理性，真實性或虛假性，也不得根據社區的接受或實踐來保護這些信仰。Thomas v. Review Board, 450 U.S. 707 (1981).

22. 在 Pierce v. Society of Sisters, 268 U.S. 510 (1925) 案例中，奧瑞岡州試圖要求立法學生要參加公立學校而不是教區學校。高等法院則認為父母有憲法所賦予的權力可以依照其偏好來選擇類似並且含有宗教教育的學校。

23. 此問題還涉及第一修正案中的言論自由問題。

24. 在 Young v. Northern Illinois Conference of the United Methodist Church, 21 F.3d 184 (7th Cir. 1994) 一案中,法院駁回了關於性別和種族歧視的主張,同時指出「宗教團體」可做出任意決定,影響其神職人員的就業狀況,並且不受民事審查的影響。但是第一修正案的保護範圍只侷限在神職人員。

25. Employment Division v. Smith, 494 U.S. 872 (1990) 此案,有位協助藥物戒隱的諮商師被解僱,否認其聘用,因為他在一個美國原住民教會中使用聖禮石榴。法院則維持其無法領取失業救濟金的判決。

26. 參考 Muhlenberg Hospital v. Patterson, 320 A.2d 518 (1974),在此案中,一紐澤西州法院指出:「那些希望子女也成為某種宗教烈士的父母並沒有權利把自己的期望施加在其子女身上。」

27. 個人也不得將其向房東所屬協會所支付的款項作為慈善捐款扣除。

28. 儘管有共同的信仰,憲法並沒有規定免除教會的房地產稅和營業稅。這是歷史悠久的公共政策,由國家所制定。儘管所有州都免除了敬拜教堂的房地產稅,但許多州正試圖改變這一點。在有些州,非營利事業機構也可得到營業稅的豁免,但是數量並不多。(例如加州)這裡真正的問題在於是否要給予宗教機構豁免權,而這些機構是所謂宗教建立的基礎。然而在 Walz v. Tax Commission of the State of New York, 397 U.S. 664 (1970) 一案中,美國最高法院維持了這種豁免,該豁免涵蓋了廣泛的非宗教,非營利組織和慈善組織。

29. 這是稅務豁免組織所面對的衝突的來源,當他們希望有意義地參與基層政治問題,遊說或立法工作。最近,這已成為 IRS 發起的免稅訴訟的最大來源,有些導致被撤銷免稅身分。參考 Regan v. Taxation with Representation of Washington, 461 U.S. 540 (1983)一案,在此案中,高等法院駁回了那些侵犯了組織的《第一修正案》權利的論點。

30. 參考 *Walz v. Tax Commission of the State of New York,* 397 U.S. 664 (1970).

31. 這個表單是出自美國稅務局所執行的相關個案和法規而成。根據 1959 年的法規內容發現一項爭議,救世軍可以算為教會。然而這十四點是由美國稅務法庭在 *Spiritual Outreach Society v. Commissioner* 當中的法庭備忘錄 1990-41 所組成,並請透過 927 F.2d 335 (8th Cir. 1991) 確認。因此,可以發現屬靈外展組織在這裡並沒有符合教會的相關規定。

32. 舉例,參考 Richard R. Hammar, *Pastor, Church and Law,* 3rd ed. (Matthews, N.C.: Christian Ministry Resource Press, 2000), 227.

33. 關於影響教會或宗教組織的稅法相關問題可以參考 IRS Publication 1828, *Tax Guide for Churches and Religious Organizations* (Revised 7/2002) which may be accessed at *http://www. irs.gov/pub/irs-pdf/p1828.pdf*.

34. 非營利機構不受 FUTA [26 U.S.C. 3306(c) (8)] 的限制。

35. 舉例來說，科羅拉多州則因循聯邦的案例 [Colo. Rev. Stat. 8-70-140(1)(a)].。

36. 收入免稅僅用於聯邦所得稅目的，而不擴及社會安全稅。其他的州定稅制都不包含這樣的稅務豁免。

37. 在 *Richard D. Warren and Elizabeth K. Warren v. Commissioner of Internal Revenue*, 9th Circuit Court of Appeals, Case No. 00-71217 一案中，法院指出它意圖基於憲法理由裁定該豁免，這樣違反美國憲法的建立條款。在通過 2002 年《神職人員住房補貼澄清法》之後，雙方同意撤銷這個案件，也沒有以憲法為由向法院提出訴願。然而，這並不表示憲法相關的議題已經解決，未來可能又會有新的案件將提起訴願，要求就憲法問題作出裁決。

38. 參考 IRS Publication 517, Social Security and Other Information for Members of the Clergy and Religious Workers (Revised 2002)，可透過以下 ac 連結取得相關資訊。http://www.irs.gov/pub/irs-pdf/p517.pdf.

39. 舉例來說，《聯邦公平勞動標準法》要求年總收入達到 500,000 美元或以上，並且特別指向各種學校。很顯然地對於許多本來會受到此限制的教會而言，「學校」的定義可能很重要。其他例子包括《就業年齡歧視法》，該法要求至少二十名員工；《家庭和病假法》，該法要求五十名或更多僱員。然而，的確需要特別注意。許多州制定了自己的補充法規，這些法規具有不同的適用性要求。此外，任何時候，當一個組織參與國際貿易或與聯邦或州政府的撥款或合同，就必須要針對合約中的相關專有名詞提出徵詢。他們可能要求要加入某些計劃，否則僱主將獲得豁免。

40. 少數州明確規定將教堂和慈善組織排除在規定之外。至於失業補助，如果機構或員工獲得豁免，則他們不能向該機構申請失業補助。

41. 《公平勞工標準法》豁免了受僱的行政人員、管理職或專業人員，因此也包含了大部分的牧師或事工領導者。但是有些聯邦法規會豁免宗教營會或暑期營所雇用的學生或實習生。

42. 這包含因為宗教偏好而有的歧視（無論其工作內容是否與宗教相關）。當法規並沒有豁免教會在性別、種族、國籍或身心障礙方面的責任，這些項目仍依循憲法所保證的權利，即便他們違反自己的宗教或道德要求。舉例

來說，一直認為，教會在僱用牧者時可能會基於性別，性取向或婚姻狀況而產生歧視。這樣的豁免也無法應用在非牧職，現有同工彼此之間的性騷擾。然而參考 *Bryce v. Episcopal Church in the Diocese of Colorado*, 121 F.Supp.2d. 1327 (2000) 一案，法院裁定該法庭禁止非受命青年牧師所提出的歧視主張。

43. 在 *Kathy v. Catholic Diocese*, 206 F.3d 651 (6th Cir. 2000) 案例中，法院認為，基於道德標準（婚外懷孕）的解僱並沒有適當的依據，證據顯明這些標準並沒有準確地溝通，並且道德議題只是其他歧視理由的推託之詞罷了。

44. 請注意，某些州可能允許非神職人員主持。舉例來說，加州不只允許「神職人員或其他宗教的教師」來主持婚禮，也允許非營利宗教機構中的博士來定期進行禮拜、宗教儀式和主持婚禮。(Cal. Family Code §400 & §402).

45. 這是法律中複雜的部分，再參考書目中有列出幾本特別處理這個議題的書籍。《版權法》確實對定期崇拜活動中的戲劇或音樂作品的表演給予了特定的豁免。然而，這並不包含可以再次印刷歌詞（例如在週報或投影片上），也不包含把禮拜內容轉成錄音或廣播給不在場的會友。

46. 教會通常不受聯邦和大多數州法律規定的約束，這些規定要求對證券進行註冊，對募集捐款的人進行註冊以及銷售材料的歸檔和批准。但是，可以說這並不是一個明顯的好處，因為這些註冊和披露通常是很謹慎的，為了避免出現不當行為以及確保聯邦監管機構審查資料以減輕可能但無意的虛假陳述。

47. 這被稱為《美國破產法》[11 USC§548(a)] 可避免偏好部分。

48. In re Tucker, 102 B.R. 219 (D.N.M., 1989).

49. 與許多領域一樣，也有例外。例如，債權人必須知道公司是債權人，並且他僅依靠公司付款。此外，某些必要的預提稅和信託稅的支付，最終會成為那些決定不支付款項的官員或董事其個人義務。

50. 可以說，沒有僱主授權其僱員犯錯，無論這些錯誤是否可以理解。然而，未能監督錯誤並不會使僱主免於承擔責任。很明確的，錯誤是聘僱過程中無法避免的部分，僱主被認為必須要預期錯誤的產生。

51. 「個人參與」(personal participation) 的定義會根據情況而有所不同。有些法院已經參與其中並且允許這項行為發生或授權其發生，這可以避免該行為時退後一步，甚至在行為發生後批准該行為。

52. 舉例來說，參考 *Abramson v. Reiss*, 638 A.2d 743 (Md. 1994) 一案，馬里蘭法院確認了慈善豁免的原則，案例中有一位成人參與猶太社區中心的籃球比賽，根據疏忽監督理論，而被拒絕康復。

53. 42 U.S.C. §14501 (Public Law 105-19 signed on June 18, 1997).

54. 如果州法規在聯邦法的條款之外提供了額外的保護，則仍然有效。

55. 參考修訂後的非營利組織法典範本 *Subchapter C – Standards of Conduct*, Section 8.30。請注意此法案尚未在所有州通過，因此每個州所通過的版本還會有所修改。

56. 即使應負罪責的個人（通常沒有資產）仍然負有個人責任，但根據僱用、保留或監督疏忽的理論，該組織則享有次要責任。但是，在這種過失理論下，大多數保險將支付組織所需承擔的責任。許多案件會針對不當性行為等犯罪行為排除保險應負的責任，但一個組織仍然須面對過失指控（例如過失僱用或監督）的影響。參見 *Doe v.Shaffer*，738 NE2d 1248（Ohio 2000）。

57. 其中許多案件是與未成年人發生性行為不端的結果。此類情況顯然不違反任何《第一修正案》規定或自由行使條款。舉例來說，參考 *Smith v. O'Connell*, 986 F. Supp 73 (D.R.I. 1997)

58. 參考 *Wallace v. Boy's Club of Albany, Georgia*, Inc., 439 S.E.2d 746 (Ga. App. 1993)，此案例中法院指出「這樣的人並不是兒童安全的保險人。僅要求他使用合理、相稱的照護，因它具備合理可預見的傷害風險。」

59. 參考 *Sanders v. Casa View Baptist Church*, 134 F.3d 331 (5th Cir. 1998)。

60. 參考 *Handley v. Richards*, 518 S.2d 682 (Ala. 1987) 一案，法院未能認可神職人員瀆職的指控。然而也是在 *Nally v. Grace Community Church*, 763 P.2d 948 (Cal. 1988) 的案例中加州法院承認瀆職的指控，此案中一位沒有領有執照的宗教諮商師無法有效地阻止他人自殺。然而不僅該理論沒有被用作法院最終判決的基礎，而且加州最高法院在後來的意見中也撤銷了該判決。

61. 該策略應定義適用的對象與時間。通常只需涵蓋獲得按立的神職人員和合格的心理學家。避免暗示與其他員工或志工的對話是保密的，因為這可能產生合約上的義務好維持保密。然而從法律上看，這種保密不應被強制或保證。

62. 紐澤西州最近的一項判決認為，與執事的對話沒有特權，也沒有受到其他保護免於強迫披露。*State v. Cary, 751 A.2d 620* (N.J. Super. 2000)

63. 這種交流不需要口頭或書面形式。它包括肢體語言，會議期間的動作，甚至是牧師的內部評估，思想和直覺。*Commonwealth v. Zezima*, 310 N.E.2d 590（Mass。1974）。

64. 有效特權的存在並不能免除牧師接受傳票或以其他方式要求其出庭。通常法院會當牧師站在證人席上時，才會決定其特權的有效性。

65. 有些州如加州或科羅拉多州會提供神職人員及悔改者特權。Cal. Evid. Code §§1030 – §1034 和 Colo.Rev.Stat. §13-90-107.

66. 查看您所在州的法規非常重要。舉例來說，在華盛頓州有兩名諮商師並沒有執照或被按立為牧者。因著回報的目的，他們在法規上與「社會工作者」有相同的定義。*State of Washington v. Motherwell*, 788 P.2d 1066 (Wash. 1990)。這也指出為何未被按立的牧師或沒有執照的心理學家，即便成為宗教組織的僱員也不應進行宗教諮詢的原因。

第五部

1. Warren R. Plunkett and Raymond F. Attner, *Introduction to Management* (Boston: PWS-Kent Publishing, 1992), 12.

第十七堂

1. James F. Bolt, "Developing Three-Dimensional Leaders," in *The Leader of the Future: New Visions, Strategies, and Practices for the Next Era,* ed. Francis Hesselbein, Marshall Goldsmith, and Richard Beckhard (New York: The Peter F. Drucker Foundation for Nonprofit Management, 1996), 163.

2. J. Robert Clinton, *The Making of a Leader* (Colorado Springs, Colo.: Navpress, 1988), 15.

3. Myron Rush, *Managing to Be the Best* (Wheaton, Ill.: Victor Books, 1989), 140.

4. Bill Hybels, *Courageous Leadership* (Grand Rapids: Zondervan, 2002), 122.

5. J. Robert Clinton, "Learning How God Develops Leaders over a Lifetime," in *Lessons in Leadership: Fifty Respected Evangelical Leaders Share Their Wisdom on Ministry,* ed. Randal Roberts (Grand Rapids: Kregel Publications, 1999), 73.

6. John C. Maxwell, *The 21 Irrefutable Laws of Leadership* (Nashville: Thomas Nelson Publishers, 1998), 133.

7. Hybels, 122–132.

8. Max De Pree, *Leadership Is an Art* (New York: Doubleday, 1989), 12.

9. Maxwell, *The 21 Irrefutable Laws,* 221.

10. Ken Blanchard, "Following the *Real* Leader," in *The Transparent Leader,* ed. Dwight Johnson (Eugene, Ore.: Harvest House Publishers, 2001), 31.

11. Jay A. Conger, *Learning to Lead: The Art of Transforming Managers into Leaders* (San Francisco: Jossey-Bass, 1992), 33.

12. Aubrey Malphurs, *Being Leaders: The Nature of Authentic Christian Leadership* (Grand Rapids: Baker Books, 2003), 75.

13. Clinton, *The Making of a Leader,* 15–16.

14. J. Clinton, "Learning How God Develops Leaders," 72.

15. Conger, 31–32.

16. James M. Kouzes and Barry Z. Posner, "Bringing Leadership Lessons from the Past into the Future," in *The Future of Leadership,* ed. Warren Bennis, Gretchen M. Spreitzer, and Thomas G. Cummings (San Francisco: Jossey-Bass, 2001), 87.

17. J. Oswald Sanders, *Spiritual Leadership,* 2nd rev. (Chicago: Moody Press, 1994), 79.

18. Jay A. Conger and Beth Benjamin, *Building Leaders: How Successful Companies Develop the Next Generation* (San Francisco: Jossey-Bass, 1999), 21–22.

19. Reggie McNeal, *A Work of Heart: Understanding How God Shapes Spiritual Leaders* (San Francisco: Jossey-Bass, 2000), 131.

20. Malphurs, 76–80.

21. Rick Warren, *The Purpose-Driven Life* (Grand Rapids: Zondervan, 2002), 241–248.

22. Malphurs.

23. Malphurs, 80–86

24. Peter G. Northhouse, *Leadership: Theory and Practice,* 3rd ed. (Thousand Oaks, Calif.: Sage Publications, 2004), 36–39.

25. Conger, 180.

26. Clinton, *The Making of a Leader,* 25.

27. Conger, 180

28. Clinton, *The Making of a Leader*

29. Hybels, 124–126.

30. Carl F. George and Robert E. Logan, *Leading and Managing Your Church* (Old Tappan, N.J.: Fleming H. Revell, 1987), 106.

31. Roy B. Zuck, *Teaching as Paul Taught* (Grand Rapids: Baker Books, 1998), 121.

32. George and Logan, 117.

33. John P. Kotter, "What Leaders Really Do," in *Harvard Business Review on Leadership* (Boston: Harvard Business School Publishing, 1998), 50.

34. Sanders, 145.

35. Conger, 9

36. Conger and Benjamin, 211–212.

37. Lorin Woolfe, *The Bible on Leadership: From Moses to Matthew: Management Lessons for Contemporary Leaders* (New York: American Management Association, 2002), 217.

38. John C. Maxwell, *Develop the Leaders Around You* (Nashville: Thomas Nelson Publishers, 1995), 93–94.

39. Fred Smith, *Learning to Lead* (Carol Stream, Ill.: Christianity Today, Inc., 1986), 114–115.

40. George and Logan, 106–113.

41. Maxwell, *Develop the Leaders,* 96–98

42. Myron Rush, *Management: A Biblical Approach* (Wheaton, Ill.: Victor Books, 1983), 132.

43. James M. Kouzes and Barry Z. Posner, *Credibility: How Leaders Lose and Gain It, Why People Demand It* (San Francisco: Jossey-Bass, 1993), 153– 182.

第十八堂

1. Michael J. Anthony, "Mentoring," in *The Evangelical Dictionary of Christian Education* (Grand Rapids: Baker Books, 2003), 459.

2. Howard Hendricks and William Hendricks, *As Iron Sharpens Iron* (Chicago: Moody Press, 1995), 160.

3. Paul D. Stanley and J. Robert Clinton, *Connecting: The Mentoring Relationship You Need to Succeed in Life* (Colorado Springs: Navpress, 1992), 40.

4. Marcia A. McMullen and Patricia M. Miller, *Because You Believed in Me:*

Mentors and Protégés Who Shaped Our World (Kansas City: Andrews McMeel Publishing, 2002), 4–5.

5. 同上，12–13.

6. 同上，8.

7. 同上，68.

8. Chip R. Bell, *Managers as Mentors* (San Francisco: Berrett-Koehler Publishers, 1996), 6.

9. J. Robert Clinton and Richard W. Clinton, *The Mentor Handbook* (Altadena: Barnabas Publishers, 1991), 13–6.

10. 同上，13.

11. 同上，193.

12. 同上，195.

13. Maxwell, *Developing the Leaders Around You*, 11.

14. Gordon F. Shea, *Mentoring* (Menlo Park: Crisp Publications, 2002), 9.

15. Hendricks and Hendricks, *As Iron Sharpens Iron*, 98.

16. Clinton and Clinton, *The Mentor Handbook,* 2–23, 2–24.

17. Stanley and Clinton, *Connecting,* 65.

18. James M. Houston, *The Mentored Life* (Colorado Springs: Navpress, 2002), 86.

19. Larry Ambrose, *A Mentor's Companion* (Chicago: Perrone-Ambrose Associates, 1998), 12–13.

20. Chip R. Bell, *Managers as Mentors* (San Francisco: Berrett-Koehler Publishers, 1996), 75.

21. 同上，60.

22. Shea, 65.

23. Hendricks and Hendricks, 113.

24. Margo Murray, *Beyond the Myths and Magic of Mentoring* (San Francisco: Jossey-Bass, 2001), 34.

25. Bobb Biehl, *Mentoring: Confidence in Finding a Mentor and Becoming One* (San Francisco: Berrett-Koehler Publishers, 1996), 73.

26. Hendricks and Hendricks, 147

27. Stanley and Clinton, 205.

28. Hendricks and Hendricks, 218–219.

29. Lois J. Zachary, *The Mentor's Guide* (San Francisco: John Wiley and Sons, 2000), 50.

30. 同上，52.

31. Hendricks and Hendricks, 219.

第十九堂

1. Stephen C. Lundin, Harry Paul, and John Christensen, *Fish!* (New York: Hyperion, 1996). Cf. also *Fishtales and Fish Sticks.*

2. 在這一堂中的 unit 這個詞語會用來當作一般描述一群人的語詞，因此可以泛指在動態政府組織中的群眾、群體、團隊或派系。

3. Cf. Lee G. Bolman and Terrence E. Deal, *Reframing Organizations* (San Francisco: Jossey-Bass, 1997), 92–94. Their comments are based on Katzenbach and Smith's *The Wisdom of Teams* (1993).

4. Kenneth Gangel, *Feeding and Leading* (Chicago: Victor Books, 1989), 229–230, 232.

5. Olan Hendrix, *Management for the Christian Leader* (Milford, Mich.: Mott Media, 1981), 74–76.

6. 摘錄自 Robert Maddux, *Team Building: An Exercise in Leadership,* 3rd ed. (Los Altos, Calif.: Crisp Publications, 1992), 5.

7. Myron Rush, *Management: A Biblical Approach* (Chicago: Victor Books, 1983), 57.

8. Hersey and Blanchard, *Management of Organizational Behavior,* 348

9. Maddux, 45

10. Cf. Robert Heller and Tim Hindle, *Essential Manager's Manual* (New York: D. K. Publishing, 1998), 365 for a discussion of various team formats.

11. Based on diagram in Jeff Story, "Team Building and Lay Leadership," *Church Administration* 39 (1997): 31

12. Robert G. Owens, *Organizational Behavior in Education,* 4th ed. (Boston: Allyn and Bacon, 1991), 135.

13. Karen Marie Yust, *Attentive to God* (St. Louis: Chalice Press, 2001), 7.

14. 同上，11–13.

15. Cf. Stephen R. Covey, *The 7 Habits of Highly Effective People* (New York:

Simon and Schuster, 1989), 145–182; Stephen R. Covey, *First Things First* (New York: Simon and Schuster, 1994).

16. Covey, *First Things First,* 37.

17. 同上，205, 218.

18. Gangel, *Team Leadership in Christian Ministry.*

19. Cf. Heller and Hindle, 372–375.

20. Lyman D. Ketchum and Eric Trist, *All Teams Are Not Created Equal: How Employee Empowerment Really Works* (Newbury Parks, N.J.: Sage Publications, 1992), 154.

21. Cf. Lloyd S. Baird, James E. Post, and John F. Mahon, *Management: Function and Responsibility* (New York: Harper Collins, 1990), 429, for a discussion on these four roles.

22. Diagram adapted from Heller and Hindle, 379.

23. Cf. Rush, 59–60; Heller and Hindle, 368–369; Deborah Harrington- Mackin, *The Team Building Tool Kit* (New York: Amacon, 1994), 13–22, 58–61; Gary A. Yukl, *Leadership in Organization, 2nd ed.* (Englewood Cliffs, N.J.: Prentice Hall, 1989), 241; Hersey and Blanchard, 352–362.

24. Yukl, 235–236.

第二十堂

1. Leighton Ford, *Transformational Leadership* (Downers Grove, Ill.: IVP, 1991), 251.

2. Lee G. Bolman and Terrence E. Deal, *Reframing Organizations* (San Francisco: Jossey-Bass, 1997), 297.

3. Joseph C. Rost, *Leadership for the 21st Century* (Westport, Conn.: Praeger, 1993), 102.

4. 同上，145.

5. 同上，149.

6. James M. Kouzes and Barry Z. Posner, *The Leadership Challenge* (San Francisco: Jossey-Bass Publishers, 1987), 27.

7. Warren Bennis and B. Nannis, *Leaders: Strategies for Taking Charge* (New York: HarperCollins, 1985), 21.

8. Covey, *First Things First,* 206.

9. Carl George, "To Expand Your Outreach, Be a Rancher," *Servant Life* (March 1995), 7.

10. Hersey and Blanchard, 186.

11. 同上，206.

12. Adapted from Bolman and Deal, 15.

13. "Facilitating: A New Kind of Management," *Ministry Advantage* (March/ April 1994), 8.

14. This is *partially* based on an interpretation of Dave Anderson, "When 'Good' Isn't Enough: How to Overcome the 6 Temptations of Successful Organizations," *Arrivals* (January/February 2004), 39–41. This article was an excerpt from his book, *Up Your Business: Seven Steps to Fix, Build, or Stretch Your Organization* (New York: John Wiley & Sons).

第二十一堂

1. Thomas Holland and David Hester, eds., *Building Effective Boards for Religious Organizations* (San Francisco: Jossey-Bass Publishers, 2000), 24–25.

2. Maureen K. Robinson, *Nonprofit Boards That Work: The End of One- Size-Fits-All Governance* (New York: John Wiley & Sons, Inc., 2001), 55.

3. John Carver, *Boards That Make a Difference: A New Design for Leadership in Nonprofit and Public Organizations* (San Francisco: Jossey-Bass Publishers, 1997), 205.

4. John Carver and Miriam M. Carver, *Reinventing Your Board: A Step-by-Step Guide to Implementing Policy Governance* (San Francisco: Jossey-Bass Publishers, 1997), 182.

5. Robinson, 57.

6. Diane J. Duca, *Nonprofit Boards: Roles, Responsibilities, and Performance* (New York: John Wiley & Sons, Inc., 1996), 102.

7. Duca, 109–110.

8. Howe, 30.

9. Howe, 31–32.

10. Duca, 75.

11. Duca, 125–126.

12. Richard P. Chait, Thomas P. Holland, and Barbara E. Taylor, *Improving the Performance of Governing Boards* (Phoenix: The American Council on Education and the Oryx Press, 1996), 112–113.

13. Mark Light, *The Strategic Board* (New York: John Wiley & Sons, 2001), ix.

第六部

1. Ann Louden, "This Won't Hurt a Bit," *Case Currents* (July-August, 2001): 13.

2. 同上，13–14.

3. Daniel Brown, "When You Need to Confront," *Leadership* (Spring 1995): 92.

4. Stanley M. Widrick, Erhan Mergen, and Delvin Grant, "Measuring Dimenions of Quality in Higher Education," *Total Quality Management* (vol. 13, No. 1, 2002): 130.

5. Robert D. Herman and Associates, *The Jossey-Bass Handbook of Nonprofit Leadership and Management* (San Francisco: Jossey-Bass Publishers, 1994), 298.

第二十二堂

1. Lee G. Bolman and Terrence E. Deal, *Reframing Organizations,* 2nd ed. (San Francisco: Jossey-Bass, 1997), 244.

2. Michael Woodruff, "Managing Your Ministry," *Youthworker* (Winter 1994 10.3): 38.

3. Much of this material was developed in conjunction with John Castelein, professor of contemporary theology, at Lincoln Christian Seminary (Lincoln, Illinois) and Dr. Robert Kurka, professor of Bible and theology, at Lincoln Christian College, Lincoln, Illinois.

4. John Castelein, "Lincoln Christian College and Seminary Assessment Plan," Lincoln, Ill., 2003, 6.

5. Robert Kurka, "Lincoln Christian College and Seminary Assessment Plan," Lincoln, Ill., 2003, 7.

6. Bolman and Deal, 245.

7. Robert J. Wicks, "Spirituality and Ministry," *The Princeton Theological Bulletin*

12 (1991): 24.

8. Kenneth Gangel, *Team Leadership in Christian Ministry* (Chicago: Moody Press, 1997), 383.

9. Jim Ryan, "Rewarding Good Performance," *Church Administration,* 40 (1997): 28.

10. Adapted from Patrick J. Montana and Bruce H. Charnov, *Management* (Hauppauge, N.Y.: Barron's Educational Series, 2000), 285.

11. William Savage, "Conducting a Performance Review," *Church Administration* 40 (1997): 24.

12. Cf. Larry Osborne, "How to Get a Healthy Performance Review," *Leadership* 15 (1994): 120–123.

13. Alvin Jackson, "Honesty and Honor," Case Study: The Entrenched and Ineffective Worker, *Leadership* 14 (1993): 70.

14. Richard M. Hodgetts, *Modern Human Relations at Work,* 2nd ed. (New York: Dryden Press, 1980), 332.

16. Larry W. Osborne, "Assessing and Improving Effectiveness," *Leadership Handbook of Management and Administration* (Grand Rapids: Baker Book House, 1994), 249.

17. Cf. Keith Keeran, "The Under-Performing Employee," *Christian Standard* (Feb. 22, 1992), 6–7.

18. Ryan, 27.

19. Kennon L. Callahan, *Effective Church Leadership* (San Francisco: Jossey-Bass, 1990), 200.

20. 績效目標（*Performance targets*）或工作目標（job targets）指的是派任一項特殊的任務或可評估的要求，並且在團隊成員中訂出時效，以便能夠訂出一個明確的目標來維持這個人在組織內的職位。

21. Paul Borthwick, "To Fire or Not to Fire" *Leadership* 6 (1985): 82–86.

22. Savage, 25.

23. Keeran, 6.

24. Osborne, "How to Get a Healthy Performance Review," 119.

25. Cf. 同上，119–120.

26. Montana and Charnov, *Management,* 173.

27. Leroy Lawson, "Firm and Fair," Case Study: The Entrenched and Ineffective Worker, *Leadership* (Summer 1993), 71.

28. Adapted from Mike Woodruff, "Confronting a Volunteer," *Group* (May- June 1995), 21.

29. Cf. Osborne, 20–23.

30. Adele Margrave and Robert Gorden, *The Complete Idiot's Guide to Performance Appraisals* (Indianapolis, Ind.: Alpha Books, 2001), cover insert.

第二十三堂

1. Kenneth O. Gangel, *Team Leadership in Christian Ministry,* revised (Chicago: Moody Press, 1997), 373.

2. 同上。

3. Aubrey Malphurs, *Advanced Strategic Planning: A New Model for Church and Ministry Leaders* (Grand Rapids: Baker Books, 1999), 200.

4. 同上，201

5. 同上，202–204.

6. 同上，208.

7. Bob I. Johnson, "How to Plan and Evaluate," 56–57.

8. Fairbank and Prue, "Developing Performance Feedback Systems," 337.

9. Malphurs, *Advanced Strategic Planning,* 208.

10. Johnson, "How to Plan and Evaluate," 52–57.

11. Fairbank and Prue, "Developing Performance Feedback Systems," 337.

12. 同上。

13. Norman Shawchuck and Roger Heuser, *Leading the Congregation: Caring for Yourself While Serving the People* (Nashville: Abingdon Press, 1993), 215.

14. 同上，214.

15. Fairbank and Prue, "Developing Performance Feedback Systems," 338–40.

16. Gangel, *Team Leadership in Christian Ministry,* 375.

17. Johnson, "How to Plan and Evaluate," 49.

18. William L. Johnson and Annabel M. Johnson, *Planning for University Faculty Assessment: Development of a Brief Summative-Evaluation Instrument* (Big Sandy, Tex.: Ambassador College, 1990), ERIC, ED 325 059, 6–9.

19. 同上。

20. Robert F. DeVellis, *Scale Development: Theory and Applications,* Applied Social Research Methods Series, vol. 26 (Newbury Park, England: Sage Publications, 1991), 68–70.

21. 同上。

22. Johnson, "How to Plan and Evaluate," 57.

23. 同上。

24. 同上，47.

索引　Index

二劃

人際關係（Relationships）　031, 041, 056, 058, 064, 065, 066, 067, 177, 212, 246,
　　310, 350, 356, 366, 384, 392

三劃

工作表現（Performance）　015, 058, 066, 203, 204, 205, 206, 208, 280, 452, 453, 455,
　　456, 457, 458, 459, 460, 461, 462, 463, 464, 465, 466, 467, 468, 469, 471, 472,
　　473, 474, 475, 476, 477, 478, 479, 481, 482

四劃

分權（Decentralization）　139, 182

五劃

召募（Recruitment）　015, 019, 033, 034, 121, 165, 213, 215, 277, 278, 279, 281, 282,
　　284, 285, 288, 289, 290, 291, 292, 293, 294, 295, 340, 341, 358, 389, 435, 441,
　　446, 454

目標（Goals）　009, 011, 014, 019, 023, 025, 026, 029, 033, 036, 040, 046, 050, 065,
　　069, 070, 071, 072, 073, 077, 086, 089, 090, 093, 第四堂 , 107, 109, 110, 112,
　　113, 115, 116, 117, 118, 120, 121, 146, 149, 151, 152, 153, 154, 第八堂 181,
　　186, 191, 195, 198, 212, 213, 214, 220, 221, 224, 225, 227, 232, 234, 242, 244,
　　245, 258, 260, 265, 270, 278, 287, 290, 291, 第十五堂 , 319, 322, 325, 339,
　　340, 345, 346, 352, 356, 358, 360, 362, 366, 371, 377, 378, 379, 381, 386, 387,
　　第十九堂 , 419, 420, 421, 422, 426, 427, 第二十一堂 , 452, 454, 458, 472,
　　473, 474, 476, 477, 478, 第二十三堂 , 506, 507, 527

七劃

成果（Outcomes）　097, 098, 108, 158, 159, 167, 189, 234, 278, 288, 304, 316, 340,
　　395, 427, 445, 447, 448, 449, 451, 453, 487, 488, 491, 492, 493, 494, 495, 499

投票／共識（Voting/Consensus）　049, 195, 197, 215, 221, 222, 227, 244, 245, 265,
　　269, 358, 386, 394, 402, 406, 424, 453, 461, 462, 479, 484

改變（Change）　014, 016, 019, 029, 039, 040, 077, 078, 082, 083, 084, 087, 091, 092,
　　106, 110, 111, 114, 118, 120, 122, 124, 125, 133, 134, 141, 145, 146, 148, 150,
　　153, 159, 160, 163, 164, 169, 171, 172, 177, 178, 182, 183, 188, 191, 194, 200,
　　209, 210, 213, 216, 221, 224, 228, 第十二堂 , 255, 257, 264, 266, 267, 268,
　　281, 287, 290, 300, 304, 306, 307, 312, 313, 318, 321, 353, 363, 369, 378, 386,
　　387, 390, 391, 408, 413, 416, 417, 419, 424, 435, 437, 444, 445, 446, 458, 468,
　　479, 487, 488, 489, 490, 496, 515

決策（Decisions）　014, 019, 022, 042, 049, 051, 055, 064, 071, 072, 076, 095, 110,
　　112, 113, 120, 129, 130, 139, 149, 161, 166, 167, 183, 188, 189, 191, 193, 195,
　　197, 199, 215, 221, 222, 224, 225, 227, 228, 229, 234, 239, 240, 241, 244, 247,
　　250, 255, 256, 257, 258, 259, 260, 261, 262, 263, 264, 265, 266, 267, 268, 269,
　　274, 275, 364, 396, 402, 403, 404, 406, 407, 408, 420, 436, 446, 463, 473

八劃

事工（Ministry）　004, 006-010, 014-019, 021-025, 第一堂 , 第二堂 , 第二部 , 第
　　三堂 , 098, 099, 101, 106, 107, 109, 112, 113, 117, 118, 119, 120, 123, 第七堂 ,
　　138-156, 第八堂 , 第三部 , 第九堂 , 第十堂 , 220, 221, 224, 230-234, 238-
　　243, 247, 252, 268, 269, 272, 273, 277-285, 287-295, 297, 第十五堂 , 第十六
　　堂 , 第五部 , 343, 344, 345, 346, 347, 348, 349, 350, 351, 352, 353, 354, 355,
　　356, 359, 360, 361, 362, 第十八堂 , 389, 390, 391, 392, 395, 398, 399, 411,
　　412, 413, 415, 418, 419, 421, 422, 425, 426, 427, 429, 430, 431, 433, 434, 435,
　　439, 444, 445, 446, 447, 448, 449, 第六部 , 455, 456, 458, 459, 460, 465, 466,
　　475, 481, 第二十三堂

事項（Agenda）　064, 086, 110, 117, 119, 186, 204, 226, 241, 273, 274, 285, 319, 369,
　　400, 433, 448

使命（Mission）　009, 014, 019, 023, 026, 029, 031, 037, 045, 053, 057, 063, 067, 069,

070, 071, 072, 073, 第三堂 , 096, 097, 098, 103, 108-113, 115, 118, 121, 130, 139, 157, 160, 161, 162, 167, 173, 174, 176, 181, 212, 234, 239, 242, 246, 253, 258, 260, 262, 269, 270, 279, 282, 283, 284, 287, 288, 295, 299, 300, 302-304, 306, 307, 313, 315, 317, 339, 340, 342, 344, 346, 353, 399, 408, 410, 417, 424, 425, 427, 431, 432, 436, 437, 438, 444, 445, 449, 451, 465, 487, 488, 491, 492, 493, 499

具體子目標（Objectives） 014, 019, 026, 070, 071, 073, 094, 097, 098, 099, 100, 101, 105, 106, 107, 110, 112, 113, 115, 116, 117, 120, 121, 149, 151, 153, 158, 160, 161, 162, 165-177, 181, 186, 212, 214, 433, 436, 492

協會（Association） 079, 318, 337, 461, 494, 515

協議（Negotiate） 127, 128, 131, 132, 133, 134, 135, 162, 468, 478, 488, 489

呼召（或譯志業，Calling） 020, 033, 034, 040, 054, 062, 081, 084, 092, 125, 182, 191, 194, 247, 260, 277, 278, 284, 299, 314, 352, 370, 372, 403, 410, 413, 414, 415, 416, 426, 428

委員會（Committees） 015, 019, 022, 071, 087, 103, 115, 126, 133, 136, 146, 148, 149, 151, 152, 168, 172, 189, 190, 192, 199, 207, 212, 215, 218, 221, 222, 255, 261, 262, 323, 325, 398, 第二十一堂

治理（Administration） 023, 060, 061, 125, 126, 184, 189, 191, 193, 194, 241, 306, 317, 319, 321, 326, 415, 417, 418, 419, 421, 425, 426, 427, 428, 429, 430, 431, 432, 444

九劃

表現評估（Reviews） 015, 176, 208, 452, 453, 455, 456, 457, 459, 460, 461, 462, 463, 464, 465, 466, 471, 473, 475, 476, 477, 479, 480, 482

政策（Policies） 014, 019, 026, 031, 033, 043, 055, 056, 069, 070, 071, 073, 107, 第六堂 , 139, 148, 193, 244, 245, 259, 262, 266, 269, 294, 309, 332, 335, 336, 414, 417, 422, 433, 436, 440, 441, 442, 443, 473, 484, 488, 515

架構（Structures） 014, 017, 019, 030, 031, 032, 033, 045, 046, 051, 052, 054, 056, 059, 064, 074, 091, 096, 110, 115, 131, 148, 159, 163, 166, 169, 174, 181, 182, 183, 第九堂 , 215, 238, 239, 241, 248, 258, 278, 287, 298, 302, 303, 324, 325, 330, 344, 350, 351, 355, 359, 372, 404, 409, 414, 417, 422, 431, 433, 449, 466, 473, 488, 495, 499

背景調查（Background Check） 292, 293

十劃

時間／時間管理（Time/Time Management） 011, 012, 021, 022, 026, 028, 036, 039, 055, 057, 074, 080, 082, 083, 084, 085, 087, 089, 090, 091, 095, 097, 098, 100, 101, 102, 103, 105, 109, 110, 118, 119, 120, 123, 126, 128, 130, 131, 132, 133, 135, 136, 140, 146, 147, 148, 149, 150, 152, 153, 155, 160, 161, 163, 165, 166, 169, 170, 172, 175, 177, 178, 181, 182, 185, 194, 200, 205, 209, 210, 212, 214, 216, 218, 219, 220, 222, 223, 224, 225, 226, 227, 228, 229, 230, 232, 234, 242, 243, 244, 245, 278, 279, 283, 284, 286, 287, 288, 289, 294, 298, 301, 303, 305, 310, 311, 313, 315, 316, 318, 321, 326, 328, 337, 339, 343, 351, 354, 355, 356, 364, 365, 368, 369, 378, 379, 380, 381, 386, 387, 398, 400, 415, 420, 424, 427, 434, 435, 436, 438, 439, 440, 441, 442, 445, 446, 447, 448, 449, 450, 452, 453, 454, 455, 462, 473, 474, 477, 478, 482, 483, 484, 489, 490, 491, 492, 493, 494, 495, 496, 498, 518

核心價值（Core Values） 055, 065, 110, 111, 112, 113, 115, 239, 246, 285, 303, 304, 351, 427, 436, 437, 444, 445

神學／神學的（Theology/Theological） 004, 005, 009, 010, 011, 014, 016, 017, 018, 019, 022, 024, 025, 043, 045, 048, 050, 051, 052, 053, 054, 056, 058, 064, 065, 066, 067, 076, 079, 093, 125, 132, 143, 150, 184, 193, 238, 242, 246, 256, 259, 260, 261, 271, 282, 311, 356, 358, 399, 406, 407, 408, 410, 414, 425, 436, 455, 457, 458, 459, 462, 475

訓練（Training） 011, 016, 019, 020, 023, 027, 029, 032, 033, 034, 035, 036, 038, 046, 065, 071, 075, 079, 084, 085, 093, 102, 118, 143, 148, 158, 162, 172, 177, 190, 192, 193, 194, 195, 211, 212, 214, 273, 277, 279, 283, 284, 286, 287, 289, 290, 291, 294, 295, 298, 315, 332, 333, 334, 340, 341, 342, 343, 344, 345, 347, 348, 350, 351, 352, 353, 354, 356, 357, 358, 359, 360, 362, 366, 371, 374, 396, 415, 416, 429, 435, 436, 437, 446, 452, 462, 472, 473, 474, 493

記錄（Records） 070, 071, 114, 128, 139, 146, 228, 245, 263, 305, 428, 446, 460, 461, 467, 468, 475, 476, 492, 498

財務／財務的（Finance/Financial） 032, 041, 070, 071, 072, 083, 087, 088, 091, 096, 114, 133, 134, 第七堂 , 160, 165, 170, 176, 178, 185, 191, 203, 206, 239, 262,

368, 431, 432, 433, 434, 435, 437, 438, 445, 447, 456, 484, 489

十一劃

商業（Business）　017, 063, 282, 321, 328, 390, 397, 414, 453, 456, 507

問責（Accountability）　090, 367, 427, 432

專業的（Professional）　079, 251, 283, 306, 321, 331, 334, 335, 353, 366, 425, 432, 434, 437

控制（Control）　040, 155, 157, 175, 178, 179, 182, 191, 203, 229, 324, 325, 330, 341, 353, 418, 420, 421, 423, 435

教育（Education）　004, 005, 009, 012, 016, 017, 019, 034, 050-052, 054, 055, 059, 064, 065, 067, 079, 080, 084, 092, 093, 097, 125, 132, 135, 136, 138, 142, 145, 146, 147, 150, 159, 173, 177, 187, 189, 196, 197, 199, 第十堂, 248, 249, 262, 274, 286, 291, 第十六堂, 341, 347, 357, 364, 372, 390, 391, 392, 398, 425, 455, 456, 461, 465, 472, 483, 484, 487, 490, 493, 494, 506, 507, 513, 514

異象（或譯願景，Vision）　009, 014, 019, 026, 055, 065, 069, 070, 071, 073, 075, 076, 077, 078, 079, 080, 081, 082, 083, 084, 085, 086, 087, 088, 089, 090, 091, 092, 093, 097, 098, 101, 102, 103, 105, 109, 110, 111, 112, 113, 115, 117, 119, 121, 130, 154, 157, 158, 160, 161, 162, 163, 167, 173, 174, 176, 181, 231, 233, 234, 239, 242, 246, 258, 262, 266, 278, 279, 282, 283, 287, 295, 299, 301, 302, 303, 304, 305, 306, 307, 339, 344, 346, 350, 353, 358, 361, 384, 410, 413, 417, 427, 435, 444, 445, 460, 465, 487, 492

組織／組織的（Organization/Organizational）　009, 012, 013, 014, 016, 017, 018, 019, 022, 023, 025, 030, 031, 032, 033, 036, 040, 042, 045, 046, 048, 049, 050, 051, 053, 055, 056, 057, 059, 063, 064, 065, 066, 067, 069, 070, 071, 072, 073, 074, 082, 084, 086, 087, 088, 094, 095, 096, 097, 099, 100, 102, 103, 104, 105, 109, 110, 113, 114, 115, 117, 118, 119, 120, 121, 132, 133, 135, 138, 139, 140, 142, 143, 144, 145, 146, 147, 148, 149, 150, 151, 152, 153, 154, 155, 156, 158, 159, 161, 162, 163, 165, 166, 169, 173, 174, 177, 178, 第三部, 第九至十三堂, 277-280, 284, 287, 288, 290, 291, 293, 298, 301-306, 308-316, 318-321, 324-333, 336, 337, 339, 340, 341, 343, 345, 346, 350, 352, 353, 358, 360, 361, 371, 372, 373, 374, 383, 385, 390, 391, 396, 397, 408, 409, 411, 414, 417-420, 422, 423, 425, 426- 428, 430-437, 439, 440, 442, 443, 444, 445, 446, 449, 450,

453, 454, 455, 456, 457, 461, 465, 466, 467, 473, 474, 475, 478, 481, 482, 485, 488, 489, 491, 492, 493, 494, 495, 496, 514, 515, 516, 518, 519, 523, 527

規定／規則（Rules/Regulations） 027, 033, 042, 043, 046, 056, 080, 116, 134, 144, 150, 173, 175, 184, 186, 194, 197, 200, 262, 279, 301, 318, 321, 322, 323, 325, 326, 327, 328, 329, 332, 334, 335, 336, 341, 385, 431, 432, 439, 442, 471, 496, 515, 516, 517, 518

規劃（Planning） 014, 018, 019, 023, 025, 026, 028, 030, 045, 050, 第二部 , 181, 182, 204, 219, 220, 221, 230, 234, 244, 247, 257, 262, 266, 274, 279, 303, 338, 339, 371, 434, 435, 439, 443, 444, 445, 446, 448, 450, 477, 495, 499, 513

責任（Liability） 016, 021, 022, 第一堂 , 第二堂 , 103, 104, 120, 139, 143, 145, 147, 155, 158, 第八堂 , 第九堂 , 第十堂 , 226, 227, 232, 245, 248, 253, 265, 271, 284, 288, 292, 293, 294, 304, 309, 313, 314, 315, 第十六堂 , 339-341, 344, 346, 347, 348, 355, 357, 358, 360, 361, 369, 375, 384, 394, 395, 398, 402, 407, 412, 419, 427, 429-435, 440, 442, 443, 445, 447, 449, 451, 454, 456, 458, 465, 473, 474, 516-518

十二劃

測試（Testing） 116, 246, 324, 491, 514

程序（Procedures） 014, 018, 019, 026, 031, 033, 043, 056, 064, 069, 070, 071, 073, 098, 112, 第六堂 , 139, 142, 146, 148, 172, 191, 193, 196, 244, 245, 247, 259, 262, 266, 269, 289, 292, 294, 295, 319, 321, 325, 328, 333, 387, 402, 409, 417, 424, 433, 435, 436, 439, 445, 451, 456, 478, 479, 484, 488, 489

訴訟（Litigation） 033, 043, 252, 279, 295, 318, 323, 327, 342, 437, 515

評估（Evaluation） 009, 015, 018, 019, 023, 025, 028, 033, 040, 041, 044, 047, 050, 069, 070, 072, 090, 101, 110, 111, 112, 113, 114, 117-121, 135, 137, 138, 145-147, 149, 153, 158, 159, 160, 163, 164, 167, 173, 174, 176, 200, 204, 206, 208, 210, 212, 213, 218, 220, 224, 226-229, 238, 240, 241, 243, 244, 250, 第十三堂 , 278, 287, 288, 291, 295, 303, 304, 305, 307, 308, 313, 319, 332, 333, 337, 351, 358-360, 362, 365, 368, 375, 386, 398, 399, 404, 407, 408, 418, 420, 423, 427, 437, 444- 449, 第六部 , 第二十二堂 , 第二十三堂 , 519, 527

評量（Assessment） 010, 167, 168, 248, 259, 267, 269, 303, 311, 312, 358, 404, 427, 451, 453, 第二十二堂 , 486, 491, 492, 493, 494, 495, 499

集權（Centralization）　139

十三劃

債務（Debt）　329, 330, 331

溝通（Communication）　009, 014, 019, 042, 043, 058, 079, 085, 089, 096, 107, 124, 128, 129, 140, 166, 167, 173, 181, 185, 186, 191, 193, 199, 203, 205, 212, 216, 222, 225, 227, 228, 229, 241, 243, 245, 246, 247, 251, 第十三堂, 299, 312, 313, 334, 335, 361, 373, 383, 387, 394, 396, 405, 407, 411, 420, 443, 473, 477, 479, 517

群體（Group）　008, 009, 015, 018, 023, 024, 051, 052, 053, 056, 057, 064, 067, 078, 084, 112, 113, 138, 169, 185, 188, 267, 268, 269, 270, 279, 286, 290, 300, 333, 350, 353, 360, 361, 389, 390, 391, 393, 394, 395, 396, 397, 399, 400, 401, 402, 405, 406, 408, 419, 421, 424, 426, 430, 431, 436, 438, 458, 459, 481, 484, 523

聖經／聖經的（Bible/Biblical）　004, 008, 011, 012, 014-019, 021-026, 030, 034, 036-041, 044, 045, 第二堂, 第三堂, 105, 108, 109, 110, 116, 117, 119, 120, 125, 132, 135, 149, 162, 178, 184, 190, 192, 193, 196, 197, 199, 第十堂, 235, 238, 242, 246, 253, 256, 258, 260, 261, 267, 277, 278, 280, 282, 283, 284, 295, 第十五堂, 317, 323, 334, 340, 344, 347, 351-357, 361, 366, 367, 376, 382, 399, 406, 408, 410, 411, 414, 415, 418, 429, 430, 450, 453, 457, 458, 467, 501

腦力激盪（Brainstorming）　164, 171, 222, 263, 264, 398, 407

董事會／長執會（Boards）　015, 019, 021, 070, 083, 103, 115, 133, 153, 167, 191, 192, 193, 194, 195, 196, 207, 208, 209, 297, 305, 390, 398, 429, 431, 432, 433, 440

資本基金（Capital Fund）　143, 144

預算（Budget）　014, 019, 026, 040, 071, 073, 086, 088, 096, 097, 127, 133, 134, 第七堂, 162, 170, 171, 172, 178, 195, 201, 212, 213, 216, 221, 262, 287, 303, 305, 339, 352, 436, 446, 448, 483, 484, 492, 495

十四劃

僕人（Servant/Servanthood）　011, 021, 022, 036, 037, 046, 054, 059, 060, 061, 062, 063, 065, 079, 080, 195, 213, 283, 343, 344, 443, 462

團隊合作（Teamwork）　155, 158, 173, 220, 227, 278, 291, 349, 383, 390, 398, 402

監督（Supervision）　016, 032, 034, 035, 036, 037, 060, 062, 063, 065, 137, 157, 168,

175, 187, 188, 202, 207, 212, 215, 278, 279, 284, 303, 309, 331, 332, 333, 341,
359, 365, 368, 376, 389, 412, 419, 420, 431, 434, 465, 479, 517, 518

管家職分（Stewardship） 021, 062

管理（Management） 008-010, 012-025, 第一堂 , 第二堂 , 069, 072, 073, 075, 085,
094, 095, 097, 098, 099, 105, 108, 115, 119, 128, 131, 132, 133, 135, 141, 142,
143, 144, 145, 147, 148, 149, 150, 152, 153, 155, 第八堂 , 第三部 , 第四部 ,
第五部 , 430, 431, 435, 444, 451, 452, 453, 455-458, 461-468, 471-479, 481,
488, 493, 494, 496, 501, 506, 507, 516

領導人（者）／領導（力）（Leaders/Leadership） 014, 015, 157, 158, 231, 279, 304,
327, 343, 345

領導風格（Leadership styles） 049, 051, 341, 401, 408, 409, 418, 419, 421, 422, 423,
424

十五劃

衝突（Conflict） 008, 033, 040, 070, 089, 091, 108, 110, 119, 第六堂 , 147, 156, 157,
193, 204, 217, 第十二堂 , 273, 278, 303, 305, 307, 312, 313, 316, 323, 332,
339, 341, 342, 352, 386, 391, 396, 401, 407, 408, 419, 422, 441, 453, 515

十六劃

學習（Learning） 007, 034, 035, 046, 085, 088, 094, 108, 121, 134, 142, 155, 183,
238, 241, 267, 314, 348, 350, 355, 356, 357, 358, 359, 360, 361, 362, 第十八
堂 , 411, 425, 439, 488, 493, 494

十八劃

瀆職（Malpractice） 334, 518

二十一劃

屬靈恩賜（Spiritual/Spiritual Gifts） 036, 061, 063, 213, 286, 289, 295, 311, 351, 403

二十二劃

權力（Authority） 072, 139, 187, 195, 211, 317, 322, 329, 335, 360, 368, 381, 410,
413, 421, 422, 423, 433, 442, 473, 514

NOTES

主流出版
所謂主流，是出版的主流，更是主愛湧流。

主流出版旨在從事鬆土工作—
希冀福音的種子撒在好土上，讓主流出版的叢書成為福音
與讀者之間的橋樑；
希冀每一本精心編輯的書籍能豐富更多人的身心靈，因而
吸引更多人認識上帝的愛。

【徵稿啟事】請注意
本社只受理E-Mail投稿，恕不接受紙本郵寄或親臨投稿，謝謝。

主流歡迎你投稿，勵志、身心靈保健、基督教入門、婚姻家庭、靈性生
活、基督教文藝、基督教倫理與當代議題等題材，尤其歡迎！
來稿請e-mail至lord.way@msa.hinet.net
審稿期約一個月左右，不合則退。錄用者我們將另行通知。

【團購服務】
學校、機關、團體大量採購，享有專屬優惠。
購書五百元以上免郵資。
劃撥帳戶：主流出版有限公司　　劃撥帳號：50027271

心靈勵志系列

信心，是一把梯子（平裝）／施以諾／定價 210 元

WIN TEN 穩得勝的 10 種態度／黃友玲著、林東生攝影／定價 230 元

「信心，是一把梯子」有聲書：輯 1／施以諾著、裴健智朗讀／定價 199 元

內在三圍（軟精裝）／施以諾／定價 220 元

屬靈雞湯：68 篇豐富靈性的精彩好文／王樵一／定價 220 元

信仰，是最好的金湯匙／施以諾／定價 220 元

詩歌，是一種抗憂鬱劑／施以諾／定價 210 元

一切從信心開始／黎詩彥／定價 240 元

打開天堂學校的密碼／張輝道／定價 230 元

品格，是一把鑰匙／施以諾／定價 250 元

喜樂，是一帖良藥／施以諾／定價 250 元

施以諾的樂活處方／施以諾／定價 280 元

TOUCH 系列

靈感無限／黃友玲／定價 160 元

寫作驚豔／施以諾／定價 160 元

望梅小史／陳詠／定價 220 元

映像蘭嶼：謝震隆攝影作品集／謝震隆／定價 360 元

打開奇蹟的一扇窗（中英對照繪本）／楊偉珊／定價 350 元

在團契裡／謝宇棻／定價 300 元

將夕陽載在杯中給我／陳詠／定價 220 元

螢火蟲的反抗／余杰／定價 390 元

你為什麼不睡覺：「挪亞方舟」繪本／盧崇真（圖）、鄭欣挺（文）／定價 300 元

刀尖上的中國／余杰／定價 420 元

我也走你的路：台灣民主地圖第二卷／余杰／定價 420 元

起初，是黑夜／梁家瑜／定價 220 元

太陽長腳了嗎？給寶貝的第一本童詩繪本／黃友玲（文）、黃崑育（圖）／定價 320 元

拆下肋骨當火炬：台灣民主地圖第三卷／余杰／定價 450 元

時間小史／陳詠／定價 220 元

正義的追尋：台灣民主地圖第四卷／余杰／定價 420 元

宋朝最美的戀歌—晏小山和他的詞／余杰／定價 280 元

LOGOS 系列

耶穌門徒生平的省思／施達雄／定價 180 元

大信若盲／殷穎／定價 230 元

活出天國八福／施達雄／定價 160 元

邁向成熟／施達雄／定價 220 元

活出信仰／施達雄／定價 200 元

耶穌就是福音／盧雲／定價 280 元

基督教文明論／王志勇／定價 420 元

黑暗之後是光明／王志勇、余杰主編／定價 350 元

主流人物系列

以愛領導的實踐家（絕版）／王樵一／定價 200 元

李提摩太的雄心報紙膽／施以諾／定價 150 元

以愛領導的德蕾莎修女／王樵一／定價 250 元

以愛制暴的人權鬥士：馬丁路德金恩博士／王樵一／定價 250 元

廉能政治的實踐家：陳定南傳／黃增添／定價 320 元

生命記錄系列

新造的人：從流淚谷到喜樂泉／藍復春口述，何曉東整理／定價 200 元

鹿溪的部落格：如鹿切慕溪水／鹿溪／定價 190 元

人是被光照的微塵：基督與生命系列訪談錄／余杰、阿信／定價 300 元

幸福到老／鹿溪／定價 250 元

從今時直到永遠／余杰、阿信／定價 300 元

經典系列

天路歷程（平裝）／約翰・班揚／定價 180 元

生活叢書

陪孩子一起成長（絕版）／翁麗玉／定價 200 元

好好愛她：已婚男士的性親密指南／ Penner 博士夫婦／定價 260 元

教子有方／ Sam and Geri Laing ／定價 300 元

情人知己：合神心意的愛情與婚姻／ Sam and Geri Laing ／定價 260 元

學院叢書

愛、希望、生命／鄒國英策劃／定價 250 元

論太陽花的向陽性／莊信德、謝木水等／定價 300 元

淡水文化地景重構與博物館的誕生／殷寶寧／定價 320 元

紅星與十字架：中國共產黨的基督徒友人／曾慶豹／定價 260 元

中國研究叢書

統一就是奴役／劉曉波／定價 350 元

從六四到零八：劉曉波的人權路／劉曉波／定價 400 元

混世魔王毛澤東／劉曉波／定價 350 元

鐵窗後的自由／劉曉波／定價 350 元

卑賤的中國人／余杰／定價 400 元

納粹中國／余杰／定價 450 元

今生不做中國人／余杰／定價 480 元

香港獨立／余杰／定價 420 元

喪屍治國／余杰／定價 490 元

川普向右，習近平向左／余杰／定價 450 元

公民社會系列

蒂瑪小姐咖啡館／蒂瑪小姐咖啡館小編著／定價 250 元

青年入陣：十二位政治工作者群像錄／楊盛安等著／定價 280 元

主流網站 http://www.lordway.com.tw

學院叢書系列 05

事奉有夠神：團隊服事的 23 堂課
Management Essentials for Christian Ministries

主　　　編：邁可·安東尼（Michael J. Anthony）
　　　　　　詹姆斯·伊斯泰普（James Estep, Jr.）
譯　　　者：顧美芬、鄭毓淇
審　　　稿：林志榮
出版顧問：鄭超睿
發 行 人：鄭惠文
編　　　輯：李瑞娟
封面設計：海流設計
排　　　版：旭豐數位排版有限公司

出版發行：主流出版有限公司 Lordway Publishing Co. Ltd.
出 版 部：臺北市南京東路五段 123 巷 4 弄 24 號 2 樓
電　　　話：(02) 2857-9303
傳　　　眞：(02) 2857-9303
電子信箱：lord.way@msa.hinet.net
劃撥帳號：50027271
網　　　址：www.lordway.com.tw

經　　　銷：
紅螞蟻圖書有限公司
臺北市內湖區舊宗路二段 121 巷 19 號
電話：(02) 2795-3656　　傳眞：(02) 2795-4100

華宣出版有限公司
新北市中和區連城路 236 號 3 樓
電話：(02) 8228-1318　　傳眞：(02) 2221-9445

初版 1 刷：2020 年 10 月
1st Edition：Oct, 2020
書號：L2004　　　　　　　　　　　著作權所有　翻印必究
ISBN：978-986-98609-4-9（平裝）
Printed in Taiwan

國家圖書館出版品預行編目資料

事奉有夠神 : 團隊服事的 23 堂課 / 邁可・安東尼
（Michael Anthony), 詹姆斯・伊斯泰普 (James Estep.
Jr.) 作 ; 顧美芬 , 鄭毓淇譯 . -- 初版 . -- 臺北市 :
主流 , 2020.10
　　面 ;　公分 . -- (學院叢書系列 ; 5)
譯自 : Management essentials for Christian ministries
ISBN 978-986-98609-4-9（平裝）

1. 基督教　2. 教會

247　　　　　　　　　　　　　　　　　109015012